HACKERS
Updated
TOEFL
READING BASIC

학습을 위한
추가 혜택

**단어암기장 및
단어암기 MP3**

이용방법 해커스인강(HackersIngang.com) 접속 ▶
상단 메뉴 [토플 → MP3/자료 → 무료 MP3/자료] 클릭 ▶
본 교재 선택하여 이용하기

MP3/자료 바로 가기 ▶

토플 보카 외우기

이용방법 고우해커스(goHackers.com) 접속 ▶
상단 메뉴 [TOEFL → 토플보카외우기] 클릭하여 이용하기

토플 스피킹/라이팅 첨삭 게시판

이용방법 고우해커스(goHackers.com) 접속 ▶
상단 메뉴 [TOEFL → 스피킹게시판/라이팅게시판] 클릭하여 이용하기

토플 공부전략 강의

이용방법 고우해커스(goHackers.com) 접속 ▶
상단 메뉴 [TOEFL → 토플공부전략] 클릭하여 이용하기

토플 자료 및 유학 정보

이용방법 고우해커스(goHackers.com)에 접속하여 다양한 토플 자료 및 유학 정보 이용하기

고우해커스 바로 가기 ▶

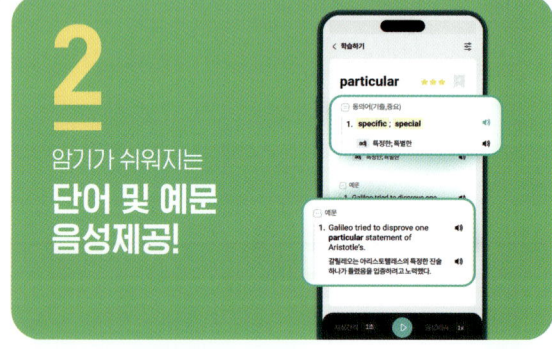
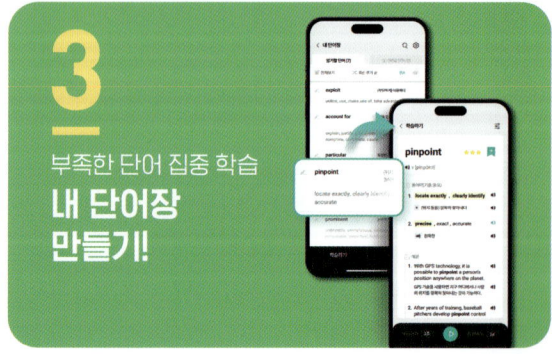

2026년 1월 21일 시행
Updated TOEFL

심층 분석, 이렇게 바뀐다

시대의 변화에 따라 영어 사용 환경이 달라진 것을 반영하여, 2026년 1월 21일 TOEFL 시험이 대대적으로 바뀐다.

『Hackers Updated TOEFL』은 수험자들이 **Updated TOEFL** 시험에도 철저히 대비할 수 있도록, 시험 변경사항과 새로운 문제 유형을 철저히 분석하여 가장 효과적인 핵심 전략과 출제 경향을 완벽 반영한 실전문제를 수록하고 있다.

Updated TOEFL, 얼마나 알고 계신가요?

	YES	NO
Q1. 시험 소요시간이 줄어들었다.	☐	☐
Q2. 리딩/리스닝 영역에서는 전반부 채점 결과에 따라 후반부 구성과 난이도가 달라진다.	☐	☐
Q3. 스피킹 영역이 시험의 마지막 순서다.	☐	☐

*정답은 모두 YES! 자세한 시험 변경사항은 이어지는 페이지에서 확인할 수 있습니다.

Updated TOEFL, 이렇게 바뀐다!

영역	문제 유형	문항 수 Module1	문항 수 Module2 Lower	문항 수 Module2 Upper	예상 시간	점수
Reading 총 35문항 *더미 문제가 출제될 경우, 최대 48문항	TASK1 Complete the Words 단어의 철자 완성하기	10문항	10문항	10문항	18~27분	1~6점
	TASK2 Read in Daily Life 일상 지문 읽고 문제 풀기	5문항	5문항	0문항		
	TASK3 Read an Academic Passage 학술 지문 읽고 문제 풀기	5문항	0문항	5문항		
Listening 총 35문항 *더미 문제가 출제될 경우, 최대 45문항	TASK1 Listen and Choose a Response 문장 듣고 이어질 응답 고르기	8문항	7문항	3문항	18~27분	1~6점
	TASK2 Listen to a Conversation 대화 듣고 문제 풀기	4문항	4문항	4문항		
	TASK3 Listen to an Announcement 공지 듣고 문제 풀기	4문항	4문항	0문항		
	TASK4 Listen to an Academic Talk 강의 듣고 문제 풀기	4문항	0문항	8문항		
Writing 총 12문항	TASK1 Build a Sentence 단어 배열하여 문장 완성하기	10문항			23분	1~6점
	TASK2 Write an Email 이메일 쓰기	1문항				
	TASK3 Write for an Academic Discussion 학술 토론 의견 쓰기	1문항				
Speaking 총 11문항	TASK1 Listen and Repeat 문장 듣고 따라 말하기	7문항			8분	1~6점
	TASK2 Take an Interview 인터뷰 질문에 답변하기	4문항				
	Total				1시간 30분 내외	1~6점

시험 응시 72시간 이내 성적 발표

일상 지문이 추가되고, 단계별 적응형 구조가 도입된다.
- 단어 완성하기 유형과 일상 지문 읽기 유형이 추가되고, 학술 지문의 길이 감소
- Module 1의 결과에 따라 Module 2의 난이도와 구성이 달라지는 단계별 적응형 구조(multistage adaptive testing) 도입
- Module 1에 채점되지 않는 더미 문제 출제 가능 (Reading/Listening 영역 중 한 영역에서 출제)

일상 대화와 교내 공지가 추가되고, 단계별 적응형 구조가 도입된다.
- 짧은 일상 대화와 교내 공지 유형이 추가되고, 강의 지문의 길이 감소
- Module 1의 결과에 따라 Module 2의 난이도와 구성이 달라지는 단계별 적응형 구조(multistage adaptive testing) 도입
- Module 1에 채점되지 않는 더미 문제 출제 가능 (Reading/Listening 영역 중 한 영역에서 출제)

문장 완성 유형과 이메일 쓰기 유형이 추가된다.
- 문장 완성 유형과 이메일 쓰기 유형 추가
- 기존의 토론 글쓰기 유형은 그대로 유지
- 시험의 마지막 영역에서 세 번째 영역으로 순서 변경

문제 유형이 모두 바뀌고, 준비 시간이 없어진다.
- 따라 말하기 유형과 인터뷰 유형 추가
- 모든 유형에서 별도의 답변 준비 시간 없이 바로 답변 시작
- 시험의 세 번째 영역에서 마지막 영역으로 순서 변경

시험 소요 시간과 성적 발표 기간이 줄고, 점수 체계가 바뀐다.
- 시험 전체 소요 시간과 성적 발표 기간 감소
- 성적 체계가 0~120점 체계에서 1~6점 체계로 변경되고, 전체 점수 계산 방식이 영역별 합계에서 평균으로 변경

Updated TOEFL, 이렇게 대비하라!

■ READING

TASK 1	**Complete the Words** 단어의 철자 완성하기 (1지문 10문항) • 학술 지문에서 앞부분 절반의 철자만 제시되는 단어 10개의 뒷부분을 채워 완성하는 유형이다. • 다양한 학술 분야 주제의 지문이 70~100단어 분량으로 출제된다.
TASK 2	**Read in Daily Life** 일상 지문 읽고 문제 풀기 (1지문 2~3문항) • 이메일, 문자메시지, 광고, 공지, 기사, SNS 포스팅, 양식 등 다양한 형태의 지문이 출제된다. • 지문 길이는 15~100단어 분량으로 짧은 편이며, 일상적인 주제와 소재를 다룬다.
TASK 3	**Read an Academic Passage** 학술 지문 읽고 문제 풀기 (1지문 5문항) • 기존의 리딩 유형과 가장 유사하지만, 지문의 길이가 175~200단어로 감소했다. • 전공 심화 수준의 까다로운 내용은 출제되지 않으며, 문화적 편향 없는 보편적인 주제와 소재가 출제된다.

영역 심층 분석

1. 학술 지문의 비중이 줄고, 기본적인 어휘력과 일상생활에서 접하는 다양한 글을 읽고 이해하는 능력이 중요해진다.

2. 단계별 적응형 구조(multistage adaptive testing)가 도입된다.
   • 두 단계(Module)로 구성되며, Module 1의 결과에 따라 Module 2의 난이도와 구성이 조정된다.
   • Module 2에서 낮은 난이도의 구성이 나오면 리딩 영역 만점(6점)을 받는 것은 불가능하다.

3. 문항 당 풀이 시간은 줄어든다.
   • 전체 문항 수는 20문항에서 35~48문항으로 증가하고, 소요 시간은 약 35분에서 18~27분으로 감소했다.

핵심 대비 전략

TASK 1 풀이 시간을 단축하기 위해 어휘력을 키우고, 단어의 앞부분 철자만 보고 뒤에 이어질 철자를 채우는 연습을 한다.
• 평소에 영어로 된 글을 자주 읽으면서 다양한 단어에 익숙해진다. 특히, 단어의 정확한 철자까지 알아 둔다.
• 앞부분의 철자만 주어지고 뒷부분은 빈칸으로 주어지는 TASK 1 문제 형태에 익숙해지도록 많은 문제를 풀어 본다.

TASK 2 정답의 근거를 빠르게 찾을 수 있도록, 다양한 일상 지문의 형태와 흐름을 익힌다.
• 이메일, 메시지 대화문, 공지, 각종 양식 등, 다양한 일상 지문의 형태와 일반적인 흐름을 익힌다.

TASK 3 다양한 배경지식을 쌓고, 빠르고 정확한 독해를 통해 정답의 근거를 찾는 연습을 한다.
• 지문의 길이가 줄어도, TASK 3의 학술 지문은 여전히 난이도가 높기 때문에 빠르고 정확한 독해가 관건이다.
• 다양한 배경지식을 쌓으면 친숙하지 않은 주제의 지문을 보더라도 쉽고 빠르게 지문의 내용을 이해할 수 있다.

LISTENING

TASK 1	**Listen and Choose a Response** 문장 듣고 이어질 응답 고르기 · 7~8단어로 이루어진 한 문장을 듣고 이어질 응답을 고르는 유형이다. · 일상적인 대화 상황이 출제되며, 종종 구어체도 나온다. · 문항 당 풀이 시간은 최대 20초이다.
TASK 2	**Listen to a Conversation** 대화 듣고 문제 풀기 (1지문 2문항) · 식사, 쇼핑, 약속 등 일상적인 주제에 관한 두 사람 사이의 대화가 출제된다. · 대화 길이는 약 23초, 문항 당 풀이 시간은 최대 20초이다.
TASK 3	**Listen to an Announcement** 공지 듣고 문제 풀기 (1지문 2문항) · 대학 캠퍼스 내에서 행사, 강의, 시설 등에 대해 안내하는 공지가 출제된다. · 공지 길이는 약 21초, 문항 당 풀이 시간은 최대 20초이다.
TASK 4	**Listen to an Academic Talk** 강의 듣고 문제 풀기 (1지문 4문항) · 기존의 리스닝 강의 유형과 유사하지만, 지문의 길이가 약 1분 20초로 감소했다. · 전공 심화 수준의 까다로운 내용은 출제되지 않으며, 문화적 편향 없는 보편적인 주제와 소재가 출제된다. · 문항 당 풀이 시간은 최대 30초이다.

영역 심층 분석

1. 학술적인 내용뿐 아니라, 일상적인 주제에 대한 짧은 대화나 공지를 듣고 화자의 의도를 이해하는 능력도 평가한다.
2. 북미, 영국, 호주, 뉴질랜드 발음이 골고루 출제된다.
3. 단계별 적응형 구조(multistage adaptive testing)가 도입된다.
   · 두 단계(Module)로 구성되며, Module 1의 결과에 따라 Module 2의 난이도와 구성이 조정된다.
   · Module 2에서 낮은 난이도의 구성이 나오면 리스닝 영역 만점(6점)을 받는 것은 불가능하다.

핵심 대비 전략

TASK 1 질문을 확실하게 듣는 연습을 하고, 자주 출제되는 오답 패턴에 대비한다.
· 짧고 빠르게 지나가는 질문 문장을 놓치지 않고 들을 수 있도록 집중력을 강화한다.
· 자주 출제되는 오답 패턴을 확실히 익히고, 자주 틀리는 문제에 대해 자신이 오답을 선택한 이유를 꼼꼼하게 분석한다.

TASK 2&3 정확한 근거를 갖고 정답을 고를 수 있도록, 지문의 흐름과 내용을 정확히 파악하여 듣는 연습을 한다.
· 대화와 공지의 앞부분을 놓치지 않고 듣는 연습을 통해 주제를 확실히 파악할 수 있도록 한다.
· 일상 대화에서 자주 출제되는 구어체 표현에 익숙해진다.
· 공지의 빈출 주제와 일반적인 흐름, 자주 나오는 표현을 익힌다.

TASK 4 다양한 배경지식을 쌓고, 강의의 핵심 내용을 정리하며 듣는 연습을 한다.
· 지문의 길이가 줄어도, TASK 4의 강의는 여전히 난이도가 높기 때문에 핵심 내용을 놓치지 않고 정확히 듣는 것이 중요하다.
· 다양한 배경지식을 쌓으면 친숙하지 않은 주제의 강의를 듣더라도 내용을 정확히 파악할 수 있다.
· 평소에 문제를 풀 때 집중해서 들으며 주요 내용을 노트테이킹하는 연습을 한다.

Updated TOEFL, 이렇게 대비하라!

■ WRITING

TASK 1	**Build a Sentence** 단어 배열하여 문장 완성하기 • 완전한 형태로 주어지는 한 문장을 보고, 보기 단어를 배열하여 이어질 응답 문장을 완성하는 유형이다. • 문법적으로 정확하면서도 문맥에 맞는 자연스러운 응답이 될 수 있는 문장을 완성해야 한다. • 10문항이 출제되고, TASK 전체 제한 시간은 약 5분 50초이다.
TASK 2	**Write an Email** 이메일 쓰기 • 학교나 일상에서 일어날 법한 상황과 이메일을 쓰는 목적이 주어지고, 그에 맞춰 이메일을 작성하는 유형이다. • 일반적인 이메일의 구조에 맞게 작성해야 하며, 초대, 추천, 문제점 전달, 해결책 제안 등의 다양한 의사소통 목적에 맞는 형식과 표현을 적절히 활용해야 한다. • 7분 동안 최대한 길게 작성하도록 요구되는데, 110~130 단어 분량이 적절하다.
TASK 3	**Write for an Academic Discussion** 학술 토론 의견 쓰기 • 기존 토플에서 그대로 유지되는 유일한 유형이다. • 교수가 토론 주제를 간단히 설명하며 던진 질문과, 다른 학생 두 명의 의견을 읽고, 자신의 의견을 작성하는 유형이다. • 10분 동안 최소 100단어 이상 작성해야 한다.

영역 심층 분석

1. **기본적인 문법 규칙에 따라 문장을 쓰는 능력을 평가한다.**
   - 전달하고자 하는 의미를 제대로 전달하기 위해 지켜야 할 문법 규칙들을 잘 알고 있는지를 평가한다.

2. **온라인 의사소통 형식에 적절한 글을 쓰는 역량이 중요하다.**
   - 글을 쓰는 목적, 상대방과의 관계 등에 따라 적절한 문장 구조와 표현을 구사할 수 있어야 한다.

핵심 대비 전략

TASK 1 기본적인 영어 어순과 문법 규칙을 지키며 문장을 쓰는 연습을 한다.
- 수 일치, 시제 일치, 대명사와 접속사의 쓰임 등 기본적인 문법 규칙을 익혀 둔다.

TASK 2 이메일의 기본 구조를 익히고, 일상적인 의사소통 목적에 따라 자주 쓰는 표현을 익힌다.
- 인사말, 목적, 세부사항, 맺음말로 이어지는 이메일의 기본 구조를 지켜 답안을 작성하는 연습을 한다.
- 문의, 부탁, 항의, 감사 등 다양한 의사소통 목적 별로 자주 쓰이는 표현을 익혀 둔다.
- 평소에 많은 문제를 풀어 보며, 1~2분 동안 아웃라인을 잡고, 4~5분 동안 실제 답안을 쓰는 연습을 한다.

TASK 3 평소에 다양한 주제에 대해 브레인스토밍해 보고, 논리적인 답안을 쓰는 연습을 한다.
- 자신의 주장에 대해 논리적으로 타당한 이유와 근거를 생각해내는 연습을 한다.
- 다양한 주제에 대해 나올 수 있는 질문들과 답안에 활용할 수 있는 아이디어를 정리해 둔다.
- 평소에 2~3분 동안 답변 내용을 구상하고, 7분 동안 답안을 작성하는 연습을 한다.

SPEAKING

TASK 1	**Listen and Repeat** 문장 듣고 따라 말하기 • 음성으로만 들려주는 문장 7개를 한 개씩 듣고 그대로 따라 말하는 유형이다. • 일상 및 학교에서 접할 수 있는 시설, 행사, 절차 등에 대해 사람들에게 안내하는 상황이 제시되고, 배경이 되는 장소를 묘사한 그림이 제시된다. • 각 문장은 한 번씩만 들려주고, 3초의 간격 후에 8~12초의 답변 시간이 주어진다.
TASK 2	**Take an Interview** 인터뷰 질문에 답변하기 • 특정 주제에 대한 인터뷰 질문 4개에 답변하는 유형이다. • 교육, 사회, 과학기술, 여가 등 다양한 주제로 인터뷰가 진행된다. • 인터뷰 질문은 음성으로만 들려주고, 준비 시간 없이 바로 답변해야 한다. • 한 질문에 대한 답변 시간은 45초가 주어진다.

영역 심층 분석

1. 실생활에서의 의사소통 방식을 반영하여, 즉각적으로 적절한 말을 하는 능력을 평가한다.
   • 상대방의 말을 정확히 듣고 기억하여 그대로 전달할 수 있어야 한다.
   • 상대방의 질문에 대해 즉각적으로 자신의 의견을 타당한 이유나 근거와 함께 말할 수 있어야 한다.
2. 북미, 영국, 호주, 뉴질랜드 발음이 골고루 출제된다.

핵심 대비 전략

TASK 1 문장을 들으면서 정확히 기억하고 그대로 따라 말하는 연습을 한다.
• 쉐도잉 연습을 통해 들리는 문장을 그대로 따라 말할 수 있도록 하다.
• 다양한 안내 상황 별로 자주 출제되는 표현을 익힌다.

TASK 2 질문을 듣는 동시에 답변 내용을 생각하고 바로 말할 수 있도록 충분히 연습한다.
• 기본적인 답변 구조를 익히고 그에 맞춰 말하는 연습을 충분히 해 둔다.
• 다양한 인터뷰 주제에 대해 나올 수 있는 질문들과 답변에 활용할 수 있는 아이디어를 정리해 둔다.

해커스 토플이 제공하는 토플 정복을 위한 특별한 혜택!

01
토플 적중 예상특강
(HackersIngang.com)

해커스어학원 선생님들의 이번 달 토플 적중 예상특강 제공

02
온라인 실전모의고사
(HackersIngang.com)

출제 경향을 완벽 반영한 온라인 모의고사로 실전 완벽 대비

03
단어암기 MP3
(HackersIngang.com)

단어암기 MP3로 언제, 어디서든 효과적인 단어 학습 가능

04
토플 스피킹/라이팅 첨삭 게시판
(goHackers.com)

무제한 1:1 첨삭을 통한 확실한 실력 향상

05
토플 쉐도잉 & 말하기 연습 프로그램
(goHackers.com)

쉐도잉 & 말하기 반복 훈련으로 빠른 실력 향상

06
토플 자료 및 유학 정보
(goHackers.com)

성공적인 토플 학습방법부터 유학 정보와 다양한 무료 학습자료까지 풍부한 정보 제공

HACKERS
Updated
TOEFL
READING BASIC

무료 토플자료·유학정보 제공

goHackers.com

『Hackers Updated TOEFL Reading Basic』을 내면서

해커스 토플은 단순한 시험 대비를 넘어, 여러분의 실질적인 영어 실력 향상에 도움이 되고자 하는 작은 진심으로 출발했습니다. 해커스 토플 전 시리즈가 오랜 세월 **베스트셀러를 넘어 스테디셀러로 자리**할 수 있었던 이유는, 늘 **처음과 같은 마음으로** 더 좋은 책을 만들기 위해 고민하고, 최신 경향을 반영하기 위해 끊임없이 노력하기 때문입니다.

이번 『Hackers Updated TOEFL Basic』 시리즈 또한 해커스의 전문성과 축적된 노하우를 바탕으로, 변화된 시험의 모든 유형을 면밀히 분석하고 정교한 문제 해결 전략을 담아 **기본부터 실전까지 대비할 수 있는 완결판**으로 완성하였습니다.

영어 독해의 기본을 확실히 잡습니다!
『Hackers Updated TOEFL Reading Basic (iBT)』은 영어 독해를 위한 기본서로, 단순히 문장 해석과 문제 풀이에서 그치지 않고 학습자 스스로 '왜 답이 되는지', '왜 답이 되지 못하는지'에 대한 논리적인 사고를 통해 제대로 된 독해 학습이 가능하도록 하였습니다.

체계적인 구성과 풍부한 문제로 실전도 문제없습니다!
독해 기초가 되는 문법과 문장 해석 방법을 학습하며 기본기를 다지고, Updated TOEFL의 경향을 반영한 풍부한 양의 연습 문제와 실전 문제를 풀어봄으로써 문제 유형에 대한 이해도를 높이고 실전 감각까지 익힐 수 있도록 하였습니다.

『Hackers Updated TOEFL Reading Basic (iBT)』이 여러분의 토플 목표 점수 달성에 확실한 해결책이 될 뿐 아니라, 실질적인 영어 실력의 향상과 함께 더 큰 꿈을 향해 나아가는 길에서 **든든한 동반자**가 되기를 소망합니다.

David Cho
& 해커스어학연구소

CONTENTS

『해커스 토플 리딩 베이직』이 특별한 이유   6
TOEFL iBT 소개   10
TOEFL iBT Reading 소개   12
TOEFL iBT Reading 화면 구성   14
나만의 학습플랜   16

리딩을 위한 기본기 다지기

Day 01 독해에 필요한 기초 문법 익히기   22
Day 02 문장의 필수 성분 해석하기   34
Day 03 다양한 수식어 해석하기   44

TASK ❶ 단어 완성하기 Complete the Words

Introduction   56
Day 04 해석 없이 바로 채우는 빈칸   58
Day 05 문맥으로 채우는 빈칸   70
Day 06 Task Test   84

Hackers
Updated TOEFL
Reading Basic

TASK ❷ 일상 지문 읽고 문제 풀기 Read in Daily Life

Introduction		92
Day 07	이메일/메시지 대화문	94
Day 08	공지/광고	108
Day 09	소셜 미디어 게시글/기사	120
Day 10	양식/일정표	134
Day 11	영수증/메뉴	146
Day 12	Task Test	160

TASK ❸ 학술 지문 읽고 문제 풀기 Read an Academic Passage

Introduction		170
Day 13	주제 문제	172
Day 14	세부 사항 문제	184
Day 15	일치/불일치 문제	196
Day 16	어휘 문제	208
Day 17	수사적 의도 문제	220
Day 18	추론 문제	232
Day 19	삽입 문제	244
Day 20	Task Test	256

📄 **Actual Test** 265

📖 정답·해석·해설 277
[책 속의 책]

『해커스 토플 리딩 베이직』이 특별한 이유!

01 20일 완성, Reading 기본서!

▍영어 독해의 기본서

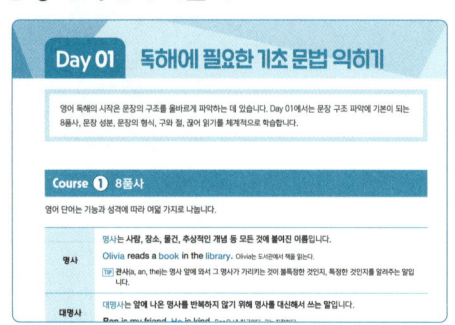

토플 리딩뿐만 아니라 각종 시험을 준비하거나 일반 영어 독해 실력을 향상시키고자 하는 모든 사람들이 독해의 기본을 다질 수 있도록 하는 데 중점을 두었습니다. **영어 독해의 기본 전략부터 유형별 문제 풀이 전략까지 이 한 권으로 모두 학습**할 수 있습니다.

▍맞춤형 학습플랜

레벨테스트를 통해 자신의 실력을 미리 진단하고, **자신에게 가장 잘 맞는 학습플랜을 선택하여 학습**할 수 있습니다.

02 기본부터 실전까지 체계적인 Reading 학습!

기본기 다지기

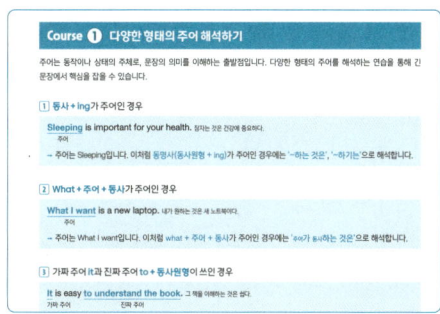

독해 기초 문법부터 문장 성분에 따른 해석 방법까지 **영어 문장을 해석하는 데 꼭 필요한 기본기들을 학습**하여 영어 독해의 탄탄한 기반을 다질 수 있도록 하였습니다.

Task 유형별 학습

Task별 문제 유형을 상세히 학습하며 **최적화된 문제 풀이 전략을 익히고**, Daily Check-up과 Daily Test를 통해 **문제에 바로 적용**해볼 수 있습니다. 각 Task의 마지막 Day에서는 여러 유형의 문제들이 혼합된 실전 형태의 Task Test를 통해, 앞에서 학습한 내용을 바탕으로 **실전처럼 풀어볼** 수 있습니다.

Actual Test

이 책의 최종 마무리 단계로, 한 회분의 실전 테스트를 수록하였습니다. **실제 Updated TOEFL Reading 시험과 동일한 형식을 갖춘 문제를 풀어봄**으로써, 실전에 효과적으로 대비할 수 있습니다.

『해커스 토플 리딩 베이직』이 특별한 이유!

03 정확한 해석·해설을 통한 문제 이해로 실력 UP!

▎해석

독해에 어려움을 느끼는 초보 학습자들이 지문의 내용과 문제를 바르게 이해하며 공부할 수 있도록 **모든 지문, 문제 및 선택지에 대한 정확한 해석**을 제공합니다.

▎해설/정답단서

교재에 수록된 모든 문제에 대해 친절하고 상세한 해설을 수록하였습니다. 각 문제의 정답의 단서 또한 함께 제공하여 **정답과 오답의 근거를 정확하게 파악**할 수 있도록 하였습니다.

04 해커스만의 다양한 학습자료 제공!

고우해커스(goHackers.com)

온라인 토론과 정보 공유의 장인 **고우해커스(goHackers.com)** 사이트에서 다른 학습자들과 함께 교재 내용에 관한 문의사항을 나누고 학습 내용을 토론할 수 있으며, **다양한 무료 학습자료**와 TOEFL 시험 및 유학에 대한 풍부한 정보도 얻을 수 있습니다.

해커스인강(HackersIngang.com)

해커스인강(HackersIngang.com) 사이트에서 **교재에 수록된 단어 및 표현의 단어암기 MP3**를 무료로 제공받을 수 있습니다. 또한, 교재 학습 시 **온라인강의**를 수강하면 선생님의 상세한 설명을 통해 영어 독해에 필요한 기본기 및 토플 리딩 문제 유형별 전략을 좀더 깊이 있고 체계적으로 학습할 수 있습니다.

TOEFL iBT 소개

▍TOEFL iBT란?

TOEFL(Test of English as a Foreign Language) iBT(Internet-based test)는 미국의 비영리기관인 ETS(Educational Testing Service)에서 주관하는 국제 공인 영어 시험으로, 영어가 모국어가 아닌 수험자의 영어 실력을 읽기·듣기·쓰기·말하기 네 영역으로 나누어 평가합니다. 2026년 1월 21일부터 바뀌는 Updated TOEFL 시험은 Reading, Listening, Writing, Speaking 영역의 순서로 진행됩니다. Reading과 Listening 영역은 각 응시자의 Module 1 채점 결과에 따라 Module 2의 난이도와 구성이 달라지는 단계별 적응형 구조(multistage adaptive testing)로 진행됩니다.

▍TOEFL iBT 시험 구성

영역	TASK		문항 수	시험 시간	점수
Reading	TASK 1	Complete the Word	35~48문항 · Module 1: 20~33문항 · Module 2: 15문항	약 18~27분	1~6점
	TASK 2	Read in Daily Life (1지문 2~3문항)			
	TASK 3	Read an Academic Passage (1지문 5문항)			
Listening	TASK 1	Listen and Choose a Response	35~45문항 · Module 1: 20~30문항 · Module 2: 15문항	약 18~27분	1~6점
	TASK 2	Listen to a Conversation (1지문 2문항)			
	TASK 3	Listen to an Announcement (1지문 2문항)			
	TASK 4	Listen to an Academic Talk (1지문 4문항)			
Writing	TASK 1	Build a Sentence	12문항	약 23분	1~6점
	TASK 2	Write an Email			
	TASK 3	Write for an Academic Discussion			
Speaking	TASK 1	Listen and Repeat (1세트 7문항)	11문항	약 8분	1~6점
	TASK 2	Take an Interview (1세트 4문항)			
				약 2시간	1~6점

· Reading 또는 Listening 중 한 영역의 Module 1에서 더미 문제가 출제됩니다.
· Reading과 Listening 영역의 Module 1에서는 모든 TASK가 출제되지만, Module 2에서는 난이도에 따라 일부 TASK만 출제됩니다.

Hackers
Updated TOEFL
Reading Basic

■ TOEFL iBT 점수 체계

2026년 1월 21일 시행되는 Updated TOEFL은 세계적으로 널리 쓰이는 외국어 능력 공통 기준인 CEFR(Common European Framework of Reference for Languages) 6단계와 직관적으로 연계되는 1~6점 구간 점수제(banded scoring scale)를 도입합니다. 각 영역 점수와 총점은 0.5점 단위로 올라가는 1~6점 점수대로 표시되고, 총점은 4개 영역 점수의 평균값을 가장 가까운 0.5 단위로 반올림하여 산출합니다. (예: 4개 영역 점수 평균이 5.25이면, 총점은 5.5로 표기)

* Updated TOEFL 시행 2년 동안은 기존의 0~120점 점수대도 함께 표기됩니다.

TOEFL 점수와 CEFR Level 환산표

TOEFL 점수	1.0	1.5	2.0	2.5	3.0	3.5	4.0	4.5	5.0	5.5	6.0
CEFR Leve	A1		A2		B1		B2		C1		C2

■ TOEFL iBT 접수 및 성적 확인

실시일	· ETS Test Center 시험: 일주일에 약 2~3일 실시 · 홈에디션 시험: 일주일에 약 4~5일 실시
시험 장소	· ETS Test Center에서 치르거나, 집에서 홈에디션 시험으로 응시 가능
접수 방법	· ETS 토플 웹사이트 또는 전화상으로 접수
시험 당일 준비물	· 공인된 신분증 원본 반드시 지참 (자세한 신분증 규정은 ETS 토플 웹사이트에서 확인 가능) 홈에디션 시험에 응시할 경우, 사전에 ETS 토플 웹사이트에서 필요한 프로그램 설치 및 준비물 확인하여 지참
성적 및 리포팅	· 시험 응시 후 바로 Reading/Listening 영역 비공식 점수 확인 가능 · 시험 응시일로부터 72시간 후에 온라인으로 성적 확인 가능 · 시험 접수 시, 자동으로 성적 리포팅 받을 기관 선택 가능 · MyBest Scores 제도 시행 　(최근 2년간의 시험 성적 중 영역별 최고 점수 합산하여 유효 성적으로 인정)

TOEFL iBT Reading 소개

TOEFL iBT Reading 영역은 영어를 사용하는 국가의 대학 또는 일상 생활에서 접할 수 있는 다양한 글을 읽고 이해하는 능력을 평가합니다. 문제에 답하기 위해 해당 지문에 관한 특별한 지식이 필요하지는 않으며 문제를 푸는 데 필요한 모든 정보는 지문에서 찾을 수 있습니다.

■ TOEFL iBT Reading 구성

TOEFL iBT Reading 영역은 두 개의 Module로 구성되며, Module 1의 결과에 따라 Module 2의 구성과 난이도가 달라지는 단계별 적응형 구조(multistage adaptive testing)로 진행됩니다. Module 1에서는 세 가지 TASK가 모두 출제되지만, Module 2에서는 난이도에 따라 출제되는 TASK가 달라집니다. 또한, Module 1에서는 더미 문제가 출제될 수 있습니다.

Module 1	
TASK 1 Complete the Words	10~20문항 (1~2지문)
TASK 2 Read in Daily Life	5~8문항 (2~3지문)
TASK 3 Read an Academic Passage	5~10문항 (1~2지문)
	총 20~33문항

Module 1의 결과에 따라 Module 2의 구성과 난이도가 달라집니다.

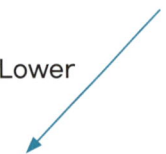 Lower　　 Upper

Module 2: Lower	
TASK 1 Complete the Words	10문항 (1지문)
TASK 2 Read in Daily Life	5문항 (2지문)
TASK 3 Read an Academic Passage	0문항
	총 15문항

Module 2: Upper	
TASK 1 Complete the Words	10문항 (1지문)
TASK 2 Read in Daily Life	0문항
TASK 3 Read an Academic Passage	5문항 (1지문)
	총 15문항

■ TOEFL iBT Reading TASK 별 특징

TASK 1 Complete the Words (1지문 10문항)

학술 지문에서 앞부분 절반의 철자만 제시된 단어 10개의 뒷부분 빈칸을 채워 단어를 완성하는 유형입니다. 지문의 길이는 70~100단어 정도이며, 첫 문장은 빈칸이 없이 완전한 문장으로 제시됩니다. 빈칸을 마우스로 클릭한 뒤 철자를 입력하면 다음 빈칸으로 넘어가며, 문제 내에서의 이동이 자유롭습니다.

TASK 2 Read in Daily Life (1지문 2~3문항)

이메일, 문자 메시지, 광고 등 일상 생활에서 흔히 접할 수 있는 지문을 읽고 지문 내용과 관련된 문제의 답을 고르는 유형입니다. 지문의 길이는 15~150단어 정도이며, 지문의 길이에 따라 한 지문에서 2문항 또는 3문항이 출제됩니다.

TASK 3 Read an Academic Passage (1지문 5문항)

학술 주제 지문을 읽고 지문 내용과 관련된 문제의 답을 고르는 유형입니다. 인문학, 예술, 사회과학, 물리과학, 자연과학 등 다양한 학문 분야의 주제를 다루며, 영어권 고등학교 또는 대학교 교과서에 등장하는 수준으로 출제됩니다. 지문의 길이는 175~200단어 정도이며, 한 지문에 5문항이 출제됩니다.

TOEFL iBT Reading 화면 구성

1. Reading Direction 화면

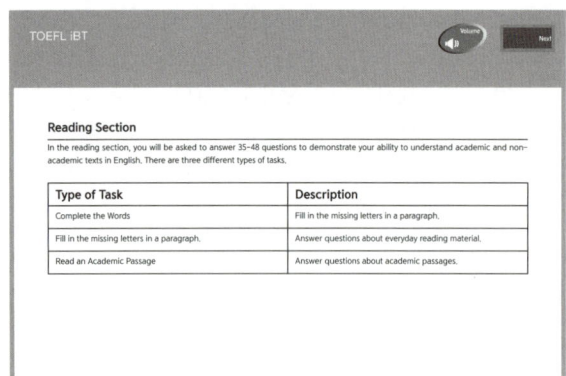

리딩 시험에 대한 전반적인 설명이 주어지는 화면입니다. 총 35-48문항이 출제되고, 크게 3가지 TASK로 구성된다는 설명이 나옵니다.

2. Module 시작 화면

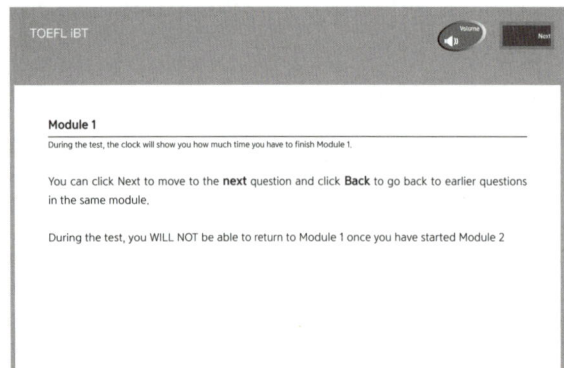

Module 진행 방식에 대한 설명이 주어지는 화면입니다. 화면에서 Module 제한 시간이 표시되며, 같은 Module 안에서는 Next 버튼과 Back 버튼을 사용하여 문제 간 이동이 가능하다는 설명이 나옵니다.

3. TASK 1 지문과 문제 화면

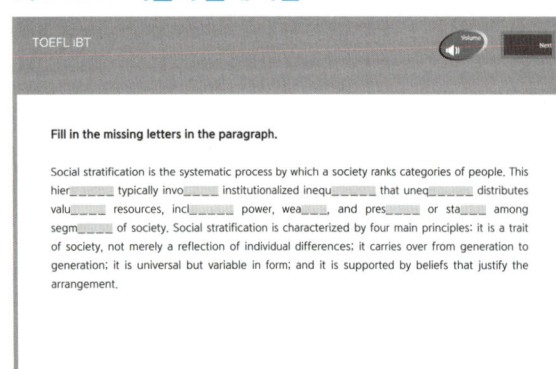

뒷부분 절반이 빈칸으로 제시되는 단어 10개가 포함된 지문이 제시됩니다. 채우고 싶은 빈칸을 클릭한 후, 철자를 입력하면 다음 빈칸으로 자동으로 넘어갑니다. Next 버튼을 클릭하여 다음 문제로 넘어갈 수 있습니다.

4. TASK 2~3 지문과 문제 화면

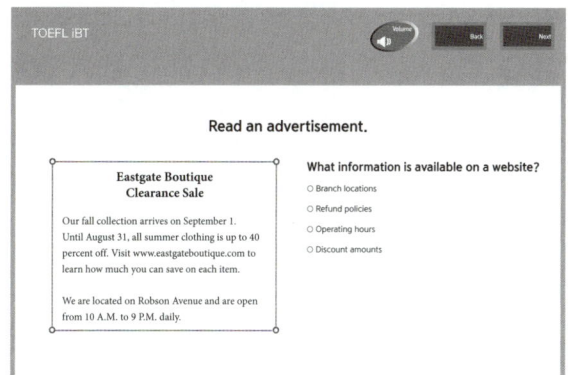

화면 왼쪽에 지문이 제시되고, 오른쪽에 문제가 한 개씩 제시됩니다. 보기 앞에 있는 칸을 클릭하여 답을 표시합니다. Next 버튼을 클릭하여 다음 문제로 넘어가거나, Back 버튼을 클릭하여 이전 문제로 돌아갈 수 있습니다.

5. Module 종료 화면

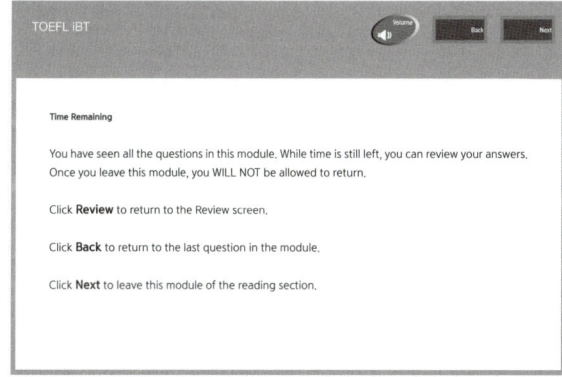

Module을 종료하면 나오는 화면입니다. Back 버튼을 누르면 자신의 정답을 다시 점검할 수 있습니다. Next 버튼을 클릭하면 다음 Module이나 다음 영역으로 넘어갑니다.

나만의 학습플랜

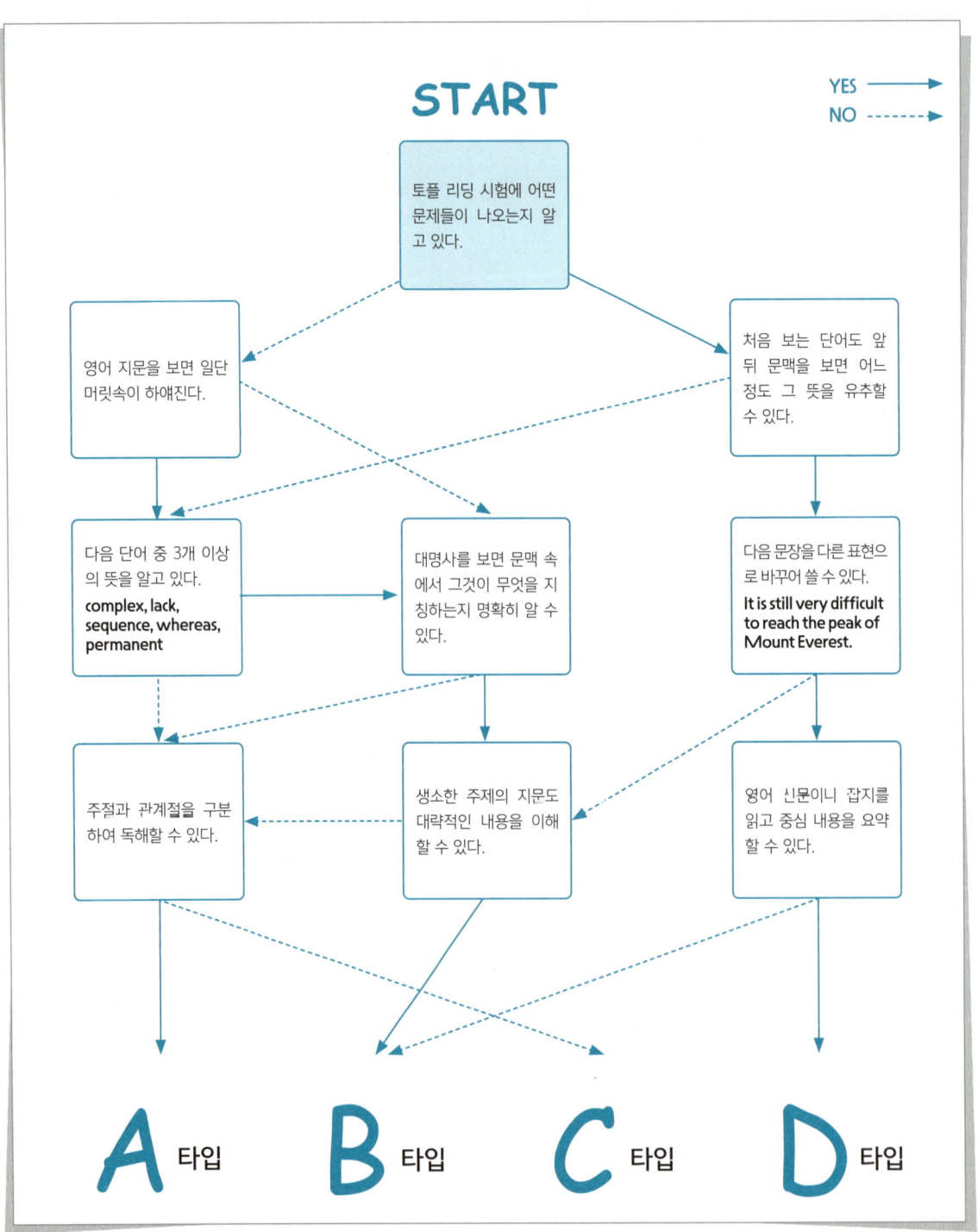

Hackers
Updated TOEFL
Reading Basic

A 타입 : **독해 실력**을 탄탄하게 다져야 하는 당신!

영어가 낯설지는 않지만 정확한 독해에 대한 자신감이 부족한 상황이네요. 시간이 좀 걸리더라도 모든 지문과 문제를 정확하게 해석하는 연습을 통해 확실히 내 것으로 만드는 것이 좋겠습니다. 학습플랜에 따라 20일 동안 공부하세요.

20일 학습플랜

1일 차	2일 차	3일 차	4일 차	5일 차
☐ Day 01	☐ Day 02	☐ Day 03	☐ Day 04	☐ Day 05
6일 차	**7일 차**	**8일 차**	**9일 차**	**10일 차**
☐ Day 06	☐ Day 07	☐ Day 8	☐ Day 09	☐ Day 10
11일 차	**12일 차**	**13일 차**	**14일 차**	**15일 차**
☐ Day 11	☐ Day 12	☐ Day 13	☐ Day 14	☐ Day 15
16일 차	**17일 차**	**18일 차**	**19일 차**	**20일 차**
☐ Day 16	☐ Day 17	☐ Day 18	☐ Day 19	☐ Day 20 ☐ Actual Test

*매일 학습이 완료되면 체크(v) 표시합니다.

B 타입 : **문제 풀이 능력**을 키워야 하는 당신!

기본 독해 실력은 어느 정도 갖추고 있지만, 읽은 영어를 이해하고 활용하는 능력이 아직은 부족하네요. 문제 유형별 핵심 전략을 꼼꼼히 학습하고, 이를 적용하여 문제를 푸는 데 주력하세요. 학습플랜에 따라 15일 동안 공부하세요.

15일 학습플랜

1일 차	2일 차	3일 차	4일 차	5일 차
☐ Day 01 ☐ Day 02	☐ Day 03	☐ Day 04 ☐ Day 05	☐ Day 06	☐ Day 07 ☐ Day 08
6일 차	**7일 차**	**8일 차**	**9일 차**	**10일 차**
☐ Day 09	☐ Day 10 ☐ Day 11	☐ Day 12	☐ Day 13 ☐ Day 14	☐ Day 15
11일 차	**12일 차**	**13일 차**	**14일 차**	**15일 차**
☐ Day 16 ☐ Day 17	☐ Day 18	☐ Day 19	☐ Day 20	☐ Actual Test

*매일 학습이 완료되면 체크(v) 표시합니다.

나만의 학습플랜

C 타입 : 차근차근 **독해의 기초**부터 다져야 하는 당신!

이제 독해의 첫걸음을 막 떼려 하는군요. 영어와 친숙하지 않은 지금은 무조건 읽고 문제 풀고 채점하는 것은 의미가 없습니다. 학습플랜에 따라 20일 동안 차근차근 공부하고, 10일 동안 같은 내용을 다시 한번 복습하는 것이 좋겠습니다.

30일 학습플랜

1일 차	2일 차	3일 차	4일 차	5일 차
☐ Day 01	☐ Day 02	☐ Day 03	☐ Day 04	☐ Day 05
6일 차	**7일 차**	**8일 차**	**9일 차**	**10일 차**
☐ Day 06	☐ Day 07	☐ Day 8	☐ Day 09	☐ Day 10
11일 차	**12일 차**	**13일 차**	**14일 차**	**15일 차**
☐ Day 11	☐ Day 12	☐ Day 13	☐ Day 14	☐ Day 15
16일 차	**17일 차**	**18일 차**	**19일 차**	**20일 차**
☐ Day 16	☐ Day 17	☐ Day 18	☐ Day 19	☐ Day 20 ☐ Actual Test
21일 차	**22일 차**	**23일 차**	**24일 차**	**25일 차**
☐ Day 01 복습 ☐ Day 02 복습	☐ Day 03 복습 ☐ Day 04 복습	☐ Day 05 복습 ☐ Day 06 복습	☐ Day 07 복습 ☐ Day 08 복습	☐ Day 09 복습 ☐ Day 10 복습
26일 차	**27일 차**	**28일 차**	**29일 차**	**30일 차**
☐ Day 11 복습 ☐ Day 12 복습	☐ Day 13 복습 ☐ Day 14 복습	☐ Day 15 복습 ☐ Day 16 복습	☐ Day 17 복습 ☐ Day 18 복습	☐ Day 19 복습 ☐ Day 20 복습 ☐ Actual Test 복습

*매일 학습이 완료되면 체크(v) 표시합니다.

Hackers
Updated TOEFL
Reading Basic

D 타입 : TOEFL 리딩 실전 감각을 익혀야 하는 당신!

독해력도, 문제 풀이 능력도 이미 모두 갖추고 있으니, 이제 토플 시험에 대한 실전 감각만 키우면 바로 시험에 도전해도 되겠네요. 학습플랜에 따라 10일 만에 끝내세요.

10일 학습플랜

1일 차	2일 차	3일 차	4일 차	5일 차
☐ Day 01 ☐ Day 02 ☐ Day 03	☐ Day 04 ☐ Day 05 ☐ Day 06	☐ Day 07 ☐ Day 08	☐ Day 09 ☐ Day 10	☐ Day 11 ☐ Day 12
6일 차	**7일 차**	**8일 차**	**9일 차**	**10일 차**
☐ Day 13 ☐ Day 14	☐ Day 15 ☐ Day 16	☐ Day 17 ☐ Day 18	☐ Day 19 ☐ Day 20	☐ Actual Test

*매일 학습이 완료되면 체크(v) 표시합니다.

교재 학습 TIP

1. 매일 제시되는 본문 내용을 충분히 학습한 뒤, Check-up과 Daily Test를 풀고 자신이 취약한 부분이 무엇인지 체크해 보세요. 부족한 부분은 본문을 참고하여 복습하세요.

2. Actual Test를 풀 때에는 앞에서 학습한 모든 내용을 종합하여 실전처럼 풀어 보세요.

3. 문제를 푼 후에는 단순히 답을 맞추는 데 그치지 말고, '왜 그것이 답이 되는지', 또는 '왜 그것이 답이 안 되는지'를 전략에 비추어 꼼꼼하게 분석하고 확인하세요.

4. 복습을 할 때에는 문장 구조를 분석하면서 정독하는 것이 좋습니다.

5. 스터디 학습을 할 때에는 각자 문제 유형 및 전략 부분을 충분히 학습한 후, 팀원들과 함께 시간을 정해 놓고 문제를 풀어 보세요. 채점을 하기 전에 답에 대해 먼저 토론하는 것이 좋은데, 이때 전략에 따른 논리적인 문제 풀이 방법을 제시하는 것이 중요합니다. 또한, 매주 학습하는 지문의 단어들에 대해서는 날짜를 정해 시험을 보고, 확실하게 암기했는지 서로 확인해 보세요. 문제를 푼 뒤에는 자신이 취약한 부분을 파악하여 그 부분을 중점적으로 복습하세요.

무료 토플자료 · 유학정보 제공

goHackers.com

Hackers
Updated TOEFL
Reading Basic

리딩을 위한 기본기 다지기

Day 01 독해에 필요한 기초 문법 익히기
Day 02 문장의 필수 성분 해석하기
Day 03 다양한 수식어 해석하기

Day 01 독해에 필요한 기초 문법 익히기

영어 독해의 시작은 문장의 구조를 올바르게 파악하는 데 있습니다. Day 01에서는 문장 구조 파악에 기본이 되는 8품사, 문장 성분, 문장의 형식, 구와 절, 끊어 읽기를 체계적으로 학습합니다.

Course ❶ 8품사

영어 단어는 기능과 성격에 따라 여덟 가지로 나눕니다.

명사	명사는 사람, 장소, 물건, 추상적인 개념 등 모든 것에 붙여진 이름입니다. Olivia reads a book in the library. Olivia는 도서관에서 책을 읽는다. TIP 관사(a, an, the)는 명사 앞에 와서 그 명사가 가리키는 것이 불특정한 것인지, 특정한 것인지를 알려주는 말입니다.
대명사	대명사는 앞에 나온 명사를 반복하지 않기 위해 명사를 대신해서 쓰는 말입니다. Ben is my friend. He is kind. Ben은 내 친구이다. 그는 친절하다.
동사	동사는 사람, 동물, 사물 등의 동작이나 상태를 나타내는 말입니다. We went to the zoo. 우리는 동물원에 갔다.
형용사	형용사는 명사와 대명사를 꾸며서 성질이나 상태를 나타내는 말입니다. Jen has a beautiful voice. Jen은 아름다운 목소리를 가지고 있다.
부사	부사는 동사, 형용사, 다른 부사, 또는 문장 전체를 꾸며 주는 말입니다. The stars shine brightly in the sky. 별들이 하늘에서 밝게 빛난다.
전치사	전치사는 명사나 대명사 앞에 와서 시간, 장소, 방향, 방법 등을 나타내는 말입니다. I ride my bike on the street after school. 나는 방과 후에 길에서 자전거를 탄다.
접속사	접속사는 단어와 단어, 구와 구, 절과 절을 연결하는 말입니다. It is sunny and warm today. 오늘은 맑고 따뜻하다.
감탄사	감탄사는 기쁨, 놀람, 슬픔과 같은 다양한 감정을 표현하는 말입니다. Oops, I forgot to bring my umbrella. 이런, 우산을 갖고 오는 것을 잊었어.

✅ Check-up

밑줄 친 단어의 품사를 적은 후, 문장을 우리말로 해석하세요.

01 <u>Einstein</u> is a <u>famous</u> physicist.

02 The <u>cafeteria</u> will close <u>early</u> on Friday.

03 <u>We</u> had a <u>great</u> time at the party last night.

04 The room was <u>small</u>, <u>but</u> it felt cozy.

05 Oceans <u>cover</u> most of Earth's surface.

06 Bats <u>sleep</u> <u>during</u> the day.

07 Amy <u>always</u> speaks <u>very</u> clearly.

08 <u>Fortunately</u>, I found the missing report <u>at</u> the office.

09 Earth <u>revolves</u> around the <u>Sun</u>.

10 <u>Wow</u>! You look <u>amazing</u> today.

정답·해석·해설 p.278

Course 2 문장 성분

영어 문장을 구성하는 요소들을 역할에 따라 구분한 것을 문장 성분이라고 합니다.

주어	**주어**는 동작이나 상태의 주체가 되는 말로, 문장에서 '**누가**,' '**무엇이**'에 해당합니다. <u>Birds</u> sing. 새들이 노래한다. 　주어
동사	**동사**는 주어의 동작이나 상태를 나타내는 말로, 문장에서 '**~하다**,' '**~이다**'에 해당합니다. It <u>rained</u>. 비가 내렸다. 　　동사
목적어	**목적어**는 동사가 나타내는 동작의 대상이 되는 말입니다. 문장에서 '**누구를**', '**무엇을**'에 해당합니다. Lucas opened <u>the door</u>. Lucas는 문을 열었다. 　　　　　　목적어
보어	**보어**는 주어나 목적어를 보충 설명해주는 말입니다. 주어를 보충 설명해주는 주격 보어와 목적어를 보충 설명해주는 목적격 보어가 있습니다. <u>I</u> am <u>happy</u>. 나는 행복하다. 주어　　주격 보어 This movie made <u>me</u> <u>happy</u>. 이 영화는 나를 행복하게 해주었다. 　　　　　　목적어 목적격 보어
수식어	**수식어**는 문장에서 필수적이지는 않지만 부가적인 내용을 더해주는 말입니다. 문장에서 다른 문장 성분이나 문장 전체를 꾸며줍니다. Emily runs <u>very</u> fast. Emily는 매우 빠르게 달린다. 　　　　　수식어

✓ Check-up

🖊 밑줄 친 부분의 문장 성분을 적은 후, 문장을 우리말로 해석하세요.

01 The news shocked everyone.

02 Birds migrate in winter.

03 We eat fresh fruit every morning.

04 The team elected John captain.

05 The sky suddenly became dark.

06 Julian bought a gift for his sister.

07 The soup tastes delicious.

08 The meeting started on time.

09 Emma called her friends last night.

10 I painted the wall blue.

정답·해석·해설 p.278

Course 3 문장의 5형식

영어 문장은 주어와 동사, 목적어, 보어의 조합에 따라 다섯 가지 기본 형식을 취하고 이를 문장의 5형식이라고 합니다.

1형식

주어 + 동사

1형식은 주어와 동사만으로도 완전한 의미를 이루는 문장입니다. sleep(자다), go(가다)와 같은 동사들이 주로 1형식 문장을 만듭니다.

The baby sleeps. 아기가 잔다.
　주어　　동사

2형식

주어 + 동사 + 주격 보어

2형식은 주어와 동사 뒤에 주격 보어가 와야 완전해지는 문장입니다. look(~처럼 보이다), is(~이다), become(~이 되다)과 같은 동사들이 주로 2형식 문장을 만듭니다.

You look happy. 너는 행복해 보인다.
　주어　동사　주격 보어

3형식

주어 + 동사 + 목적어

3형식은 주어와 동사 뒤에 목적어가 와야 완전해지는 문장입니다. love(~을 사랑하다), meet(~을 만나다)과 같은 동사들이 주로 3형식 문장을 만듭니다.

John loves music. John은 음악을 사랑한다.
　주어　동사　목적어

4형식

주어 + 동사 + 간접 목적어 + 직접 목적어

4형식은 주어와 동사 뒤에 간접 목적어와 직접 목적어가 함께 와야 완전해지는 문장입니다. give(~에게 ~을 주다), send(~에게 ~을 보내다)와 같은 동사들이 주로 4형식 문장을 만듭니다.

Sandra gave me a present. Sandra는 나에게 선물을 주었다.
　주어　　동사　간접목적어 직접목적어

5형식

주어 + 동사 + 목적어 + 목적격 보어

5형식은 주어와 동사 뒤에 목적어와 목적격 보어가 와야 완전해지는 문장입니다. make(~을 ~하게 만들다), call(~을 ~이라고 부르다)과 같은 동사들이 주로 5형식 문장을 만듭니다.

The test made me nervous. 그 시험은 나를 긴장하게 만들었다.
　주어　　동사　목적어 목적격 보어

✅ Check-up

📝 문장의 형식과 밑줄 친 부분의 문장 성분을 적은 후, 문장을 우리말로 해석하세요.

01 The lecture was very difficult.

02 Jamie sent his professor an email.

03 Pedro bought a new laptop.

04 Mr. Patel became a doctor last year.

05 The scientist discovered a new planet.

06 We named our baby Olivia.

07 New species emerged after the ice age.

08 Seoul is the capital of South Korea.

09 The guide told the tourists an interesting story.

10 Historians call the period the Middle Ages.

정답·해석·해설 p.278

Course 4 구와 절

두 개 이상의 단어가 모여 하나의 의미를 이루는 것을 구나 절이라고 합니다. 구는 주어와 동사를 포함하지 않고, 절은 주어와 동사를 포함합니다. 구와 절은 문장에서 명사, 형용사, 부사 역할을 할 수 있습니다.

명사 역할	명사 역할을 하는 명사구와 명사절은 문장 안에서 명사처럼 주어, 목적어, 보어로 쓰입니다. 명사구 **Taking a walk** reduces stress. 산책하는 것은 스트레스를 줄인다. 　　　　　주어 명사절 I know **that she is honest**. 나는 그녀가 정직하다는 것을 안다. 　　　　　　　　목적어
형용사 역할	형용사 역할을 하는 형용사구와 형용사절은 형용사처럼 명사와 대명사를 꾸며줍니다. 형용사구 I live in a city **by the river**. 나는 강가에 있는 도시에서 산다. 　　　　　　　　↑　　명사 수식 형용사절 (관계절) Paris is a city **that many tourists love**. 파리는 많은 관광객들이 사랑하는 도시이다. 　　　　　　　　　↑　　　명사 수식
부사 역할	부사 역할을 하는 부사구와 부사절은 부사처럼 동사, 형용사, 다른 부사, 또는 문장 전체를 꾸며줍니다. 부사구 The kids play **in the park**. 아이들이 공원에서 논다. 　　　　　　　↑　동사 수식 부사절 Call me **when you get home**. 집에 도착하면 내게 전화해. 　　　↑　　문장 전체 수식

✓ Check-up

밑줄 친 부분에 유의하여 문장을 우리말로 해석하세요.

01 Sandra really loves reading mystery novels.

02 I drink coffee in the morning.

03 Jerry likes shirts with bright colors.

04 Mark didn't go out because he was tired.

05 This is the house where I grew up.

06 The sound of rain helps me sleep.

07 Do you remember where you parked your car?

08 Everyone knows that she is kind.

09 I always take a shower after I exercise.

10 The girl who is wearing a red hat is my sister.

정답·해석·해설 p.279

Course ⑤ 문장 끊어 읽기

앞서 배운 품사, 문장 성분, 문장 형식, 구와 절을 바탕으로 하여 긴 문장을 단계별로 끊어 읽는 전략을 학습합니다.

1단계 동사 앞에서 끊는다.

먼저 문장을 쭉 훑어보며, 동사를 찾아 그 앞에서 끊습니다. 끊은 곳을 중심으로 앞은 주어가 속한 부분, 뒤는 동사가 속한 부분으로 나뉘게 됩니다.

　　　　　　주어가 속한 부분　　　　　　동사가 속한 부분
Last Friday, a coworker on my team / brought snacks for everyone.
　　　　　　　　　　　　　　　　　　　동사

2단계 동사 뒤에서 끊는다.

이제 동사 뒤에서 한 번 더 끊습니다. 끊은 곳 뒤는 주로 목적어 또는 보어가 속한 부분이 됩니다.

　　　　　　　　　　　　　　　　　　　　　　목적어가 속한 부분
Last Friday, a coworker on my team / brought / snacks for everyone.
　　　　　　　　　　　　　　　　　　동사

3단계 수식어를 괄호로 묶는다.

이번엔 문장 안에 있는 수식어를 괄호 안에 묶어 넣습니다.

(Last Friday), a coworker (on my team) / brought / snacks (for everyone).
　　수식어　　　　　　　　　수식어　　　　　　　　　　　　수식어

4단계 문장 구조를 파악한다.

이제 문장을 복잡하게 하는 부가 성분인 수식어를 구분했으니, 문장의 필수 성분인 주어와 목적어 또는 보어를 찾아서 문장 구조를 파악합니다.

(Last Friday), a coworker (on my team) / brought / snacks (for everyone).
　　　　　　　주어　　　　　　　　　　　동사　　목적어

5단계 전체를 해석한다.

문장 구조를 파악했으면, 이제 문장의 필수 성분을 중심으로 문장의 핵심 의미를 파악하고 여기에 수식어를 덧붙여 해석합니다.

(Last Friday), a coworker (on my team) / brought / snacks (for everyone).
　지난 금요일　　한 동료가　　내 팀의　　　가져왔다　간식을　　모두를 위한.

✓ Check-up

✎ 끊어 읽기(/) 표시하고 수식어에는 괄호 표시한 후, 문장을 우리말로 해석하세요.

01 The building across the street is a coffee shop with free Wi-Fi.

02 In the living room, a vase with fresh flowers sits on the coffee table.

03 In 1969, a team of American astronauts successfully landed on the Moon.

04 A scientist from Japan discovered a new species in the Pacific Ocean.

05 This summer, students from France visited a museum in New York City.

06 Last Friday, an author of historical novels published a new book about ancient Rome.

07 Inside the train station, a woman in a black coat looked very nervous.

08 I was late for my morning class because of the traffic jam.

09 After a long day at work, Brett relaxed on the sofa with a warm cup of tea.

10 Children from the neighborhood played soccer in the schoolyard.

정답·해석·해설 p.279

Daily Test

🔺 밑줄 친 부분에 유의하여 문장 Ⓐ, Ⓑ를 해석하세요.

01 Animals have a wonderful sense of direction. Ⓐ <u>Birds travel thousands of miles from their winter homes to their summer homes and do not get lost</u>. Some even return to the same meadow or tree of the previous year. Ⓑ <u>Migratory birds give researchers valuable information about navigation</u>.

Ⓐ 새들은 _____ 수천 마일을 이동하면서도 길을 잃지 않는다.
Ⓑ 철새들은 _____ 제공한다.

02 Ⓐ <u>Before 1860, rubber was harvested from trees in the Amazon Rainforest</u>. Ⓑ <u>However, traders considered the process costly</u>. Then, botanists attempted to grow the rubber plants in greenhouses. This was successful, so the seeds were transported to Singapore and other British colonies in Asia.

Ⓐ 1860년 이전에는, 고무가 _____ 채취되었다.
Ⓑ 그러나, 상인들은 _____ .

03 The earliest instrument for wind direction was built in ancient Greece. ⓐ **An astronomer created it more than 2,000 years ago**. The device was placed on the Tower of the Winds in Athens. It turned with the breeze to show direction. ⓑ **Its shape was unusual because it looked like the body of a man**.

ⓐ _____.
ⓑ _____.

04 The Moon has no atmosphere. As a result, its surface cannot hold heat. ⓐ **During the daytime, the ground becomes extremely hot under the direct sunlight.** ⓑ **At night, the heat escapes quickly into space.** The temperature then drops far below freezing. In fact, the surface temperature can fall to less than −230 degrees Celsius during the long lunar night.

ⓐ _____.
ⓑ _____.

Day 02   문장의 필수 성분 해석하기

영어 문장은 주어, 동사, 목적어, 보어와 같은 필수 성분으로 이루어집니다. Day 02에서는 문장의 필수 성분을 정확히 해석하는 연습을 통해, 긴 문장에서도 중심 의미를 빠르게 파악하는 능력을 기릅니다.

Course 1   다양한 형태의 주어 해석하기

주어는 동작이나 상태의 주체로, 문장의 의미를 이해하는 출발점입니다. 다양한 형태의 주어를 해석하는 연습을 통해 긴 문장에서 핵심을 잡을 수 있습니다.

1 동사 + ing가 주어인 경우

Sleeping is important for your health. 잠자는 것은 건강에 중요하다.
   주어

→ 주어는 Sleeping입니다. 이처럼 **동명사(동사원형 + ing)**가 주어인 경우에는 '~하는 것은', '~하기는'으로 해석합니다.

2 What + 주어 + 동사가 주어인 경우

What I want is a new laptop. 내가 원하는 것은 새 노트북이다.
    주어

→ 주어는 What I want입니다. 이처럼 what + 주어 + 동사가 주어인 경우에는 '주어가 동사하는 것은'으로 해석합니다.

3 가짜 주어 it과 진짜 주어 to + 동사원형이 쓰인 경우

It is easy **to understand the book**. 그 책을 이해하는 것은 쉽다.
가짜 주어   진짜 주어

→ 진짜 주어는 It이 아니라 to understand the book입니다. 이처럼 영어에서는 주어가 길 경우에 가짜 주어 it을 주어 자리에 두고, 긴 진짜 주어는 문장 뒤에 둡니다. 이때 가짜 주어 it은 아무 뜻이 없으므로, '그것'으로 해석하지 않도록 합니다. 위 문장과 같이 to + 동사원형이 주어인 경우, '~하는 것은', '~하기는'으로 해석합니다.

4 가짜 주어 it과 진짜 주어 that + 주어 + 동사가 쓰인 경우

It is clear **that technology changes our daily lives**. 기술이 우리의 일상을 바꾼다는 것은 분명하다.
가짜 주어   진짜 주어

→ 진짜 주어는 It이 아니라 that technology changes our daily lives입니다. 여기서 it은 마찬가지로 아무런 의미가 없는 가짜 주어입니다. 이처럼 that + 주어 + 동사가 문장 전체의 주어인 경우 '주어가 동사하는 것은'으로 해석합니다.

✓ Check-up

📝 다음 문장에서 동사에 동그라미 치고 주어에 밑줄을 그은 후, 문장 전체를 해석하세요.

01 It is hard to wake up early on a cold morning.

02 Participating in group activities improves communication skills.

03 What Leo wrote in his diary remains a mystery.

04 According to many experts, it is true that exercise reduces stress.

05 What Taylor said during the interview impressed the judges.

06 Learning new languages creates opportunities.

07 Running gives me a clear mind throughout the day.

08 It was clear that Hanna didn't want to join us.

09 It is fun to learn new things in a new environment.

10 What you do in your free time reveals a lot about your personality.

정답·해석·해설 p.280

Course ② 다양한 형태의 동사 해석하기

동사는 주어의 동작이나 상태를 나타내며 문장의 흐름을 결정합니다. 동사를 정확히 해석하면 주어가 무엇을 하고 있는지, 어떤 상태에 있는지를 파악할 수 있습니다.

1 조동사 + have + p.p. 동사인 경우

Dana **could have won** the race if she had trained harder.
  동사
Dana가 더 열심히 훈련했더라면 경주에서 이길 수도 있었다(그러나 그러지 않았다).

→ 동사는 could have won입니다. 이처럼 could와 같은 조동사가 'have + p.p.'와 함께 쓰이면 보통 과거 일에 대한 가정이나 아쉬움을 나타냅니다. could + have + p.p.는 '~할 수도 있었다(그러나 그러지 않았다)'라고 해석합니다.

> **TIP** 아래의 조동사 + have + p.p.는 다음과 같이 해석합니다.
> - would have p.p. ~했을 것이다
> - may/might have p.p. ~했을지도 모른다
> - must have p.p. ~했음에 틀림없다
> - should have p.p. ~했었어야 했다(그러나 하지 않았다)

2 be동사 + p.p.가 동사인 경우

The telephone **was invented** by Alexander Graham Bell. 전화기는 Alexander Graham Bell에 의해 발명되었다.
  동사

→ 동사는 was invented입니다. 이처럼 동사가 be동사 + p.p.인 경우에는 '~되다', '~해지다'라고 해석합니다.

3 have동사 + p.p.가 동사인 경우

I **have visited** New York three times since I started college. 나는 대학에 다니기 시작한 이후로 뉴욕에 세 번 가본 적이 있다.
  동사

→ 동사는 have visited입니다. 이처럼 동사가 have/has + p.p.인 경우, '~해본 적이 있다', '~해 왔다'라고 해석합니다.

> **TIP** had + p.p.가 동사인 경우, '~했었다'라고 해석합니다.
> By the time we arrived at the station, the train **had left**. 우리가 역에 도착했을 때, 기차는 이미 떠났었다.

✓ Check-up

✏️ 다음 문장에서 동사에 밑줄을 그은 후, 문장 전체를 해석하세요.

01 I have heard this song before.

02 The bridge across the river was repaired last month.

03 Michael must have forgotten the meeting because he never arrived.

04 The hikers could have reached the village before sunset.

05 The new library was built two years ago.

06 The Johnson family has lived in Boston for five years.

07 Fresh bread is baked at the bakery every morning.

08 We should have prepared more slides for the presentation.

09 You must have left your keys on the kitchen table.

10 Organic vegetables are sold at the downtown farmers' market.

정답·해석·해설 p.281

Course 3 다양한 형태의 목적어 해석하기

목적어는 동작의 대상을 나타내어 문장의 의미를 완성합니다. 목적어를 정확히 해석하면 주어와 동사의 관계를 분명히 파악할 수 있습니다.

1 동사 + ing 또는 to + 동사원형이 목적어인 경우

Kevin enjoys **reading novels**. Kevin은 소설을 읽는 것을 즐긴다.
　　　　　　　목적어

I want **to study abroad**. 나는 유학하기를 원한다.
　　　　목적어

→ reading novels는 동사 enjoys의 목적어입니다. 이처럼 동명사(동사원형 + ing)가 목적어인 경우, '~하는 것을', '~하기를'이라고 해석합니다. 마찬가지로, to study abroad는 동사 want의 목적어이며, to 부정사(to + 동사원형)도 '~하는 것을', '~하기를'이라고 해석합니다.

2 that + 주어 + 동사가 목적어인 경우

I hope **that the weather will improve**. 나는 날씨가 나아지기를 바란다.
　　　　　　　　목적어

→ that the weather will improve는 동사 hope의 목적어입니다. 이처럼 that이 이끄는 명사절(that + 주어 + 동사)이 목적어인 경우, '주어가 동사하는 것을'이라고 해석합니다. 보통 that이 이끄는 명사절은 'that + 주어 + 동사'의 형태로 쓰이며, 때로는 that이 생략되고 '주어 + 동사'만 쓰이기도 합니다.

3 의문사 + 주어 + 동사가 목적어인 경우

I know **what you want**. 나는 네가 원하는 것을 안다.
　　　　　목적어

→ what you want는 동사 know의 목적어입니다. 이처럼 의문사가 이끄는 명사절(의문사 + 주어 + 동사)이 목적어인 경우, '의문사(언제, 왜, 어디서, 누가, 무엇을, 어떻게) 주어가 동사하는지를'이라고 해석합니다.

4 if/whether + 주어 + 동사가 목적어인 경우

I don't remember **if/whether I locked the door**. 나는 내가 문을 잠갔는지 기억이 안 난다.
　　　　　　　　　　목적어

→ if/whether I locked the door는 동사 don't remember의 목적어입니다. 이처럼 if/whether가 이끄는 명사절(if/whether + 주어 + 동사)이 목적어인 경우, '주어가 동사하는지 아닌지를'이라고 해석합니다.

✅ Check-up

✏️ 다음 문장에서 동사에 동그라미 치고 목적어에 밑줄을 그은 후, 문장 전체를 해석하세요.

01 We plan to visit Barcelona this summer.

02 The teacher explained that the final exam would cover all the chapters.

03 I avoid talking about politics and religion.

04 Yuki promised to help us with the project.

05 The coach emphasized that teamwork was the most important thing.

06 I don't remember if Carlos attended the class this morning.

07 Please tell me where you bought this jacket.

08 We are not sure whether the museum will open during the holiday.

09 Sanjay kept checking his phone during dinner.

10 I can't decide what I should wear to the wedding tomorrow.

정답·해석·해설 p.281

Course 4 다양한 형태의 보어 해석하기

보어는 주어나 목적어를 보충 설명해서 문장의 의미를 완성합니다. 보어를 정확히 해석하면 문장의 의미를 완전하게 이해할 수 있습니다.

1 that + 주어 + 동사가 보어인 경우

The good news is **that we won the game**. 좋은 소식은 우리가 경기를 이겼다는 것이다.
　　　　　　　　　　주격 보어

→ that we won the game은 주어 The good news를 보충 설명하는 주격 보어입니다. 이처럼 that이 이끄는 명사절(that + 주어 + 동사)이 주격 보어인 경우, '주어가 동사하다는 것'이라고 해석합니다.

2 to + 동사원형이 보어인 경우

I want you **to stay here**. 나는 네가 머물기를 원한다.
　　　　　　목적격 보어

→ to stay here는 목적어 you를 보충 설명하는 목적격 보어입니다. 이처럼 to 부정사(to + 동사원형)가 목적격 보어인 경우, '~하기를', '~하게'라고 해석합니다.

3 동사원형이 보어인 경우

The joke made me **laugh**. 그 농담은 나를 웃게 했다.
　　　　　　　　목적어

→ laugh는 목적어 me를 보충 설명하는 목적격 보어입니다. 이처럼 동사원형이 목적격 보어인 경우, '~하게', '~하는 것을'이라고 해석합니다.

4 현재분사/과거분사가 보어인 경우

I saw Sarah **running**. 나는 Sarah가 달리고 있는 것을 보았다.
　　　　　　목적격 보어

We found the box **damaged**. 우리는 그 상자가 손상된 것을 발견했다.
　　　　　　　　　목적격 보어

→ running은 목적어 Sarah를 보충 설명하는 목적격 보어입니다. 이처럼 현재분사(동사원형 + ing)가 목적격 보어인 경우, '~하고 있는'이라고 해석합니다. damaged는 목적어 the box를 보충 설명하는 목적격 보어입니다. 이처럼 과거분사(동사원형 + ed)가 목적격 보어인 경우, '~된'이라고 해석합니다.

✓ Check-up

✎ 다음 문장에서 동사에 동그라미 치고 보어에 밑줄을 그은 후, 문장 전체를 해석하세요.

01 We want you to join us.

02 My hope is that we can finish the project on time.

03 Mateo advised me to be careful.

04 My colleague asked me to help her.

05 The truth is that you have improved a lot this semester.

06 The best part is that everyone enjoyed the event together.

07 The manager told the team to submit the report by Friday.

08 I heard someone singing outside my window.

09 I noticed a man waiting outside the office for a long time.

10 The teacher let the students leave early after the test.

정답·해석·해설 p.281

Daily Test

🔺 밑줄 친 부분에 유의하여 문장 Ⓐ, Ⓑ를 해석하세요.

01 Studying fossils is essential for understanding the origin of birds. Ⓐ **What many scientists debate** is whether all evidence truly confirms their link to dinosaurs. It is difficult to deny that to explain feathers, we must look at dinosaur fossils. Ⓑ **It is certain that discoveries in China strongly support the idea that birds evolved from two-legged dinosaurs**.

Ⓐ _____ 모든 증거가 실제로 새와 공룡의 연관성을 입증하는지 아닌지이다.
Ⓑ 중국에서의 발견들이 _____ 생각을 강하게 뒷받침한다는 것은 확실하다.

02 Ⓐ **The airplane was invented by the Wright brothers in the early twentieth century**. Many people at the time must have doubted that such a machine could really fly. However, the Wright brothers had studied mechanics carefully for years, and by 1903 they had built a working aircraft. Ⓑ **Without their effort, modern air travel might have developed** much later.

Ⓐ 비행기는 20세기 초에 Wright 형제에 의해ㅤㅤㅤㅤㅤㅤㅤㅤㅤㅤㅤㅤㅤㅤㅤㅤㅤ.
Ⓑ 그들의 노력이 없었다면, 현대 항공 여행은 훨씬 더 늦게ㅤㅤㅤㅤㅤㅤㅤㅤㅤㅤㅤㅤㅤ.

03 Ⓐ **Some people enjoy collecting mushrooms and hope to eat them safely**. Experts warn that eating wild mushrooms can be dangerous. Ⓑ **Scientists still debate whether people can tell the difference between poisonous and edible species**. Researchers also study what factors make certain mushrooms toxic, since many dangerous kinds look harmless.

Ⓐ _____
Ⓑ _____

04 At the start of the semester, the teacher made an announcement. The announcement was that we would complete a group project instead of a final exam. Ⓐ **Because of this, I encouraged my teammates to contribute their ideas**. Ⓑ **A funny comment made us laugh and forget our worries**. In the end, our teamwork grew stronger, and we felt confident about finishing the project successfully.

Ⓐ _____
Ⓑ _____

Day 03   다양한 수식어 해석하기

영어 문장에서 to 부정사, 관계절, 분사, 부사절과 같은 수식어는 부가적인 의미를 더해서 문장의 의미를 확장해 줍니다. Day 03에서는 다양한 수식어를 올바르게 해석하는 방법을 연습하여, 긴 문장에서 핵심 정보와 부가 정보를 파악하는 능력을 기릅니다.

Course ❶ to 부정사 해석하기

to 부정사(to + 동사원형)는 앞에 나온 명사·형용사를 꾸미거나 목적을 나타냅니다.

1 명사를 꾸며주는 to 부정사 해석하기

Martin is looking for a room to rent for the summer. Martin은 여름 동안 빌릴 방을 찾고 있다.

→ to rent for the summer는 앞의 a room을 꾸며주는 수식어입니다. 이처럼 to 부정사가 앞의 명사를 꾸며주는 수식어인 경우, '~할', '~하는'이라고 해석합니다. 이때 to 부정사에 연결된 목적어, 보어, 부사구 등을 포함하여 하나의 수식어로 해석합니다.

2 형용사를 꾸며주는 to 부정사 해석하기

I was surprised to hear the news. 나는 그 소식을 듣고 놀랐다.

→ to hear the news는 앞의 surprised를 꾸며주는 수식어입니다. 이처럼 to 부정사가 형용사를 꾸며주는 수식어인 경우, '~하게 되어', '~하기에'라고 해석합니다. 이때 to 부정사에 연결된 목적어, 보어, 부사구 등을 포함하여 하나의 수식어로 해석합니다.

3 동사를 꾸며 목적을 나타내는 to 부정사 해석하기

Amy went to the library to borrow some books. Amy는 책을 빌리기 위해 도서관에 갔다.

→ to borrow some books는 앞의 went를 꾸며주는 수식어이며, 어떤 일을 하는 목적을 나타냅니다. 이처럼 to 부정사가 동사를 꾸며주는 수식어인 경우, '~하기 위해'라고 해석합니다. 이때 to 부정사에 연결된 목적어, 보어, 부사구 등을 포함하여 하나의 수식어로 해석합니다.

✓ Check-up

밑줄 친 부분에 유의하여 문장을 우리말로 해석하세요.

01 This is the best hotel to stay in around here.

02 The company is searching for new employees to manage international clients.

03 The teacher asked for a volunteer to lead the discussion.

04 I am happy to see you again after such a long time.

05 The children were excited to visit the amusement park for the first time.

06 David woke up at 5 A.M. to catch the first flight to New York.

07 The hikers finally found a safe place to rest overnight.

08 The café expanded its menu to attract more customers.

09 Elena is ready to start her new job at the law firm next week.

10 Mei made a decision to move to another city for her career.

정답·해석·해설 p.282

Course ❷ 관계절 해석하기

관계대명사(who(m)/that/which)와 관계부사(when/where/why/how)가 이끄는 관계절은 앞에 나온 명사를 구체적으로 설명해줍니다.

1 who/that/which + 동사 해석하기

I know the woman who lives next door. 나는 옆집에 사는 그 여자를 안다.

→ who lives next door는 앞에 있는 the woman을 꾸며주는 수식어입니다. 이처럼 who/that/which + 동사가 앞에 있는 명사를 꾸며주는 수식어인 경우, '~한', '~하는'이라고 해석합니다.

2 who(m)/that/which + 주어 + 동사 해석하기

The movie that we watched last night was very funny. 우리가 어젯밤 본 그 영화는 아주 재미있었다.

→ that we watched last night는 앞에 있는 The movie를 꾸며주는 수식어입니다. 이처럼 who(m)/that/which + 주어 + 동사가 앞에 있는 명사를 꾸며주는 수식어인 경우, '주어가 동사한', '주어가 동사하는'이라고 해석합니다.

TIP 이때, who(m), that, which는 종종 생략되기도 하지만 해석에는 변화가 없습니다.

3 when/where/why/how + 주어 + 동사 해석하기

I remember the day when we first met. 나는 우리가 처음 만난 날을 기억한다.

→ when we first met은 앞에 있는 the day를 꾸며주는 수식어입니다. 이처럼 when/where/why/how + 주어 + 동사가 앞에 있는 장소, 시간, 이유, 방법 등과 관련된 말을 꾸며주는 수식어인 경우, '주어가 동사한', '주어가 동사하는'이라고 해석합니다.

✓ Check-up

✎ 밑줄 친 부분에 유의하여 문장을 우리말로 해석하세요.

01 The professor who teaches modern history is very popular among students.

02 I will never forget the summer when our family traveled across Europe.

03 The dog that barks loudly every night keeps me awake.

04 The man whom I met yesterday is my new boss.

05 The painting which hangs on the wall was painted by Van Gogh.

06 We visited the mall which opened last month.

07 The company released a new smartphone that can take high-quality photos.

08 We visited the village where my grandparents grew up.

09 The book that won the award became a bestseller.

10 The reason why the project failed was a lack of communication between departments.

정답·해석·해설 p.283

Course ❸ 분사와 분사구문 해석하기

분사는 앞의 명사를 구체적으로 설명해주고 분사구문은 문장의 의미를 확장해줍니다.

1 명사 뒤에 오는 현재분사 해석하기

The man **sitting by the window** is the new CEO. 창문 옆에 앉아 있는 남자가 새로운 대표이다.

→ sitting by the window는 앞의 The man을 꾸며주는 수식어입니다. 이처럼 현재분사(동사원형 + ing)가 수식어인 경우, '~하고 있는'이라고 해석합니다. 이때 현재분사에 연결된 목적어, 보어, 부사구 등을 포함하여 하나의 수식어로 해석합니다.

2 명사 뒤에 오는 과거분사 해석하기

The car **parked on the sidewalk** is mine. 보도에 주차된 차는 내 것이다.

→ parked on the sidewalk는 앞의 The car을 꾸며주는 수식어입니다. 이처럼 과거분사(동사원형 + ed)가 수식어인 경우, '~된', '~되어진'이라고 해석합니다. 이때 과거분사에 연결된 목적어, 보어, 부사구 등을 포함하여 하나의 수식어로 해석합니다.

3 문장의 앞이나 뒤에 오는 분사구문 해석하기

Driving home, he listened to the radio. 집으로 운전해 가면서, 그는 라디오를 들었다.

Being tired, Lucy went to bed early. 피곤했기 때문에, Lucy는 일찍 잠자리에 들었다.

The player finished the game, **though injured**. 다쳤음에도 불구하고, 그 선수는 경기를 끝냈다.

→ Driving home, Being tired와 though injured는 문장 전체를 꾸며주는 수식어입니다. 이처럼 (접속사 +) 현재분사 또는 (접속사 +) 과거분사가 쓰인 분사구문이 완전한 문장의 맨 앞 또는 맨 뒤에서 수식어로 쓰인 경우, 문맥에 따라 '~하면서', '~ 때문에', '~임에도 불구하고' 등으로 해석합니다.

✓ Check-up

✏️ 밑줄 친 부분에 유의하여 문장을 우리말로 해석하세요.

01 Walking down the street, we talked about our plans for the weekend.

02 The documents required for the visa should be submitted online.

03 Surrounded by reporters, the actor gave no comment.

04 The students waiting outside the auditorium in the cold weather finally went in.

05 Having finished her presentation, the speaker answered questions from the audience.

06 Watch out for animals on the road when driving at night.

07 The village destroyed by the earthquake last year has now been rebuilt.

08 The languages spoken in Canada are both English and French.

09 The travelers stopped to take photos of a waterfall flowing down the mountain.

10 The package delivered to my office this morning contained important documents.

정답·해석·해설 p.283

Course ④ 부사절 해석하기

부사절은 문장에 시간, 이유, 조건, 양보 등의 추가적인 의미를 더해줍니다.

1 시간을 나타내는 부사절 해석하기

When the bell rang, the students left the classroom. 종이 울렸을 때, 학생들은 교실을 떠났다.

→ When the bell rang은 뒤에 있는 문장 전체를 꾸며주는 수식어입니다. 이처럼 시간을 나타내는 부사절 접속사가 이끄는 절(when, while, before, after + 주어 + 동사)이 완전한 문장의 맨 앞 또는 맨 뒤에서 수식어로 쓰인 경우, 부사절 접속사에 따라 '주어가 동사할 때/동사하면서(when/while)', '주어가 동사하기 전에(before)', '주어가 동사한 후에(after)'라고 해석합니다.

2 이유를 나타내는 부사절 해석하기

Because traffic was heavy, I decided to take the subway. 교통이 혼잡했기 때문에, 나는 지하철을 타기로 했다.

→ Because traffic was heavy는 뒤에 있는 문장 전체를 꾸며주는 수식어입니다. 이처럼 이유를 나타내는 부사절 접속사가 이끄는 절(because, since, as + 주어 + 동사)이 완전한 문장의 맨 앞 또는 맨 뒤에서 수식어로 쓰인 경우, '주어가 동사하기 때문에'라고 해석합니다.

3 조건을 나타내는 부사절 해석하기

If you need help, call me anytime. 도움이 필요하면 언제든 내게 전화해.

→ If you need help는 뒤에 있는 문장 전체를 꾸며주는 수식어입니다. 이처럼 조건을 나타내는 부사절 접속사가 이끄는 절(if, unless + 주어 + 동사)이 완전한 문장의 맨 앞 또는 맨 뒤에서 수식어로 쓰인 경우, '주어가 동사한다면(if)', '주어가 동사하지 않는다면(unless)'이라고 해석합니다.

4 양보를 나타내는 부사절 해석하기

Although it was raining, the game continued. 비가 오고 있었지만, 경기는 계속되었다.

→ Although it was raining은 뒤에 있는 문장 전체를 꾸며주는 수식어입니다. 이처럼 양보를 나타내는 부사절 접속사가 이끄는 절(although, even though, while + 주어 + 동사)이 완전한 문장의 맨 앞 또는 맨 뒤에서 수식어로 쓰인 경우, '주어가 동사하지만', '주어가 동사함에도 불구하고'라고 해석합니다.

✓ Check-up

🖊 밑줄 친 부분에 유의하여 문장을 우리말로 해석하세요.

01 You can borrow my bike if you are careful.

02 Since Karen was busy with her assignment, she didn't join us for dinner.

03 After the movie ended, we went to a café.

04 I didn't stop running until I reached the park.

05 While many people opposed the idea, the project moved forward.

06 The flight was canceled because the weather was bad.

07 The children cheered after the team scored a goal.

08 If the machine breaks down, call the technician immediately.

09 We enjoyed the concert although the seats were not good.

10 The plan succeeded even though many people doubted it.

정답·해석·해설 p.283

Daily Test

🔺 밑줄 친 부분에 유의하여 문장 Ⓐ, Ⓑ를 해석하세요.

01 To study Earth's changing climate, scientists examine patterns in land and ocean temperatures. Ⓐ **Unlike land temperatures, ocean temperatures remain relatively stable due to water's ability <u>to absorb and store heat</u>.** Understanding the reason for this stability is essential to explain how oceans influence global climate patterns. Ⓑ **Scientists continue to collect data <u>to predict future climate changes more accurately</u>.**

Ⓐ 육지의 온도와 달리, _____ 물의 능력 때문에 해양의 온도는 비교적 안정적으로 유지된다.

Ⓑ _____ 과학자들은 계속해서 데이터를 수집하고 있다.

02 In our company, I work with the manager who leads the marketing team. She introduced a strategy that many employees had requested during meetings. Ⓐ **I still remember the day <u>when we presented the plan to the board</u>.** Ⓑ **The office, which had been quiet before, suddenly became filled with energy as everyone discussed <u>how the idea could be applied</u>.**

Ⓐ 나는 _____ 날을 아직도 기억한다.

Ⓑ 그전까지 조용했던 사무실은, _____ 모두가 논의하면서 갑자기 활기로 가득 찼다.

03

Ⓐ **People visiting deserts for the first time are often surprised by the variety of life found there**. In some regions, animals adapted to harsh conditions hide during the day and appear at night. Ⓑ **Considered lifeless for centuries, deserts were misunderstood by early scientists**. Learning more from recent research, modern scholars now recognize deserts as ecosystems with remarkable biodiversity.

Ⓐ _____
Ⓑ _____

04

Ⓐ **When people drive gasoline cars in crowded cities, the air quickly becomes polluted**. Because these vehicles burn fuel that releases harmful chemicals, they are a major source of environmental damage. Ⓑ **If more drivers switch to electric vehicles, the level of emissions will decrease**. Although electric cars are sometimes expensive, they are gaining popularity as clean alternatives.

Ⓐ _____
Ⓑ _____

무료 토플자료 · 유학정보 제공

goHackers.com

Hackers
Updated TOEFL
Reading Basic

TASK 1
단어 완성하기
Complete the Words

Introduction

Day 04 해석 없이 바로 채우는 빈칸
Day 05 문맥으로 채우는 빈칸
Day 06 Task Test

Introduction:

Task 1 단어 완성하기(Complete the Words)는 70~100단어 분량의 학술 지문을 읽으며, 뒷부분 글자가 빈칸으로 제시된 10개 단어의 뒷부분을 채워 완성하는 유형입니다. 첫 문장은 빈칸 없이 온전한 형태로 제공되며, 이후 문장부터는 일부 단어의 앞부분 글자만 주어지고 나머지 부분은 빈칸으로 제시됩니다. 보통 단어의 글자 수가 짝수면 제시된 글자 수와 채워야 할 글자 수가 같고, 홀수면 제시된 글자가 하나 적은 경우가 많습니다. 예를 들어 7자 단어라면 앞 3자가 주어지고 뒤 4자를 채워야 합니다. Module 1에서는 1지문이 출제되는데, 더미 문항이 포함될 경우에는 2지문까지도 출제됩니다. Module 2에서는 난이도와 상관없이 1지문씩 출제됩니다.

■ 시험 미리보기

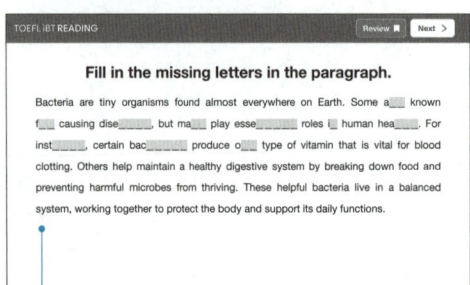

문제가 출제될 때 나오는 화면으로, 뒷부분이 빈칸으로 제시되는 10개의 단어를 포함하는 지문이 나옵니다.

문제를 풀 때 해야 할 일: 채우고 싶은 빈칸을 클릭한 뒤, 글자를 입력하여 단어를 완성합니다. 글자를 채우면 자동으로 다음 빈칸으로 넘어갑니다.

문제를 풀고 난 후 해야 할 일: Next 버튼을 클릭하여 다음 문제로 넘어갑니다. Module 안에서는 문제간 이동이 자유로우므로, 완성하지 못한 단어가 있어도 뒤의 문제들을 풀고 다시 돌아올 수 있습니다.

Bacteria are tiny organisms found almost everywhere on Earth. Some a____ known f____ causing dise_____, but ma____ play esse_____ roles i__ human hea_____. For inst_____, certain bac_____ produce o____ type of vitamin that is vital for blood clotting. Others help maintain a healthy digestive system by breaking down food and preventing harmful microbes from thriving. These helpful bacteria live in a balanced system, working together to protect the body and support its daily functions.

정답 are / for / diseases / many / essential / in / health / instance / bacteria / one

풀이 전략

1. 첫 문장을 읽고 지문의 주제를 파악한다.
지문의 첫 번째 문장은 항상 빈칸 없이 완전한 형태로 제시되며, 이를 통해 지문의 주제를 파악할 수 있습니다. 주제를 정확히 이해하면 이후에 나오는 빈칸을 예측할 때 어떤 내용의 단어가 들어가야 하는지를 더 쉽게 알 수 있으므로 반드시 먼저 확인해야 합니다.

2. 해석이 필요 없는 빈칸은 빠르게 풀고, 해석이 필요한 빈칸에 집중한다.
빈칸 단어는 해석 없이 주어진 철자와 글자 수만 보고 빠르게 채울 수 있는 경우와, 문장을 해석하고 문맥을 파악해야만 채울 수 있는 경우로 나눌 수 있습니다. 해석이 필요 없는 빈칸은 최대한 빠르게 채우고, 해석이 필요한 빈칸에 더 많은 시간을 사용해야 합니다.

3. 완성된 문장을 다시 읽어보며 점검한다.
모든 빈칸 단어를 완성한 뒤에는 문장이 의미상 자연스럽고 문법적으로 올바른지 반드시 확인합니다. 문장 구조가 어색하거나 문법 오류가 있다면 다른 단어가 들어가야 할 가능성이 있으므로, 최종적으로 한 번 더 점검해야 합니다.

스터디 가이드

1. 단어의 앞부분 철자만 보고 뒷부분을 채우는 연습을 한다.
아는 단어라도 일부만 제시되면 쉽게 떠올리지 못할 수 있습니다. 따라서 주어진 철자 앞부분만 보고 나머지를 완성하는 연습을 꾸준히 하며, 이러한 문제 형태에 익숙해져야 합니다.

2. 단어의 다양한 형태와 짝 표현까지 함께 학습한다.
단어는 원형뿐 아니라 다양한 어미 변화와 품사별 형태를 함께 익혀 두어야 합니다. 이렇게 하면 주어진 앞부분 철자만 보고도 떠올릴 수 있는 단어 후보가 많아져 정답을 찾기가 한결 수월해집니다. 또한 자주 쓰이는 짝 표현을 함께 학습하면, 빈칸 앞뒤 단어만 보고도 적절한 단어를 즉시 떠올릴 수 있어 문제 풀이 속도를 크게 높일 수 있습니다.

3. 지시사·연결어 등 문맥 단서를 활용하는 연습을 한다.
지시사(this, these 등)나 연결어(however, therefore 등)와 같은 문맥 단서는 빈칸에 들어갈 단어를 예측하는 데 중요한 역할을 합니다. 이러한 단서들을 빠르게 인식하고 활용하는 연습을 통해 빈칸을 더 쉽고 빠르게 채울 수 있습니다.

Day 04 해석 없이 바로 채우는 빈칸

01: 출제 경향

'해석 없이 바로 채우는 빈칸'은 해석을 하지 않아도 주어진 글자와 채워야 할 글자 수만으로 완성할 수 있는 빈칸을 말합니다. 보통 채워야 할 글자가 1~2개에 불과하거나, 주어진 글자가 5개 이상으로 많아 단어 후보가 제한적일 때는 해석 없이도 바로 빈칸을 채울 수 있습니다. 또한 빈칸 단어가 앞뒤 단어와 함께 자주 쓰이는 짝 표현인 경우에도 해석 없이 쉽게 빈칸을 채울 수 있습니다.

02: 빈칸 유형

▌채워야 할 글자가 1~2개인 경우

Oxygen travels **from** the lungs **to** the blood.
산소는 폐에서 혈액으로 이동한다.

Thunderstorms **can** create powerful lightning and loud thunder.
천둥번개를 동반한 폭풍은 강력한 번개와 큰 천둥을 만들어낼 수 있다.

▌주어진 글자가 5개 이상인 경우

Ancient **civilizations** built pyramids that still stand today.
고대 문명들은 오늘날에도 여전히 서 있는 피라미드를 세웠다.

Darwin **established** the theory of natural selection as the basis of evolution.
Darwin은 자연 선택 이론을 진화의 근본 원리로 확립했다.

▌빈칸 단어가 짝 표현의 일부인 경우

Recycling is an important way to conserve **natural resources**.
재활용은 천연자원을 보호하는 중요한 방법이다.

The internet has **played a role** in connecting distant communities.
인터넷은 멀리 떨어진 공동체들을 연결하는 데 역할을 해왔다.

03: 핵심 전략

1. 떠올린 단어를 바로 빈칸에 채워 본다.

주어진 글자와 채워야 할 글자 수를 보고 가장 먼저 떠오르는 단어를 빈칸에 채워 봅니다. 그 단어가 앞뒤 문맥과 자연스럽게 맞는지 문장을 읽으며 확인하고, 문제가 없으면 바로 다음 빈칸 단어로 넘어갑니다. 만약 문맥상 어색하다면, 머릿속에 떠오른 다른 단어를 넣어 다시 확인합니다.

> **Ex** Dinosaurs **may** have lived in this area long ago. 공룡들은 오래전에 이 지역에 살았을지도 모른다.

→ 주어진 철자가 m이고 뒤에 두 글자가 필요하므로 가장 먼저 떠오르는 단어는 may입니다. 문장에 넣어 보면 'Dinosaurs may have lived in this area long ago.(공룡들은 오래전에 이 지역에 살았을지도 모른다)'가 되어 자연스러운 의미가 완성되므로 빈칸 단어는 may입니다.

2. 단어의 다양한 형태를 고려한다.

주어진 글자를 보고 떠오르는 단어가 하나뿐인데 글자 수가 맞지 않아 정답이 되지 않을 때가 있습니다. 이런 경우에는 그 단어와 같은 어근을 가진 파생어, 복수형, 그리고 형용사·부사의 비교급이나 최상급 등 다양한 형태를 함께 고려해야 합니다.

> **Ex** Human **populations** continue to grow around the world.
> 전 세계적으로 인구가 계속 증가하고 있다.

→ 주어진 글자를 보고 처음 떠오르는 단어는 population이지만, 글자 수가 맞지 않습니다. 이때 복수형 populations를 넣어 보면 글자와 글자 수 조건에 모두 부합하고 문맥도 자연스럽습니다. 따라서 빈칸 단어는 populations입니다.

3. 짝 표현을 활용한다.

어떤 단어들은 특정 단어와 늘 같이 쓰이는 경우가 많은데, 이를 '짝 표현'이라고 합니다. 때로는 이런 짝 표현의 일부가 빈칸 단어로 출제되는 경우가 있는데, 이때 빈칸 앞뒤 단어와 잘 어울려 자연스러운 어구를 만드는 단어가 무엇인지 떠올려야 합니다.

> **Ex** Salmon **adapt** to life in both rivers and oceans during migration.
> 연어는 이동 중에 강과 바다 두 곳의 삶에 적응한다.

→ 빈칸 단어 뒤에 주어진 to를 함께 보면, '~에 적응하다'라는 의미의 짝 표현 adapt to를 쉽게 떠올릴 수 있습니다. 따라서 빈칸 단어는 adapt입니다.

04: 핵심 단서

채워야 할 글자가 1~2개인 단어

채워야 할 글자가 1~2개인 단어의 경우, 주어진 글자를 보자마자 단어 후보가 빠르게 떠올라야 합니다. 이러한 형태의 빈칸에 익숙해질 수 있도록 미리 익혀둡니다.

1글자 빈칸 단어	a_	an, at, as	n_	no
	b_	be, by	o_	of, on, or
	d_	do	s_	so
	g_	go	t_	to
	h_	he	u_	up, us
	i_	it, is, in, if	w_	we
2글자 빈칸 단어	a_ _	and, are, any, ago, all	n_ _	not, nor
	b_ _	but, buy	ne_	need, near
	be_	best, been	o_ _	one, out, off, our, own
	bo_	both		oil
	c_ _	can, car	on_	only, once, onto, ones
	d_ _	did	ov_	over
	do_	does, done, down	p_ _	per
	ea_	each	s_ _	she, see
	f_ _	for, far, few	so_	some, soon
	fr_	from	t_ _	the, too, two
	g_ _	get, got	th_	that, this, they, them, than, then, thus
	ha_	have		
	i_ _	its	up_	upon
	in_	into	v_ _	via
	m_ _	may	w_ _	who, why, was, way
	ma_	many	wh_	what, when, whom
	mo_	more, most	wi_	will, with
	mu_	must, much	y_ _	you, yet

품사별 주요 어미

품사별 주요 어미를 익혀 두면, 주어진 글자와 글자 수에 맞는 단어를 더욱 쉽게 떠올릴 수 있습니다.

명사 어미	-tion / -sion	-ment	-ness	-ity / -ty	-ance / -ence
	-ism	-ist	-er / -or	-dom	-ship
	-hood	-ee			
형용사 어미	-al / ial	-ic / -ical	-ive	-able / -ible	-ful
	-ous / -ious	-ish	-y	-ate	-ent / -ant
	-less	-ive	-ant / -ent		
동사 어미	-ate	-ify	-en	-ize	
부사 어미	-ly	-ward	-wise	-fold	

짝 표현

짝 표현을 많이 익혀 두면, 빈칸 앞뒤 단어를 단서로 삼아 빈칸 단어를 빠르게 채울 수 있습니다.

동사 + 명사	play a role 역할을 하다 pay attention 주의를 기울이다 make a decision 결정을 내리다 have an effect 영향을 미치다 compile data 자료를 수집하다	lose control 통제력을 잃다 raise a question 질문을 제기하다 solve a problem 문제를 해결하다 take a risk 위험을 무릅쓰다 draw a conclusion 결론을 내리다
전치사 + 명사	by mistake 실수로 on purpose 고의로 under pressure 압박을 받는	in advance 미리 at risk 위험에 처한 for ages 오랫동안
구동사	adapt to ~에 적응하다 contribute to ~에 기여하다 deal with ~을 다루다 depend on ~에 의존하다 look forward to ~을 고대하다 rely on ~에 의존하다 result in ~을 초래하다	suffer from ~을 겪다, 고통받다 take care of ~을 돌보다 lead to ~을 초래하다 come up with ~을 생각해내다 keep track of ~을 추적하다 put up with ~을 참다, 견디다 run out of ~을 다 써버리다
상관 접속사	both A and B A와 B 모두 either A or B A나 B 둘 중 하나	not only A but also B A뿐만 아니라 B도 some A others B 어떤 A는 ~하고, 다른 B는 ~하다

Daily Check-up

🔺 빈칸을 채워 단어를 완성하세요.

01 The Ancient Romans tried t__ build many roads.

02 The Industrial Revolution d____ not improve working conditions at first.

03 A shortage of rainfall can res_____ in severe drought conditions.

04 The forest is part of the natural envir_____.

05 Volcanoes form when hot rock rises fr____ deep inside the Earth.

06 The climate influ_____ agricultural production.

07 Education h____ become more accessible through online learning.

08 Using renewable energy c____ reduce carbon emissions.

09 The printing press helped spread infor_____ faster.

10 The bird m____ return to the same nest each year.

11 Good health depends o__ regular exercise and a balanced diet.

12 Scientists should draw concl_____ from the data.

13 Archaeo_____ uncover artifacts from the past.

14 Some species are at ri____ of extinction.

15 Artists like Michelangelo represe_____ the ideals of the Renaissance.

16 Museums preserve works of prehi_____ cave art.

17 The city saw an increase i__ population.

18 Deep ocean areas have n__ sunlight reaching the bottom.

19 Resea_____ found evidence of water on Mars.

20 The device was very sophist_____ for its time.

Daily Check-up

21 Polar bears ad_____ to Arctic condi_____ by developing thick fur.

22 Small businesses contr_____ to economic growth b__ creating jobs.

23 Desert animals p____ up with extreme heat by hiding under_____ during the day.

24 Computers use artif_____ intelligence to learn n____ things.

25 Not only d____ she win the race, but she al____ broke the previous world record.

26 DNA carries genetic information th____ deter_____ inherited traits.

27 Early humans developed agric_____ to reduce their depen_____ on wild plants.

28 Clouds are made o__ tiny drops of water o__ ice.

29 Music has connected people from diffe_____ backgrounds for ag____.

30 Maps se_____ as both practical a____ educational tools.

31 The Silk Road facil_____ not only economic exchange b____ also the spread of ideas.

32 Marine biolo_____ track whale migra_____ to promote conser_____.

33 The invention o___ the wheel signif_____ advanced transpo_____ for early civili_____.

34 The human brain's incre_____ capacity f____ memory i___ still n____ fully understood by scientists.

35 Scientists must keep tr_____ of changes i___ climate patterns t___ make accurate predi_____.

36 Satellites pl____ a role i___ providing accurate weather forec_____ and navig_____ systems.

Daily Test

 빈칸을 채워 단어를 완성하세요.

[01-10]

The skin is the largest organ in the human body and serves as a protective barrier. It protects us 01fr____ harmful factors such 02a__ injuries 03a____ germs. It 04al____ helps control body 05tempe_____ by 06rele_____ sweat 07o__ retaining heat. The skin has sensors that detect touch and pressure, helping 08u__ respond to our 09surrou_____. 10B__ doing this, the skin keeps organs safe and maintains balance. Without skin, vital organs would be vulnerable, and temperature control would be impossible.

[11-20]

Forests are essential to Earth's climate system, as they provide habitats for countless species. In 11addi_____ to offering shelter 12f____ wildlife, trees 13he____ prevent 14so____ erosion 15a____ regulate water 16cyc_____, supporting long-term environmental stability. However, 17i__ many regions, 18defore_____ caused 19b__ logging and agricultural expansion continues to threaten 20biodiv_____. Conservation programs that protect and restore forest ecosystems are vital for maintaining ecological balance.

[21-30]

Genetics is the study of heredity and inherited characteristics. It ²¹i__ the science ²²o__ how traits ²³a____ passed from one ²⁴gener_____ to another ²⁵thr_____ genes, which are segments of DNA. DNA contains ²⁶t____ instructions for building ²⁷a____ operating ²⁸a__ organism. The study of genetics has led to significant ²⁹advance_____ in medicine, ³⁰agric_____, and forensic science. It has helped us understand the complex mechanisms that govern life, providing deeper insights into evolution.

[31-40]

The Internet is a global system of interconnected computer networks. It ³¹origi_____ from a U.S. ³²gover_____ project ³³i__ the 1960s and ³⁴h____ since grown ³⁵in____ a massive ³⁶infrast_____ that supports a ³⁷wi____ range ³⁸o__ services, ³⁹incl_____ the World Wide Web, email, and social ⁴⁰me_____. The Internet has fundamentally changed how people communicate, work, learn, and entertain themselves, emerging as one of the most powerful forces shaping modern society and daily life.

Daily Test

[41-50]

Archaeological evidence suggests that music has been an important part of human life for tens of thousands of years. Early ⁴¹instr_____ show ⁴²th___ ancient people created music ⁴³n____ just ⁴⁴t___ survive, ⁴⁵b____ to express ⁴⁶emot_____ and connect ⁴⁷wi____ others. Music brought ⁴⁸commu_____ together and helped them ⁴⁹sh_____ ideas, celebrate important events, and even perform rituals. Over time, musical ⁵⁰tradi_____ evolved differently across cultures, shaped by local beliefs and environments.

[51-60]

The Renaissance was a period of cultural and artistic rebirth in Europe from the fourteenth to seventeenth century. ⁵¹I___ began ⁵²i___ Florence, Italy, ⁵³a_____ marked a ⁵⁴trans_____ from the Middle Ages ⁵⁵t___ modernity. During this ⁵⁶e_____, there ⁵⁷w_____ a renewed interest ⁵⁸i___ the classical art, ⁵⁹liter_____, and ⁶⁰philo_____ of Ancient Greece and Rome. The Renaissance produced famous artists, thinkers, and scientists, who fundamentally changed European thought and society.

[61-70]

The scientific method is a way to study and explain natural events. It usually starts [61]wi____ an [62]obser_____, and leads [63]t__ a [64]hypot_____ that [65]c____ be tested through [66]exper_____. Researchers then collect and study [67]da____ to see [68]i__ their [69]predi_____ are correct or [70]n____. When such tests are repeated many times and give similar results, the findings become more reliable, forming the basis of scientific knowledge and allowing discoveries to be applied in technology, medicine, and other areas of human progress.

[71-80]

Natural resources are materials from the Earth that humans use to survive and develop. These include water, minerals, forests, and various energy [71]sou_____. Some are renewable, like solar [72]po_____ and timber, while [73]oth_____ are non-renewable, [74]su____ as coal and [75]o____. If resources [76]a____ used [77]carel_____, they [78]m____ become depleted and [79]ca_____ serious [80]enviro_____ problems. To ensure a sustainable future, societies must balance development with environmental protection for the benefit of the coming generations.

정답·해석·해설 p.287

Day 05 문맥으로 채우는 빈칸

01: 출제 경향

'문맥으로 채우는 빈칸'은 빈칸 단어가 포함된 문장이나 그 앞뒤 문장까지 해석해야 풀 수 있는 유형입니다. 주어진 글자나 채워야 할 글자 수만으로는 정답을 찾기 어렵기 때문에, 지문을 읽어 전체적인 문맥을 먼저 파악하고, 이어서 문장을 꼼꼼히 해석하며 빈칸에 들어갈 의미를 추론합니다. 마지막으로, 추론한 의미에 가장 알맞은 단어를 빈칸에 채웁니다.

02: 빈칸 유형

▌직접적인 단서가 없고 문맥 해석이 필요한 경우

While the new medicine did not cure the disease completely, it greatly **reduced** the symptoms. 새로운 약이 그 질병을 완전히 치료하지는 못했지만, 증상을 크게 줄였다.

→ '새로운 약이 질병을 완전히 치료하지는 못했다'는 내용과 '증상을 크게 ~했다'는 내용이 while로 연결되어 대조를 이루고 있습니다. 따라서 두 내용을 자연스럽게 이어 주는 단어는 '줄였다'는 의미의 reduced입니다.

▌빈칸 주변에 지시사·대명사가 있는 경우

The island **had limited natural resources**, and **this scarcity** of food forced people to trade with their neighbors. 그 섬은 천연자원이 제한적이었고, 이러한 식량의 부족으로 인해 사람들은 이웃들과 교역을 해야 했다.

→ 문장에서 this는 앞의 '천연자원이 제한적이었다'는 내용을 가리킵니다. 즉, 자원이 부족했기 때문에 식량의 부족이 발생했다는 논리적 연결이 이루어집니다. 따라서 빈칸 단어는 '부족'을 의미하는 scarcity입니다.

▌빈칸 주변에 연결어가 있는 경우

Fossils provide important evidence about extinct species, **but** they cannot fully **explain** how those animals lived. 화석은 멸종된 종들에 대한 중요한 증거를 제공하지만, 그 동물들이 어떻게 살았는지를 완전히 설명할 수는 없다.

→ 연결어 but은 앞뒤 내용을 대조하는 역할을 합니다. 앞 문장에서 '화석이 멸종한 종들에 대한 중요한 증거를 제공한다'고 했으므로, 뒤 문장에는 그 한계를 나타내는 내용이 와야 합니다. 따라서 빈칸 단어는 '하지만 완전히 설명할 수는 없다'라는 의미를 완성하는 explain입니다.

▌빈칸에 들어갈 수 있는 후보가 한 개 이상인 경우

The ancient city was **occupied** by a powerful empire for centuries. 그 고대 도시는 수 세기 동안 강력한 제국에 의해 점령되었다.

→ 주어진 글자 occu와 채워야 할 글자 수를 보면 가능한 단어의 후보는 occurred(발생했다)와 occupied(점령되었다)입니다. 문장을 해석해보면 '그 고대 도시는 수 세기 동안 강력한 제국에 의해 ~되었다'이므로, 둘 중 '점령되었다'를 의미하는 occupied가 적절합니다.

03: 핵심 전략

1. 문맥을 통해 빈칸에 들어갈 단어를 파악한다.

문장을 해석해서 빈칸에 어떤 의미의 단어가 필요한지 먼저 파악합니다. 그다음, 그 의미를 가진 단어 후보들 중에서 주어진 글자와 글자 수가 일치하는 단어를 골라 빈칸을 채웁니다.

> **Ex** Fish **breathe** by using their gills to take oxygen from the water.
> 어류는 물에서 산소를 취하기 위해 아가미를 사용해서 호흡한다.

→ 문장을 해석하면 '어류는 물에서 산소를 취하기 위해 아가미를 사용해서 ~한다'는 의미입니다. 문맥상 필요한 단어는 '호흡한다'이며, 주어진 글자 'bre'와 글자 수 조건에 맞는 단어는 breathe입니다.

2. 지시사나 대명사가 가리키는 대상이 무엇인지 확인한다.

this, that, these, those 같은 지시사나 he, she, it, they 같은 대명사는 앞에서 언급된 대상이나 개념을 다시 언급할 때 사용합니다. 따라서 그것들이 가리키는 대상을 정확히 확인하면, 빈칸에 들어갈 적절한 단어를 쉽게 파악할 수 있습니다.

> **Ex** The artist painted **several portraits**, and **those images** reflected the social values of the era.
> 그 예술가는 여러 초상화를 그렸으며, 그 그림들은 그 시대의 사회적 가치를 상징했다.

→ 빈칸 앞의 those가 앞 문장의 several portraits를 가리키므로, 빈칸 단어는 이를 나타내는 images입니다.

3. 연결어를 통해 앞뒤 문장의 관계를 파악한다.

because, however, therefore와 같은 연결어는 앞뒤 문장의 관계(원인·결과·대조·추가 등)를 보여줍니다. 이 관계를 이해하면 문맥의 흐름을 쉽게 파악할 수 있고, 빈칸에 어떤 의미의 단어가 들어가야 자연스러운지도 알 수 있습니다.

> **Ex** Computers became more affordable; **therefore**, they **spread** to homes worldwide.
> 컴퓨터가 더 저렴해지면서, 그 결과 전 세계 가정에 보급되었다.

→ therefore는 인과 관계를 나타내므로, 빈칸에는 앞의 Computers became more affordable이라는 원인으로부터 생긴 결과가 와야 합니다. 컴퓨터가 더 저렴해졌다는 것의 결과로 '전 세계 가정에 보급되었다'가 되는 것이 자연스러우므로, 빈칸 단어는 spread입니다.

4. 앞부분 글자, 글자 수, 품사가 같은 단어는 해석을 통해 구별한다.

주어진 글자와 글자 수, 품사가 같은 단어 후보가 여럿일 수 있습니다. 이때는 반드시 문장을 해석해 보며 문맥상 의미가 맞는 단어를 선택해야 합니다.

> **Ex** The scientist kept a detailed **record** of temperature changes in the desert.
> 그 과학자는 사막의 온도 변화를 자세히 기록했다.

→ rec로 시작하는 단어 가운데 record와 recall은 모두 주어진 글자와 글자 수 조건에 맞아 빈칸에 들어갈 수 있습니다. 그러나 recall은 '회상, 기억'을 뜻하므로 문맥상 어울리지 않습니다. 따라서 빈칸 단어는 '기록'을 의미하는 record입니다.

tip
해석을 해봐도 빈칸에 들어갈 단어가 잘 떠오르지 않을 때는, 지문 속에서 빈칸 단어와 비슷한 글자로 시작하는 단어가 있는지 살펴보세요. 때로는 빈칸 단어가 지문의 다른 부분에서 그대로 반복되거나, 어미만 바뀐 형태로 다시 등장하기도 합니다.

> **Ex** Early humans performed **dances** during rituals in caves. Some drawings show that **dancing** was important in their culture.
> 초기 인류는 동굴에서의 의식 중에 춤을 추었다. 몇몇 그림들은 춤이 그들의 문화에서 중요한 역할을 했음을 보여준다.

→ dan로 시작하는 단어 dances가 앞 문장에 있습니다. 이를 단서로 삼아, 같은 어근을 가진 dancing을 떠올려 빈칸을 채울 수 있습니다.

04: 핵심 단서

앞뒤 문장의 관계를 보여주는 연결어

연결어는 앞뒤 문장의 관계를 보여주는 핵심 단서이므로, 빈칸이 주변에 연결어가 있을 때는 그 연결어의 의미(대조, 예시, 인과, 나열 등)를 파악해 알맞은 단어를 떠올리는 데 활용합니다.

대조	but, however, in contrast, on the other hand, on the contrary 등의 대조 연결어는 앞뒤 문장의 내용이 서로 반대되거나 대비됨을 나타냅니다. **Ex** Ancient civilizations developed writing systems. **However**, many of their texts remain **unknown** today. 고대 문명들은 문자 체계를 발전시켰다. 그러나, 그들의 많은 문서들은 오늘날까지도 해독되지 않은 채로 남아 있다. → However 앞에서 Ancient civilizations developed writing systems(고대 문명들은 문자 체계를 발전시켰다)를 언급했으므로, 빈칸에는 그와 대조되는 "많은 문서들이 오늘날까지도 해독되지 않았다(unknown)"는 내용이 들어가야 합니다.
예시	such as, including, for example, for instance 등의 예시 연결어는 앞에서 언급된 상위 개념과 그것에 대한 구체적인 하위 예시를 연결해서 보여줍니다. **Ex** **Languages**, **such as English and Spanish**, are spoken worldwide. 영어와 스페인어와 같은 언어들은 전 세계적으로 사용된다. → such as 뒤에 English and Spanish(영어와 스페인어)라는 예시가 나오므로, 빈칸에는 이를 포함하는 상위 개념인 Languages(언어)가 들어가야 합니다.
부연·설명	meaning, known as, also, in addition 등의 부연이나 설명 연결어는 앞 문장을 다시 언급하거나, 같은 의미를 다른 방식으로 설명합니다. **Ex** The climate is **arid**, meaning the region **receives little rainfall**. 그 기후는 건조하며, 즉 그 지역은 강우량이 매우 적다는 뜻이다. → meaning 뒤의 설명이 receives little rainfall(강우량이 매우 적다)이므로, 빈칸에는 이를 가리키는 표현인 arid(건조한)가 들어가야 합니다.
인과	so, as a result, therefore, thus, consequently 등의 인과 연결어는 앞 문장과 뒤 문장이 서로 원인과 결과의 관계로 이어져 있음을 나타냅니다. **Ex** Early films lacked sound. **Thus**, actors relied on facial **expressions** to convey emotions. 초기 영화에는 소리가 없었다. 따라서, 배우들은 감정을 전달하기 위해 얼굴의 표정에 의존했다. → Thus 앞에서 Early films lacked sounds(초기 영화에는 소리가 없었다)를 언급했으므로, Thus 뒤에는 그 결과가 와야 합니다. 따라서 빈칸에는 '배우들이 감정을 전달하기 위해 얼굴의 표정(facial expressions)에 의존했다'는 내용을 완성하는 expressions(표정)가 들어가야 합니다.

▌혼동하기 쉬운 단어 구별

주어진 글자와 글자 수, 심지어 품사까지 똑같은 단어가 여러 개 떠올라서 빈칸에 어떤 걸 넣어야 할지 헷갈릴 때가 있습니다. 이럴 때는 그 단어들의 정확한 의미를 비교하고, 문장의 흐름과 가장 잘 맞는 단어를 선택해야 합니다.

process vs. project

- **process** 과정, 처리하다
  어떤 결과에 이르기까지의 단계를 가리킬 때 사용합니다.

- **project** 프로젝트, 계획하다
  일정한 목표를 위해 수행하는 일을 가리킬 때 사용합니다.

Language acquisition is a complex (project, **process**) that involves both biological and social factors.
언어 습득은 생물학적 요인과 사회적 요인 모두가 관련된 복잡한 과정이다.

complement vs. compliment

- **complement** 보완하다, 보충물
  부족한 것을 채워 완성할 때 사용합니다.

- **compliment** 칭찬하다, 칭찬
  사람이나 사물의 좋은 점을 칭찬할 때 사용합니다.

Fruits and vegetables (**complement**, compliment) each other by providing different nutrients.
과일과 채소는 서로 다른 영양소를 제공함으로써 서로를 보완한다.

emergence vs. emergency

- **emergence** 출현, 발생
  새롭게 나타나는 현상을 가리킬 때 사용합니다.

- **emergency** 비상사태
  위급한 상황을 가리킬 때 사용합니다.

The (**emergence**, emergency) of new technologies changed daily life.
새로운 기술의 출현은 일상생활을 바꿨다.

formally vs. formerly

- **formally** 공식적으로
  공식 절차나 방식을 가리킬 때 사용합니다.

- **formerly** 이전에
  과거의 상태나 신분을 가리킬 때 사용합니다.

The city was (formally, **formerly**) a small fishing village before it became a major port.
그 도시는 주요 항구가 되기 전에는 예전에 작은 어촌이었다.

result vs. rescue

- **result** 결과, 결과를 낳다
  어떤 일의 결과를 가리킬 때 사용합니다.

- **rescue** 구조, 구조하다
  위급 상황에서 사람이나 동물을 구조할 때 사용합니다.

As a (**result**, rescue) of deforestation, many species have lost their natural habitats.
산림 파괴의 결과로, 많은 종들이 자연 서식지를 잃었다.

notice vs. notify

- **notice** 인식하다, 알아차리다
  스스로 무언가를 깨달을 때 사용합니다.

- **notify** 알리다, 통지하다
  다른 사람에게 어떤 사실을 알릴 때 사용합니다.

Infants begin to (**notice**, notify) familiar faces within the first few months of life.
유아들은 생후 몇 달 안에 익숙한 얼굴을 인식하기 시작한다.

assign vs. assist

- **assign** 할당하다, 배정하다
  일·임무를 부여할 때 사용합니다.

- **assist** 돕다, 지원하다
  돕거나 지원할 때 사용합니다.

Artificial intelligence systems are designed to (assign, **assist**) humans in making complex decisions.
인공지능 시스템은 인간이 복잡한 결정을 내리는 것을 돕도록 설계되어 있다.

conduct vs. confuse

- **conduct** 수행하다
  실험·조사·업무를 수행할 때 사용합니다.

- **confuse** 혼동하다
  어떤 것을 구별하지 못하거나 헷갈릴 때 사용합니다.

Researchers (**conduct**, confuse) a series of tests to confirm the results.
연구자들은 결과를 확정하기 위해 일련의 실험을 수행한다.

Daily Check-up

🔺 빈칸을 채워 단어를 완성하세요.

01 Ancient Egyptians built pyramids to ho_____ their pharaohs.

02 The region is rich in fer_____ soil suitable for agriculture.

03 The inve_____ of the printing press transformed communication in Europe.

04 Bacteria multiply qui_____ because they reproduce by simple cell division.

05 The machine malfunctioned, thus production was del_____ for several days.

06 The climate warmed significantly; therefore, glaciers mel_____ faster than before.

07 The atmosphere became unst_____ during the storm.

08 Migratory birds follow seas_____ flight paths.

09 The desert has very little veget_____, making farming difficult.

10 The river overflowed after weeks of heavy rain, which cau_____ flooding in nearby villages.

11 Cultural exchange became easier, so new ideas spr_____ across continents.

12 The social sciences, including psychology and soci_____, focus on human behavior.

13 Fungi help plants absorb nutr_____ through symbiotic relationships.

14 Supply and demand determine the pri_____ of goods in markets.

15 The government intro_____ new regulations to protect the environment.

16 Scientists are testing new materials to imp_____ the efficiency of solar panels.

17 Desert plants store water in thick lea_____ or stems.

18 Natural disa_____, such as earthquakes and hurricanes, can cause widespread damage.

19 Water freezes at zero degrees Celsius, meaning it changes from liquid to so_____.

20 Satellites orbit Earth, allowing researchers to mon_____ weather patterns from space.

Daily Check-up

21 The town grew rapidly, but this gro_____ created housing prob_____.

22 The old cathedral was dam_____ by fire but later reb_____.

23 The factory released har_____ chemicals into the river; as a result, the aquatic ecos_____ collapsed.

24 Emergency res_____ operations can res_____ in many saved lives during natural catastrophes.

25 Some animals are active dur_____ the day, while noct_____ ones are awake at night.

26 The Internet provides easy acc_____ to information; however, not all of that information is reli_____.

27 Ancient civilizations left behind monuments, and those struc_____ reveal their arti_____ skills.

28 The material is biodegradable, meaning that the subs_____ breaks down natu_____.

29 Wolves hunt in packs. These social gro_____ share food among their mem_____.

30 Schools must not_____ parents when they not_____ significant changes in student performance.

31 The government introduced new poli_____, and these meas_____ improved public hea_____ conditions.

32 Animals use various strategies for surv_____, such as camouflage and mim_____ to hide from pred_____.

33 Sleep helps the brain pro_____ daily experiences. As a result, people reme_____ information better after rest_____.

34 The northern region exper_____ heavy rain_____; however, the southern ar_____ suffered a severe dro_____.

35 The emer_____ of antibiotic-resistant bact_____ creates medical emer_____ situations requiring imme_____ intervention.

36 The experiment reve_____ a strong link bet_____ stress and memory. That relati_____ was confirmed by fur_____ studies.

Daily Test

 빈칸을 채워 단어를 완성하세요.

[01-10]

Coral reefs are underwater communities that provide homes and food for many sea creatures. Over time, they form ⁰¹struc_____ that ⁰²pro_____ shorelines from strong ⁰³wa_____. These ⁰⁴re_____ keep ocean life ⁰⁵hea_____ by ⁰⁶offe_____ safe ⁰⁷pla_____ for fish and other ⁰⁸ani_____ to live and grow. They also ⁰⁹sup_____ people by helping to ¹⁰main_____ clean water and stable coastlines. However, they are easily harmed, so protecting them is important for the ocean's balance.

[11-20]

Ancient Mesopotamia was located between the Tigris and Euphrates Rivers. This ¹¹reg_____ saw the ¹²devel_____ of some of the world's ¹³earl_____ cities, such ¹⁴a__ Uruk and Babylon. Mesopotamians ¹⁵inve_____ writing ¹⁶sys_____, including cuneiform, which ¹⁷ena_____ the ¹⁸reco_____ of laws, ¹⁹tr_____, and ²⁰reli_____ practices. These accomplishments marked the beginning of organized civilization.

[21-30]

The Age of Exploration expanded global connections as European explorers searched for new trade routes across the oceans. [21]Lea_____ such as Christopher Columbus and Vasco da Gama played [22]cen_____ roles in [23]resh_____ history. Their [24]voy_____ carried goods, [25]id_____, and [26]dise_____ between [27]conti_____, a [28]pro_____ later [29]cal_____ the Columbian Exchange. This [30]e____ also encouraged colonization and changed political and economic systems across the world.

[31-40]

Human civilization has always relied on rivers for transportation, irrigation, and sources of fresh water. Many [31]anc_____ cities [32]deve_____ along river [33]val_____. These fertile [34]ar_____ supported agriculture and [35]ens_____ reliable [36]harv_____. Even [37]to_____, rivers are [38]esse_____ for [39]indu_____, trade, and human [40]settl_____, serving as lifelines for countless communities. They provide the foundation for economic growth. Rivers also promote cultural exchange. Above all, they remain critical to human survival in regions across the world.

Daily Test

[41-50]

The Industrial Revolution began in Britain in the eighteenth century. This ⁴¹per_____ transformed economies and ⁴²soci_____ through mechanized ⁴³produ_____. Factories, ⁴⁴pow_____ by steam engines, ⁴⁵all_____ workers to produce ⁴⁶go_____ on a mass scale. Urbanization increased ⁴⁷rap_____, as people ⁴⁸migr_____ from rural areas to ⁴⁹indus_____ centers in search of ⁵⁰emplo_____. This movement not only reshaped daily life but also laid the foundation for modern industries, transportation systems, and new patterns of work that continue to influence societies today.

[51-60]

The solar system is a vast collection of celestial bodies, all orbiting a central star, the sun. It ⁵¹comp_____ eight major planets, ⁵²nume_____ moons, asteroids, and ⁵³com_____. Each planet has ⁵⁴uni_____ characteristics, from Jupiter's ⁵⁵mas_____ size to Saturn's ⁵⁶disti_____ rings. Understanding our solar system ⁵⁷he_____ us comprehend Earth's place in the ⁵⁸univ_____ and how ⁵⁹gravit_____ forces govern celestial motion. This ⁶⁰know_____ also guides space exploration and provides insight into the origins of planets, stars, and other cosmic structures.

[61-70]

The theory of evolution proposes that all species have descended from common ancestors. This ⁶¹pro_____, called natural selection, favors ⁶²orga_____ with traits that are ⁶³bet_____ suited to their environment, ⁶⁴allo_____ them to survive and ⁶⁵repr_____ more ⁶⁶succes_____. Over ⁶⁷coun_____ generations, these ⁶⁸advant_____ traits ⁶⁹bec_____ more ⁷⁰com_____ in the population, leading to the emergence of new species.

[71-80]

Global warming refers to the ongoing increase in the average temperature of Earth's atmosphere and oceans. This ⁷¹pheno_____ is largely ⁷²attri_____ to the emission of greenhouse gases from human ⁷³activ_____, such as ⁷⁴bur_____ fossil fuels and deforestation. The ⁷⁵conseq_____ of global warming include ⁷⁶ris_____ sea ⁷⁷lev_____, more ⁷⁸freq_____ extreme weather ⁷⁹eve_____, and significant ⁸⁰cha_____ to ecosystems.

Day 06 Task Test

TOEFL iBT READING   Questions 01~20 of 120

Fill in the missing letters in the paragraph.

[01-10]

Pottery, one of the oldest decorative arts, shows how people have combined practical use with creative expression throughout history. [01]Ea_____ pottery, [02]wh_____ was [03]pl_____ and [04]sim_____, was [05]mai_____ used [06]f____ storing [07]fo____ and liquids. [08]A__ techniques improved, [09]des_____ became [10]mo____ colorful and detailed. Over time, various cultures developed distinct styles using local materials and methods. For example, ancient Greek pottery featured intricate black and red figures, while Chinese porcelain became known for its vibrant glazes.

[11-20]

Time zones help us keep time consistent around the world. Because [11]t____ Earth [12]rot_____, different [13]reg_____ receive sunlight [14]a__ different [15]ti_____ of the [16]d____. To [17]so_____ this [18]pro_____, the [19]pla_____ is [20]div_____ into 24 time zones, each about one hour apart. This system helps us plan travel, business, and communication across great distances, making it possible for people in faraway regions to follow a shared schedule even though we live in other parts of the world.

TOEFL iBT READING — Questions 21~40 of 120

[21~30]

Renewable resources are materials such as sunlight, wind, and wood that can be naturally replaced within a human lifetime. 21So_____ panels 22a____ wind 23turb_____ use 24th_____ resources 25t__ generate 26elect_____ without 27crea_____ pollution. Wind farms 28pro_____ power to 29mill_____ of 30ho_____. Shifting to renewable energy is vital for meeting growing energy needs while protecting the environment, reducing harm, and addressing the challenges of climate change.

[31-40]

Volcanoes are openings in the Earth's surface where magma, ash, and gases can escape from deep underground chambers. 31So_____ volcanoes 32er_____ violently 33wi____ explosive 34fo_____, causing 35signi_____ damage 36t__ nearby 37commun_____ and 38infrast_____, while 39oth_____ release 40la_____ slowly and steadily over extended periods. The location of most volcanoes is directly connected to movements of tectonic plates along fault lines. Studying volcanic activity helps scientists better understand Earth's internal geological processes and develop more accurate methods for predicting dangerous eruptions that threaten populated areas.

[41-50]

Ancient Greek theater played a major role in shaping drama and literature in Western culture. Playwrights ⁴¹su____ as Sophocles ⁴²a____ Euripides ⁴³deve_____ complex ⁴⁴chara_____ and ⁴⁵crea_____ plot ⁴⁶struc_____. Performances ⁴⁷o__ tragedies and ⁴⁸come_____ took ⁴⁹pl_____ in ⁵⁰la_____ amphitheaters, allowing many people to attend and enjoy the arts. The influence of Greek theater is still seen today, as its themes, staging techniques, and character development continue to inspire modern stage and film productions.

[51-60]

Plate tectonics is the theory that explains how Earth's outer plates move, shaping the planet's surface. Their ⁵¹movem_____ causes ⁵²earth_____, volcanic ⁵³erup_____, and ⁵⁴moun_____ formation, ⁵⁵resh_____ landscapes ⁵⁶aro_____ the Earth. For ⁵⁷exa_____, the ⁵⁸devas_____ 2011 earthquake ⁵⁹i__ Japan ⁶⁰occu_____ due to sudden tectonic plate activity along fault lines. Studying plate tectonics is essential for understanding Earth's geological processes, assessing potential natural hazards, and accurate predicting of earthquakes and volcanic eruptions to help communities prepare effectively.

[61~70]

Urbanization is the movement of people from rural areas to cities, leading to major demographic and economic changes. ⁶¹Ra_____ city ⁶²gro_____ can ⁶³ca_____ traffic ⁶⁴conge_____, pollution, ⁶⁵a____ strains ⁶⁶o__ housing ⁶⁷a____ public ⁶⁸serv_____. Cities ⁶⁹su____ as Tokyo ⁷⁰add_____ these challenges through complex transportation networks and careful planning. Studying urbanization is essential for creating sustainable cities that balance population growth with environmental care, efficient services, and a high quality of life for residents.

[71~80]

Archaeological studies of ancient Mayan cities reveal impressive advances in mathematics and astronomy. The Maya ⁷¹dev_____ a base-20 numbering ⁷²sys_____ and ⁷³accur_____ predicted ⁷⁴so_____ eclipses ⁷⁵a_____ the ⁷⁶move_____ of ⁷⁷pla_____. These ⁷⁸accompl_____ demonstrate ⁷⁹t_____ scientific ⁸⁰know_____ and intellectual skill of pre-Columbian civilizations, offering valuable insight into the cultural achievements and technological sophistication of the ancient Americas, as well as their lasting contributions to the human understanding of time, space, and natural phenomena.

[81~90]

The Sun is the main source of energy that supports life on Earth. Most plants ⁸¹abs_____ sunlight ⁸²a____ convert ⁸³i__ into ⁸⁴ene_____ they ⁸⁵c___ use. ⁸⁶Unl_____ animals, ⁸⁷th____ do ⁸⁸n____ eat ⁸⁹ot_____ living ⁹⁰orga_____. Instead of consuming organic material for nourishment, plants rely on basic substances found in their environment—such as sunlight, water, and carbon dioxide. These simple inputs allow them to create their own food through photosynthesis, a process that supports their growth and development.

[91~100]

Early humans created simple tools from materials found in nature to help them survive in harsh environments. These ⁹¹obj_____ were ⁹²mai_____ used ⁹³f____ hunting ⁹⁴ani_____ and ⁹⁵buil_____ shelters. Some ⁹⁶sto_____ were ⁹⁷sha_____ into ⁹⁸sh_____ edges, ⁹⁹wh_____ allowed ¹⁰⁰th____ to function like knives for slicing and scraping. People also made spears by tying pointed rocks to long wooden sticks, making it easier to hunt from a distance. Such innovations improved access to food and protection, laying the foundation for later human technological development.

[101~110]

Army ants are classified as social predators based on their foraging behavior. ¹⁰¹Th_____ ants ¹⁰²hu_____ in ¹⁰³gro_____ rather ¹⁰⁴th_____ alone. Thousands ¹⁰⁵o_ ants ¹⁰⁶gat_____ into ¹⁰⁷la_____ swarms, ¹⁰⁸a_____ they ¹⁰⁹ca_____ prey through ¹¹⁰coope_____. Through this teamwork, they can capture prey that is much larger or faster than any single ant could handle. This highly organized behavior allows them to secure resources efficiently and ensure the survival of their huge, rapidly growing colonies.

[111~120]

The printing press, created by Johannes Gutenberg in the fifteenth century, changed how people shared information. ¹¹¹Bef_____ this ¹¹²inve_____, books were ¹¹³cop_____ by ¹¹⁴ha_____, which ¹¹⁵requ_____ much ¹¹⁶ti_____ and ¹¹⁷eff_____. This ¹¹⁸techn_____ made it ¹¹⁹poss_____ to print books ¹²⁰qui_____ and in larger quantities. This spread new ideas across Europe and supported movements such as the Renaissance and Reformation. It also made reading easier to access and encouraged learning, influencing modern education and communication.

무료 토플자료 · 유학정보 제공

goHackers.com

Hackers
Updated TOEFL
Reading Basic

TASK ②

일상 지문 읽고 문제 풀기
Read in Daily Life

Introduction

Day 07 이메일/메시지 대화문
Day 08 공지/광고
Day 09 소셜 미디어 게시글/기사
Day 10 양식/일정표
Day 11 영수증/메뉴
Day 12 Task Test

Introduction:

Task 2 일상 지문 읽고 문제 풀기(Read in Daily Life)는 일상에서 접할 수 있는 다양한 형태의 글을 읽고 문제를 푸는 유형입니다. 이메일, 메시지 대화문, 광고, 기사, SNS 게시글, 각종 양식 등 다양한 형태의 지문이 출제되며, 주제 또한 안내, 공지, 홍보처럼 일상과 밀접하고 친숙한 주제가 출제됩니다. 15~50단어 분량의 짧은 지문에는 2개의 문제가 출제되고, 최대 150단어 분량의 긴 지문에는 3개의 문제가 출제됩니다. Module 1에서는 2문제 짜리 지문과 3문제 짜리 지문이 각각 1개씩 출제되는데, 더미 문항이 포함될 경우 각각 2지문까지 더 출제되어 최대 4지문이 출제될 수 있습니다. Upper Module 2에서는 이 유형이 출제되지 않으며, Lower Module 2 에서만 각각 1개씩, 총 2개의 지문이 출제됩니다.

■ 시험 미리보기

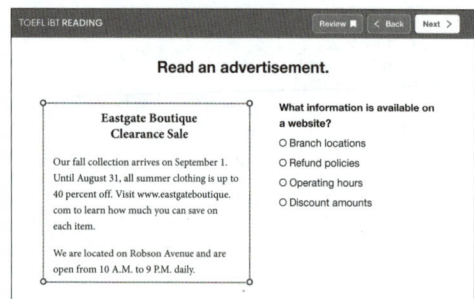

문제가 출제될 때 나오는 화면으로, 상단에는 지문 유형을 알려주는 디렉션 문장이 나옵니다. 그 아래로 왼쪽에는 지문, 오른쪽에는 문제와 선택지가 나옵니다.

문제를 풀 때 해야 할 일 : 지문과 문제, 보기를 읽은 후 보기 앞에 있는 칸을 클릭하여 답을 표시합니다.

문제를 풀고 난 후 해야 할 일 : Next 버튼을 클릭하여 다음 문제로 넘어갑니다. Module 안에서는 문제간 이동이 자유로우므로, 헷갈리는 문제가 있다면 넘어갔다가 뒤의 문제들을 풀고 다시 돌아올 수 있습니다.

■ 풀이 전략

1. 지문의 유형을 먼저 파악하여 지문의 흐름을 예측하며 읽는다.

Task 2에 나오는 지문은 이메일, 메시지 대화문, 공지, 광고, 소셜 미디어 게시글, 기사 등 다양한 유형으로 제시됩니다. 따라서 지문을 읽기 전에 지문의 유형을 먼저 확인하고, 해당 지문의 흐름을 예측하면서 지문을 읽으면, 내용을 빠르게 이해할 수 있어 문제를 보다 쉽게 해결할 수 있습니다.

2. 질문을 먼저 읽고 핵심 어구를 파악한다.

질문을 먼저 읽고 이름, 날짜, 시간, 장소, 금액, 요청 내용 등의 핵심 어구(Keyword)를 미리 파악해 두면, 지문을 읽을 때 관련 정보를 빠르게 찾을 수 있습니다. 이러한 정보들은 문제의 직접적인 단서가 되므로, 지문 전체를 처음부터 끝까지 읽기보다 필요한 정보를 중심으로 파악하여 빠르게 문제를 해결하도록 합니다.

3. 첫 부분과 마지막 부분에 집중한다.

대부분의 일상 지문에서는 첫 부분에 지문의 목적이, 마지막 부분에는 요청 사항 또는 주의 사항이 제시되는 경우가 많습니다. 특히 지문의 목적, 요청 사항, 주의 사항과 관련된 문제가 자주 출제되므로 이 부분에 집중하여 내용을 파악하면 관련된 문제를 해결할 수 있습니다.

■ 스터디 가이드

1. 지문별 흐름과 빈출 문제를 익혀둔다.

Task 2에서는 이메일, 메시지 대화문, 공지, 광고, 양식 등 다양한 유형의 실용문이 출제됩니다. 각 지문 유형마다 전형적인 전개 방식이 있으며, 자주 출제되는 문제 유형도 정해져 있습니다. 이러한 흐름과 문제 패턴을 미리 익혀 두면 실제 시험에서 지문을 더 쉽게 이해하고, 정확하게 문제를 풀 수 있습니다.

2. 지문별 핵심 전략을 익혀둔다.

지문 유형에 따라 문제 풀이에 효과적인 전략이 다릅니다. 유형별 핵심 전략을 숙지하면 제한된 시간 안에서도 필요한 정보를 빠르고 정확하게 찾아낼 수 있습니다.

3. 지문별 핵심 표현을 익혀둔다.

일상 지문의 이해도를 높이려면 해당 지문에서 반복적으로 등장하는 어휘와 표현을 미리 학습해 두는 것이 중요합니다. 이를 통해 지문을 빠르게 파악하고 문제 풀이에 필요한 단서를 즉시 활용할 수 있습니다.

Day 07 이메일/메시지 대화문

1 이메일

01: 출제 경향

이메일(email)은 직장, 학교, 일상생활에서 정보를 주고받는 편지글 형식의 지문입니다. 예약 확인, 행사 초대, 시설 및 서비스 안내와 같은 상황을 다룹니다.

02: 지문 흐름 및 빈출 문제

지문	흐름	빈출 문제
Date: September 6 Subject: Yoga Class Dear Ms. Jones,	날짜 제목 받는 사람	
We are pleased to confirm your reservation for the River Park Fitness yoga class on September 18 at 6:30 P.M.	이메일의 목적	**이메일의 목적을 묻는 문제** What is the main purpose of the email? 이메일의 주된 목적은 무엇인가? → To confirm registration for a class 수업 등록을 확정하기 위해
If you need to cancel your reservation, contact us at 555-5265.	세부 사항	**세부 사항을 묻는 문제** How can Ms. Jones cancel her reservation? Ms. Jones는 어떻게 예약을 취소할 수 있는가? → By calling the provided number 제공된 번호로 전화해서
Mats will be provided. Please bring your own water bottle.	요청 사항	**요청 사항을 묻는 문제** What is Ms. Jones asked to do? Ms. Jones는 무엇을 하도록 요청받는가? → Bring her own water bottle 자신의 물병을 가져오기
Best regards, Anna Smith	맺음말 보낸 사람	

해석 p.295

이메일에서 지문의 흐름을 알려주는 표현들을 알아두면 도움이 됩니다.

- **이메일을 보낸 목적**: We are pleased to ~ ~하게 되어 기쁩니다
  I'm writing to ~ ~하기 위해 이메일을 씁니다
- **요청 사항**: Please ~ ~해주세요
  Could you ~? ~해주실 수 있으신가요?

03: 핵심 전략

1. 보낸 사람, 받는 사람, 제목을 먼저 확인한다.
이메일의 보낸 사람, 받는 사람, 제목을 먼저 확인하면 이메일을 보낸 목적에 대한 단서를 쉽게 파악할 수 있습니다. 또한, 받는 사람과 관련된 세부 사항을 묻는 문제에서 단서를 빠르게 찾을 수 있습니다.

2. 첫 부분과 마지막 부분을 집중해서 읽는다.
이메일의 목적은 주로 첫 부분에, 요청 사항이나 결론은 마지막 부분에 제시되는 경우가 많습니다. 이 흐름을 먼저 이해하면 문제에서 요구하는 내용을 빠르게 찾을 수 있습니다.

04: 핵심 표현

예약 확인	**confirm** v. 확인하다, 확정하다 **booking** n. 예약 **reservation** n. 예약 **enroll** v. 등록하다, 수강 신청하다 **registration** n. 등록	**appointment** n. (병원·상담 등) 예약 **policy** n. 규정 **cancel** v. 취소하다 **cancellation fee** 취소 수수료 **waiting list** 대기자 명단
행사 초대	**invitation** n. 초대 **grand opening** 개점 행사 **conference** n. 회의 **host** v. 주최하다 **sign up for** ~에 등록하다, 신청하다 **register for** ~에 등록하다 **participate in** ~에 참여하다 **registration fee** 등록비 **admission** n. 입장, 입장료	**refreshments** n. 다과 **demonstration** n. 시연 **RSVP** n. 참석 여부 회신 **limited** adj. (자리/정원이) 한정된 **attendee** n. 참가자 **apply for** ~에 지원하다, 신청하다 **guest speaker** 초청 연사 **present** adj. 참석한 **First come, first served** 선착순

② 메시지 대화문

01: 출제 경향

메시지 대화문(text-message chain)은 문자나 메신저를 통해 여러 참여자가 짧은 시간 간격으로 주고받는 단체 대화 형식의 지문입니다. 회사 업무 관련 일정 공유, 역할 분담, 또는 문제 해결을 위한 협업 등을 다룹니다.

02: 지문 흐름 및 빈출 문제

지문	흐름	빈출 문제
Linda Chen (3:00 P.M.) Hello, team. Just a reminder that the inventory count starts Friday morning at 9:00.	일정 공유	**어구의 문맥상 의미를 묻는 문제** What does the phrase "inventory count" most likely mean in this context? 어구 "inventory count"의 문맥상 의미는 무엇이겠는가? → Counting products in stock 재고 물품 세기
Kenji Yamamoto (3:05 P.M.) Got it. I will be there on time. I'll count the items in the electronics section. **Nina Patel (3:10 P.M.)** I'll handle the clothing section and make sure everything is labeled correctly.	역할 분담 및 진행 상황 공유	**역할 분담을 묻는 문제** What is Nina Patel's responsibility? Nina Patel의 역할은 무엇인가? → Labeling items in the clothing section 의류 코너에서 물품 라벨링하기
Linda Chen (3:20 P.M.) Perfect. Let's make sure everything is ready—we need accurate numbers for the upcoming audit.	격려 및 마무리	**메시지를 쓴 의도를 묻는 문제** At 3:20 P.M., what does Linda Chen imply when she writes, "we need accurate numbers for the upcoming audit"? 오후 3시 20분에, Linda Chen이 "we need accurate numbers for the upcoming audit" 이라고 쓸 때, 그녀가 암시하는 것은? → She wants the team to prepare thoroughly. 그녀는 팀이 철저하게 준비하기를 바란다.

해석 p.295

메시지 대화문에서 지문의 흐름을 알려주는 표현들을 알아두면 도움이 됩니다.

- **일정 공유**: Just a reminder that ~ ~을 다시 알려 드립니다
- **동의 및 수락**: Got it. 알겠어요.
  Noted/Will do. 그렇게 할게요.
  Sure thing. 물론이죠, 알겠어요.
- **격려 및 마무리**: Let's make sure ~ 반드시 ~하도록 합시다
  Here's to ~ ~이 되기를 바랍니다

03: 핵심 전략

1. 참여자들의 관계를 파악한다.
대화에 참여하는 사람의 이름과 대화 내용을 통해 관계(직장 동료, 상사-부하, 고객-직원 등)를 추론합니다. 관계를 파악해 두면 대화의 맥락을 이해하는 데 도움이 됩니다.

2. 각 참여자가 어떤 역할을 하는지 확인한다.
각 참여자의 역할을 묻는 문제가 자주 출제되므로 대화 흐름을 따라가며 각 참여자가 어떤 정보를 제공하고 어떤 역할을 수행하는지 파악합니다.

3. 특정 인물의 발언 의도를 파악한다.
대화에서 특정 인물이 언급한 문장의 의도를 파악하는 문제가 자주 출제됩니다. 이 경우, 해당 발언 주변의 대화 내용을 함께 살펴봐야 의도를 정확히 알 수 있습니다.

04: 핵심 표현

일정 공유	**deadline** n. 마감 기한 **product launch** 제품 출시 **approval** n. 승인 **reminder** n. 알림	**finalize** v. 최종 확정하다 **complete** adj. 완료된; v. 마치다, 완료하다 **submit** v. 제출하다 **ensure** v. 보장하다, 확실히 하다
역할 분담	**report** n. 보고서 **prepare** v. 준비하다 **handle** v. 맡다, 담당하다 **cover** v. 대신 맡다 **take care of** ~을 담당하다 **be in charge of** ~을 맡다 **follow up** 후속 조치하다 **responsibility** n. 업무, 책임	**assignment** n. 과제, 맡은 업무 **double-check** v. 다시 확인하다 **coordinate** v. 조율하다, 협력하다 **adjustment** n. 조정, 수정 **inventory** n. 재고, 물품 목록 **market research** 시장 조사 **expenditure** n. 지출 **business trip** 출장
회의/발표	**agenda** n. 회의 안건 **update** n. 진행 상황 보고 **conference room** 회의실 **handout** n. 배포 자료	**discussion** n. 논의 **slides** n. 프레젠테이션 슬라이드 자료 **visual aid** 시각 자료 **conference call** 전화 회의

Daily Check-up

 지문을 읽고 물음에 답하세요.

01 Read an email.

Date: April 8
Subject: Training Session Confirmation

Dear Mr. Carter,

This is to confirm your personal training session with Coach Diaz on April 12 at 7:30 A.M. Please arrive 10 minutes early to fill out the required health and safety form. Towels and all necessary equipment will be provided.

Regards,
Alex Morgan

Q Why should Mr. Carter arrive early?
   Ⓐ To warm up before the session
   Ⓑ To review the training schedule
   Ⓒ To complete paperwork

02 Read a text-message chain.

Aiden Brooks (6:00 P.M.)
Hi, everyone! Just checking in—Our volunteer day at the Riverside Shelter is this Saturday at 9:00 A.M., right?

Chloe Zhang (6:03 P.M.)
Yep! Thanks for the reminder. I'll bring the clothes we collected last week.

Arjun Khan (6:05 P.M.)
I'll run the check-in table again. Do you think we should bring snacks for the volunteers this time?

Aiden Brooks (6:09 P.M.)
Good call! I'll grab some fruit and bottled water on the way.

Q What is Arjun Khan's responsibility?
   Ⓐ Managing the volunteer sign-in area
   Ⓑ Delivering the donated clothes
   Ⓒ Preparing drinks and snacks for the group

03 Read an email.

Date: September 10
Subject: Confirmation—Art History Lecture Registration

Dear Ms. Wilson,

We're delighted to have you join our upcoming Art History Lecture Series. Your registration for the session starting September 20 at 6:00 P.M. is confirmed. Please bring a notebook and pen to take notes during the presentations. All other materials will be provided by the museum.

Warm regards,
Ben Johnson

Q What should Ms. Wilson bring to the lecture?
   Ⓐ An entry pass
   Ⓑ Writing materials
   Ⓒ Presentation slides

04 Read a text-message chain.

Laura Brown (9:00 A.M.)
Morning, team. Quick heads-up—our new fitness tracker campaign needs to be ready by Thursday.

Daniel Park (9:05 A.M.)
On it. I'll finalize the poster design this afternoon and send a draft your way.

Maya Lopez (9:10 A.M.)
I'll line up the social media ads and schedule them to go live. I'll prep captions and hashtags, too.

Laura Brown (9:20 A.M.)
Great. Please double-check dates and product specs before you send your drafts. Thanks!

Q What does the word "campaign" most likely mean in this context?
   Ⓐ A promotional activity for a product
   Ⓑ A meeting with company staff
   Ⓒ A client's business trip

Daily Check-up

[05-06] Read an email.

Date: September 3

Dear Ms. Miller,

Your appointment for a teeth cleaning with Dr. Chen is scheduled for Thursday, September 8 at 10:00 A.M. Please arrive 15 minutes early to check in and complete a medical history form. After the cleaning, refrain from drinking coffee or tea for at least two hours to prevent stains. If you need to reschedule, contact us at 555-3892 at least 24 hours in advance.

Regards,
Michael Torres

05 What is the main purpose of the email?

Ⓐ To confirm a dental appointment
Ⓑ To promote new dental services
Ⓒ To introduce a new dentist

06 What is Ms. Miller advised to do after her visit?

Ⓐ Brush her teeth immediately
Ⓑ Take prescribed medication
Ⓒ Avoid stain-causing drinks

[07-08] Read a text-message chain.

Helena Cho (9:05 A.M.)
Good morning, everyone. The client presentation for Redmond Industries is scheduled for tomorrow at 2:00 P.M.

Samir Desai (9:08 A.M.)
All the financial slides are complete, and I'll arrive early to set up the projector. Tomas, want me to add any last-minute charts?

Tomas Weber (9:11 A.M.)
Thanks, Samir. I've updated the market analysis with the latest figures. Olivia, did your team finalize the design samples?

Olivia Grant (9:13 A.M.)
Yes, the design samples are printed and ready to distribute.

Helena Cho (9:15 A.M.)
Great teamwork. Please review the materials before noon, and send any edits to me. And be extra careful with numbers—we had issues in April, and we can't afford that again.

07 At 9:15 A.M., what does Ms. Cho imply when she writes, "We can't afford that again"?

Ⓐ The client expects more design samples for this meeting.

Ⓑ The presentation must be rescheduled to allow for more review time.

Ⓒ Extra attention must be given to ensure numerical accuracy.

08 What does Samir Desai offer to do?

Ⓐ Add charts to the presentation slides

Ⓑ Review the market analysis section

Ⓒ Distribute the printed design samples

Daily Test

 지문을 읽고 물음에 답하세요.

[01-02] Read an email.

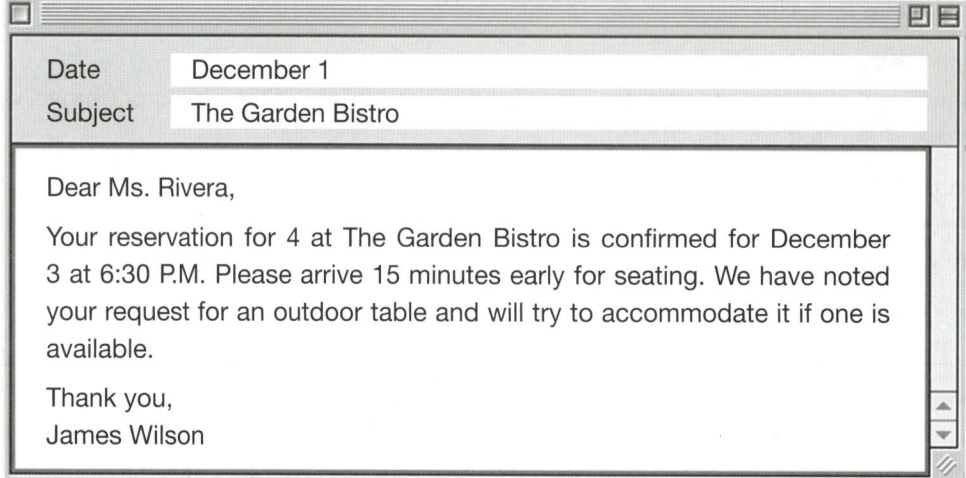

Date: December 1
Subject: The Garden Bistro

Dear Ms. Rivera,

Your reservation for 4 at The Garden Bistro is confirmed for December 3 at 6:30 P.M. Please arrive 15 minutes early for seating. We have noted your request for an outdoor table and will try to accommodate it if one is available.

Thank you,
James Wilson

01 When is Ms. Rivera's reservation scheduled?

Ⓐ December 3 at 6:15 P.M.
Ⓑ December 3 at 6:30 P.M.
Ⓒ December 4 at 7:00 P.M.
Ⓓ December 4 at 6:30 P.M.

02 What did Ms. Rivera request?

Ⓐ A quiet corner
Ⓑ A table near a window
Ⓒ A table outside
Ⓓ A private dining room

[03–04] Read a text-message chain.

Maya Cruz (2:00 P.M.)
Quick reminder: the final draft of the employee handbook is due Friday. Please send your sections by Thursday afternoon so I can review them.

David Kim (2:05 P.M.)
Got it, Maya. I'll wrap the workplace safety section by tomorrow morning.

Lena Brooks (2:10 P.M.)
Understood. I'm updating the remote work policies now. I'll get it to you before noon Thursday.

Omar Ahmed (2:15 P.M.)
Sounds good. I'll proofread the compiled draft Thursday evening and send comments before the deadline.

Maya Cruz (2:20 P.M.)
Great. Thanks, everyone. Let's keep it accurate and consistent.

03 What does David Kim indicate?

Ⓐ He will finish his section by tomorrow morning.
Ⓑ He needs help from Lena Brooks.
Ⓒ He will proofread his coworkers' sections.
Ⓓ He is updating the remote work policies now.

04 What is Omar Ahmed's responsibility?

Ⓐ Finalizing workplace safety section
Ⓑ Distributing the handbook to employees
Ⓒ Reviewing the completed draft
Ⓓ Updating the remote work policies

Daily Test

[05-07] Read an email.

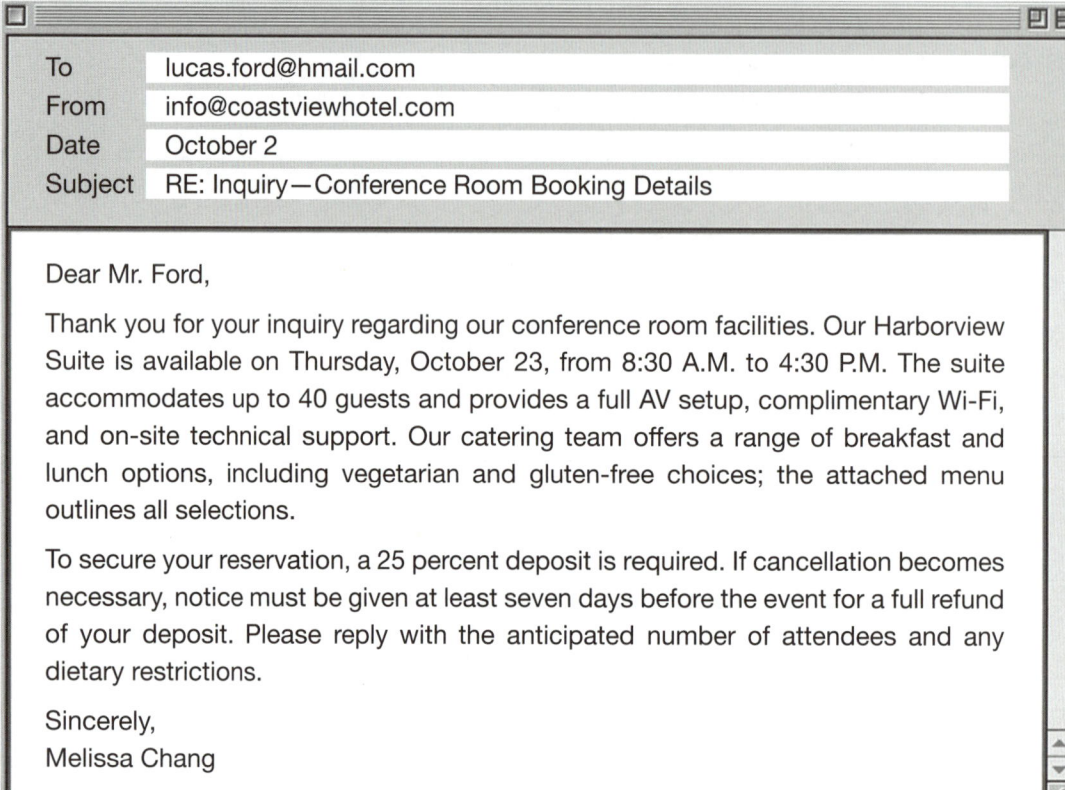

To	lucas.ford@hmail.com
From	info@coastviewhotel.com
Date	October 2
Subject	RE: Inquiry—Conference Room Booking Details

Dear Mr. Ford,

Thank you for your inquiry regarding our conference room facilities. Our Harborview Suite is available on Thursday, October 23, from 8:30 A.M. to 4:30 P.M. The suite accommodates up to 40 guests and provides a full AV setup, complimentary Wi-Fi, and on-site technical support. Our catering team offers a range of breakfast and lunch options, including vegetarian and gluten-free choices; the attached menu outlines all selections.

To secure your reservation, a 25 percent deposit is required. If cancellation becomes necessary, notice must be given at least seven days before the event for a full refund of your deposit. Please reply with the anticipated number of attendees and any dietary restrictions.

Sincerely,
Melissa Chang

05 What can be inferred about Mr. Ford?

   Ⓐ He has expressed interest in renting a space.
   Ⓑ He works for the hotel as an event coordinator.
   Ⓒ He recently attended a seminar at the hotel.
   Ⓓ He is requesting catering services for an outdoor event.

06 What information is being provided along with the email message?

   Ⓐ A floor plan of the hotel's meeting facilities
   Ⓑ A menu of available catering options
   Ⓒ A brochure describing nearby attractions
   Ⓓ A list of technical equipment for rent

07 What must Mr. Ford provide to finalize his reservation?

   Ⓐ The names of all attendees
   Ⓑ His organization's registration number
   Ⓒ The expected number of participants
   Ⓓ The deposit payment

Daily Test

[08-10] Read a text-message chain.

Amira Hassan (2:00 P.M.)
Hi, team. The quarterly budget review meeting is this Thursday at 3:00 P.M. in Conference Room 2B. Please confirm what you'll bring.

David Park (2:05 P.M.)
I'll prepare the updated revenue charts and print copies for everyone.

Elena Petrova (2:10 P.M.)
I'll finalize the expense report and send a digital version by Wednesday evening.

Rajiv Nair (2:15 P.M.)
I'll be traveling on Thursday, but I can share the budget forecast by email in advance.

Amira Hassan (2:20 P.M.)
Thanks, Rajiv. That will be very helpful.

08 What does the phrase "quarterly budget review meeting" most likely mean in this context?

Ⓐ A meeting to hire new employees
Ⓑ A regular meeting to examine financial details
Ⓒ A meeting to introduce new office policies
Ⓓ A workshop to train staff on presentation skills

09 At 2:20 P.M., what does Amira Hassan imply when she writes, "That will be very helpful"?

Ⓐ She believes Rajiv's participation in the meeting is essential.
Ⓑ She needs Rajiv to print copies for the meeting.
Ⓒ She appreciates that Rajiv will provide the budget forecast.
Ⓓ She requests Rajiv to attend in person despite his travel plans.

10 What is suggested about Rajiv Nair?

Ⓐ He made errors in last quarter's report.
Ⓑ He will send the revenue charts.
Ⓒ He will not attend the meeting.
Ⓓ He will lead the discussion.

Day 08　공지/광고

❶ 공지

01: 출제 경향

공지(notice)는 안내문, 포스터, 표지판 등의 형태로 정보를 제공하는 안내 형식의 지문입니다. 시설 및 서비스 관련 공지, 일정 및 장소 변경 공지 등의 상황을 다룹니다.

02: 지문 흐름 및 빈출 문제

지문	흐름	빈출 문제
This is to let all residents know that the water supply maintenance originally scheduled for Tuesday, October 11, from 10:00 A.M. to 1:00 P.M. has been rescheduled.	공지의 목적	**공지의 목적을 묻는 문제** What is the main purpose of the notice? 공지의 주된 목적은 무엇인가? → To announce a change in a maintenance schedule 유지 보수 일정 변경을 발표하기 위해
The service will now take place on Thursday, October 13, from 2:00 P.M. to 5:00 P.M. During this time, water will be unavailable in all units.	세부 사항	**세부 사항을 묻는 문제** When will the water supply maintenance take place? 수도 공급 유지 보수는 언제 진행될 것인가? → Thursday, October 13, from 2:00 P.M. to 5:00 P.M. 10월 13일 목요일 오후 2시부터 오후 5시까지
Residents are kindly asked to store enough water in advance for drinking and basic needs. Thank you for your cooperation.	요청 사항	**요청 사항을 묻는 문제** What are residents asked to do? 주민들은 무엇을 하도록 요청받는가? → Store water ahead of time 미리 물을 저장한다

해석 p.299

공지에서 지문의 흐름을 알려주는 표현들을 알아두면 도움이 됩니다.

· **공지의 목적**: This is to let ~ know ~에게 알려 드립니다
　　　　　　　 Please be advised that ~ ~임을 알려 드립니다

· **요청 사항**: 사람 are asked to ~ ~하기를 바랍니다
　　　　　　 Please make sure to ~ 반드시 ~해주시기 바랍니다
　　　　　　 You are required to ~ ~하셔야 합니다

03: 핵심 전략

1. 공지의 목적과 대상자를 먼저 파악한다.
"주민에게", "직원에게", "방문객에게"와 같이 공지가 누구를 대상으로 하는지 파악하면 지문의 맥락을 이해하는 데 도움이 됩니다.

2. 중요한 날짜, 시간, 장소에 집중한다.
공지는 특정 시간이나 장소에서 일어나는 사건에 대한 정보를 담고 있습니다. 따라서 관련 날짜, 시간, 장소 정보는 세부 사항을 묻는 문제의 핵심 단서가 될 수 있으므로 주의 깊게 살펴야 합니다.

3. 요청 사항과 규정에 주목한다.
"~해야 합니다", "~해서는 안 됩니다"와 같은 구체적인 요청 사항이나 규정에 대해 묻는 문제가 자주 출제됩니다. 특히, 변경된 규정을 언급한 부분이 추론이 필요한 문제의 핵심 단서가 되기도 합니다.

04: 핵심 표현

시설 및 서비스 관련 공지	**facility** n. 시설 **maintenance** n. 유지 보수, 점검, 정비 **inspection** n. 검사, 점검 **repair** n. 수리 **installation** n. 설치, 장치 **access** n. 접근, 이용 **available** adj. 이용 가능한 **unavailable** adj. 이용 불가능한		**closure** n. 폐쇄, 마감 **inaccessible** adj. 접근 불가능한 **temporarily** adv. 일시적으로 **offline** adj. 오프라인의, 사용 불가능한 **disruption** n. 중단, 장애 **technician** n. 기술자, 기사 **mandatory** adj. 의무적인, 필수적인 **safety regulation** 안전 규정
일정 및 장소 변경 공지	**reschedule** v. 일정을 변경하다 **relocate** v. 장소를 옮기다 **subject to change** 변경될 수 있는 **postpone** v. 연기하다 **until further notice** 추후 공지가 있을 때까지		**advance notice** 사전 공지 **extend** v. 연장하다 **shorten** v. 단축하다 **operating hours** 운영 시간 **tentative** adj. 잠정적인

2 광고

01: 출제 경향

광고(advertisement)는 상품, 서비스, 행사 등을 홍보하는 지문입니다. 신제품/개업 홍보, 특별 할인, 구인 광고와 같은 상황이 출제됩니다.

02: 지문 흐름 및 빈출 문제

지문	흐름	빈출 문제

Grand Opening!
Discover your new creative destination at RiverPark Studio!

Join us this Monday for the grand opening.

→ 광고되는 대상 소개

광고되는 대상을 묻는 문제
What is being advertised?
무엇이 광고되고 있는가?
→ A new dance studio
새로운 댄스 스튜디오

Our studio offers spacious rooms, professional instructors, and group classes that focus on movement and rhythm. Experience an energetic and welcoming atmosphere that makes learning fun for dancers of all levels.

→ 특징 및 장점

특징 및 장점을 묻는 문제
What can be inferred about the facility?
시설에 대해 추론할 수 있는 것은?
→ It offers classes for beginners and advanced members.
초보자와 숙련자에게 수업을 제공한다.

Special offer: No registration fee for those who sign up by September 20. Take advantage of this opportunity to start your dance journey today!

→ 혜택 및 할인

혜택을 묻는 문제
What is indicated about customers who register by September 20?
9월 20일까지 등록하는 고객에 대해 명시된 것은?
→ They will not pay a sign-up fee.
그들은 등록비를 내지 않을 것이다.

해석 p.299

광고에서 지문의 흐름을 알려주는 표현들을 알아두면 도움이 됩니다.

· **광고되는 대상 소개**: Discover ~ ~을 발견하세요
　　　　　　　　　　Are you looking for ~ ~을 찾고 계신가요?
　　　　　　　　　　Introducing our latest ~ 저희의 최신 ~을 소개합니다

· **구매 유도**: Take advantage of this opportunity to ~ ~할 기회를 이용해 보세요
　　　　　　Enjoy the benefits of ~ ~의 혜택을 누리세요
　　　　　　Now's your chance to ~ 지금 ~할 기회입니다

03: 핵심 전략

1. 광고되는 대상을 먼저 파악한다.
보통 지문의 제목과 초반부에서 광고가 무엇을 홍보하는지(제품, 서비스, 채용 등)를 드러내고 있으므로 광고되는 대상을 먼저 파악하면 지문의 맥락을 이해하는 데 도움이 됩니다.

2. 강조하는 정보에 집중한다.
광고는 홍보하는 제품 및 서비스의 특징과 장점, 혜택과 할인 정보를 강조합니다. 이러한 정보는 세부 사항을 묻는 문제의 직접적인 단서가 될 가능성이 높습니다.

3. 주의 사항과 추가 정보에 주목한다.
광고 하단이나 작은 글씨로 적힌 이용 조건, 환불 불가, 특정 시간 제한, 추가 요금과 같은 내용은 추론이 필요한 문제나 일치 또는 불일치 사항을 묻는 문제에 대한 핵심 단서가 될 수 있으므로, 꼼꼼히 살펴야 합니다.

04: 핵심 표현

특징 및 장점	**new release** 신제품 출시 **innovative** adj. 혁신적인 **user-friendly** adj. 사용하기 쉬운 **customer satisfaction** 고객 만족 **state-of-the-art** adj. 최첨단의 **affordable** adj. 가격이 알맞은	**customizable** adj. 맞춤 제작 가능한 **durable** adj. 내구성이 있는 **reliable** adj. 신뢰할 수 있는 **top-rated** adj. 최고 평점을 받은 **coming soon** 곧 출시 예정 **certified** adj. 인증된
혜택 및 할인	**special offer** 특별 할인/제공 **free trial** 무료 체험 **discount** n. 할인 **promotion** n. 프로모션, 할인 행사 **early-bird discount** 사전 할인 **guarantee** n. 보증, 품질 보장 **value pack** 알뜰 패키지 **special rate** 특별 요금	**limited-time offer** 한정 기간 제공 **giveaway** n. 증정품, 경품 행사 **exclusive** adj. 독점적인, 한정된 **must-try** adj. 꼭 경험해야 할 **limited edition** 한정판 **bundle deal** 묶음 할인 **trial period** 체험 기간 **savings** n. 절약, 할인 혜택

Daily Check-up

지문을 읽고 물음에 답하세요.

01 Read an advertisement.

Discover Costa Rica: Learn, Live, and Connect

Transform your language skills this summer! Join our intensive three-week Spanish immersion program in Costa Rica from July 15 to August 5. Experience the local culture while improving fluency through daily classes, local homestays, and guided excursions to historical sites. All skill levels welcome.

Early-bird discount available until March 30.
Visit www.languageworld.com for enrollment details.

Q What is the advertisement mainly about?

　Ⓐ A language-learning program
　Ⓑ A summer vacation package in Costa Rica
　Ⓒ An exchange-student event

02 Read a notice.

No Parking Zone

Parking is prohibited in front of the Science Building entrance. Vehicles left unattended in this area will be towed at the owner's expense.

- Library visitors may use the parking lot behind the building.
- Additional spaces are available on Maple Street.

Thank you for your cooperation.

Q What will happen to vehicles parked in front of the entrance?

　Ⓐ They will be moved to the back lot.
　Ⓑ They will be removed at the owner's cost.
　Ⓒ They will be allowed to stay for a short time.

03 Read an advertisement.

> **Experience the future with the all-new Zenith Pro 12, now available!**
>
> - High-resolution camera for stunning photos and videos
> - Faster processor for smooth multitasking
> - Longer battery life to power your day
> - Sleek, modern design that fits your lifestyle
>
> Special offer: Preorder before October 5 and receive a free wireless charger

Q Which of the following is NOT mentioned about the Zenith Pro 12?

Ⓐ It has a high-resolution camera.

Ⓑ It has longer battery life.

Ⓒ It is available in multiple colors.

04 Read a notice.

> Please note that the free cooking class originally scheduled for Thursday, July 14, at 2:00 P.M. has been rescheduled. It will now be offered on Saturday, July 16, at 11:00 A.M. in the community center kitchen. We apologize for any inconvenience and appreciate your understanding regarding this change.

Q When will the cooking class take place?

Ⓐ Thursday, July 14 at 2:00 P.M.

Ⓑ Saturday, July 16 at 11:00 A.M.

Ⓒ Saturday, July 16 at 2:00 P.M.

Daily Check-up

[05-06] Read a notice.

> **Library Notice: August 20 Update**
>
> The library's annual software update will take place on August 20 from 8:00 A.M. to 4:00 P.M. During this time, computer stations and printers will not be available for use. However, all other library services, including book borrowing, study rooms, and information desks, will remain available as usual. Visitors are advised to plan ahead if they need to use computers, printers, or internet services on that date.

05 What is the main purpose of this notice?

   Ⓐ To inform about a service disruption
   Ⓑ To promote a new library service
   Ⓒ To announce extended library hours

06 Which service will NOT be available during the update?

   Ⓐ Book borrowing
   Ⓑ Document printing
   Ⓒ Study rooms

[07-08] Read an advertisement.

Explore the Outdoors with EcoTrek Adventures

This summer, EcoTrek is offering a three-day guided hiking tour through Evergreen National Park from July 12 to 14. Experienced guides will provide safety training and share information about the park's unique wildlife.

- Fee: $225 per person
  Includes: Camping equipment rental, three meals per day, and professional guide services
- Limited to 20 participants for optimal safety and quality instruction

07 What is being advertised?

Ⓐ A camping equipment rental service

Ⓑ A wildlife conservation project

Ⓒ A guided outdoor adventure program

08 Why is the group size limited to 20 people?

Ⓐ To make sure the experience is safe

Ⓑ To ensure all participants receive camping gear

Ⓒ To guarantee access to every trail in the park

Daily Test

 지문을 읽고 물음에 답하세요.

[01-02] Read an advertisement.

> **Clearview Services**
> Sign up for automatic online payments today.
>
> Simple, secure, and fast. With this service, your monthly electricity bill will be paid directly from your bank account on the due date. To get started, log in to your Clearview Services account through the mobile app and select "Billing Preferences." Enroll now to save time and avoid missed payments.

01 What type of business placed this advertisement?
　Ⓐ A transportation company
　Ⓑ An energy provider
　Ⓒ A computer software company
　Ⓓ A bank

02 How can customers sign up for automatic payments?
　Ⓐ By mailing a paper form
　Ⓑ By visiting a Clearview Services office
　Ⓒ By logging in through the mobile app
　Ⓓ By calling customer service directly

[03-04] Read a notice.

Exam Location Change

The midterm exam scheduled for next Tuesday at 9:00 A.M. will now be held in the Science Auditorium instead of Room 108. This change was made because of the large number of students registered and to ensure comfortable seating. Please arrive 15 minutes early, and bring your student ID for check-in.

03 What can be inferred about Room 108?

Ⓐ It is too small for the entire class.

Ⓑ It is under maintenance.

Ⓒ It was double-booked.

Ⓓ It has no seating.

04 What are students asked to bring to the exam?

Ⓐ A calculator

Ⓑ Student identification

Ⓒ Extra paper

Ⓓ A copy of the exam schedule

Daily Test

[05–07] Read a notice.

Attention: North Tower Tenants

To improve safety and efficiency, both elevators in the North Tower will undergo an upgrade:
- Dates: Monday, November 14 – Friday, November 18
- Work hours: 7:00 A.M. – 6:00 P.M. daily
- Impact: Elevators unavailable during these hours

Instructions for Tenants and Employees:
- Use the stairwells or the elevators in the adjacent East Tower via the shared lobby on the first floor
- Schedule deliveries of heavy or bulky items after 6:00 P.M.
- Allow extra time for moving between floors, especially during peak hours

Reopening:
- Elevators are expected to resume service on Saturday, November 19
- Upgrades will include faster service and enhanced safety features

---

05 The word "resume" in the passage is closest in meaning to

Ⓐ stop

Ⓑ block

Ⓒ repair

Ⓓ continue

06 What are tenants advised to do during the work hours?

Ⓐ Cancel all deliveries until the work is finished

Ⓑ Avoid entering the building

Ⓒ Use the stairwells or East Tower elevators

Ⓓ Work from home during the upgrade

07 What can be inferred about the North Tower tenants?

Ⓐ They cannot move between floors at all during the upgrade period.

Ⓑ They must exit the building every time they need elevator access.

Ⓒ They will be restricted from using the East Tower elevators.

Ⓓ Many of them arrive and leave the building around the same times.

[08-10] Read an advertisement.

CANVAS ART ACADEMY
Discover your creative potential!

We're accepting new students! Get our Intro Art Package worth over $300 for just $99!

The New Student Package Includes:
- Complete artistic-skills assessment and portfolio review
- One-on-one studio session with a professional instructor
- Personalized consultation with instructor Amanda Liu (15+ years' experience)

The program begins on Monday, April 10, with a free trial workshop on Saturday, April 1, at 11:00 A.M.
To accommodate busy schedules, evening and weekend classes will also be available.

Don't wait—this special offer ends on March 31, and class spots are filling quickly!
Visit www.canvasartacademy.com for more details.

08 What is the main purpose of the advertisement?

Ⓐ To recruit qualified art instructors for employment

Ⓑ To attract new students with a discounted package

Ⓒ To announce the opening of a new art gallery

Ⓓ To promote an international art competition

09 What is suggested about Amanda Liu?

Ⓐ She specializes in art exhibition management.

Ⓑ She manages the academy's online programs.

Ⓒ She recently completed her degree in design.

Ⓓ She has extensive experience in art instruction.

10 When is the latest new members can receive the special discount?

Ⓐ March 15

Ⓑ March 31

Ⓒ April 1

Ⓓ April 10

Day 09　소셜 미디어 게시글/기사

❶ 소셜 미디어 게시글

01: 출제 경향

소셜 미디어 게시글(social media post)은 온라인에서 개인이 다수의 독자를 대상으로 공유하는 지문입니다. 소셜 미디어 및 웹페이지를 통한 지역 행사 소개, 상품/서비스 후기 및 홍보 등과 같은 상황을 다룹니다

02: 지문 흐름 및 빈출 문제

	흐름	빈출 문제

Mariana Torres

Get ready for an unforgettable night! The Sunset Music Festival is happening this Saturday at 6:00 P.M. in Oak Hill Park.

Enjoy live performances from local rock bands and an exciting DJ set to close the night. Families are welcome—there will be a kid-friendly zone with face painting and balloon art to keep children entertained.

Guests are encouraged to bring blankets, folding chairs, and warm clothes to stay comfortable under the evening sky.

Don't miss out on a chance to enjoy great music and community vibes!

해석 p.303

흐름	빈출 문제
소셜 미디어 게시글의 목적	**소셜 미디어 게시글의 목적을 묻는 문제** What is the main purpose of the post? 게시물의 목적은 무엇인가? → To promote a community event 　지역사회 행사를 홍보하기 위해
세부 사항	**세부 사항을 묻는 문제** What activities are planned for children? 어린이들을 위해 어떤 활동이 예정되어 있는가? → Face painting and balloon art 　페이스 페인팅과 풍선 아트
추가 정보	**추가 정보를 묻는 문제** What can be inferred about the festival? 축제에 대해 추론할 수 있는 것은 무엇인가? → It will take place mostly outdoors. 　그것은 주로 야외에서 열릴 것이다.
참여 유도 및 마무리	

소셜 미디어 게시글에서 지문의 흐름을 알려주는 표현들을 알아두면 도움이 됩니다.

- **소개 및 관심 유도**: Get ready for ~ ~할 준비가 되었나요?
  I'm thrilled to share ~ ~을 공유하게 되어 기쁩니다
- **참여 유도**: Don't miss out on a chance to ~ ~할 기회를 놓치지 마세요
  Looking forward to seeing you! 뵙기를 바랍니다!

03: 핵심 전략

1. 소셜 미디어 게시글의 목적과 의도를 먼저 파악한다.
소셜 미디어 게시글을 올린 사람(단체)이 누구인지, 그리고 무엇을 알리기 위해 글을 썼는지 확인하면 소셜 미디어 게시글의 목적을 파악할 수 있습니다. 행사 홍보, 제품 후기, 질문, 불만 제기 등 게시글의 목적을 파악해 두면 지문의 맥락을 이해하는 데 도움이 됩니다.

2. 고유 명사와 특정 정보를 확인하여 세부 내용을 파악한다.
지문에 등장하는 특정 인물, 업체명, 제품명, 장소, 시간 등 고유 명사나 구체적인 정보에 관한 문제가 자주 출제됩니다. 질문의 키워드에 해당하는 정보를 지문에서 빠르게 찾아내면 세부 사항을 묻는 질문에 효율적으로 답변할 수 있습니다.

04: 핵심 표현

지역 행사	**fair** n. 박람회, 장터 **community** n. 지역사회 **exhibition** n. 전시회 **lineup** n. 공연·출연진 구성 **donation** n. 기부	**fundraiser** n. 모금 행사 **charity drive** 기부 캠페인 **performance** n. 공연, 연주 **opening ceremony** 개막식 **kick off** 시작하다, 개막하다
상품/서비스 후기	**recommend** v. 추천하다 **worth trying** ~는 시도할 만하다 **satisfied** adj. 만족한 **disappointed** adj. 실망한 **vibrant** adj. 활기찬, 생동감 넘치는 **bustling** adj. 북적이는, 활발한 **welcoming** adj. 친절한 **festive** adj. 축제 같은 **family-friendly** adj. 가족 친화적인 **cozy** adj. 아늑한 **unique** adj. 독특한	**reasonable** adj. 가격이 합리적인 **overpriced** adj. 가격이 지나치게 비싼 **cost-effective** adj. 가성비 좋은 **exceed one's expectations** 기대 이상이다 **sophisticated** adj. 정교한, 세련된 **uplifting** adj. 기분 좋게 하는 **ambience** n. 분위기 **trendy** adj. 유행하는, 최신의 **casual** adj. 편안한, 격식 없는 **memorable** adj. 잊지 못할 **unforgettable** adj. 잊지 못할

❷ 기사

01: 출제 경향

기사(article)는 신문, 온라인 뉴스에서 볼 수 있는 보도문 형식의 지문입니다. 주로 지역사회, 환경, 비즈니스 등과 관련된 새로운 소식을 전달하는 내용으로 출제됩니다.

02: 지문 흐름 및 빈출 문제

지문	흐름	빈출 문제
Community Garden Expands in Hilltown By Sarah Kim (April 12) According to town officials, Hilltown residents will soon enjoy a larger community garden thanks to an upcoming expansion project. The new expansion will add 20 additional plots. "We believe this project will bring more neighbors together and promote healthier lifestyles," said City Council President Carla Ruiz. The project was funded by a combination of city resources and private donations, reflecting strong community support for sustainable living and healthy habits.	기사의 주제	**기사의 주제를 묻는 문제** What is the article mainly about? 기사는 주로 무엇에 대한 것인가? → An expansion of community garden 지역 텃밭의 확장
	세부 내용	**이유를 묻는 문제** Why was the garden expanded? 텃밭이 확장된 이유는 무엇인가? → To promote residents' health and unity 주민들의 건강과 단합을 증진하기 위해서 **암시된 내용을 묻는 문제** What is suggested about the project? 프로젝트에 대해 암시되는 것은? → It is supported by both public and private groups. 그것은 공공과 사기업 둘 다에 의해 지원받는다.

해석 p.304

기사에서 지문의 흐름을 알려주는 표현들을 알아두면 도움이 됩니다.

- **기사의 주제**: According to ~ ~에 따르면
  사람/기관 announced that ~ [사람/기관]이 ~이라고 발표했다
- **인용**: "~," said 사람 [사람]이 "~"이라고 말했다
  사람 explains, "~" [사람]이 "~"이라고 설명한다

03: 핵심 전략

1. 제목을 먼저 읽어 기사의 주제를 파악한다.
기사의 제목은 전체 내용을 압축하고, 부제는 핵심 내용을 요약합니다. 이 두 부분을 먼저 읽으면 기사가 어떤 주제에 관한 것인지, 그리고 어떤 중요한 정보가 담겨 있는지 빠르게 파악할 수 있어, 문제 풀이의 방향을 잡는 데 큰 도움이 됩니다.

2. 첫 문단에서 핵심 내용을 파악한다.
기사의 첫 문단은 글의 주제와 목적을 명확히 제시합니다. 육하원칙(누가, 언제, 어디서, 무엇을, 왜, 어떻게)에 해당하는 핵심 정보가 이 부분에 집중되어 있으므로, 첫 문단을 꼼꼼히 읽어 전체 내용을 빠르게 파악하는 것이 중요합니다.

3. 고유 명사와 수치 정보에 주목한다.
기사 지문에서는 특정 인물, 회사명, 장소, 날짜, 금액 등 고유 명사나 수치 정보에 대한 문제가 자주 출제됩니다. 질문에 해당하는 키워드를 중심으로 지문을 빠르게 스캔하며 해당 정보를 찾아내면 시간을 효율적으로 사용할 수 있습니다.

04: 핵심 표현

지역사회	local resident 지역 주민 public service 공공 서비스 initiative n. 계획, 주도권 local authority 지방 당국	neighborhood n. 이웃, 지역 volunteer n. 자원봉사자; v. 자원봉사하다 fundraising n. 모금 활동 sponsorship n. 후원
환경	climate change 기후 변화 greenhouse gases 온실가스 renewable energy 재생 에너지 eco-friendly adj. 친환경적인 deforestation n. 삼림 벌채 regulation n. 규제	global warming 지구 온난화 carbon emissions 탄소 배출 sustainable adj. 지속 가능한 conservation n. 보존 sustainability n. 지속 가능성 biodiversity n. 생물 다양성
비즈니스	startup n. 신생 기업 corporation n. 기업, 회사 expansion n. 확장, 성장 merger n. 합병 collaboration n. 협업 deficit n. 적자, 손실 capital n. 자본	entrepreneur n. 기업가 launch a product 신제품을 출시하다 funding n. 자금 acquisition n. 인수 revenue n. 수익 investment n. 투자 innovation n. 혁신

Daily Check-up

지문을 읽고 물음에 답하세요.

01 Read a social media post.

Noah Chen
This Saturday I'm joining a photography walk downtown! The group will meet at 4:00 P.M. in front of city hall, where our guide—a local professional photographer—will give a short introduction and share tips on composition and lighting. We'll explore street art, markets, and old buildings while taking photos. Beginners and experts are all welcome. Just bring your camera or smartphone. Who wants to come along?

Q What is the main purpose of the post?

   Ⓐ To promote a downtown art exhibition

   Ⓑ To offer private lessons with a photographer

   Ⓒ To invite people to join an outdoor event

02 Read an article.

City Launches Tree-Planting Project to Improve Urban Environment
November 12—*Riverdale Times*
As part of a sustainability initiative, the city has begun planting 1,000 trees in local parks and along main roads. Officials believe the project will reduce urban heat and improve air quality. Volunteers from schools and community groups are helping with the planting effort, which will continue through next month.

Q What is one expected benefit of the project?

   Ⓐ It will create more park facilities for residents.

   Ⓑ It will increase the number of local businesses.

   Ⓒ It is expected to make the city cooler.

03 Read a web page.

Home | Products | Service | Contact

North Star Office Systems

For a limited time, North Star is offering a special introductory deal on our newest line of smart office equipment. The Stellar 5000 Smart Hub is designed to streamline office operations, offering a single docking station for power, data, and video conferencing.

- Complimentary on-site installation for all orders placed before July 15.
- All first-time buyers receive a 20% discount on a single maintenance package purchase.

To place an order, click the "Order Now" button below.

Q What is offered to all first-time buyers?

Ⓐ Free installation
Ⓑ A discount on a maintenance package
Ⓒ An extended product warranty

04 Read an article.

Growth of Cashless Payments

April 8—Across many cities, mobile payment apps and contactless cards are replacing cash. Businesses report that cashless transactions are faster and reduce handling costs. Customers also find digital payments more convenient, especially for small purchases. Economists suggest that this trend may eventually lead to entirely cash-free stores in some regions.

Q What is one advantage of cashless payments mentioned in the article?

Ⓐ They reduce handling costs for businesses
Ⓑ They guarantee higher profits.
Ⓒ They make transactions completely secure.

Daily Check-up

[05-06] Read a web page.

Home | Sign Up | View Classes | Contact

GreenFit Gym

Welcome to GreenFit Gym! We offer a variety of fitness programs and membership options designed to accommodate your lifestyle.

Membership Plans
- Basic – $35/month: Access to gym equipment only
- Standard – $55/month: Gym equipment access, group classes, and locker use
- Premium – $75/month: All Standard plan benefits plus swimming pool and sauna access

Hours of Operation
- Monday–Friday: 6:00 A.M.–10:00 P.M.
- Saturday: 7:00 A.M.–8:00 P.M.
- Sunday: 8:00 A.M.–6:00 P.M.

---

05 What is included in the Standard Plan?

Ⓐ Swimming pool access

Ⓑ Sauna use

Ⓒ Locker use

06 All of the following statements are true about GreenFit Gym EXCEPT:

Ⓐ It opens earlier on weekdays than on weekends.

Ⓑ A Basic Plan member pays over $50 per month.

Ⓒ Premium members can attend group classes.

[07-08] Read a news article.

GREENDALE (Feb. 19)

On Monday, the city announced a new bike-sharing program to promote eco-friendly transportation. Over 500 bicycles have been placed at docking stations throughout downtown. Officials hope the program will reduce traffic congestion and improve air quality. Riders can rent bikes using a mobile app for short trips around the city.

07 What is the article mainly about?
　　Ⓐ A plan to repair damaged bicycles
　　Ⓑ A new transportation program in the city
　　Ⓒ A mobile app designed for traffic control

08 What is one goal of the program?
　　Ⓐ To decrease the amount of traffic
　　Ⓑ To replace buses with bicycles
　　Ⓒ To train riders in bike safety

Daily Test

 지문을 읽고 물음에 답하세요.

[01-02] Read a news article.

Park Renovation Completed

By Olivia Grant

MAPLEWOOD(June 12)—The city council has completed renovations at Maplewood Park, including new playground equipment, picnic tables, and improved walking trails. Council member David Lin stated, "We want the park to be a safe, enjoyable place for families." A ribbon-cutting ceremony will be held on June 20 at 11:00 A.M.

---

01 What is the main purpose of the news article?

ⓐ To explain the postponement of a ceremony

ⓑ To announce completed park improvements

ⓒ To introduce a new council member

ⓓ To promote family activities in parks

02 What does David Lin indicate about the park?

ⓐ It is intended to be family-friendly.

ⓑ It will be closed again for repairs.

ⓒ It will charge an entrance fee.

ⓓ It is located outside a city.

[03-04] Read an online review.

Bella Roma Trattoria

Reviewer: Leila Hassan
Overall Rating: ★★★★☆ (4/5)

A charming spot on Oak Street serving excellent homemade pasta and wood-fired pizzas. Service is attentive without feeling rushed, and staff offer spot-on menu suggestions. The cozy, rustic décor and small outdoor terrace make it feel intimate. Pricing is reasonable, especially with the weeknight three-course set menu.

Note: no valet parking (street parking only).

---

03 What is implied about the restaurant's parking?

Ⓐ The restaurant offers a free valet service.

Ⓑ Valet parking is available for a fee.

Ⓒ Customers can only park on the street.

Ⓓ The restaurant has its own private lot.

04 What is NOT mentioned as a reason Leila Hassan liked Bella Roma Trattoria?

Ⓐ The location was convenient.

Ⓑ The food was of high quality.

Ⓒ The décor was intimate.

Ⓓ The prices were affordable.

Daily Test

[05-07] Read a social media post.

Carlos Mendes

Exciting news—our neighborhood is hosting the very first Spring Community Fun Run on Sunday, May 12, at 9:00 A.M. in Central Park! The route is an easy five kilometers, designed for runners, walkers, and families who just want to enjoy the morning together.

Registration is now open online, and everyone who signs up will receive a free T-shirt and a reusable water bottle. All entry fees will be donated to the local food bank, which helps hundreds of families every month.

After the run, the fun continues with a picnic area, live music from local bands, and food stalls offering everything from fresh fruit to sandwiches. For children under 12, there's a one-kilometer mini race with small prizes.

Organizers hope this will become an annual tradition, celebrating fitness, family, and community spirit. Hope to see you there!

05 What is the main purpose of the social media post?

Ⓐ To announce the result of a fundraiser

Ⓑ To invite people to participate in a community run

Ⓒ To promote local food vendors and musicians

Ⓓ To highlight new recreational activities in a park

06 What will participants receive when they register?

Ⓐ A medal and certificate

Ⓑ Free meals from local food stalls

Ⓒ A free T-shirt and a water bottle

Ⓓ Free entry to the children's mini race

07 What is indicated about the fun run?

Ⓐ It is expected to become a regular community event.

Ⓑ It will be held monthly to support the local food bank.

Ⓒ It is limited to professional athletes only.

Ⓓ It replaces the annual summer festival this year.

Daily Test

[08-10] Read an article.

Department of Public Health Announces New Community Health Center

By Alicia Morgan

September 20—The Department of Public Health has announced the opening of a new community health center located at 450 Main Street. The facility will officially begin operations on October 5 and is designed to provide affordable healthcare services to residents.

According to Health Department officials, the center will offer general medical consultations, pediatric care, vaccinations, and dental checkups. The Health Department noted that the center's hours will be 8:00 A.M. to 7:00 P.M., Monday through Saturday, and both English- and Spanish-speaking staff will be available.

Residents are encouraged to visit www.cityhealth.gov for information on registering as patients or booking appointments. City leaders emphasize that the new center will serve as an essential resource for families, seniors, and underserved populations.

08 What services will the health center provide?

Ⓐ Vaccinations and dental checkups

Ⓑ Emergency surgery and hospital care

Ⓒ Home visits for elderly patients

Ⓓ Nutrition and diet consultations

09 What is suggested about the community health center?

Ⓐ It will be open seven days a week.

Ⓑ It will stay open in the evenings until 9:00 P.M.

Ⓒ It will be closed on Sundays.

Ⓓ It will offer 24-hour emergency services.

10 What does the article indicate about the center's staff?

Ⓐ They will work extended weekend hours.

Ⓑ They specialize in emergency medical procedures.

Ⓒ They will speak both English and Spanish.

Ⓓ They have received specialized pediatric training.

Day 10 양식/일정표

❶ 양식

01: 출제 경향

양식(form)은 일상생활에서 흔히 접하는 다양한 문서 형태의 지문입니다. 등록 및 가입 신청서, 고객 만족도 설문지와 같은 상황을 다룹니다.

02: 지문 흐름 및 빈출 문제

| 흐름 | 빈출 문제 |

Annual Tech Innovations Summit

Thank you for your interest in the Annual Tech Innovations Summit! Please complete this form to register for the event, held April 14 to 16, at the Grand Convention Center.

Full Name: Daniel Scott
Company: NextGen Software Ltd.
Meal Preference:
☐ Standard meal   ☑ Vegetarian meal
☐ Vegan meal   ☐ Gluten-free meal

Registration Fee: $350

Note: Registration closes March 31. Payment is required upon submission. For assistance, contact eventstechsummit.org.

해석 p.308

양식 제목 / 양식 설명

양식의 목적을 묻는 문제
What is this form used for?
이 양식은 무엇에 사용되는가?
→ Registering for a professional event 전문적인 행사에 등록하기

기입 항목

기입 항목을 묻는 문제
Which meal option did Daniel Scott select?
Daniel Scott은 어떤 식사 선택사항을 택했는가?
→ Vegetarian meal 채식주의 식사

참고 사항

참고 사항을 묻는 문제
What is required at the time of registration?
등록할 때 필요한 것은 무엇인가?
→ Full payment of $350 350달러 전액 결제

양식에서 지문의 흐름을 알려주는 표현들을 알아두면 도움이 됩니다.

· **기입 안내**: Please complete this form to ~ ~하기 위해 이 양식을 완성하세요
           Please fill out all required fields. 모든 필수 항목을 작성해 주세요.
· **결제 요청**: Payment is required upon submission. 제출 시 결제가 필요합니다.

03: 핵심 전략

1. 양식의 제목을 먼저 확인한다.
양식의 제목을 먼저 확인하면 "Customer Feedback Survey(고객 피드백 설문지)"나 "Membership Application Form(회원 가입 신청서)"처럼 지문의 목적이 명확하게 드러나 있습니다. 이를 통해 어떤 정보를 찾을지 방향을 잡고 효율적으로 문제를 풀 수 있습니다.

2. 체크박스(□) 항목에 주의한다.
양식에는 시간대 선택, 결제 방식 선택처럼 체크박스로 표시된 항목이 자주 등장합니다. 문제에서 체크박스로 표시된 특정 선택지를 묻는 경우가 많으므로, 어떠한 선택 사항들이 제시되는지 확인하고 체크된 표시(✓)를 정확히 확인해야 합니다. 또한 체크되지 않은 다른 선택지를 혼동하지 않도록 주의해야 합니다.

3. 하단의 참고 사항에 주목한다.
양식의 하단에는 'Note', 'Special Instructions', 'Comments' 등과 같이 참고 사항을 담고 있는 항목이 자주 등장합니다. 이 부분에는 일반적인 정보 외에 추가 요금, 특별 할인 조건, 유의 사항 등이 포함되어 있어, 특히 추론이 필요한 문제나 세부 사항을 묻는 문제의 결정적인 단서가 될 수 있으므로 반드시 확인해야 합니다.

04: 핵심 표현

신청서	full name 성명 date of birth 생년월일 address n. 주소 contact information 연락처 emergency contact 비상 연락처 position n. 직책 payment method 결제 방법 subscription n. 구독	signature n. 서명 submit v. 제출하다 application form 신청서 registration form 등록 양식 required field 필수 입력 항목 membership n. 회원 자격 terms and conditions 이용 약관 suggestion n. 제안
설문지	survey n. 설문조사 questionnaire n. 설문지 feedback n. 피드백, 의견 rating n. 평가, 점수 satisfaction n. 만족 dissatisfaction n. 불만족 comments n. 의견	experience n. 경험 courtesy n. 친절함 staff n. 직원 promptness n. 신속성 atmosphere n. 분위기 recommendation n. 추천 cleanliness n. 청결도

❷ 일정표

01: 출제 경향

일정표(schedule)는 특정 일정에 대한 세부 정보를 포함하는 지문입니다. 행사 및 여행 일정, 회의 및 근무 일정, 교통편 시간표 등과 같은 상황을 다룹니다.

02: 지문 흐름 및 빈출 문제

지문	흐름	빈출 문제
Upcoming Maintenance Schedule Location: Main Office Building Date: Monday, October 20	일정표 제목 기본 정보	**일정표의 목적을 묻는 문제** What is the main purpose of the schedule? 일정표의 목적은 무엇인가? → To inform about planned maintenance 예정된 유지 보수에 대해 알리기 위해
Service Schedule: • 9–11 A.M.: Power shutdown – All floors (1–5) • 1–3 P.M.: Elevator inspection – Floors 3 & 4 • 3–5 P.M.: Plumbing repair – Second-floor restrooms	세부 일정	**세부 일정을 묻는 문제** When will all computers be inaccessible? 언제 모든 컴퓨터가 접근 불가능해질 것인가? → In the morning from 9:00 to 11:00 오전 9시부터 11시까지
Note: • All computer access will be unavailable during the power shutdown. • Restrooms on the second floor will be closed during the plumbing repairs. • Schedule is subject to change without prior notice.	참고 사항	**참고 사항을 묻는 문제** What will happen to the restrooms on the second floor? 2층 화장실에 무슨 일이 생길 것인가? → They will be closed during the afternoon. 오후 동안 폐쇄될 것이다.

해석 p.308

일정표에서 지문의 흐름을 알려주는 표현들을 알아두면 도움이 됩니다.

· **주의 사항**: Note 주의 사항
　　　　　　　Important 중요 사항
　　　　　　　Reminder 알림

· **일정 변경 가능성**: Schedule is subject to change without prior notice. 일정은 사전 공지 없이 변경될 수 있습니다.

03: 핵심 전략

1. 일정표의 제목과 표의 항목을 먼저 확인한다.
가장 먼저 표의 제목을 확인하여 일정표의 목적(예: 'Sales Team Training Schedule', 'Community Center Event Calendar')을 파악합니다. 그 다음, 표의 각 항목(예: 'Date', 'Time', 'Activity', 'Location')을 훑어보며 어떤 정보가 담겨 있는지 먼저 확인하면 전체적인 맥락을 파악하는 데 도움이 됩니다.

2. 시간과 날짜 정보에 집중한다.
일정표 지문의 문제에서는 특정 시점이나 기간에 관련된 내용을 묻는 경우가 많습니다. 시작 시간, 종료 시간, 기간, 요일 등 날짜와 시간 정보가 담긴 부분을 특히 주의 깊게 확인해야 합니다. 종종 시간 변경이나 지연과 같은 예외적인 정보가 추가되기도 하므로, 이를 놓치지 않는 것이 중요합니다.

3. 하단의 참고 사항에 주목한다.
일정표 하단에는 'Note', 'Remarks', 'Additional Information' 등과 같이 참고 사항을 담고 있는 항목이 자주 등장합니다. 이 부분에는 특이 사항, 준비물, 예약 방법, 변경 안내 등이 포함되어 있어, 특히 추론 문제나 세부 사항을 묻는 문제의 결정적인 단서가 될 수 있으므로 반드시 확인해야 합니다.

04: 핵심 표현

일정 및 시간	**schedule** n. 일정, 계획표; v. 일정을 잡다 **itinerary** n. (여행·출장) 일정표 **duration** n. 소요 시간 **commence** v. 시작하다 **overdue** adj. 기한이 지난 **session** n. (특정한 활동을 위함) 시간	**tentative** adj. 임시의, 잠정적인 **prior notice** 사전 통보 **effective date** 시행일, 효력 발생일 **in advance** 사전에, 미리 **time slot** 시간대 **no later than** 늦어도 ~까지
장소 및 위치	**venue** n. 장소, 개최지 **location** n. 장소, 위치 **conference room** 회의실 **auditorium** n. 강당 **adjacent to** ~에 인접한	**within walking distance** 도보 거리 내에 **premises** n. 건물, 구내 **on-site** adj. 현장의, 현지에서 **off-site** adj. 외부의, 현장 밖의 **designated area** 지정 구역

Daily Check-up

🔺 지문을 읽고 물음에 답하세요.

01 Read a form.

The City Bistro Feedback Card

Your opinion is valuable. Please help us improve our service.

1. Date: October 28
2. Server's Name (optional): Chris
3. Please rate the following aspects of your visit:
   - Food Quality: ( ) Excellent (✓) Good ( ) Needs Improvement
   - Staff Attentiveness: (✓) Excellent ( ) Good ( ) Needs Improvement
   - Restaurant Atmosphere: ( ) Excellent (✓) Good ( ) Needs Improvement
4. Comments: The steak was cooked perfectly, and our server, Chris, was very friendly and quick. The music was a bit too loud.

Q What was the highest-rated aspect of the customer's visit?

Ⓐ Food Quality

Ⓑ Staff Attentiveness

Ⓒ Restaurant Atmosphere

02 Read a schedule.

Downtown Public Library
January Workshop Schedule

Workshop	Date	Time	Room	Materials Fee
Digital Photography	Jan 8	10:00 A.M. - 12:00 P.M.	Computer Lab	$25
Creative Writing	Jan 15	2:00 P.M. - 4:00 P.M.	Meeting Room A	Free
Financial Planning	Jan 22	6:00 P.M. - 8:00 P.M.	Conference Room	$15

Registration Required: Call 555-1234 or visit www.downtown.library.gov
Note: Participants must bring photo ID and arrive 15 minutes early.

Q Which workshop has the latest starting time?

Ⓐ Digital Photography

Ⓑ Creative Writing

Ⓒ Financial Planning

03 Read a form.

Online Order Inquiry Form

Name: Ben Carter
Order Number: 9876543-BC

Inquiry Details: Product: "Everest Adventure" hiking boots, size 10

Issue: Received boots on September 20. Ordered a brown pair, but received a black pair. The fit is correct, but the color is wrong. Wishes to receive a replacement in the correct color.

Q What does Ben Carter request?

Ⓐ A full refund for the wrong product received

Ⓑ A replacement due to damaged boots

Ⓒ An exchange for a different color

04 Read a schedule.

Team Project Completion Schedule

Event	Date	Time	Location
Final Team Meeting	October 22	9:00 A.M.	Conference Room B
Client Review Session	October 24	1:00 P.M.	Conference Room B
Final Documentation Submission	October 25	5:00 P.M.	-

- All team members must attend the final team meeting to discuss any last-minute revisions.
- The client review session is mandatory for senior team members and optional for junior staff.
- All team members must submit their final documentation to the project manager electronically.

Q Which event is optional for junior staff?

Ⓐ The final team meeting

Ⓑ The client review session

Ⓒ The final documentation submission

Daily Check-up

[05-06] Read a form.

DOWNTOWN PARKING PERMIT

Name: _____

Vehicle License Plate: _____

Permit Type: ☐ Monthly   ☐ Weekly (7-day access)

Preferred Zone: _____

Parking Hours: ☐ 7 A.M.–3 P.M.   ☐ 9 A.M.–5 P.M.
                  ☐ 12 P.M.–8 P.M.   ☐ 24-hour access

Monthly permits cost $85 and must be purchased by the 25th of the previous month. Weekly permits cost $25 and can be bought up to 3 days in advance. All permits require vehicle registration proof. Permits are non-transferable between vehicles. Expired permits result in $45 parking violations. Customer service is available Monday through Friday 8 A.M. to 4 P.M.

---

05 What is this form used for?

Ⓐ Registering for a parking plan

Ⓑ Reporting parking violations

Ⓒ Paying overdue parking fines

06 When must monthly parking permits be purchased?

Ⓐ On the first day of the month

Ⓑ By the 25th of the previous month

Ⓒ Up to 3 days in advance

[07-08] Read a schedule.

City Transit — Express Route 92
Monday—Friday Schedule

Stop	First Bus	Second Bus	Third Bus	Last Bus
Downtown Station	6:30 A.M.	8:15 A.M.	12:00 P.M.	5:45 P.M.
Midtown Plaza	6:50 A.M.	8:35 A.M.	12:20 P.M.	6:05 P.M.
Riverside Mall	7:15 A.M.	9:00 A.M.	12:45 P.M.	6:30 P.M.

Note: The 8:15 A.M. departure from Downtown Station does not run on public holidays.

07 What time does the 12:00 P.M. bus arrive at Riverside Mall?

Ⓐ 8:35 A.M.

Ⓑ 12:00 P.M.

Ⓒ 12:45 P.M.

08 Which bus does not run on public holidays?

Ⓐ First bus

Ⓑ Second bus

Ⓒ Third bus

Daily Test

 지문을 읽고 물음에 답하세요.

[01-02] Read a form.

CUSTOMER FEEDBACK FORM

Thank you for shopping at Quality Electronics. We value your feedback.

Customer Name: Mark Harrison
Date of Purchase: September 17
Item Purchased: XG-450 TV

SERVICE SATISFACTION (Scale of 1–5, with 5 being the best)
Salesperson Knowledge: ☐ 1 ☐ 2 ☐ 3 ☑ 4 ☐ 5
Customer Service: ☐ 1 ☐ 2 ☐ 3 ☐ 4 ☑ 5
Product Availability: ☐ 1 ☐ 2 ☑ 3 ☐ 4 ☐ 5
Check-out Process Efficiency: ☐ 1 ☐ 2 ☐ 3 ☑ 4 ☐ 5

COMMENTS: The salesperson was very helpful, but the TV I wanted was out of stock. He found a similar model for me, which was a great alternative. The check-out process was very efficient.

---

01 What is the customer's main complaint?

Ⓐ The salesperson was not knowledgeable.
Ⓑ The customer service was poor.
Ⓒ The desired product was not in stock.
Ⓓ The check-out process was too slow.

02 Which aspect of his experience did Mr. Harrison rate the highest?

Ⓐ Salesperson Knowledge
Ⓑ Customer Service
Ⓒ Product Availability
Ⓓ Check-out Process Efficiency

[03-04] Read a schedule.

Community Center Class Schedule

Day	Time	Class	Instructor	Room
Monday	6:30–7:30 P.M.	Yoga (Beginner)	Ms. Harris	Room 201
Tuesday	7:00–8:00 A.M.	Spinning	Mr. Kim	Room 105
Wednesday	6:00–7:00 P.M.	Pilates	Ms. Lopez	Room 202
Thursday	7:30–8:30 P.M.	Zumba	Mr. Brown	Room 201
Friday	7:00–8:00 A.M.	Yoga (Advanced)	Ms. Hill	Room 202

IMPORTANT NOTES:
- Age Requirements: Beginner classes welcome ages 16+. Advanced Yoga requires completion of beginner level.
- Cancellation Policy: Cancel at least one day before class start time to avoid charges. Same-day cancellations may result in a $5 fee.

03 What special requirement applies to the Advanced Yoga class?

Ⓐ Participants must be at least 18 years old.
Ⓑ Participants must bring their own yoga mat and blocks.
Ⓒ Participants must complete the beginner level first.
Ⓓ Participants must register one day before the class begins.

04 What may happen if someone cancels their class registration on the same day?

Ⓐ They receive a full refund.
Ⓑ They may be charged a $5 fee.
Ⓒ They must wait 24 hours to register again.
Ⓓ They automatically lose their spot.

Daily Test

[05-07] Read a form.

GREENWOOD RECREATION CENTER
POOL & AQUATIC FACILITY RESERVATION SYSTEM

Name: _____
Member ID: _____
Facility Type: ☐ Lap Pool ☐ Family Pool ☐ Private Pool Party Room
Requested Date: _____
Time Slot: ☐ 7—9 A.M.   ☐ 9—11 A.M.   ☐ 11 A.M.—1 P.M.
           ☐ 1—3 P.M.   ☐ 3—5 P.M.
Number of Guests: _____

RESERVATION GUIDELINES
- The Private Pool Party Room requires advance booking and may be reserved up to 14 days in advance.
- Lap Pool reservations must be made at least 48 hours in advance.
- No-shows or arrivals more than 20 minutes late will be automatically canceled.

---

05 What is this form used for?

Ⓐ Registering for swimming programs

Ⓑ Booking aquatic facility time slots

Ⓒ Requesting pool maintenance services

Ⓓ Signing up for water aerobics classes

06 How far in advance can the Private Pool Party Room be reserved?

Ⓐ Same day only

Ⓑ Up to 48 hours ahead

Ⓒ Up to 14 days ahead

Ⓓ Up to one month in advance

07 What happens if someone arrives 25 minutes late for their reservation?

Ⓐ They receive a 30-minute extension.

Ⓑ They are charged an additional fee.

Ⓒ Their reservation is canceled right away.

Ⓓ They are moved to the Family Pool instead.

[08-10] Read a schedule.

Departmental Meeting Schedule

Please be advised of the new quarterly departmental meeting schedule, which will begin next week. All meetings will take place in Conference Room B on the 5th floor. As a reminder, attendance is mandatory for all personnel. Please arrive on time with your necessary documents ready.

Department	Date	Time	Required Materials
Accounting	Monday, October 28	9:00 A.M.	Financial statements
Marketing	Tuesday, October 29	1:00 P.M.	Campaign analysis
Research & Development	Wednesday, October 30	10:00 A.M.	Progress reports
Human Resources	Friday, November 1	9:00 A.M.	Staffing proposals

A continental breakfast will be provided for all meetings held in the morning.

08 What must Marketing department members bring to their meeting?

Ⓐ Financial statements for quarterly review
Ⓑ Campaign analysis documentation
Ⓒ Progress reports on current projects
Ⓓ Staffing proposals for management approval

09 Which meetings will include a continental breakfast?

Ⓐ All departmental meetings scheduled for next week
Ⓑ Only meetings held on the 5th floor
Ⓒ Meetings scheduled for morning hours
Ⓓ Meetings requiring mandatory attendance from all staff

10 What can be concluded about attendance at these meetings?

Ⓐ All staff members must attend their department meeting.
Ⓑ Only department heads are required to attend.
Ⓒ Attendance is optional for personnel with project deadlines.
Ⓓ Senior management will determine who should attend.

정답·해석·해설 p.310

Day 11 영수증/메뉴

❶ 영수증

01: 출제 경향

영수증(Receipt)은 상품이나 서비스의 지불 내역을 증명하는 문서 형태의 지문입니다. 또한 판매자가 구매자에게 청구 내역을 전달하는 송장(Invoice) 지문이 출제되기도 합니다. 지불/청구 내역, 할인 및 환불 규정 등을 다룹니다.

02: 지문 흐름 및 빈출 문제

The Corner Café

Receipt #: 7359-A
Date: September 22
Server: Maria

Item	Qty	Unit Price
Sandwich	1	$12.50
Coffee (Large)	1	$4.50
Cookie	2	$3.00
Subtotal:		$23.00
Tax (10%):		$2.30
TOTAL:		**$25.30**

Thank you for your purchase!

Note: Please show this receipt to receive a free coffee on your next visit.

해석 p.312

흐름

기본 정보
(상점명, 구매 날짜)

세부 내역
(품목, 단가, 수량, 총액)

참고 사항

빈출 문제

구매 품목을 묻는 문제
Which item was ordered in a quantity of two? 어떤 품목이 2개 주문되었는가?
→ Cookie 쿠키

가격을 묻는 문제
How much did the customer pay in total? 고객은 총 얼마를 지불했는가?
→ $25.30 25.30달러

특이 사항을 묻는 문제
What must the customer do to receive a free coffee?
고객은 무료 커피를 받기 위해 무엇을 해야 하는가?
→ Bring the receipt on a future visit
 다음 방문 시 영수증을 가져오기

영수증에서 지문의 흐름을 알려주는 표현들을 알아두면 도움이 됩니다.

- **특이 사항**
  Please show this receipt to ~ 하기 위해 이 영수증을 보여주세요.
  This receipt serves as your warranty. 이 영수증은 보증서 역할을 합니다.

03: 핵심 전략

1. 영수증의 기본 정보부터 먼저 확인한다.
지문의 상단에 있는 날짜, 영수증/송장 번호, 상점 또는 회사 이름 등 기본 정보를 먼저 파악합니다. 이를 통해 거래가 언제, 어디서, 누구와 이루어졌는지 전체적인 맥락을 이해할 수 있습니다.

2. 표의 항목과 금액 정보를 확인한다.
영수증이나 송장의 핵심은 각 품목의 수량, 단가, 총액 등이 표 형태로 정리된 부분입니다. 질문에 맞는 품목을 찾아 수량, 단가, 총액을 파악하면 문제 풀이에 필요한 정보를 얻을 수 있습니다.

3. 하단의 참고 사항에 주목한다.
영수증의 하단에는 환불/교환 정책, 반품 기한, 다음 구매 시 할인 혜택 등 중요한 정보가 기재되어 있는 경우가 많습니다. 이러한 특이 사항은 추론이 필요한 문제나 세부 사항을 묻는 문제의 결정적인 단서가 될 수 있으므로 반드시 확인해야 합니다.

04: 핵심 표현

구매 및 청구 내역	**receipt** n. 영수증 **invoice** n. 청구서 **purchase** n. 구매 **payment** n. 지불, 결제 **transaction** n. 거래 **quantity** n. 수량 **item** n. 품목	**total** n. 총액, 합계 **subtotal** n. 소계 **due** adj. 결제 마감인 **unit price** 단가 (품목 1개당 가격) **total amount due** 총 결제 금액 **balance due** 잔액(미납금) **deposit** n. 보증금
결제 및 환불	**sales tax** 세금 **change** n. 거스름돈 **charge** n. 요금 **tax included** 세금 포함 **service charge** 서비스 요금	**delivery fee** 배달비 **exchange** n. 교환 **gratuity** n. 팁 **refund policy** 환불 정책 **non-refundable** adj. 환불 불가인

❷ 메뉴

01: 출제 경향

메뉴(menu)는 음식점이나 카페에서 볼 수 있는 메뉴판 형태의 지문입니다. 음식/음료의 종류, 가격, 할인 또는 추가 요금과 같은 정보를 정확하게 파악하는 것이 중요합니다.

02: 지문 흐름 및 빈출 문제

	흐름	빈출 문제
The Urban Grill **Dinner Menu** **Appetizers** • Soup of the Day..................$5.00 • Spring Rolls (4 pcs)..............$7.00 **Main Courses** • Grilled Steak........................$24.00 Served with your choice of fries, roasted potatoes, or a side salad. • Roasted Chicken..................$18.00 * Vegetarian options are available upon request. Note: - Main courses are intended for one person. An additional $5.00 sharing fee will be charged for any main course shared by two or more guests. - All prices are subject to an 8% tax.	기본 정보 (식당 이름, 메뉴 제목)	
	음식 정보 (음식명, 설명, 재료, 가격)	**음식 가격을 묻는 문제** What is the cheapest item available on the menu? 메뉴에서 가장 저렴한 품목은 무엇인가? → Soup of the Day 오늘의 수프 **음식 설명을 묻는 문제** What does the menu indicate about the Grilled Steak? 메뉴는 그릴드 스테이크에 대해 무엇을 언급하는가? → Customers can choose a side dish. 고객은 사이드 요리를 선택할 수 있다.
	참고 사항	**가격 정책을 묻는 문제** What happens to the price of a main course if two people decide to share it? 두 사람이 메인 코스를 나눠 먹기로 하면 가격에 어떤 일이 생기는가? → An additional charge of $5.00 is added. 추가 요금 5달러가 부과된다.

해석 p.312

메뉴에서 지문의 흐름을 알려주는 표현들을 알아두면 도움이 됩니다.

- **함께 나오는 것**: Served with ~ ~과 함께 제공됩니다
- **요청 시 제공되는 것**: ~ are available upon request. ~은 요청 시 제공됩니다.
- **가격 정책**: All prices are subject to ~% tax. 모든 가격에는 ~퍼센트의 세금이 부과됩니다.
    Gratuity of ~% will be added. ~퍼센트의 팁이 추가됩니다.

03: 핵심 전략

1. 메뉴의 종류와 가격을 확인한다.
메뉴는 보통 'Appetizers', 'Main Dishes', 'Desserts', 'Beverages' 등 카테고리별로 나뉘어 있습니다. 질문에 맞는 카테고리에서 음식/음료의 이름과 가격을 빠르게 찾아내는 것이 핵심입니다. 특히, 여러 품목의 총액을 묻는 가격 관련 문제의 출제 빈도가 높습니다.

2. 추가 정보를 놓치지 않는다.
각 메뉴의 이름 아래에 적힌 재료, 조리법, 특정 성분 등 상세 설명을 놓치지 않고 확인합니다. 이 정보는 특정 음식을 추천하거나 재료의 유무를 묻는 추론 문제의 핵심 단서가 될 수 있습니다.

3. 하단의 참고 사항에 주목한다.
메뉴의 하단에는 'VAT 포함 여부', '특정 시간 할인', '추가 요금', '최소 주문 금액' 등 중요한 특별 조건이 작은 글씨로 적혀 있는 경우가 많습니다. 이러한 특이 사항은 특히 추론이 필요한 문제나 세부 사항을 묻는 문제의 결정적인 단서가 될 수 있으므로 반드시 확인해야 합니다.

04: 핵심 표현

음식 종류	**appetizer (= starter)** n. 전채 요리 **main course (= entrée)** 주요리 **side dish** 곁들임 요리 **dessert** n. 디저트 **beverage** n. 음료	**soup of the day** 오늘의 수프 **à la carte** 단품 요리 **platter** n. 모둠 요리, 한 접시 가득 담은 요리 **Chef's special** 오늘의 특별 메뉴 **meal** n. 음식, 식사
음식 설명	**grilled** adj. 석쇠에 구운 **roasted** adj. 오븐에 구운 **steamed** adj. 찐 **fried** adj. 기름에 튀긴 **spicy** adj. 매운 **organic** adj. 유기농의 **vegetarian** adj. 채식주의자의	**homemade** adj. 직접 만든, 수제의 **seasonal** adj. 제철의 **gluten-free** adj. 글루텐이 없는 **vegan** adj. 엄격한 채식주의자의 **low-fat** adj. 저지방의 **seafood** n. 해산물 **stir-fried** adj. 볶은
가격 정책	**service charge** 봉사료 **extra charge** 추가 요금 **gratuity** n. 팁, 봉사료 **refill** n. 음료 리필 **happy hour** 해피아워 (특정 시간대 할인)	**availability** n. 이용 가능 여부 **complimentary** adj. 무료의, 서비스로 제공되는 **takeout** n. 포장 음식 **kids' menu** 어린이 메뉴 **student discount** 학생 할인

Daily Check-up

 지문을 읽고 물음에 답하세요.

01 Read an invoice.

Date issued: July 12
Invoice No.: 7759
Due Date: August 31

Item	Quantity	Unit Price	Amount
Office Desk	2	$150	$300
Ergonomic Chair	4	$90	$360

Subtotal: $660
Tax (8%): $52.80
Total Due: $712.80

Q What type of business issued the invoice?
 Ⓐ A furniture supplier
 Ⓑ A catering service
 Ⓒ A printing company

02 Read a menu.

Starview Cinema
Concession Menu

• Popcorn ………………………………………… Small $4.50 / Medium $6.00 / Large $7.50
• Nachos with Cheese ……………………………………………………………… $5.50
• Hot Dog ………………………………………………………………………… $4.00
• Soft Drinks ……………………………………………………… Small $2.50 / Large $3.50
• Bottled Water …………………………………………………………………… $2.00
• Ice Cream ……………………………………………………………………… $3.00

Combo Deal: Large Popcorn + Large Soft Drink = $10.00
Note: No free refill. All sales are final. Members receive 10% off purchases over $15.00.

Q All of the following statements are true about the concession policy EXCEPT:
 Ⓐ Items cannot be refunded once purchased.
 Ⓑ Members may receive discounts under certain conditions.
 Ⓒ Drinks may be refilled once at no charge.

03 Read a receipt.

Downtown Skating Rink
587 Pine Street, Rivertown, NY 10025 / 555-0199

Date: September 24
Member ID: 7483-B
Customer: Thomas Jenkins
Item: Annual Skating Pass

Discount: 10%
Subtotal: $550.00
Tax (7%): $38.50
Total: $588.50

Note: This pass includes access to public skate sessions, select group classes, and member discounts on skate rentals. A safety and facility orientation is scheduled for September 26 at 6:00 P.M. Please bring a copy of this receipt.

Q What is Thomas Jenkins required to bring to his orientation session?

Ⓐ A membership card
Ⓑ A copy of the receipt
Ⓒ Ice skates

04 Read a menu.

Riverbend Deli – Lunch Menu

- Soup of the Day $5.50
- Caesar Salad $7.00
- Grilled Chicken Sandwich $9.50
- Pasta with Tomato Sauce $8.50
- Coffee or Tea $2.00
- Fresh Juice $3.50

Note: A lunch set includes one sandwich or pasta and one drink for $10.00.

Q How much does a customer pay for a Grilled Chicken Sandwich with coffee if ordered separately?

Ⓐ $9.50
Ⓑ $10.00
Ⓒ $11.50

Daily Check-up

[05-06] Read an invoice.

Invoice No.: RZ4588
Date: June 12
Customer ID: 7729
Customer: Ms. Clara Jensen
Address: 14 Oak Lane, Green Valley
Service Provider: Rivera Zipline Adventures
Address: 903 Valley Rd, Green Valley

Description	Quantity	Unit Price	Amount
Standard Adventure Package (Includes gear rental and guided tour)	2	$95.00	$190.00
Lunch Upgrade (Gourmet sandwich & drink)	2	$15.00	$30.00
Subtotal			$220.00
Tax (10%)			$22.00
TOTAL DUE			$242.00

Payment Instructions: Payment must be received within 15 days of the invoice date. Late payments may be subject to a 5% penalty.
Note: All services are scheduled for July 15. Please present this invoice upon arrival. Cancellations made more than 48 hours in advance will receive a full refund.

05 What must a customer do to be eligible for a full refund?

　Ⓐ Cancel the service more than 48 hours in advance
　Ⓑ Contact the service provider via Customer ID
　Ⓒ Present the invoice upon arrival

06 When is the deadline for the customer to pay this invoice without a penalty?

　Ⓐ June 12
　Ⓑ June 27
　Ⓒ July 15

[07-08] Read a menu.

The Corner Bistro
Fresh, Local, and Delicious

Starters
- **French Onion Soup**..$9.00
  Topped with melted Swiss cheese
- **House Salad**...$7.50
  Mixed greens with your choice of vinaigrette or ranch dressing

Main Courses
- **Grilled Salmon**...$21.00
  Served with roasted vegetables and a lemon-dill sauce
- **Vegetable Risotto**..$18.00
  Made with seasonal mushrooms and a hint of truffle oil

Note:
- A 15% discount is applied to all main courses ordered between 2 P.M. and 5 P.M. on weekdays.
- All prices are subject to a 7% sales tax.

07 Which item on the menu offers a choice of options?

Ⓐ French Onion Soup

Ⓑ House Salad

Ⓒ Grilled Salmon

08 Under what condition can customers receive a discount on main courses?

Ⓐ When they purchase both a starter and a main course

Ⓑ When they show a valid student ID at checkout

Ⓒ When they order on weekdays between 2 P.M. and 5 P.M.

Daily Test

 지문을 읽고 물음에 답하세요.

[01-02] Read a menu.

The Golden Spoon Bistro

Sandwiches (Served with a choice of side salad)

Grilled Chicken and Avocado..$15
Sliced grilled chicken breast, fresh avocado, and lettuce on toasted sourdough bread

BLT..$14
Crispy bacon, lettuce, and tomato on toasted white bread

Turkey Club..$15.50
Roasted turkey, bacon, lettuce, tomato, and mayonnaise on multigrain bread

* Dessert menu available upon request
* 18% gratuity will be added to all parties of six or more.

---

01 Based on the menu, what is included with all sandwiches?

Ⓐ French fries
Ⓑ A soft drink
Ⓒ A side salad
Ⓓ Toasted sourdough bread

02 If a group of eight people dines at The Golden Spoon Bistro, what additional charge will their bill include?

Ⓐ A discount for a large party
Ⓑ An automatic 18% gratuity
Ⓒ A service fee for beverages
Ⓓ The price of a dessert

[03-04] Read a receipt.

Bright Mart Superstore

Receipt No.: 28491
Date: September 24
Cashier: Daniel H.
Customer: Sarah Bell (Member ID: 45219)

Item	Qty	Unit Price	Discount	Total
Organic Apples	3	$2.50	-	$7.50
Whole Wheat Bread	2	$3.20	Buy 1 Get 1 (Free)	$3.20
Laundry Detergent	1	$12.50	$2.50 off (Member)	$10.00
Reusable Bag	1	$1.00	-	$1.00

Subtotal: $21.70
Tax (8%): $1.74
TOTAL: $23.44

Points Earned: 12
Note: Returns accepted within 14 days with receipt. Food items must be unopened. Member discounts applied automatically.

03 According to the return policy, which of the following can be returned?

Ⓐ An opened cheese pack within 7 days
Ⓑ A sealed box of detergent after 20 days
Ⓒ A sealed bottle of pasta sauce within 10 days
Ⓓ An opened bag of apples within 14 days

04 What can be inferred about Sarah Bell?

Ⓐ She paid in cash.
Ⓑ She is a store member.
Ⓒ She brought her own bag.
Ⓓ She returned one item.

Daily Test

[05-07] Read a menu.

The Daily Grind Café

Breakfast (Served until 11:00 A.M.)

Morning Special.. $7.95
Two eggs, toast, and your choice of coffee or tea
Continental Breakfast.. $5.75
Bagel with cream cheese, fresh fruit, and coffee
Brunch Add-on.. $2.50
Available Saturdays and Sundays only. Add bacon or sausage to any breakfast item.

All-Day Menu (Available 7:00 A.M. – 9:00 P.M.)

Soup of the Day...$5.00
Please ask your server for today's selection
Daily Salad.. $8.75
Dressing choices: Italian, ranch, or balsamic vinaigrette
Chef's Special... $12.95
Rotating entrée prepared daily with fresh seasonal ingredients

* Student discount: 10% off the total bill with valid student ID. The discount applies only to regularly priced menu items and cannot be combined with other offers, daily promotions, or the Chef's Special.

05 For what does the customer need to ask the server?

Ⓐ The lunch menu

Ⓑ The available coffee options

Ⓒ A specific salad dressing

Ⓓ The daily soup selection

06 When can bacon or sausage be added to breakfast items?

Ⓐ Any morning before 11:00 A.M.

Ⓑ Anytime during café hours

Ⓒ Only on Saturdays and Sundays

Ⓓ Only with the Chef's Special

07 What can be inferred about students who order the Chef's Special?

Ⓐ They will receive a 10% discount on their total bill.

Ⓑ They will pay the full menu price.

Ⓒ They can combine it with other daily promotions.

Ⓓ They can only order it during dinner hours.

Daily Test

[08-10] Read an invoice.

Sparkle Cleaning Services

Billing Date: September 17
Due Date: October 17
Client: Harmony Fitness
Address: 321 Health Street, Seattle, WA 98101
Payment Terms: Payment due within 30 days of the billing date
(1.5% monthly finance charge on overdue balances)

Description	Amount
Weekly office cleaning (8/25—9/15)	$600.00
Deep carpet cleaning (Gym floor)	$250.00
Supplies fee (detergents, disinfectants)	$50.00
Total Due:	$900.00

Note: Please remit payment by the due date to avoid additional finance charges.
Payments can be made by check or electronic transfer.
Thank you for your continued business.

08 What is included in the supplies fee listed on the invoice?

Ⓐ Costs for delivery of new carpets

Ⓑ Cleaning detergents and disinfectants

Ⓒ Equipment rental for vacuum machines

Ⓓ Protective gloves and safety equipment

09 What service cost Harmony Fitness the most money?

Ⓐ Weekly office cleaning performed over three weeks

Ⓑ Deep carpet cleaning for the gym floor

Ⓒ Cleaning supplies and materials fee

Ⓓ Administrative processing and billing charges

10 According to the invoice, how may Harmony Fitness submit payment?

Ⓐ By check or electronic transfer

Ⓑ Only in person at Sparkle Cleaning Services

Ⓒ By paying cash to the cleaning staff

Ⓓ By deducting the amount from their monthly rent

정답·해석·해설 p.315

Day 12 Task Test

[01-02] Read a poster.

International Culture Club

Ready to explore the world without leaving campus? Our weekly events feature language exchanges, international food nights, and film screenings. Spots are limited to the first 40 students who register online. No membership fee is required. Join us for our first session on September 20, 6:00 P.M. at the Student Union Hall.

01 What is the main purpose of the poster?

Ⓐ To advertise a campus food festival
Ⓑ To announce a change in event location
Ⓒ To announce the start of club activities
Ⓓ To recruit volunteers for a cultural fair

02 How can students secure a place in the International Culture Club?

Ⓐ By signing up at the Student Union Hall
Ⓑ By registering online
Ⓒ By paying a small fee
Ⓓ By being nominated by another member

[03-04] Read an invoice.

TechFix Solutions

Invoice Number: 0847
Invoice Date: January 15
Due Date: January 27

Service Description	Date	Hours	Rate	Total
Computer diagnostics	January 12	1.5	$75/hr	$112.50
Software installation	January 12	2.0	$75/hr	$150.00
Data recovery	January 13	3.0	$95/hr	$285.00

Subtotal: $547.50
Tax (8%): $43.80
Total Due: $591.30

THANKS for your BUSINESS!

Questions? Contact billing@techfix.com or 555-1098

03 How many hours were spent on data recovery?
Ⓐ 1.5
Ⓑ 2.0
Ⓒ 3.0
Ⓓ 8.0

04 What is the final date by which payment must be made?
Ⓐ January 12
Ⓑ January 13
Ⓒ January 15
Ⓓ January 27

[05-06] **Read a notice.**

> Please note that the company's internal network will be unavailable on Saturday, January 14, from 8:00 A.M. to 6:00 P.M. due to a major system upgrade. During this period, employees will not have access to email, shared drives, or the intranet portal. Payroll services and external websites will remain available. Those who expect to work over the weekend should download all necessary files by Friday evening.

05 Which service will be available during the upgrade?

Ⓐ Email
Ⓑ Shared drives
Ⓒ The intranet portal
Ⓓ Payroll services

06 What are employees advised to do if they need to work during the weekend?

Ⓐ Download necessary files in advance
Ⓑ Request temporary access from IT staff
Ⓒ Use personal email accounts instead
Ⓓ Reschedule all assignments to Monday

[07-08] Read an email.

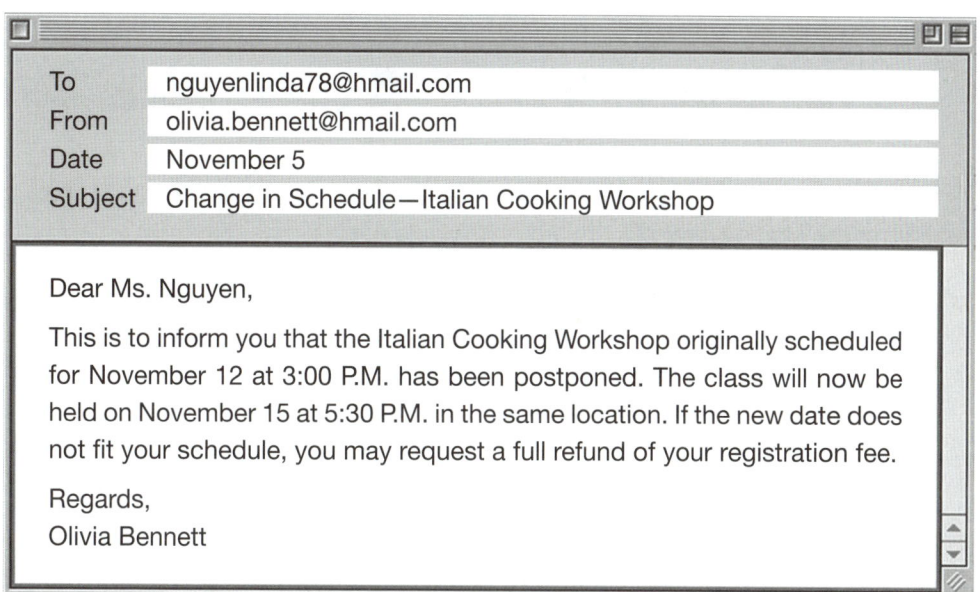

To	nguyenlinda78@hmail.com
From	olivia.bennett@hmail.com
Date	November 5
Subject	Change in Schedule—Italian Cooking Workshop

Dear Ms. Nguyen,

This is to inform you that the Italian Cooking Workshop originally scheduled for November 12 at 3:00 P.M. has been postponed. The class will now be held on November 15 at 5:30 P.M. in the same location. If the new date does not fit your schedule, you may request a full refund of your registration fee.

Regards,
Olivia Bennett

07 When was the Italian Cooking Workshop originally scheduled?

Ⓐ November 10 at 5:30 P.M.
Ⓑ November 12 at 3:00 P.M.
Ⓒ November 15 at 5:30 P.M.
Ⓓ November 18 at 3:00 P.M.

08 Under what condition may Ms. Nguyen receive a refund?

Ⓐ If she misses the class without notice
Ⓑ If she wants to switch to another workshop
Ⓒ If the new schedule conflicts with her availability
Ⓓ If she does not bring her own cooking supplies

[09-11] Read a social media post.

Want to refresh your bookshelf this spring?

Join us for a Neighborhood Book Swap on Sunday, May 18, from 1:00 to 4:00 P.M. at the Maple Library Courtyard (220 Maple Ave.).

Bring up to five gently used books—fiction, nonfiction, or children's titles—to trade.

Event Highlights
- Kids' corner with picture books
- "Hidden Gems" shelf with staff picks
- Free coffee for the first 30 attendees (courtesy of Brew House next door)

Any unclaimed books will be donated to River City Literacy, a local nonprofit that supports community reading programs, so every book finds a good home.

In case of rain: We'll move indoors to Room 204. Street parking is available on Maple and Oak, and public transit stops are two blocks away.

09 What is the main purpose of the post?

Ⓐ To promote the opening of a new coffee shop

Ⓑ To encourage donations to a local reading program

Ⓒ To invite residents to a community book exchange

Ⓓ To share details about activities at the library

10 What happens to books that are not claimed during the event?

Ⓐ They will be returned to their original owners.

Ⓑ They will be sold at discounted prices next week.

Ⓒ They will be donated to a local literacy organization.

Ⓓ They will be stored at the library for future swaps.

11 What will happen if it rains on the day of the event?

Ⓐ The event will be relocated indoors.

Ⓑ The event will be delayed until Monday.

Ⓒ The event will be canceled.

Ⓓ The event will continue outdoors as planned.

TOEFL iBT READING

[12-14] Read an instant message chain.

Carla Ramirez (3:05 P.M.)
Reminder—the product design review is tomorrow at 11:00 A.M. in the meeting room.

James Miller (3:07 P.M.)
Thanks, Carla. I'll bring the updated prototype sketches.

Nina Patel (3:10 P.M.)
I'm still working on the presentation slides with the new product images. I might need some help finalizing them.

Daniel Cho (3:13 P.M.)
I'll double-check the design specs and test data tonight. You can focus on the visuals for the slides.

Carla Ramirez (3:15 P.M.)
Perfect. Let's be ready—senior management will be there.

12 What can be concluded about Nina Patel?
  Ⓐ She has already finished preparing the presentation slides.
  Ⓑ She will need assistance to finish the slides on time.
  Ⓒ She will not be able to attend the product design review.
  Ⓓ She is preparing prototype sketches instead of slides.

13 What does the phrase "product design review" most likely mean in this context?
  Ⓐ A meeting to update the project schedule
  Ⓑ A session for marketing staff to test slide layouts
  Ⓒ A workshop to brainstorm new design ideas
  Ⓓ A session to evaluate and discuss design work

14 At 3:15 P.M., what does Carla Ramirez most likely mean when she writes, "senior management will be there"?
  Ⓐ Senior managers will be providing their own product design.
  Ⓑ The meeting will require extra preparation and formality.
  Ⓒ Senior managers may invite clients to attend the presentation.
  Ⓓ Only senior staff members are allowed to attend.

[15-17] Read an article.

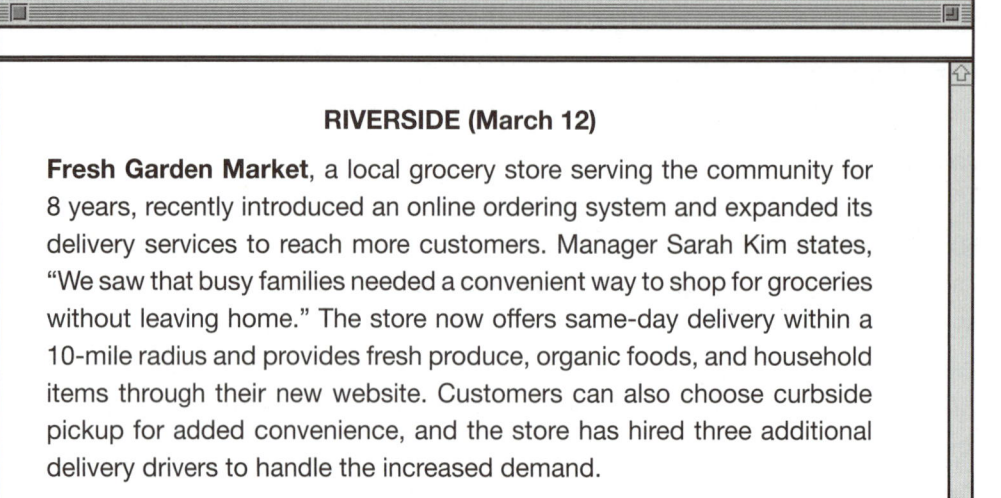

RIVERSIDE (March 12)

Fresh Garden Market, a local grocery store serving the community for 8 years, recently introduced an online ordering system and expanded its delivery services to reach more customers. Manager Sarah Kim states, "We saw that busy families needed a convenient way to shop for groceries without leaving home." The store now offers same-day delivery within a 10-mile radius and provides fresh produce, organic foods, and household items through their new website. Customers can also choose curbside pickup for added convenience, and the store has hired three additional delivery drivers to handle the increased demand.

15 What is this article mainly about?

Ⓐ The history of a local grocery store
Ⓑ How a grocery store adapted to customer needs
Ⓒ The benefits of online grocery shopping
Ⓓ Ways a store is promoting its organic product line

16 Why did the store start offering delivery services?

Ⓐ To respond to growing competition from online retailers
Ⓑ To serve busy families who prefer shopping from home
Ⓒ To meet customer requests for faster service
Ⓓ To attract new shoppers beyond its usual 10-mile radius

17 What new feature does the grocery store provide?

Ⓐ An expanded selection of organic and household products
Ⓑ A redesigned website with updated product lists
Ⓒ Online grocery ordering with curbside pickup
Ⓓ Discount coupons for customers who order online

[18-20] Read a form.

MEDICAL CLINIC APPOINTMENT ONLINE BOOKING SYSTEM

Patient Name: _____

Appointment Type:
☐ General Check-up (30 minutes) ☐ Specialist Consultation (45 minutes)

Preferred Date: _____

Time Slot: ☐ 9-9:30 A.M. ☐ 10:30-11 A.M. ☐ 2-2:30 P.M. ☐ 4-4:30 P.M.

- Appointments must be scheduled at least 24 hours in advance.
- Specialist Consultations require a referral from your primary doctor and can be booked up to 3 weeks ahead.
- General Check-ups can be scheduled up to 2 weeks in advance.
- Cancellations must be made at least 2 hours before appointment time to avoid a $25 fee.

Insurance card and photo ID required at arrival

18 What is this form used for?

Ⓐ Registering as a new patient at the clinic
Ⓑ Updating patient information
Ⓒ Scheduling medical appointments
Ⓓ Requesting a follow-up report from a doctor

19 What happens if a patient cancels their appointment 1 hour before the scheduled time?

Ⓐ They may still reschedule but lose time-slot priority.
Ⓑ They are moved to the waiting list.
Ⓒ They cannot rebook for at least one week.
Ⓓ They must pay a $25 cancellation fee.

20 What is required for Specialist Consultation appointments?

Ⓐ Payment in advance of the visit
Ⓑ A referral from a primary doctor
Ⓒ Previous medical records
Ⓓ Approval from the insurance company

무료 토플자료 · 유학정보 제공

goHackers.com

Hackers Updated TOEFL Reading Basic

TASK ③
학술 지문 읽고 문제 풀기
Read an Academic Passage

Introduction

Day 13 주제 문제
Day 14 세부 사항 문제
Day 15 일치/불일치 문제
Day 16 어휘 문제
Day 17 수사적 의도 문제
Day 18 추론 문제
Day 19 삽입 문제
Day 20 Task Test

Introduction:

Task 3 학술 지문 읽고 문제 풀기(Read an Academic Passage)는 학술적 주제에 관한 글을 읽고 문제를 푸는 유형입니다. 지문의 주제는 인문학, 예술, 사회과학, 물리과학, 자연과학 등의 다양한 학문 분야에서 선정됩니다. 지문의 길이는 175~200단어 분량이고, 난이도는 영어권 고등학교 또는 대학교 교과서에서 등장하는 수준입니다. 1지문에 5개의 문제가 출제됩니다. Module 1에서는 1지문이 출제되는데, 더미 문항이 포함될 경우에는 2지문까지도 출제됩니다. Lower Module 2에는 이 유형이 출제되지 않으며, Upper Module 2에서만 1지문이 출제됩니다.

■ 시험 미리보기

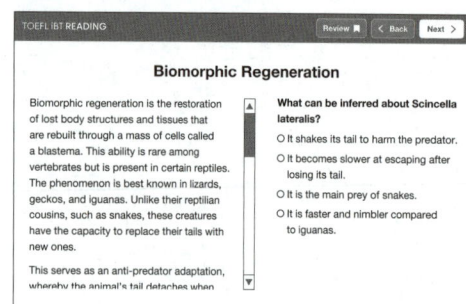

문제가 출제될 때 나오는 화면으로, 상단에는 지문의 제목이 나옵니다. 그 아래로 왼쪽에는 지문, 오른쪽에는 문제와 선택지가 나옵니다.

문제를 풀 때 해야 할 일 : 지문과 문제, 보기를 읽은 후 보기 앞에 있는 칸을 클릭하여 답을 표시합니다.

문제를 풀고 난 후 해야 할 일 : Next 버튼을 클릭하여 다음 문제로 넘어갑니다. Module 안에서는 문제간 이동이 자유로우므로, 헷갈리는 문제가 있다면 넘어갔다가 뒤의 문제들을 풀고 다시 돌아올 수 있습니다.

풀이 전략

1. 제목과 첫 단락을 읽고 주제를 먼저 파악한다.

학술 지문의 제목은 지문의 주제를 압축하여 보여주고 첫 문단은 글 전체의 주제와 방향을 제시합니다. 일반적으로 첫 문장에는 중심 개념이나 연구 대상이, 이어지는 문장에는 그 주제의 배경 설명이나 중심 논지가 포함됩니다. 따라서 첫 문단을 주의 깊게 읽으면 글의 전체 흐름과 중심 내용을 예측할 수 있습니다.

2. 질문을 먼저 읽고 핵심 어구를 파악한다.

질문을 먼저 읽고 문제에서 묻는 핵심 어구(Keyword)를 미리 파악해 두면, 지문을 읽을 때 관련 정보를 빠르게 찾을 수 있습니다. 이러한 정보들은 문제의 직접적인 단서가 되므로, 지문 전체를 처음부터 끝까지 읽기보다 필요한 정보를 중심으로 파악하여 빠르게 문제를 해결합니다.

3. paraphrase된 보기에 유의한다.

paraphrase란 같은 의미의 다른 표현으로 바꾸어 전달하는 것을 말합니다. 학술 지문에서는 보기의 문장이나 단어가 지문과 동일한 표현이 아니라, paraphrase되어 제시되는 경우가 많습니다. 따라서 지문에서 파악한 내용을 그대로 보기에서 찾아 일치 여부를 확인하기보다는, 의미가 같은 다른 표현으로 바뀌어 제시될 수 있음을 유의해서 정답을 선택합니다.

스터디 가이드

1. 문제 유형별 풀이 전략을 익혀둔다.

Task 3에서는 주제, 세부 사항, 일치/불일치, 어휘, 수사적 의도, 삽입 문제 등의 다양한 유형의 문제들이 출제됩니다. 각 문제 유형마다 문제 풀이에 필요한 전략이 다르므로, 각 유형별 문제 풀이 전략을 익혀두면 보다 정확하고 효율적으로 문제를 해결할 수 있습니다. 또한 자주 출제되는 오답 유형을 함께 익혀두면 실제 시험에서 실수를 줄일 수 있습니다.

2. paraphrase 연습을 한다.

Task 3에서는 지문의 일부를 의미가 같은 다른 표현으로 바꾸어 paraphrase한 보기가 자주 출제되므로 같은 의미를 다양한 어휘와 문장 구조로 표현하는 연습이 중요합니다. paraphrase 연습을 통해 문제 풀이 시 지문과 보기를 연결하는 핵심 단서를 빠르게 인식할 수 있습니다.

Day 13 주제 문제

01: 출제 경향

주제 문제는 지문이 무엇에 대한 것인지 또는 글쓴이가 전달하려는 중심 생각이 무엇인지 묻는 문제입니다. Task 3의 지문은 보통 3~4개의 단락으로 구성되므로, 특정 단락이나 세부 사항에 집중하기보다 지문 전체를 아우르는 중심 내용을 파악하는 것이 중요합니다. 이 유형은 한 지문당 보통 0~1문제가 출제됩니다.

02: 질문 형태

- What is the passage mainly about?
  지문은 주로 무엇에 대한 것인가?

- What is the main topic of the passage?
  지문의 주제는 무엇인가?

- What is the main idea of the passage?
  지문의 중심 생각은 무엇인가?

- Which of the following best states a main idea of the passage?
  다음 중 지문의 중심 생각을 가장 잘 나타낸 것은?

- Which statement best summarizes the passage?
  어느 진술이 지문을 가장 잘 요약하는가?

03: 핵심 전략

1. 제목과 첫 문장에서 주제의 단서를 파악한다.

제목은 지문의 중심 소재를 압축해 제시하며, 첫 문장은 앞으로 전개될 주제의 단서를 포함하는 경우가 많습니다. 따라서 지문 전체를 읽기 전에 제목과 첫 문장을 확인하면 주제와 전개 방향을 미리 예측할 수 있습니다.

> **Ex**
>
> 제목   The Role of Bees in Agriculture 꿀벌의 농업에서의 역할
>
> 첫 문장   Bees play an essential role in global agriculture by helping plants reproduce through pollination.
> 꿀벌은 수분 활동을 통해 식물이 번식하도록 도와줌으로써 세계 농업에서 필수적인 역할을 한다.

→ 제목을 통해 지문이 '꿀벌이 농업에서 하는 역할'을 다룰 것임을 알 수 있고, 첫 문장에서 '꿀벌이 수분 활동을 통해 식물의 번식을 돕는다'는 내용을 확인할 수 있습니다. 이 두 가지 단서를 종합하면, 이 지문이 '꿀벌의 수분 활동이 농업 생산에 미치는 영향'에 대해 설명할 것임을 예측할 수 있습니다.

2. 마지막 단락에서 결론까지 확인하여 주제를 가장 잘 담아낸 보기를 선택한다.

마지막 단락은 지문 전체의 결론이나 글쓴이의 주장을 요약하는 경우가 많습니다. 이를 통해 지문의 중심 생각을 최종적으로 확인할 수 있으므로, 마지막 단락에 드러난 결론까지 확인하여 지문의 주제를 가장 잘 표현한 보기를 정답으로 선택합니다.

> **Ex**
>
> 마지막 단락   Without bees, many crops would fail to produce fruit, leading to a serious decline in global food supply.
> 꿀벌이 없다면, 많은 농작물들이 열매를 맺지 못하게 되어, 전 세계 식량 공급량의 심각한 감소를 초래할 것이다.
>
> 정답   The importance of bees in maintaining agricultural productivity
> 농업 생산성을 유지하는 데 있어서 꿀벌의 중요성

→ 마지막 단락에서 '꿀벌이 없다면 농작물이 열매를 맺지 못하고, 전 세계 식량 공급량이 크게 감소할 것'이라는 지문 전체의 결론을 보여줍니다. 즉, 이 지문은 꿀벌의 수분 활동이 식물의 번식뿐 아니라 인류의 식량 생산에도 필수적이라는 점을 강조한다는 것을 확인할 수 있습니다. 따라서 이를 정확히 요약한 정답은 "The importance of bees in maintaining agricultural productivity"(농업 생산성을 유지하는 데 있어서 꿀벌의 중요성)입니다.

3. 다음과 같은 오답 유형에 주의한다.

- 지문의 세부 사항에 초점을 맞춘 보기
- 지문 전체의 주제를 벗어난 보기

Example:

Microplastics

Plastic pollution has become one of the most pressing environmental challenges for marine ecosystems. Millions of tons of plastic enter the oceans every year, breaking down into smaller particles known as microplastics. These plastics are extremely persistent and spread from the ocean's surface to its deepest regions.

Marine organisms often mistake plastic for food. Sea turtles may swallow plastic bags, confusing them for jellyfish, while seabirds ingest small fragments that resemble fish eggs. Consuming plastic can block digestive tracts, reduce energy intake, and lead to starvation.

The effects extend beyond marine wildlife. Microplastics are eaten by small fish and plankton, which are then consumed by larger predators, including humans. This raises concerns about health impacts from toxins carried by plastics entering the human food chain.

제목과 첫 문장에서 주제의 단서 파악

마지막 단락에서 결론 확인

Q Which of the following best states a main idea of the passage?

Ⓐ Recycling programs have eliminated the threat of plastic pollution.
Ⓑ The impact of plastic pollution extends from marine life to humans.
Ⓒ Microplastics are less harmful than larger pieces of plastic.
Ⓓ Sea turtles are the species most affected by ocean pollution.

해석

미세 플라스틱

플라스틱 오염은 해양 생태계에 있어 가장 시급한 환경 문제 중 하나가 되었다. 매년 수백만 톤의 플라스틱이 바다로 들어가며, 미세 플라스틱으로 알려진 더 작은 입자로 분해된다. 이러한 플라스틱은 매우 오래 지속되며, 수면에서부터 심해로까지 퍼져 나간다.

해양 생물은 종종 플라스틱을 먹이로 착각한다. 바다거북은 비닐봉지를 해파리로 혼동해 삼킬 수도 있고, 바닷새들은 물고기알처럼 보이는 작은 조각들을 섭취한다. 플라스틱을 섭취하면 소화관이 막히고, 에너지 섭취를 줄이며, 결국 굶어 죽게 될 수 있다.

그 영향은 해양 생물에만 그치지 않는다. 미세 플라스틱은 작은 물고기와 플랑크톤에 의해 섭취되고, 그것이 인간을 포함한 더 큰 포식자에 의해 다시 먹힌다. 이는 플라스틱이 옮기는 독성 물질이 인간의 먹이 사슬로 들어오면서 발생할 수 있는 건강상의 영향에 대한 우려를 불러일으킨다.

Q 다음 중 지문의 중심 생각을 가장 잘 나타낸 것은?
Ⓐ 재활용 프로그램이 플라스틱 오염의 위협을 제거했다.
Ⓑ 플라스틱 오염의 영향은 해양 생물에서부터 인간에게까지 확장된다.
Ⓒ 미세 플라스틱은 큰 플라스틱 조각보다 덜 해롭다.
Ⓓ 바다거북이 바다 오염의 영향을 가장 많이 받는 종이다.

정답   Ⓑ

해설   **주제 문제**
제목과 첫 문장에서 지문이 해양 플라스틱 오염을 다룬다는 것을 파악할 수 있습니다. 또한 마지막 단락에서는 플라스틱 오염이 단순히 해양 생물에만 영향을 주는 것이 아니라 인간에게도 피해를 준다고 강조하고 있습니다. 따라서 지문의 중심 생각은 '플라스틱 오염의 영향은 해양 생물에서부터 인간에게까지 확장된다'라고 볼 수 있으므로, Ⓑ가 정답입니다.

Ⓐ와 Ⓒ는 지문에서 언급되지 않았으므로 오답입니다. Ⓓ는 세부 사항에만 초점을 맞췄으므로 오답입니다.

● 단어 및 표현 ●

microplastic[màikrouplǽstik] 미세 플라스틱   pollution[pəlúːʃən] 오염   pressing[présiŋ] 시급한, 긴급한
environmental[invàiərənméntl] 환경의   challenge[tʃǽlindʒ] 문제, 난제   ecosystem[íːkousìstəm] 생태계   particle[páːrtikəl] 입자
persistent[pərsístənt] 지속되는, 쉽게 사라지지 않는   mistake A for B A를 B로 착각하다   swallow[swάːlou] 삼키다
confuse A for B A를 B로 혼동하다   ingest[indʒést] 섭취하다   fragment[frǽgmənt] 조각, 파편   digestive tract 소화관
starvation[stɑːrvéiʃən] 굶어 죽음, 굶주림   predator[prédətər] 포식자   raise concerns 우려를 불러일으키다   toxin[táksin] 독성 물질
food chain 먹이 사슬

Daily Check-up

▲ 주어진 문장과 가장 가까운 의미를 만드는 것을 고르세요.

01 Although jet engine power is used mostly for airplanes, it can also be used in high-speed boats.

Ⓐ Jet engine power can be utilized in both airplanes and high-speed boats.
Ⓑ Jet engine power can be used for airplanes but not high-speed boats.

02 John Wesley Powell, an American geologist, led one of the early systematic surveys of the Rocky Mountains.

Ⓐ The Rocky Mountain region was not discovered until John Wesley Powell, an American geologist, researched the area.
Ⓑ The Rocky Mountain region was explored through one of the earliest organized expeditions directed by American geologist John Wesley Powell.

03 The decrease in the Earth's natural resources has been due mainly to the rise in human population.

Ⓐ The increase in human population has resulted in a reduction of the Earth's natural resources.
Ⓑ Because of the rise in human population, there will be no natural resources in the future.

04 Literary symbolism allows authors to convey deeper meanings by using objects, colors, or characters to represent abstract concepts.

Ⓐ Through literary symbolism, writers can express profound meanings by employing objects, colors, or characters as representations of abstract ideas.
Ⓑ Literary symbolism prevents authors from expressing clear meanings by forcing them to use confusing objects, colors, or characters that hide their true intentions.

05 President Harry Truman proposed a government-run system of health insurance for all Americans in 1945, but the proposal died in Congress.

Ⓐ President Harry Truman and Congress agreed to veto the proposed government-run system of health insurance for all Americans in 1945.

Ⓑ Congress rejected Truman's plan for a national health insurance system run by government for all Americans in 1945.

06 Carnegie Hall, a historic concert hall, has hosted many famous musicians since Russian composer Peter Ilich Tchaikovsky conducted its opening night concert on May 5, 1891.

Ⓐ Among the renowned musicians that have performed at Carnegie Hall, Peter Ilich Tchaikovsky was the first to conduct a concert there.

Ⓑ Every important musician has performed a concert at the historic concert hall, Carnegie Hall, beginning with a performance by Russian composer Peter Ilich Tchaikovsky.

07 The invention of the steam engine provided a reliable power source, fueling industrial growth and transforming transportation networks worldwide.

Ⓐ The steam engine's invention created a dependable power source that drove industrial growth and reshaped transportation globally.

Ⓑ The steam engine, invented during a period of industrial growth, became useful as transportation networks expanded worldwide.

08 Trade routes in the ancient world enabled cultural exchange as well as the movement of goods.

Ⓐ In the ancient world, trade routes allowed both the movement of goods and cultural exchange.

Ⓑ Ancient trade routes were first established for moving goods, with cultural exchange developing as a later outcome.

Daily Check-up

 지문을 읽고 물음에 답하세요.

09 Archaeologists rely on artifacts to reconstruct the daily lives of past civilizations. Pottery fragments, for example, reveal what foods were stored or cooked, while tools show how resources were obtained and processed. Even small remains, like seeds or animal bones, provide evidence about diet and trade. Together, these materials give researchers a broader picture of cultural practices, helping them understand how ancient societies survived and developed.

Q Which of the following best states the main idea of the passage?
  Ⓐ Pottery and tools are archaeology's most valuable artifacts.
  Ⓑ Archaeologists focus mainly on studying ancient trade routes.
  Ⓒ Artifacts help researchers understand past civilizations.

10 Volcanoes are powerful geological features that shape Earth's surface. They form when molten rock, or magma, rises from deep within the planet and erupts at the surface. Volcanic eruptions can create new land, enrich soil with minerals, and influence climate by releasing gases. While often destructive, volcanoes also play an essential role in Earth's natural processes, demonstrating the dynamic nature of our planet.

Q What is the main topic of the passage?
  Ⓐ The role of volcanoes in shaping Earth
  Ⓑ The destructive nature of volcanic eruptions
  Ⓒ The process of how magma rises from Earth's core

11 Memory is not a perfect record of events, but rather a process influenced by attention and context. People often recall details differently depending on how information was presented or how much attention they paid at the time. In some cases, memories can even be distorted or replaced by false information. Psychologists study these effects to understand how memory works and why it is both reliable and fallible.

Q Which of the following best states the main idea of the passage?
  Ⓐ Memory distortion occurs mainly when people do not pay enough attention.
  Ⓑ Psychologists have proven that human memory is completely unreliable.
  Ⓒ Memory is an imperfect process that can be influenced by various factors.

12

The discovery of exoplanets—planets outside our solar system—has transformed our understanding of the universe. Using telescopes that detect slight changes in starlight, scientists have found thousands of these planets. Some are gas giants orbiting close to their stars, while others resemble Earth in size and composition. By studying them, astronomers hope to learn more about planetary formation and the possibility of life beyond our solar system.

Q What is the main idea of the passage?

Ⓐ Exoplanets reveal new insights about the universe.
Ⓑ Scientists detect exoplanets by observing changes in starlight.
Ⓒ Life exists on planets outside our solar system.

13

Hieroglyphics, the writing system of ancient Egypt, used pictures and symbols to record matters related to religion, government, and daily life. For centuries, scholars could not understand their meaning. That changed in 1799 with the discovery of the Rosetta Stone, which carried the same text in both Greek and Egyptian scripts. This breakthrough allowed experts to finally decipher hieroglyphics, revealing extensive knowledge of ancient Egypt.

Q Which of the following best states the main idea of the passage?

Ⓐ Scholars could not understand hieroglyphics for many centuries.
Ⓑ The Rosetta Stone enabled the deciphering of Egyptian hieroglyphics.
Ⓒ Ancient Egyptian writing recorded religious texts, decrees, and daily life.

14

Jazz emerged in the early twentieth century in the United States, blending African rhythms, blues, and European traditions. Known for its improvisation and swing, it spread from New Orleans to cities like Chicago and New York. Musicians such as Louis Armstrong and Duke Ellington shaped its growth and inspired global audiences. More than entertainment, jazz symbolized creativity, freedom, and cultural exchange.

Q What is the passage mainly about?

Ⓐ The development and cultural impact of jazz music
Ⓑ The musical techniques used by Louis Armstrong and Duke Ellington
Ⓒ The geographical spread of jazz from New Orleans to other cities

정답·해석·해설 p.322

Daily Test

 지문을 읽고 물음에 답하세요.

[01-05]

Hibernation

Many mammals survive extreme winter conditions by entering hibernation, during which their metabolic activity drops dramatically. Bears, for example, reduce their heart rate and body temperature but stay partially alert. This allows them to awaken if danger arises, balancing energy conservation with survival needs. In contrast, smaller animals such as the Arctic ground squirrel exhibit even more extreme responses—their body temperature can fall below freezing, a rare adaptation that helps them endure severe Arctic winters.

Other species employ occasional hibernation strategies. Chipmunks, for example, periodically awaken from hibernation to consume stored food before returning to dormancy. This approach contrasts with "true" hibernators like bats, which remain inactive for months at a time, sustained entirely by fat reserves. The depth and frequency of hibernation often depend on factors such as food availability and predation risk; animals in colder climates with limited resources typically hibernate more deeply than those in milder environments.

Studying hibernation has implications beyond biology. Scientists are investigating how some species survive near-freezing body temperatures, hoping to apply these findings to human medicine. Potential applications include improving organ preservation for transplants.

01 What is the passage mainly about?
   Ⓐ How bears adapt to winter through partial hibernation
   Ⓑ The different strategies animals use to hibernate
   Ⓒ The medical discoveries made from studying hibernation
   Ⓓ How Arctic winters affect small mammals

02 The word "alert" in the passage is closest in meaning to
   Ⓐ awake
   Ⓑ clever
   Ⓒ strong
   Ⓓ noisy

03 How do chipmunks differ from "true" hibernators like bats?
   Ⓐ They stay dormant for the entire winter season.
   Ⓑ They rely entirely on stored body fat for survival.
   Ⓒ They wake periodically to eat stored food.
   Ⓓ They do not lower their metabolic rate while hibernating.

04 The word "implications" in the passage is closest in meaning to
   Ⓐ effects
   Ⓑ agreements
   Ⓒ predictions
   Ⓓ experiments

05 What is indicated about animals in milder climates?
   Ⓐ They usually hibernate more deeply than animals in colder regions.
   Ⓑ They hibernate for longer periods than animals in colder climates.
   Ⓒ They face less need for deep hibernation due to greater resources.
   Ⓓ They are more likely to awaken if predators approach.

Daily Test

[06-10]

The Role of Social Support

Social support consists of practical or emotional help offered by family, friends, or community members during stressful times. Psychologists have observed that individuals with robust social networks tend to experience lower psychological distress, better physical health, and faster recovery from illness. For instance, people who interact regularly with supportive peers are better equipped to handle the demands of challenging work environments or personal difficulties.

A study conducted at a large university demonstrated the importance of social support. Students who participated in regular group activities reported less anxiety and better academic performance compared to those who remained isolated. This contrast highlights how social interactions can serve as protective factors during challenging times.

While social support cannot eliminate all sources of stress, it helps people reinterpret problems and develop effective coping strategies. In comparison, those who lack meaningful relationships are more likely to experience higher rates of depression and physical illness. Recognizing the crucial role of social support is vital for designing effective interventions in both educational and healthcare environments. Its widespread benefits across diverse settings underscore why social support remains an important focus of psychological research and public health efforts.

06 What is the main idea of the passage?

Ⓐ Declining social support is linked with a rising incidence of stress and illness.

Ⓑ Universities should encourage group activities because they increase social support.

Ⓒ Social support reduces stress and improves health.

Ⓓ Psychologists have studied social support mainly by defining its different types.

07 The word "robust" in the passage is closest in meaning to

Ⓐ flexible

Ⓑ strong

Ⓒ diverse

Ⓓ available

08 The word "isolated" in the passage is closest in meaning to

Ⓐ lonely

Ⓑ independent

Ⓒ calm

Ⓓ anxious

09 What does the passage suggest is a benefit of social support?

Ⓐ Higher income after graduation

Ⓑ Enhanced academic achievement

Ⓒ More opportunities to study abroad

Ⓓ Increased interest in psychology

10 According to the passage, all of the following are true about social support EXCEPT:

Ⓐ It helps people develop coping strategies.

Ⓑ It contributes to better physical health and faster recovery.

Ⓒ It removes every possible source of pressure.

Ⓓ It is considered important in psychological studies.

Day 14 세부 사항 문제

01: 출제 경향

세부 사항 문제는 무엇이(what), 왜(why), 어떻게(how), 언제(when), 누가(who), 어디서(where) 등 지문에서 언급된 구체적인 정보를 묻는 문제입니다. 이 문제를 풀기 위해서는 질문에서 핵심 어구를 파악하고 지문에서 관련 단서를 빠르게 찾아내는 것이 중요합니다. 이 유형은 한 지문당 보통 1~2문제가 출제됩니다.

02: 질문 형태

▌무엇

- What is one role of bacteria in the digestive system?
  소화 체계에서 박테리아의 한 가지 역할은 무엇인가?

▌왜

- Why did scientists study chimpanzees with tools?
  과학자들은 왜 도구를 사용하는 침팬지를 연구했는가?

▌어떻게

- How do neurons transmit information?
  뉴런은 어떻게 정보를 전달하는가?

▌언제

- When did humans first domesticate plants?
  인류는 언제 처음으로 식물을 재배하기 시작했는가?

▌누가

- Who is credited with inventing the telephone?
  전화기를 발명한 공로가 인정되는 사람은 누구인가?

▌어디서

- Where did the earliest writing systems develop?
  최초의 문자 체계는 어디서 발달했는가?

03: 핵심 전략

1. 질문을 읽고 의문사와 핵심 어구를 파악한다.

세부 사항 문제는 보통 what, why, how, when, who, where과 같은 의문사로 시작합니다. 지문 전체를 읽기 전에 질문을 먼저 읽고, 어떤 정보를 묻는지(대상, 이유, 방법, 시점 등)와 핵심 어구(키워드)를 파악하면 지문에서 필요한 정보를 빠르게 찾아낼 수 있습니다.

| Ex | 질문 | **What** was one effect of **the Mount Pinatubo eruption in 1991**?
1991년 피나투보 화산 폭발의 한 가지 영향은 무엇이었는가? |

→ 의문사 What으로 시작하므로 '무엇'을 묻는 세부 사항 문제입니다. 또한 질문의 핵심 어구인 the Mount Pinatubo eruption in 1991을 미리 파악해 두면, 지문을 읽을 때 해당 시점(1991년)과 핵심 사건(피나투보 화산 폭발)이 언급된 부분을 빠르게 찾아, 그로 인한 영향을 정확히 확인할 수 있습니다.

2. 지문에서 핵심 어구가 언급된 부분을 찾아, 제대로 paraphrase한 보기를 고른다.

지문을 스캔하며 질문의 핵심 어구를 찾아 주변 문장을 집중적으로 확인합니다. 지문에 제시된 정보는 보기에서 그대로 제시되기도 하지만, 같은 의미의 다른 표현으로 바뀌어(paraphrase) 제시되는 경우도 많습니다. 따라서, 선택한 보기가 지문의 의미와 정확히 일치하는지 꼼꼼히 확인해야 합니다.

| Ex | 지문 | For instance, after **the eruption of Mount Pinatubo in 1991**, **the average global temperature dropped by about 0.5°C for nearly two years**.
예를 들어, 1991년 피나투보 화산 폭발 이후, 거의 2년 동안 전 세계 평균 기온이 약 섭씨 0.5도 하락했다. |
| | 정답 | It **led to a temporary cooling of the Earth's climate.**
그것은 지구 기후의 일시적인 냉각을 초래했다. |

→ 먼저 질문의 핵심 어구인 the eruption of Mount Pinatubo in 1991을 지문에서 찾습니다. 이 핵심 어구 주변에서 피나투보 화산 폭발의 영향인 the average global temperature dropped by about 0.5°C for nearly two years(화산 폭발 이후 거의 2년 동안 전 세계 평균 기온이 약 0.5도 하락했다)를 확인할 수 있습니다. 따라서 이 내용을 같은 의미로 바꿔 표현한 보기인 "It led to a temporary cooling of the Earth's climate."(그것은 지구 기후의 일시적인 냉각을 초래했다)가 정답이 됩니다.

지문에 제시된 정보		보기의 paraphrase
dropped ... for nearly two years	→	temporary cooling
global temperature	→	the Earth's climate

3. 다음과 같은 오답 유형에 주의한다.

- 지문에서 전혀 언급되지 않은 보기
- 지문에서 언급된 사실과 다른 보기

Example:

Fossil Fuel Formation

Fossil fuels such as coal, oil, and natural gas were created from the remains of plants and animals that lived millions of years ago. Their transformation required particular conditions, including high heat, intense pressure, and the presence of moisture.

Swamps and other wet environments were especially suitable for this process, as they allowed organic material to accumulate and gradually compress over time. Without such conditions, the remains of plants and animals would simply decay instead of turning into energy-rich fuels.

[Texas] is a prime example of this geological history. The region was once covered by a vast inland sea, which provided the moist and pressurized environment necessary for fossil fuel formation. As a result, Texas contains extensive reserves today.

> 핵심 어구가
> 언급된 부분

- 의문사
- 핵심어구

Q [Why] does [Texas] contain extensive fossil fuel reserves?

Ⓐ It has many modern oil refineries that process petroleum.
Ⓑ Its ancient inland sea created conditions that led to fuel formation.
Ⓒ It still contains swamps with abundant plants and animals.
Ⓓ Its current hot and dry climate speeds up energy production.

해석

화석 연료 형성

석탄, 석유, 천연가스와 같은 화석 연료는 수백만 년 전에 살았던 식물과 동물의 잔해로부터 형성되었다. 이러한 변화가 일어나기 위해서는 높은 열, 강한 압력, 습기의 존재와 같은 특정한 조건이 필요했다.

늪지나 다른 습지 환경은 특히 이 과정에 적합했는데, 유기물이 쌓이게 하여 시간이 지남에 따라 점차 압축하게 했기 때문이다. 이러한 조건이 없었다면, 식물과 동물의 잔해는 에너지가 풍부한 연료로 바뀌는 대신에 단순히 부패했을 것이다.

텍사스는 이러한 지질학적 역사의 대표적인 사례이다. 이 지역은 한때 거대한 내륙해로 덮여 있었는데, 이 바다가 화석 연료 형성에 필요한 습기와 압력이 가해지는 환경을 제공했다. 그 결과, 오늘날 텍사스에는 대규모의 매장량이 있다.

Q 텍사스에는 왜 대규모의 화석 연료 매장량이 있는가?
ⓐ 석유를 정제하는 현대식 정유 공장이 많기 때문이다.
ⓑ 고대의 내륙해가 연료 형성을 가져온 조건을 만들었기 때문이다.
ⓒ 여전히 식물과 동물이 풍부한 늪지가 존재하기 때문이다.
ⓓ 현재의 덥고 건조한 기후가 에너지 생산을 가속화하기 때문이다.

정답 ⓑ

해설 **세부 사항 문제**

텍사스가 한때 거대한 내륙해로 덮여 있었는데, 이 바다가 화석 연료 형성에 필요한 환경을 제공해서 오늘날 대규모의 매장량이 있다고 했으므로 ⓑ가 정답입니다.

ⓐ는 지문에서 전혀 언급되지 않았으므로 오답입니다. ⓒ와 ⓓ는 지문의 내용과 일치하지 않으므로 오답입니다.

● 단어 및 표현 ●

fossil fuel 화석 연료   formation[fɔːrméiʃən] 형성   remains[riméinz] 잔해, 유해   transformation[trænsfərméiʃən] 변화, 변형
condition[kəndíʃən] 조건, 상태   intense[inténs] 강한, 격렬한   moisture[mɔ́istʃər] 습기, 수분   swamp[swɑːmp] 늪지, 습지
suitable[súːtəbl] 적합한, 적절한   organic material 유기물   accumulate[əkjúːmjulèit] 쌓이다, 축적하다   gradually[grǽdʒuəli] 점차적으로
compress[kəmprés] 압축하다   decay[dikéi] 부패하다, 썩다   geological[dʒìəlάdʒikəl] 지질학의   inland sea 내륙해(육지 안에 형성된 바다)
pressurized[préʃəràizd] 압력을 받은   extensive[iksténsiv] 대규모의, 광범위한   reserves[rizə́ːrvz] 매장량, 비축

Daily Check-up

🔺 주어진 문장과 가장 가까운 의미를 만드는 것을 고르세요.

01 Social media platforms have fundamentally changed how people communicate, share information, and maintain relationships in the twenty-first century digital age.

  Ⓐ Digital-age communication changed how people connect and exchange information through social media platforms.
  Ⓑ Digital networking sites have revolutionized modern communication patterns, information sharing, and social connections.

02 The domestication of animals transformed human societies by providing reliable sources of food and labor.

  Ⓐ Domesticating animals gave humans steady food supplies and useful labor power.
  Ⓑ Domesticated animals changed human societies by reducing their dependence on farming for food.

03 Whales use complex songs and calls as a form of communication across vast ocean distances.

  Ⓐ Whales rely on elaborate songs and calls to communicate over great distances in the ocean.
  Ⓑ Whales use complex songs and calls for communication, though these are most effective at shorter ranges.

04 The discovery of fire was a turning point in human evolution, providing warmth and cooked food.

  Ⓐ Fire was discovered as humans sought warmth, later becoming important in their evolutionary development.
  Ⓑ By supplying heat and cooked meals, the discovery of fire marked an important milestone in human evolution.

05 Democratic societies rely on citizen participation through voting to maintain representative government and protect individual rights.

Ⓐ In democratic societies, voting by citizens helps sustain representative government and safeguard individual rights.
Ⓑ Elections in democratic societies reflect active citizen participation that supports representative forms of government.

06 Species adapt to environmental pressures through natural selection, leading to genetic changes that enhance survival and reproduction.

Ⓐ Genetic changes enhance survival and reproduction, which then cause species to undergo natural selection in response to the environment.
Ⓑ Natural selection enables species to adapt to environmental pressures, producing genetic changes that improve survival and reproduction.

07 Urbanization refers to the growing concentration of people in cities, often driven by industry and economic opportunity.

Ⓐ Urbanization is industrialization and new economic opportunities, caused by people concentrating in cities.
Ⓑ Urbanization is the rise of city populations, spurred by industrialization and economic prospects.

08 Symbiotic relationships occur when different species provide mutual benefits that enhance survival for all participating organisms.

Ⓐ When different species gain mutual benefits, they form symbiotic relationships that aid survival.
Ⓑ Enhanced survival of organisms creates mutual benefits, which then result in symbiotic relationships between species.

Daily Check-up

🔺 지문을 읽고 물음에 답하세요.

09 The brain is a vital organ made of many parts that work together. It controls thinking, memory, emotions, balance, and movement. The brain has two hemispheres: the left hemisphere is often linked to reasoning and language, while the right hemisphere is linked to creativity and spatial awareness. Both sides cooperate in daily tasks.

Q What is the right hemisphere associated with?
  Ⓐ Logical reasoning and language ability
  Ⓑ Creative thinking and spatial perception
  Ⓒ Balance and coordination

10 Marine mammals share the basic traits of all mammals but have adapted to survive in the ocean. They can stay underwater for long periods because their muscles store extra oxygen and their bodies contain more blood relative to size than land mammals. To stay warm, most rely on a thick layer of blubber, or fat, rather than on heavy fur, which is less effective in water.

Q How are marine mammals able to remain underwater for long periods of time?
  Ⓐ By breathing through special gills like fish
  Ⓑ By holding more oxygen and blood
  Ⓒ By using blubber as an additional source of oxygen

11 When the United States was founded in 1776, transportation was a serious challenge. The thirteen original states were located on the Atlantic coast, but crossing the Allegheny Mountains was extremely difficult. Settlers moving west found it hard to stay connected with the east. Canals were built but proved costly, while roads were hard to construct and often impassable in bad weather, making travel and communication unreliable.

Q Why was it difficult for settlers west of the Allegheny Mountains to stay connected with the East?
  Ⓐ The mountains lacked the resources settlers needed.
  Ⓑ Road construction was limited to the coastal area.
  Ⓒ Transportation and communication were not dependable.

12

Almost half of the world's population speaks an Indo-European language. This large language family developed mainly in regions of Europe and India. Despite differences among them, these languages share certain features. Similarities in vocabulary and grammar connect English, Spanish, Russian, Hindi, and many others, revealing their common historical roots.

Q What is one feature shared by Indo-European languages?
- Ⓐ Similar words and grammatical patterns
- Ⓑ The same pronunciation rules
- Ⓒ Identical writing systems

13

Bat wings are made of lengthened hand and arm bones covered by a thin skin membrane, which attaches near the ankle. The wings stretch across the bat's body. With strong muscles, a bat does not flap straight up and down like a bird. Instead, it moves forward in a swimming-like stroke, sometimes reaching 20 beats per second, and can also glide like a gull.

Q According to the passage, how do bats fly differently from birds?
- Ⓐ Bats use a forward swimming-like stroke.
- Ⓑ Bats flap only up and down.
- Ⓒ Bats lack powerful flight muscles.

14

At certain times of day or year, living things perform predictable actions: chickens lay eggs, people get sleepy, and trees lose leaves. Scientists explain these events with the idea of an "internal clock." This clock, present in all plants and animals, regulates behavior and biological changes. It responds to environmental signals such as light and darkness or heat and cold, ensuring that activities occur at the right time for survival.

Q What is an internal clock?
- Ⓐ A process that makes people fall asleep at night
- Ⓑ A biological system that controls timing in living things
- Ⓒ A calendar that records seasonal changes in nature

Daily Test

 지문을 읽고 물음에 답하세요.

[01-05]

Martian Weather

Martian weather is extremely harsh and quite different from Earth's. On Mars—often called the Red Planet—temperatures in fall and winter can drop to as low as −143°C, creating deadly conditions for any unprotected human. Even in spring and summer, temperatures can reach only about 18°C. However, Mars lacks a protective ozone layer, meaning that human skin could be severely damaged by direct exposure to the Sun's ultraviolet radiation.

Despite these differences, Mars and Earth do share a similarity: both have four seasons. However, Mars has a more elliptical orbit, which causes its seasons to be longer and uneven in length. Earth's orbit is nearly circular, so its seasons are more balanced, each lasting about three months and bringing familiar seasonal weather patterns.

Another major difference is the level and nature of storms. Mars is prone to massive dust storms that can last for weeks and cover the entire planet. While Earth experiences powerful rainstorms and flooding, Mars once had ancient floods so violent they broke through crater walls, sending water surging at over 160 kilometers per hour—far more powerful than typical floods on Earth.

01 Which of the following best states a main idea of the passage?
   Ⓐ Mars and Earth share identical seasonal weather patterns.
   Ⓑ Martian weather is harsh and differs greatly from Earth's.
   Ⓒ Human survival on Mars is impossible due to extreme temperatures.
   Ⓓ Earth's nearly circular orbit explains why its seasons are balanced.

02 What causes Martian seasons to be longer and uneven in length?
   Ⓐ Its thin atmosphere
   Ⓑ Its slower rotation speed
   Ⓒ Its highly elliptical orbit
   Ⓓ Its distance from the Sun

03 The word "prone" in the passage is closest in meaning to
   Ⓐ likely
   Ⓑ resistant
   Ⓒ protected
   Ⓓ prepared

04 What is one way Martian ancient floods differed from typical floods on Earth?
   Ⓐ They were caused by seasonal rainstorms.
   Ⓑ They advanced with extremely high speed and force.
   Ⓒ They were usually shorter and less destructive.
   Ⓓ They occurred regularly during dust storms.

05 What is indicated about dust storms on Mars?
   Ⓐ They are usually confined to the northern hemisphere.
   Ⓑ They produce heavy rainfall and erosion.
   Ⓒ They may continue for several weeks.
   Ⓓ They occur only during summer and fall.

Daily Test

[06-10]

Confirmation Bias

Confirmation bias is a cognitive tendency that affects how people interpret information and make choices. This bias leads individuals to favor evidence that aligns with their existing beliefs, while they dismiss or overlook details that challenge those views. As a result, confirmation bias can reinforce preconceived opinions and limit objectivity in various contexts.

A clear example of confirmation bias appears in the selection of news sources, showing how the bias affects everyday choices. People often choose outlets that reflect their own perspectives, absorbing articles and commentary that support what they already think. In contrast, they may ignore reports that offer opposing viewpoints or contradict their expectations. This selective information processing is not limited to media; it also influences decisions such as product purchases, where consumers focus on positive reviews and overlook negative feedback.

The influence of confirmation bias extends into professional and social spheres. For instance, during workplace discussions, individuals may seek agreement from colleagues who share similar outlooks rather than engage with dissenting opinions. Such patterns can shape not only personal judgments but also collective outcomes. Recognizing and actively challenging confirmation bias is essential for achieving more accurate, balanced decisions and cultivating effective problem-solving skills.

06 What is the passage mainly about?

Ⓐ How people make decisions based on intuition
Ⓑ A mental tendency that reinforces current beliefs
Ⓒ The role of media in shaping public opinion
Ⓓ Why workplace disagreements are common

07 The word "dismiss" in the passage is closest in meaning to

Ⓐ ignore
Ⓑ accept
Ⓒ expand
Ⓓ analyze

08 What is one way people are affected by confirmation bias when choosing news sources?

Ⓐ They often prefer outlets that match their existing views.
Ⓑ They regularly compare opposing news reports to stay objective.
Ⓒ They usually avoid reading commentary or opinion pieces.
Ⓓ They tend to rely only on international media outlets.

09 According to the passage, why is it important to recognize and challenge confirmation bias?

Ⓐ It allows people to become more confident in their opinions.
Ⓑ It increases agreement in workplace discussions.
Ⓒ It leads to more accurate decisions and objective problem solving.
Ⓓ It makes selective information processing easier.

10 How does confirmation bias affect consumer choices?

Ⓐ By causing people to buy products without reading any reviews
Ⓑ By leading consumers to focus on information that supports their intended purchases
Ⓒ By encouraging buyers to seek advice from experts before purchasing
Ⓓ By pushing people to always choose the cheapest option

정답·해석·해설 p.328

Day 15 일치/불일치 문제

01: 출제 경향

일치/불일치 문제는 지문에 제시된 정보와 보기가 서로 일치하는지 또는 일치하지 않는지를 묻는 문제입니다. 일치 문제의 경우 지문의 내용과 일치하는 보기를, 불일치 문제의 경우 지문의 내용과 일치하지 않는 보기를 선택해야 합니다. 이 유형은 한 지문당 보통 0~1문제가 출제됩니다.

02: 질문 형태

▌일치 문제

- What is indicated about ancient farmers?
  고대 농부들에 대해 명시된 것은?
- What is suggested in the passage about early maps?
  지문에서 초기 지도에 대해 제시된 것은?
- What does the passage indicate about global temperatures?
  지문이 전 세계 기온에 대해 명시하는 것은 무엇인가?
- What does the author suggest about the decline of Rome?
  글쓴이가 로마의 쇠퇴에 대해 제시하는 것은 무엇인가?

▌불일치 문제

- All of the following are true about plate tectonics EXCEPT:
  다음 중 판 구조론에 대해 사실이 아닌 것은?
- Which of the following is NOT mentioned in the passage as a purpose of cave paintings?
  다음 중 지문에서 동굴 벽화의 목적으로 언급되지 않은 것은?
- The passage mentions all of the following about early trade routes EXCEPT:
  다음 중 지문에서 초기 교역로에 대해 언급되지 않은 것은?

03: 핵심 전략

1. 질문을 읽고 핵심 어구를 파악한다.
지문 전체를 읽기 전에 질문을 먼저 읽고, 질문에서 묻는 핵심 어구(키워드)를 파악하면 지문에서 필요한 정보를 빠르게 찾아낼 수 있습니다.

Ex	질문	What is indicated about **the city of Brookhaven**?
		Brookhaven 시에 대해 명시된 것은?

→ 질문의 핵심 어구인 the city of Brookhaven을 미리 파악해 두면, 지문을 읽을 때 해당 정보(Brookhaven 시)가 언급된 부분을 빠르게 찾아, 관련된 정보를 정확히 확인할 수 있습니다.

2. 지문에서 핵심 어구가 언급된 부분을 찾아, 제대로 paraphrase한 보기를 고른다.
지문을 스캔하며 질문의 핵심 어구를 찾아 주변 문장을 집중적으로 확인합니다. 지문에 제시된 정보는 보기에서 그대로 제시되기도 하지만, 같은 의미의 다른 표현으로 바뀌어(paraphrase) 제시되는 경우도 많습니다. 따라서, 선택한 보기가 지문의 의미와 정확히 일치하는지 꼼꼼히 확인해야 합니다.

Ex	지문	**The city of Brookhaven**, for example, recently **added solar panels to the roofs of several schools**, which are expected to generate nearly 30 percent of the electricity those buildings use each year.
		예를 들어, Brookhaven 시는 최근 여러 학교의 지붕에 태양광 패널을 설치했으며, 이것들은 그 건물들이 매년 사용하는 전력의 거의 30퍼센트를 생산할 것으로 예상된다.
	정답	It **installed solar panels on school rooftops**.
		학교 지붕에 태양광 패널을 설치했다.

→ 먼저 질문의 핵심 어구인 The city of Brookhaven을 지문에서 찾습니다. 이 핵심 어구 주변에서 Brookhaven 시와 관련된 정보인 added solar panels to the roofs of several schools(여러 학교의 지붕에 태양광 패널을 설치했다)를 확인할 수 있습니다. 따라서 이 내용을 같은 의미로 바꿔 표현한 보기인 "It installed solar panels on school rooftops."(그것은 학교 옥상에 태양광 패널을 설치했다)가 정답이 됩니다.

지문에 제시된 정보		보기의 paraphrase
added	→	installed
roofs of several schools	→	school rooftops

3. 보기와 지문을 하나씩 대조하며 오답을 소거한다.
일치/불일치 문제는 보기를 지문 내용과 비교하면서 판단해야 합니다. 일치 문제에서는 지문의 진술과 일치하지 않는 보기를 소거하며 일치하는 보기를 선택하고, 불일치 문제에서는 지문의 진술과 일치하는 보기를 소거하며 불일치하거나 지문에서 언급되지 않았거나 다르게 표현한 지문의 내용과 보기를 선택합니다.

Example:

The Chameleon Goby

The chameleon goby is a small fish native to coastal regions of China, Korea, eastern Siberia, and Japan. During the 1950s, it was accidentally introduced into San Francisco Bay, where it successfully adapted to its new surroundings.

In its native waters, the goby usually nests inside the empty shells of oysters or clams. The female attaches a single layer of eggs to the smooth inner surface, and the male then guards them until they hatch. This behavior helps protect the developing young from predators.

San Francisco Bay, however, does not provide large oyster beds. Instead, the chameleon goby has adapted by using discarded cans, bottles, and other debris as substitutes for natural shells, ensuring its survival in an unfamiliar habitat.

핵심 어구가
언급된 부분

핵심어구

Q What is suggested about the chameleon goby in San Francisco Bay?

Ⓐ It primarily uses discarded objects as nesting sites.
Ⓑ It lays eggs in multiple layers on each shell.
Ⓒ It has eliminated native fish from the bay.
Ⓓ It builds nests in sandy areas near the shoreline.

해석

> **카멜레온 망둑어**
>
> 카멜레온 망둑어는 중국, 한국, 시베리아 동부, 일본의 연안 지역 토착의 작은 물고기이다. 1950년대에 우연히 샌프란시스코 만에 유입되었으며, 그곳의 새로운 환경에 성공적으로 적응했다.
>
> 본래의 바다에서 망둑어는 보통 굴이나 조개의 빈 껍데기 안에 둥지를 튼다. 암컷은 매끄러운 내부 표면에 한 층의 알을 붙이고, 수컷은 그것들이 부화할 때까지 지킨다. 이러한 행동은 자라는 새끼들을 포식자로부터 보호하는 데 도움이 된다.
>
> 그러나, 샌프란시스코 만에는 큰 굴 군락이 존재하지 않는다. 대신, 카멜레온 망둑어는 버려진 깡통, 병, 기타 잔해물을 자연 껍데기의 대체물로 사용하며, 낯선 서식지에서의 생존을 보장하고 있다.

Q 샌프란시스코 만의 카멜레온 망둑어에 대해 제시된 것은?
　Ⓐ 그것은 주로 버려진 물체를 산란지로 이용한다.
　Ⓑ 그것은 각각의 껍데기 안쪽에 여러 층의 알을 낳는다.
　Ⓒ 그것은 만에서 토착 어종을 사라지게 했다.
　Ⓓ 그것은 해안가 모래 바닥에 둥지를 짓는다.

정답 　Ⓐ

해설 **일치 문제**
카멜레온 망둑어는 보통 굴이나 조개의 빈 껍데기에 알을 낳지만, 샌프란시스코 만에서는 버려진 물체를 대체물로 사용한다고 했으므로 Ⓐ가 정답입니다.

Ⓑ는 지문의 내용과 일치하지 않으므로 오답입니다. Ⓒ와 Ⓓ는 지문에서 언급되지 않았으므로 오답입니다.

● 단어 및 표현 ●

native[néitiv] 토착의, 본래의　accidentally[æ̀ksidéntəli] 우연히, 뜻하지 않게　introduce[ìntrədjúːs] 유입하다, 들여오다
adapt to ~에 적응하다　surroundings[səráundiŋz] 환경　oyster[ɔ́istər] 굴　clam[klæm] 조개　hatch[hætʃ] 부화하다
predator[prédətər] 포식자　discarded[diskáːrdid] 버려진　substitute[sʌ́bstətjùːt] 대체물　ensure[inʃúər] 보장하다, 확보하다
habitat[hǽbitæt] 서식지

Daily Check-up

🔺 주어진 문장과 가장 가까운 의미를 만드는 것을 고르세요.

01 The Silk Road connected Asia, the Middle East, and Europe, allowing trade and cultural exchange.

Ⓐ The Silk Road linked distant regions, supporting trade and the sharing of culture.
Ⓑ Trade and cultural exchange between Asia, the Middle East, and Europe caused the creation of the Silk Road.

02 Anthropology studies human cultures and societies across time and space, examining how social practices and beliefs vary among different groups.

Ⓐ Differences in social practices and beliefs over time and space have caused the development of anthropology as a field.
Ⓑ By exploring variations in social practices and beliefs, anthropology examines human cultures and societies across time and space.

03 Stars are born in clouds of gas and dust, where gravity pulls the material together until nuclear fusion begins.

Ⓐ The start of nuclear fusion produces gravity, which then pulls gas and dust together to form stars.
Ⓑ In clouds of gas and dust, gravity gathers material that eventually ignites nuclear fusion to form stars.

04 Ancient civilizations developed complex irrigation systems to ensure consistent crop production throughout the year.

Ⓐ To secure steady harvests year-round, complex irrigation systems were built by ancient civilizations.
Ⓑ Consistent crop production throughout the year led ancient civilizations to emerge after irrigation systems developed.

05 The paradox of choice suggests that having too many options can actually decrease satisfaction.

ⓐ The paradox of choice shows that people are always happier when they have more choices.
ⓑ According to the paradox of choice, an excess of options may lower people's happiness.

06 Renewable energy sources like solar and wind power offer sustainable alternatives to fossil fuels while reducing greenhouse gas emissions significantly.

ⓐ Sustainable alternatives to fossil fuels, such as solar and wind power, help cut greenhouse gas emissions considerably.
ⓑ Reduced greenhouse gas emissions are the main reason renewable sources like solar and wind have replaced fossil fuels.

07 Shakespeare's plays are admired for their exploration of human emotions and universal themes.

ⓐ The plays of Shakespeare are praised for capturing the range of human emotions and addressing themes that remain relevant across ages.
ⓑ Human emotions and universal themes became widely explored in renowned plays by Shakespeare.

08 Water is essential for life as we know it, so finding water on other planets is a crucial step in the search for extraterrestrial life.

ⓐ Scientists believe extraterrestrial life can exist without any form of water.
ⓑ Because water is vital for living things, discovering it elsewhere is key to finding alien life.

Daily Check-up

🌲 지문을 읽고 물음에 답하세요.

09 After 400 AD, the Egyptian language was written with the Greek alphabet, plus extra letters for sounds not found in Greek. This form became known as Coptic. Over time, however, Coptic was replaced by Arabic, now the language of Egypt. Eventually, Coptic as a written language disappeared, while hieroglyphics, the ancient system of pictorial symbols, survived as a record of Egypt's past.

Q What is indicated in the passage about the Coptic language?
   Ⓐ It used the Greek alphabet with added letters.
   Ⓑ It fully replaced Arabic as the main language of Egypt.
   Ⓒ It used pictorial symbols instead of alphabetic letters.

10 Louis-Jacques-Mandé Daguerre is credited with discovering the first photographic process in France in 1839. He had worked with Joseph-Nicéphore Niépce, who began experiments earlier. The two formed a partnership in 1827 to create a practical process, but after Niépce's death in 1833, Daguerre continued and introduced the daguerreotype. Daguerreotypes quickly became popular and were widely used from 1839 until about 1860, marking an early era of photography.

Q What is suggested about daguerreotypes?
   Ⓐ They were developed by Daguerre alone.
   Ⓑ They were quickly adopted after their introduction.
   Ⓒ They remained popular throughout the entire nineteenth century.

11 The making of colored glass can be traced back to the ancient world, with many examples surviving from both the Romans and the Egyptians. By the third and fourth centuries, Christian cathedrals, although few in number, began to be decorated with thin pieces of colored glass. However, during the medieval period, stained glass windows reached their height, created with increasingly complex designs. Over time, they developed into an elaborate and colorful art form.

Q What is suggested in the passage about stained glass during the medieval period?
   Ⓐ It declined in popularity compared with earlier centuries.
   Ⓑ It developed into a more sophisticated artistic form.
   Ⓒ Its use in churches declined sharply over time.

12

The mantle, located directly beneath Earth's crust, is about 2,900 kilometers thick and contains most of the planet's mass. Its upper region is solid, but deeper sections are heated enough to behave like a liquid. High pressure prevents the rock from fully melting, and instead it becomes "plastic," able to flow at temperatures above 1,000°C. This plastic material is composed mainly of compounds containing iron and magnesium.

Q Which of the following is NOT mentioned as a characteristic of the mantle?

Ⓐ It lies directly beneath Earth's crust.
Ⓑ It contains compounds of iron and magnesium.
Ⓒ It melts completely into liquid rock at great depths.

13

When two people engage in conversation, they usually maintain a certain personal distance. This distance is not caused by body odor or disrespect but results from an invisible boundary that reflects the level of intimacy in the relationship. Interestingly, average personal distance differs across cultures. For example, North Americans generally prefer more personal space than people in many other parts of the world.

Q All of the following are true about personal distance EXCEPT:

Ⓐ It is influenced by cultural differences.
Ⓑ It is caused by body odor or disrespect.
Ⓒ North Americans tend to require more space than others.

14

Although the origins and development of the fresco remain uncertain, evidence of it dates back to the Minoan civilization of Crete in the second millennium BC. The tradition continued through the Greek, Roman, and Byzantine Empires. While few Greek frescoes survive, numerous Roman examples have been found in Herculaneum and Pompeii. Between AD 250 and 400, early Christians also decorated Roman catacombs with simple frescoes.

Q All of the following are true about frescoes EXCEPT:

Ⓐ Their use can be traced back as far as the Minoan civilization.
Ⓑ Early Christians used frescoes to decorate catacombs in Rome.
Ⓒ A large number of original Greek frescoes are still preserved today.

Daily Test

 지문을 읽고 물음에 답하세요.

[01-05]

The Influence of Impressionism

Impressionism marked a pivotal shift in the history of Western art during the late nineteenth century. Emerging in France in the 1860s, Impressionist artists sought to capture fleeting moments and the changing qualities of light, rather than meticulously depicting objects as traditional painters did. This emphasis on immediate visual impressions contrasted sharply with earlier conventions, which prioritized precision and strict realism.

One notable example of an Impressionist work is Claude Monet's *Impression, Sunrise*, painted in 1872. The painting demonstrates loose, visible brushwork and vibrant colors, illustrating how Impressionists conveyed mood and atmosphere rather than exact form. Unlike many artists before them, they frequently painted outdoors, a practice known as plein air painting, which enabled them to observe and depict natural light directly. This approach set Impressionism apart from established methods and paved the way for later movements such as Post-Impressionism and Modernism.

The reception of Impressionist art was initially divided. Many critics dismissed it as unfinished or careless, while others gradually recognized its freshness and originality. Over time, the movement gained widespread acceptance and profoundly influenced both artistic techniques and public taste. Today, Impressionism is celebrated for its innovation and for transforming the direction of modern visual art.

01 The word "pivotal" in the passage is closest in meaning to
   Ⓐ unexpected
   Ⓑ difficult
   Ⓒ temporary
   Ⓓ very important

02 All of the following are true about Impressionism EXCEPT:
   Ⓐ It encouraged artists to paint outdoors.
   Ⓑ It focused on capturing shifting effects of light.
   Ⓒ It prioritized detailed depiction.
   Ⓓ It influenced later movements in art.

03 What is indicated about Claude Monet's *Impression, Sunrise*?
   Ⓐ It carefully imitates the appearance of real objects.
   Ⓑ It uses visible brushstrokes and bright colors.
   Ⓒ It was painted entirely in a studio using artificial lighting.
   Ⓓ It was not well known during Monet's lifetime.

04 How did Impressionism differ from earlier artistic traditions?
   Ⓐ It emphasized visual impressions rather than exact realism.
   Ⓑ It used darker colors to achieve clarity.
   Ⓒ It avoided outdoor scenes in favor of portraits.
   Ⓓ It focused mainly on religious symbolism.

05 What is suggested about the critics who first reviewed Impressionist art?
   Ⓐ They helped name the movement through favorable reviews.
   Ⓑ They immediately recognized the originality of the paintings.
   Ⓒ They often dismissed the paintings as incomplete or poorly executed.
   Ⓓ They rejected Impressionism because it focused too much on realism.

Daily Test

[06-10]

Artificial Reefs

Artificial reefs are introduced into aquatic environments to increase fish populations, protect habitats, and expand recreational fishing. Supporters argue that reefs boost fish production by attracting young fish, but many studies have not confirmed whether they actually increase populations or simply concentrate fish in one place.

In 1999, an artificial reef was built in Lake Michigan, south of Chicago, to improve smallmouth bass fishing. Researchers continue to monitor the site to see if it only attracts bass or also supports reproduction. This distinction is important. If the reef draws fish without aiding reproduction, the overall population could decline. If it enhances reproduction and survival, the added fish could offset harvests and help stabilize the species.

The debate extends worldwide. Similar projects raise questions about ecological balance and sustainability. While artificial reefs clearly improve fishing opportunities and provide new habitats, most studies suggest they mainly attract existing fish rather than create new populations. Scientists stress careful evaluation to determine whether such structures promote true population growth or merely redistribution, a key issue for responsible fishery management.

06 What is the passage mainly about?

Ⓐ The benefits of recreational fishing in marine ecosystems

Ⓑ The purpose and effectiveness of artificial reefs

Ⓒ The influence of pollution on fish populations in artificial habitats

Ⓓ The history of artificial reef construction around the world

07 Which of the following is NOT mentioned as a motive for adding artificial reefs?

Ⓐ To increase fish supply

Ⓑ To safeguard marine environments

Ⓒ To improve research methods of studying fish

Ⓓ To expand opportunities for recreational fishing

08 According to the passage, all of the following are true about artificial reefs EXCEPT:

Ⓐ They raise questions about ecological balance and sustainability.

Ⓑ They can provide new habitats for aquatic life.

Ⓒ They ensure the creation of entirely new populations.

Ⓓ Their impact is debated worldwide.

09 The word "offset" in the passage is closest in meaning to

Ⓐ supply

Ⓑ improve

Ⓒ reduce

Ⓓ counteract

10 What is suggested about the artificial reef built in Lake Michigan?

Ⓐ It was designed mainly to support marine ecosystems.

Ⓑ Its impact on increasing fish reproduction is still being studied.

Ⓒ It immediately increased the number of smallmouth bass.

Ⓓ It replaced natural reefs destroyed by human activity.

정답·해석·해설 p.333

Day 16 어휘 문제

01: 출제 경향

어휘 문제는 지문에서 음영으로 표시된 단어 및 어구의 의미를 문맥 속에서 파악하여 동의어를 고르는 문제입니다. 각 어휘는 여러 의미를 가질 수 있으므로, 문맥에 맞는 의미를 파악한 뒤 그것과 가장 유사한 어휘를 선택해야 합니다. 이 유형은 한 지문당 보통 1문제가 출제됩니다.

02: 질문 형태

▌단어의 문맥상 동의어를 묻는 질문
- The word "prevalent" in the passage is closest in meaning to
  지문의 단어 "prevalent"와 의미상 가장 유사한 것은?

▌어구의 문맥상 동의어를 묻는 질문
- The phrase "engage in" in the passage is closest in meaning to
  지문의 어구 "engage in"과 의미상 가장 유사한 것은?

03: 핵심 전략

1. 보기에서 어휘의 동의어를 찾는다.

먼저 4개의 보기 중에서 질문에 제시된 어휘와 의미가 가장 가까운 단어를 찾습니다. 이 단계에서는 문맥보다 기본적인 어휘의 의미, 즉, 사전적 의미에 집중합니다.

> **Ex**
> The word "abundant" in the sentence is closest in meaning to
> 지문의 단어 "abundant"와 의미상 가장 유사한 것은?
> Ⓐ scarce 드문, 부족한
> Ⓑ plentiful 풍부한
> Ⓒ strong 강한
> Ⓓ empty 비어 있는

→ 어휘 abundant는 '풍부한, 많은'이라는 뜻으로, 보기 중 plentiful(풍부한)과 의미가 가장 가까우므로 이것을 선택합니다.

2. 선택한 보기를 어휘 자리에 넣어, 문맥이 자연스러운지 확인한다.

동의어로 선택한 보기를 원래 어휘 자리에 넣어 전체 문장을 읽어 보아, 문맥이 자연스럽게 이어지는지 확인합니다. 만약 어색하다면 다른 보기를 다시 검토해야 합니다.

> **Ex** 지문
> Scientists observed that the plant grew rapidly in areas with abundant sunlight. 과학자들은 식물이 햇빛이 풍부한 지역에서 빠르게 자란다는 것을 관찰했다.

→ 선택한 plentiful을 원래 어휘인 abundant 자리에 넣으면 Scientists observed that the plant grew rapidly in areas with plentiful sunlight.(과학자들은 식물이 햇빛이 풍부한 지역에서 빠르게 자란다는 것을 관찰했다)는 의미가 되어 문맥상 자연스럽습니다. 따라서 plentiful이 정답이 됩니다.

3. 다음과 같은 오답 유형에 주의한다.

- 의미가 유사하지만 문맥상 어색한 단어
- 반의어
- 문맥상 전혀 관련 없는 단어

Example:

The Origins of the Braille System

In the early 1800s, the French army designed a code of raised dots to send secret messages during the night. This system allowed soldiers to communicate without the need for light or sound, making it especially useful in dangerous situations.

A young French student named Louis Braille became fascinated by this idea. Although the code was meant for military use, he recognized its greater potential. Braille saw that raised dots could be applied to a completely different purpose beyond the battlefield.

선택한 보기를 넣어 문맥 확인

By simplifying and adapting the dot patterns, Braille created a new system of reading and writing for people who were blind. Over time, this method spread worldwide and is still used today as the Braille system.

Q The word "potential" in the passage is closest in meaning to

예상되는 동의어

Ⓐ possibility
Ⓑ certainty
Ⓒ weakness
Ⓓ limitation

해석

점자 체계의 기원

1800년대 초, 프랑스 군대는 밤에 비밀 메시지를 전달하기 위해 돌출된 점으로 된 암호를 고안했다. 이 체계는 빛이나 소리를 사용하지 않고도 병사들이 의사소통할 수 있게 해주었으며, 위험한 상황에서 특히 유용했다.

Louis Braille이라는 한 젊은 프랑스 학생은 이 생각에 매료되었다. 비록 그 암호는 군사적 용도로 만들어졌지만, 그는 그것의 더 큰 가능성을 알아보았다. Braille는 돌출된 점들이 전장에서뿐만 아니라 완전히 다른 용도에도 활용될 수 있음을 깨달았다.

점 패턴을 단순화하고 응용하여 Braille은 시각장애인을 위한 새로운 읽기와 쓰기 체계를 만들었다. 시간이 흐르면서, 이 방식은 전 세계로 퍼졌고, 오늘날까지 점자 체계로 사용되고 있다.

Q 지문의 단어 "potential"과 의미상 가장 유사한 것은?
Ⓐ 가능성
Ⓑ 확실성
Ⓒ 약점
Ⓓ 한계

정답 Ⓐ

해설 **어휘 문제**

potential(가능성, 잠재력)의 동의어인 possibility(가능성)을 지문에 넣으면 Louis Braille가 점자 체계의 더 큰 가능성을 알아보았다는 의미가 되어 문맥상 자연스럽습니다. 따라서 Ⓐ가 정답입니다.

Ⓑ certainty는 '확실성', Ⓒ weakness는 '약점', Ⓓ limitation은 '한계'라는 의미로 오답입니다.

● 단어 및 표현 ●

origin[ɔ́:rədʒin] 기원, 시작　**Braille system** 점자 체계　**raised**[reizd] 돌출된　**communicate**[kəmjú:nəkèit] 의사소통하다
fascinated[fǽsənèitid] 매료된　**recognize**[rékəgnàiz] 알아보다, 깨닫다　**potential**[pəténʃəl] 잠재력　**apply**[əplái] 활용하다, 적용하다
completely[kəmplí:tli] 완전히　**purpose**[pə́:rpəs] 용도, 목적　**battlefield**[bǽtəlfìld] 전장　**simplify**[símpləfài] 단순화하다
adapt[ədǽpt] 응용하다, 조정하다　**blind**[blaind] 시각장애의

Daily Check-up

🔺 음영으로 표시된 단어의 동의어를 고르세요.

01 The medicine proved to be highly effective in reducing the patient's symptoms.

Ⓐ successful
Ⓑ prominent
Ⓒ regular

02 During the debate, each student tried to justify their opinion with strong evidence.

Ⓐ support
Ⓑ criticize
Ⓒ reject

03 To reduce environmental pollution, the new policy will restrict the use of plastic bags in supermarkets beginning next year.

Ⓐ limit
Ⓑ encourage
Ⓒ protect

04 Recognizing the urgent need for better facilities, the government promised to allocate more funds to public education programs.

Ⓐ withdraw
Ⓑ distribute
Ⓒ conceal

05 Although the article was long, the student gave a very concise summary that included only the main points.

Ⓐ brief
Ⓑ confusing
Ⓒ elaborate

06 After weeks of training, the athlete finally showed remarkable improvement in her performance.

Ⓐ ordinary
Ⓑ noticeable
Ⓒ doubtful

07 Car sales are likely to shrink by 10 to 20 percent this year because of the continued economic slump.

Ⓐ decrease
Ⓑ fluctuate
Ⓒ expand

08 The scientist carefully compiled data from various experiments over a five-year period in order to identify consistent patterns.

Ⓐ scattered
Ⓑ gathered
Ⓒ divided

09 The writer's style is very distinct, making his books easy to recognize.

Ⓐ vague
Ⓑ common
Ⓒ unique

10 The new regulations are intended to facilitate international trade by reducing tariffs.

Ⓐ hinder
Ⓑ promote
Ⓒ ignore

Daily Check-up

 지문을 읽고 물음에 답하세요.

11 Insects are crucial to the survival of life on Earth. They pollinate flowers, allowing plants to reproduce and grow. Without insects, many plants would die, since they would lack an effective way to spread seeds and continue their life cycles. This interdependence highlights the vital role insects play in ecosystems.

Q The word "crucial" in the passage is closest in meaning to
 Ⓐ optional
 Ⓑ essential
 Ⓒ harmful

12 Early humans observed the regular movements of the sun, moon, and stars to measure time. The rising and setting of the sun marked day and night, while lunar cycles guided months. Over time, however, people required more precise methods. This need for accuracy led to the development of calendars, sundials, and eventually mechanical clocks.

Q The word "precise" in the passage is closest in meaning to
 Ⓐ exact
 Ⓑ simple
 Ⓒ common

13 The paintings, books, posters, and music transcriptions produced during New Deal arts project are more than simple records of an emergency work program. They represent a vibrant cultural movement that gave thousands of artists opportunities during the Great Depression. By recording the struggles and hopes of ordinary Americans, these works became lasting artistic contributions that continue to shape the nation's cultural identity.

Q The word "vibrant" in the passage is closest in meaning to
 Ⓐ fragile
 Ⓑ temporary
 Ⓒ lively

14

In the late 1800s, Native American tribes faced the loss of land and traditional life. Out of this crisis, the Ghost Dance movement emerged. It expressed despair at present hardships yet carried enduring hope for renewal. Followers believed the sacred dance would restore the buffalo, revive ancestral customs, and free them from outside control.

Q The word "despair" in the passage is closest in meaning to

Ⓐ hopelessness
Ⓑ anger
Ⓒ excitement

15

In many desert regions, the landscape appears arid and barren, with little vegetation and no visible surface water. Animals that survive in such environments have developed remarkable adaptations, such as the ability to store water in their bodies or stay active only at night. These strategies allow life to persist even under extreme heat and scarce resources.

Q The word "arid" in the passage is closest in meaning to

Ⓐ empty
Ⓑ mild
Ⓒ dry

16

The cleaner wrasse is a small tropical fish that helps larger fish by picking parasites off their skin. When a client fish swims up, the wrasse sets up cleaning stations on coral reefs. Studies show that these fish can carry out complex social behaviors, including recognizing individual partners and avoiding cheating.

Q The phrase "carry out" in the passage is closest in meaning to

Ⓐ abandon
Ⓑ perform
Ⓒ hide

Daily Test

 지문을 읽고 물음에 답하세요.

[01-05]

The Influence of Motivation on Learning

Motivation is widely regarded as a central factor in learning and personal achievement. Psychologists often distinguish between intrinsic motivation, which comes from genuine interest in a task, and extrinsic motivation, which is based on external rewards such as grades, money, or praise. These two forms of motivation shape how individuals approach challenges and determine how long they persist when tasks become difficult. Intrinsic motivation is associated with curiosity, creativity, and resilience, while extrinsic motivation can provide useful support for tasks that are routine or initially unappealing.

For example, students who read simply for enjoyment usually develop stronger language skills and maintain a lifelong habit of learning. By contrast, students who study primarily to earn high grades may achieve short-term success but often lose interest once the external incentive is removed.

Studies suggest that teachers can encourage intrinsic motivation by giving students choices, linking tasks to their personal lives, and offering feedback that emphasizes progress and competence. In comparison, environments that depend too much on external rewards may weaken creativity and deter risk-taking. Balancing both types of motivation appears to be most effective for supporting long-term growth and achievement.

01 What is the passage mainly about?
  Ⓐ The distinction between intrinsic and extrinsic motivation in early education
  Ⓑ How different types of motivation affect learning outcomes and persistence
  Ⓒ Why students who read for enjoyment develop stronger language skills
  Ⓓ Teaching strategies that can effectively encourage student motivation and creativity

02 The word "intrinsic" in the first paragraph is closest in meaning to
  Ⓐ distant
  Ⓑ extreme
  Ⓒ temporary
  Ⓓ internal

03 The word "persist" in the passage is closest in meaning to
  Ⓐ continue
  Ⓑ prepare
  Ⓒ succeed
  Ⓓ improve

04 The word "deter" in the passage is closest in meaning to
  Ⓐ allow
  Ⓑ promote
  Ⓒ discourage
  Ⓓ admire

05 According to the passage, all of the following are true about intrinsic motivation EXCEPT:
  Ⓐ It is associated with creativity.
  Ⓑ It comes from genuine interest in a task.
  Ⓒ It helps students maintain lifelong learning habits.
  Ⓓ It requires external rewards to be effective.

Daily Test

[06-10]

Vaccines and the Immune System

Vaccines are one of the most effective tools in modern medicine because they train the immune system to recognize and fight harmful pathogens. When a person receives a vaccine, harmless parts of a virus or bacterium—such as weakened or inactivated fragments—are introduced into the body. These components are not strong enough to cause illness, but they stimulate the immune system to produce antibodies, which act as protective proteins that target and neutralize invading microbes.

The benefit appears when the person later encounters the actual pathogen. Because the immune system has already "learned" how to recognize the threat, it can react much more quickly and effectively. This rapid response often prevents infection altogether, or at least reduces the severity of symptoms.

Over the past century, vaccination has helped control or even eliminate dangerous diseases. For example, smallpox was completely eradicated through global immunization campaigns, while polio has been reduced to only a few cases worldwide. Beyond individual protection, vaccines also provide community-wide benefits. When large numbers of people are immunized, outbreaks become less likely, a phenomenon known as herd immunity. This protects vulnerable groups such as infants, the elderly, and those with compromised immune systems.

06 What is the passage mainly about?
   Ⓐ How vaccines protect people from diseases
   Ⓑ The discovery of smallpox and polio vaccines
   Ⓒ The history of vaccination campaigns against dangerous diseases worldwide
   Ⓓ The process of antibody production in immune responses

07 The word "fragments" in the first paragraph is closest in meaning to
   Ⓐ symptoms
   Ⓑ tools
   Ⓒ pieces
   Ⓓ diseases

08 The word "eradicated" in the passage is closest in meaning to
   Ⓐ discouraged
   Ⓑ eliminated
   Ⓒ discovered
   Ⓓ studied

09 The word "vulnerable" in the passage is closest in meaning to
   Ⓐ resistant
   Ⓑ healthy
   Ⓒ weak
   Ⓓ common

10 All of the following are mentioned as benefits of vaccines EXCEPT:
   Ⓐ preventing infection
   Ⓑ reducing symptom severity
   Ⓒ restoring compromised immune systems
   Ⓓ helping control dangerous diseases

Day 17 수사적 의도 문제

01: 출제 경향

수사적 의도 문제는 글쓴이가 지문에서 특정 단어/어구, 문장, 또는 단락을 어떠한 의도와 목적으로 사용했는지 묻는 문제입니다. 따라서 단순히 의미를 이해하는 것을 넘어, 그 요소가 지문 전개에서 어떤 기능(설명, 예시, 강조, 비교 등)을 하는지를 파악해야 합니다. 이 유형은 한 지문당 보통 1~2문제가 출제됩니다.

02: 질문 형태

▍특정 단어/어구를 언급한 의도를 묻는 질문

- Why does the author mention the human brain in the passage?
  글쓴이는 왜 지문에서 인간의 뇌를 언급하는가?

- What is the author's purpose in mentioning the speed of light?
  글쓴이가 빛의 속도를 언급한 목적은 무엇인가?

▍단락 간의 관계 또는 특정 단락의 역할을 묻는 질문

- What is the relationship between paragraphs 2 and 3?
  2단락과 3단락의 관계는 무엇인가?

- What is the purpose of the first/second/third paragraph?
  첫번째/두번째/세번째 단락의 목적은 무엇인가?

▍특정 문장을 클릭하도록 요구하는 질문

- Click on the sentence in paragraph 3 that identifies innovations introduced by the printing press.
  3단락에서 인쇄기가 가져온 혁신을 설명하는 문장을 클릭하시오.

03: 핵심 전략

1. 질문에서 묻는 요소를 지문에서 찾아, 해당 요소가 쓰인 수사적 의도를 파악한다.

질문에서 제시된 특정 단어, 어구가 언급된 부분을 지문에서 찾아 그 앞뒤 전개 방식을 살펴봅니다. 이를 통해 해당 요소가 지문 전체에서 어떤 수사적 의도(설명, 예시, 강조, 비교 등)로 쓰였는지 파악합니다. 단락의 기능이나 단락 간의 관계를 묻는 문제의 경우, 지문 전체의 흐름 속 역할을 기준으로 판단합니다.

> **Ex**
>
> **지문** Coral reefs are often called the rainforests of the sea because of their remarkable biodiversity. They provide habitats for countless marine species and protect coastlines from erosion.
> 산호초는 그것들의 놀라운 생물 다양성 때문에 종종 바다의 열대우림이라고 불린다. 그것들은 수많은 해양 종들에게 서식지를 제공하며 해안선을 침식으로부터 보호한다.
>
> **질문** Why does the author mention **"rainforests of the sea"**?
> 글쓴이는 왜 "바다의 열대우림"을 언급하는가?
>
> **정답** To emphasize their rich biodiversity and ecological importance
> 산호초의 풍부한 생물 다양성과 생태학적 중요성을 강조하기 위해서

→ 질문에서 묻는 요소인 "rainforests of the sea"를 지문에서 찾아 그 앞뒤 전개 방식을 살펴보면 이 어구는 산호초를 열대우림에 비유하여 '산호초가 바다 생태계에서 차지하는 생태적 중요성과 생물 다양성이 매우 풍부하다는 점'을 강조하기 위한 의도로 사용되었다는 것을 파악할 수 있습니다.

2. 파악한 수사적 의도와 가장 일치하는 보기를 선택한다.

지문에서 파악한 수사적 의도를 가장 잘 표현한 보기를 선택합니다. 수사적 의도를 나타내는 보기로는 다음과 같은 표현이 자주 출제됩니다.

설명/소개	explain, describe, introduce	예시	illustrate, provide an example
강조	emphasize, highlight	주장	argue, suggest, indicate
증명	prove, provide evidence	비판/반박	criticize, challenge
비교	compare, contrast	해결책 제시	present a solution

3. 다음과 같은 오답 유형에 주의한다.

- 수사적 기능과 일치하지 않는 보기
- 지문의 내용과 일치하지 않는 보기

Example:

How Humans Experience Flavor

The tongue is a muscular organ found on the floor of the mouth. It is covered with tiny bumps and taste buds that enable people to recognize four basic flavors: bitter, salty, sweet, and sour. These sensations give us important information about the foods we eat.

Yet taste is not created by the tongue alone. The majority of what people describe as flavor actually comes from the sense of smell. When odor molecules travel to receptors in the nose, they combine with taste signals to form a fuller experience of food.

This connection explains why food often tastes bland when someone has a stuffy nose. It demonstrates that the enjoyment of flavor depends on multiple senses working together.

지문에서 해당 요소의 수사적 의도 파악

질문에서 묻는 요소

Q   Why does the author mention "sense of smell" in the passage?

   Ⓐ To suggest that the tongue creates all flavors
   Ⓑ To explain that taste involves organs beyond the tongue
   Ⓒ To separate the four flavors from other senses
   Ⓓ To claim that smell and taste are unrelated

해석

인간이 맛을 느끼는 방법

혀는 입의 바닥에 위치한 근육 기관이다. 그것은 사람들이 쓴맛, 짠맛, 단맛, 신맛의 네 가지 기본 맛을 인식할 수 있게 하는 작은 돌기와 미뢰로 덮여있다. 이러한 감각은 우리가 먹는 음식에 대한 중요한 정보를 알려준다.

그러나 맛은 혀만으로 만들어지지 않는다. 사람들이 풍미라고 묘사하는 것의 대부분은 실제로 후각에서 비롯된다. 냄새 분자가 코의 수용체에 도달하면, 이는 맛의 신호와 결합하여 더 풍부한 음식 경험을 형성한다.

이러한 연결성은 사람이 코가 막혔을 때 음식이 싱겁게 느껴지는 이유를 설명한다. 이는 풍미의 즐거움이 함께 작용하는 여러 감각에 의존한다는 것을 보여 준다.

Q 글쓴이는 왜 지문에서 "후각"을 언급하는가?
  Ⓐ 혀가 모든 맛을 만들어낸다고 제안하기 위해
  Ⓑ 맛이 혀 이외의 기관도 관련이 있다는 것을 설명하기 위해
  Ⓒ 네 가지 맛을 다른 감각들과 분리하기 위해
  Ⓓ 후각과 미각이 관련이 없다고 주장하기 위해

정답   Ⓑ

해설   **수사적 의도 문제**

지문에서 sense of smell의 앞뒤 문맥을 살펴보면, 맛은 혀 외에도 후각에 의존한다고 설명합니다. 따라서 sense of smell은 맛이 혀 이외의 기관, 즉 후각도 관련이 있다는 것을 설명하기 위해 언급된 것임을 알 수 있으므로 Ⓑ가 정답입니다.

Ⓐ와 Ⓒ는 수사적 의도와 일치하지 않으므로 오답입니다. Ⓓ는 지문의 내용과 일치하지 않으므로 오답입니다.

● 단어 및 표현 ●

muscular[mʌ́skjulur] 근육의, 근육으로 된   organ[ɔ́:rgən] 기관   bump[bʌmp] 돌기, 돌출부   taste bud 미뢰
recognize[rékəgnàiz] 인식하다   bitter[bítər] (맛이) 쓴   sour[sáuər] (맛이) 신   sensation[senséiʃən] 감각   actually[ǽktʃuəli] 실제로
sense of smell 후각   odor[óudər] 냄새, 향기   molecule[má:ləkjù:l] 분자   receptor[riséptər] 수용체
bland[blænd] 싱거운, 특별한 맛이 없는   stuffy[stʌ́fi] 코가 막힌, 답답한   demonstrate[démənstrèit] 보여주다, 증명하다
multiple[mʌ́ltipəl] 여러 가지의, 복합적인

Daily Check-up

 지문을 읽고 물음에 답하세요.

01 Controlling fire for heat and light was one of humankind's earliest and most important achievements. Fire allowed people to cook, stay warm, and protect themselves at night. Yet its self-sustaining nature also makes it extremely dangerous when out of control. A single accident, such as dropping a cigarette, can cause a destructive blaze. For this reason, fire is often described as both humanity's greatest friend and its most terrifying enemy.

Q Why does the author mention "greatest friend"?
　Ⓐ To explain why humans once feared fire
　Ⓑ To describe the beneficial impact of fire on human life
　Ⓒ To suggest that fire is safer today than in the past

02 Frogs have evolved to live in a remarkable variety of climates. While they thrive in warm, moist, tropical regions, frogs also survive in deserts and on 15,000-foot mountain slopes. One desert species, the Australian Water-holding Frog, can wait up to seven years for rain. It burrows underground and forms a cocoon from its shed skin to conserve moisture.

Q Why does the author mention 15,000-foot mountain slopes?
　Ⓐ To contrast different kinds of frogs according to their habitats
　Ⓑ To show that frogs prefer high mountain areas
　Ⓒ To give an example of an extreme condition where frogs can survive

03 Earth is surrounded by a layer of air called the atmosphere, which extends more than 560 kilometers above the surface. Early efforts to study the atmosphere were very simple. People relied on observations of weather phenomena, such as colorful sunsets, sunrises, and the twinkling of stars. Today, with the help of sensitive instruments in space, scientists have gained a much clearer understanding of how the atmosphere works.

Q Why does the author mention "colorful sunsets, sunrises, and the twinkling of stars"?
　Ⓐ To show how people in the past studied the atmosphere
　Ⓑ To illustrate how scientific methods for studying the atmosphere have improved
　Ⓒ To explain how light behaves in the Earth's atmosphere

04

The National Endowment for the Arts (NEA) influences nearly all Americans by making arts widely accessible. Since its founding, the NEA has awarded more than 100,000 grants. Each year, through the Federal-State partnership, over 19 million children benefit from art education. Programs such as Elders Share the Arts in Brooklyn serve older and disabled citizens, while initiatives in rural areas encourage residents to learn about and enjoy the arts.

Q What is the main purpose of the paragraph?

Ⓐ It argues that art education is more important than other subjects.
Ⓑ It explains why the NEA mainly supports rural communities.
Ⓒ It describes how the NEA broadens access to the arts.

05

The circulation of water, known as the water cycle, includes several connected steps. First, the Sun heats ocean water, causing it to evaporate and rise into the atmosphere. Winds move these clouds toward land. When the clouds become too large or enter cooler regions, they release rain. The rainwater becomes groundwater or surface water, forming springs, streams, and rivers. Eventually, this water flows back into the ocean, completing the cycle.

Q What is the main purpose of the paragraph?

Ⓐ It shows how groundwater differs from surface water.
Ⓑ It describes the role of oceans in shaping climate.
Ⓒ It explains the steps of the water cycle.

06

Alloys, mixtures of two or more metals, are often more useful than pure metals. Aluminum is light but too weak to build airplanes unless combined with other metals. Gold is usually mixed with copper to create jewelry that is harder and more durable. Bronze, a reddish-brown alloy of tin and copper, is stronger than either metal alone and was widely used for tools and weapons thousands of years ago.

Q What is the main purpose of the paragraph?

Ⓐ It explains why alloys are often more useful than pure metals.
Ⓑ It describes the process of making aluminum alloys.
Ⓒ It compares bronze with other ancient materials.

Daily Check-up

[07-08]

Before the American Revolution, only fifteen magazines existed in the United States, each lasting less than a year. After the war, the number grew quickly, reaching seventy before 1800, most of them literary. The golden age of magazines came with continental railroads, improved printing, lower costs, and the Postal Act, which reduced mailing fees.

Advertising was a minor element of magazines in 1741, when revenue came mainly from sales and subscriptions. Soon, however, ads became the backbone of the industry. Publishers lowered prices by including advertisements, which increased circulation. At first, ads appeared only at the back, but by 1896, *Ladies' Home Journal* placed them throughout. Newspaper companies followed suit, and as advertising profits grew, many publishers entered the market. This pursuit of revenue eventually caused the overall quality of magazines to decline.

07 Select the sentence in paragraph 1 that explains the factors that helped the magazine industry grow.

Ⓐ Before the American Revolution, only fifteen magazines existed in the United States, each lasting less than a year.

Ⓑ After the war, the number grew quickly, reaching seventy before 1800, most of them literary.

Ⓒ The golden age of magazines came with continental railroads, improved printing, lower costs, and the Postal Act, which reduced mailing fees.

08 What is the relationship between paragraphs 1 and 2?

Ⓐ Paragraph 2 introduces a new problem not discussed in paragraph 1.

Ⓑ Paragraph 2 adds another element that contributed to the growth of magazines.

Ⓒ Paragraph 2 presents a solution to the challenges described in paragraph 1.

[09-10]

In the early 1800s, vast herds of buffalo roamed the American plains, numbering in the millions. Native Americans had hunted them for centuries, but the herds remained large, and even after European settlement, the animals thrived west of the Mississippi River. By 1870, an estimated twelve million buffalo still lived on the plains, a symbol of abundance and strength. By the mid-1880s, however, the buffalo had been hunted almost to extinction.

The introduction of guns made mass killings quick and efficient, and economic development created a strong market for hides. Buffalo robes, used as warm blankets and coats, became fashionable, while industries found new uses for leather. The tanning industry expanded, and railroads brought hunters and settlers directly into buffalo territory. These combined forces turned a once-thriving species into a near-vanished one within decades.

09 Select the sentence in paragraph 2 that illustrates how demand for buffalo products fueled overhunting.

Ⓐ The introduction of guns made mass killings quick and efficient, and economic development created a strong market for hides.

Ⓑ Buffalo robes, used as warm blankets and coats, became fashionable, while industries found new uses for leather.

Ⓒ The tanning industry expanded, and railroads brought hunters and settlers directly into buffalo territory.

10 What is the relationship between paragraphs 1 and 2?

Ⓐ Paragraph 2 provides examples that contradict the information in paragraph 1.

Ⓑ Paragraph 2 explains the causes of the decline mentioned in paragraph 1.

Ⓒ Paragraph 2 presents a solution to the problems discussed in paragraph 1.

정답·해석·해설 p.339

Daily Test

 지문을 읽고 물음에 답하세요.

[01-05]

The Rise of Abstract Art

In the early twentieth century, a new movement known as abstract art emerged among European and American artists. Unlike traditional art, which depicted people, places, or objects realistically, abstract art concentrated on shapes, colors, and forms that did not resemble the physical world. This shift was influenced by developments in psychology as well as a growing interest in expressing emotions and ideas that conventional imagery could not represent.

A well-known example is Wassily Kandinsky's *Composition VII* (1913). Kandinsky employed swirling lines and bold colors to evoke both harmony and chaos. In contrast to realism, abstract artists frequently relied on personal interpretation and spontaneous creativity, deliberately moving away from established artistic conventions. This innovative approach often puzzled viewers who were accustomed to more recognizable subjects and traditional methods.

Over time, abstract art gained acceptance and began to shape the direction of modern art. It profoundly influenced artists, encouraging them to break traditions and seek new possibilities. The movement inspired experimentation in methods and materials, leading to the development of styles such as Cubism and Abstract Expressionism. Today, abstract works are featured in major museums, and the principles of abstraction continue to influence artists across many genres.

01 What is the purpose of paragraph 1?

Ⓐ It provides historical background that introduces the rise of abstract art.

Ⓑ It explains why European artists were more innovative than American artists.

Ⓒ It describes the psychological theories that influenced early abstract painters.

Ⓓ It argues that abstract art techniques are superior to conventional artistic methods.

02. The word "deliberately" in the passage is closest in meaning to
   Ⓐ intentionally
   Ⓑ accidentally
   Ⓒ slowly
   Ⓓ carefully

03. According to the passage, all of the following are true about abstract art EXCEPT:
   Ⓐ It focused on shapes, colors, and forms rather than realistic subjects.
   Ⓑ It was influenced by the desire to express complex emotions.
   Ⓒ It relied on established artistic conventions.
   Ⓓ Its principles are evident in contemporary artwork.

04. Click on the sentence in paragraph 3 that shows how abstract art influenced the development of later artistic styles.
   Ⓐ Over time, abstract art gained acceptance and began to shape the direction of modern art.
   Ⓑ It profoundly influenced artists, encouraging them to break traditions and seek new possibilities.
   Ⓒ The movement inspired experimentation in methods and materials, leading to the development of styles such as Cubism and Abstract Expressionism.
   Ⓓ Today, abstract works are featured in major museums, and the principles of abstraction continue to influence artists across many genres.

05. Why does the passage mention Kandinsky's *Composition VII*?
   Ⓐ To give an example of how abstract artists used shapes and colors to express ideas
   Ⓑ To argue that Kandinsky rejected abstraction in favor of realism
   Ⓒ To show that abstract artists avoided emotions in their work
   Ⓓ To explain why abstract art was immediately accepted by the public

Daily Test

[06-10]

Bioluminescence

Bioluminescence is the ability of organisms to produce light through chemical reactions within their bodies. This phenomenon is especially common in the deep ocean, an environment almost entirely devoid of sunlight. The light produced serves a variety of functions, including communication, camouflage, and predation. For example, the anglerfish uses a glowing lure to attract prey in the darkness of the deep sea.

Compared to land habitats, marine environments have far more bioluminescent species. Studies indicate that as many as 90 percent of deep-sea animals possess some form of bioluminescence. This adaptation provides a significant evolutionary advantage, allowing organisms to navigate, hide from predators, or find mates in an otherwise black expanse. In contrast, terrestrial bioluminescence, such as that of fireflies, is limited mainly to communication and mating signals.

The mechanism of bioluminescence is remarkable. It involves an enzyme called *luciferase*, which acts on a light-emitting molecule called *luciferin*. When these two react with oxygen, light is produced without generating significant heat—a crucial advantage in fragile aquatic ecosystems. This reaction may be triggered by movement or changes in the environment, allowing organisms to adjust their light output as needed.

06 What is the purpose of paragraph 1?
   Ⓐ It introduces the concept of bioluminescence and explains its basic purposes.
   Ⓑ It describes the evolutionary advantages of bioluminescence in marine environments.
   Ⓒ It shows how bioluminescence is used in scientific research.
   Ⓓ It compares terrestrial and marine bioluminescent organisms.

07 The word "devoid" in the passage is closest in meaning to

Ⓐ lacking
Ⓑ covered
Ⓒ bright
Ⓓ replaced

08 Why does the author mention the anglerfish?

Ⓐ To illustrate the evolutionary advantages of living in deep ocean habitats
Ⓑ To contrast marine bioluminescence with terrestrial bioluminescence patterns
Ⓒ To provide an example of a predator that uses bioluminescence
Ⓓ To demonstrate the harmful effects of bioluminescence

09 Click on the sentence in paragraph 3 that explains how environmental changes can trigger bioluminescence in marine organisms.

Ⓐ The mechanism of bioluminescence is remarkable.
Ⓑ It involves an enzyme called luciferase, which acts on a light-emitting molecule called *luciferin*.
Ⓒ When these two react with oxygen, light is produced without generating significant heat—a crucial advantage in fragile aquatic ecosystems.
Ⓓ This reaction may be triggered by movement or changes in the environment, allowing organisms to adjust their light output as needed.

10 What is the relationship between paragraphs 2 and 3?

Ⓐ Paragraph 3 introduces challenges to the ideas presented in paragraph 2.
Ⓑ Paragraph 3 explains the biological process behind the phenomenon described in paragraph 2.
Ⓒ Paragraph 3 provides evidence that contradicts the examples given in paragraph 2.
Ⓓ Paragraph 3 introduces a new example unrelated to the topic of paragraph 2.

정답·해석·해설 p.341

Day 18 추론 문제

01: 출제 경향

추론 문제는 지문의 내용을 근거로 추론할 수 있는 것을 묻는 문제입니다. 즉, 지문에서 직접적으로 언급되지는 않지만 제시된 정보를 바탕으로 논리적으로 도출할 수 있는 결론을 정답으로 선택해야 합니다. 이 유형은 한 지문당 보통 1문제가 출제됩니다.

02: 질문 형태

- What can be inferred about the role of fungi in ecosystems?
  생태계에서 곰팡이의 역할에 대해 추론할 수 있는 것은?

- Which of the following can be inferred from the passage?
  다음 중 지문에서 추론할 수 있는 것은?

- What is suggested about the development of writing?
  문자의 발달에 대해 암시된 것은?

- What does the passage suggest about the invention of the telescope?
  지문은 망원경의 발명에 대해 무엇을 암시하는가?

- What does the author suggest about artists of the Renaissance period?
  글쓴이는 르네상스 시기의 예술가들에 대해 무엇을 암시하는가?

03: 핵심 전략

1. 질문을 읽고 핵심 어구를 파악한다.
지문 전체를 읽기 전에 질문을 먼저 읽고, 질문에서 묻는 핵심 어구(키워드)를 파악하면 지문에서 필요한 정보를 빠르게 찾아낼 수 있습니다.

Ex	질문	What can be inferred about **coffeehouses in eighteenth-century Europe**?
		18세기 유럽의 커피 하우스에 대해 추론할 수 있는 것은?

→ 질문의 핵심 어구인 coffeehouses in eighteenth-century Europe을 미리 파악해 두면, 지문을 읽을 때 해당 정보(18세기 유럽의 커피 하우스)가 언급된 부분을 빠르게 찾아, 관련된 정보를 정확히 확인할 수 있습니다.

2. 지문에서 질문의 핵심 어구가 언급된 부분을 찾아, 확보한 단서를 근거로 논리적으로 추론한 보기를 고른다.
지문을 스캔하며 질문의 핵심 어구를 찾아 주변 문장을 집중적으로 확인해서 추론에 필요한 단서를 확보합니다. 이때 하나의 문장으로 추론이 가능한 경우도 있고, 주변의 여러 문장을 종합해야 하는 경우도 있습니다. 이렇게 확보한 단서를 근거로 논리적으로 추론할 수 있는 보기를 선택합니다.

Ex	지문	Coffee first arrived in **Europe** in the seventeenth century through trade with the Ottoman Empire. At first, it was considered an exotic luxury consumed mainly by the wealthy. However, by the late **eighteenth century, coffeehouses had become common gathering places for people to discuss ideas and share news.**
		커피는 17세기에 오스만 제국과의 무역을 통해 처음으로 유럽에 들어왔다. 처음에, 그것은 주로 부유층에 의해 소비되는 이국적인 사치품으로 여겨졌다. 그러나, 18세기 후반 쯤에, 커피 하우스는 사람들이 생각을 토론하고 소식을 나누는 일반적인 모임 장소가 되었다.
	정답	They **served as centers for social and intellectual exchange.**
		사회적·지적 교류의 중심지 역할을 했다.

→ 먼저 질문의 핵심 어구인 coffeehouses in eighteenth-century Europe을 지문에서 찾습니다. 이 핵심 어구 주변에서 coffeehouses had become common gathering places for people to discuss ideas and share news (커피 하우스가 사람들이 생각을 토론하고 소식을 나누는 일반적인 모임 장소가 되었다)라는 단서를 확인할 수 있습니다. 이를 통해 커피 하우스가 사회적·지적 교류의 중심지로 기능했음을 추론할 수 있습니다. 따라서 "They served as centers for social and intellectual exchange."(그곳은 사회적·지적 교류의 중심지 역할을 했다)가 정답이 됩니다.

3. 다음과 같은 오답 유형에 주의한다.
- 지문의 내용과 일치하지 않는 보기
- 지문에서 언급되지 않은 보기
- 지문과 연관은 있으나, 추론의 근거가 부족한 보기

Example:

The Minoans of Ancient Crete

The Minoans were an ancient civilization that flourished on the island of Crete in the Mediterranean Sea. According to the Greek poet Homer, Crete had 90 towns, with Knossos standing out as the most important center of power and culture.

Archaeological excavations have revealed much about Minoan society, including their artwork, architecture, and trade connections with neighboring regions. These discoveries help historians understand how the Minoans lived and interacted with other cultures of the time.

What makes the Minoans especially remarkable is the absence of city walls. Unlike many other ancient civilizations, their towns lacked defensive barriers. Historians suggest this indicates that the Minoans depended on their powerful navy for protection rather than on land-based fortifications.

핵심 어구가 언급된 부분

Q What can be inferred about other ancient civilizations? ─ 핵심 어구

Ⓐ They were also located in the Mediterranean.
Ⓑ They were not mentioned by Homer in his writings.
Ⓒ They were often surrounded by defensive walls.
Ⓓ They had larger populations than the Minoan towns.

해석

고대 크레타 섬의 미노아인

미노아인은 지중해 크레타 섬에서 번성했던 고대 문명이었다. 그리스 시인 호메로스에 따르면, 크레타에는 90개의 도시가 있었고, 그중 크노소스가 가장 중요한 권력과 문화의 중심지였다.

고고학적 발굴은 미노아 사회에 대해 많은 사실을 밝혀냈는데, 여기에는 그들의 예술, 건축, 그리고 주변 지역과의 교역 관계가 포함된다. 이러한 발견은 역사학자들이 미노아인이 살았던 방식과 당대 다른 문화와 교류했던 방식을 이해하는 데 도움을 준다.

미노아인을 특히 주목할 만하게 만드는 점은 성벽의 부재이다. 다른 많은 고대 문명과 달리, 그들의 도시는 방어용 장벽이 없었다. 역사학자들은 이것이 미노아인이 방어를 위해 육지 요새보다 강력한 해군에 의존했음을 보여 준다고 본다.

Q 다른 고대 문명들에 대해 추론할 수 있는 것은?
  Ⓐ 그들도 지중해의 섬에 위치해 있었다.
  Ⓑ 그들은 호메로스의 글에서 언급되지 않았다.
  Ⓒ 그들은 흔히 방어용 성벽으로 둘러싸여 있었다.
  Ⓓ 그들의 인구는 미노아 도시들보다 더 많았다.

정답 Ⓒ

해설 **추론 문제**
미노아 도시들이 다른 고대 문명들의 도시들과 달리 방어용 장벽이 없었다는 내용을 통해 다른 고대 문명들은 방어용 성벽으로 둘러싸여 있었다는 것을 추론할 수 있습니다. 따라서 Ⓒ가 정답입니다.

Ⓐ와 Ⓓ는 지문에서 언급되지 않았으므로 오답입니다.
Ⓑ는 지문의 내용과 일치하지 않으므로 오답입니다.

● 단어 및 표현 ●

ancient[éinʃənt] 고대의   civilization[sìvəlaizéiʃən] 문명   flourish[flə́:riʃ] 번성하다, 번창하다   the Mediterranean Sea 지중해
stand out 두드러지다   archaeological[à:rkiálədʒikəl] 고고학의   excavation[èkskəvéiʃən] 발굴   reveal[riví:l] 드러내다, 밝히다
remarkable[rimá:rkəbl] 주목할 만한   absence[ǽbsəns] 부재, 없음   defensive[difénsiv] 방어용의, 방어하는   barrier[bǽriər] 장벽, 장애물
fortification[fɔ̀:rtəfikéiʃən] 요새, 방어 시설

Daily Check-up

🔺 주어진 문장과 가장 가까운 의미를 만드는 것을 고르세요.

01 The Renaissance fostered artistic innovation and humanist philosophy throughout Europe.

Ⓐ Artistic innovation and humanist philosophy flourished across Europe during the Renaissance.
Ⓑ The Renaissance emerged as a result of artistic traditions already well established across Europe.

02 Ocean currents distribute heat around the globe, influencing regional climates.

Ⓐ Regional climates create heat patterns that generate ocean currents around the globe.
Ⓑ By carrying heat across the planet, ocean currents play a role in shaping local climates.

03 Marie Curie's groundbreaking research on radioactivity led to the discovery of polonium and radium, revolutionizing science and medicine.

Ⓐ Polonium and radium were discovered through Marie Curie's research on radioactivity, which brought about major advances in science and medicine.
Ⓑ Marie Curie's discovery of polonium and radium was the main factor that initiated her later research on radioactivity.

04 The Wright brothers' 1903 flight at Kitty Hawk marked the first successful powered airplane.

Ⓐ The first successful powered airplane was flown by the Wright brothers in 1903 at Kitty Hawk.
Ⓑ The Wright brothers planned their 1903 flight after airplanes had already become common in Kitty Hawk.

05 Glaciers carve valleys and shape landscapes as they slowly move across Earth's surface.

Ⓐ Valleys and landscapes shape glaciers, which then move slowly across Earth's surface.
Ⓑ By moving slowly across Earth's surface, glaciers carve valleys and shape landscapes.

06 Vincent van Gogh's expressive brushwork and daring use of color not only conveyed intense emotion but also laid the groundwork for the development of modern art.

Ⓐ Van Gogh's skillful brushwork and use of color not only revealed his emotional depth but also encouraged his pursuit of later artistic innovations.
Ⓑ Through his use of vivid tones and dynamic brushstrokes, Vincent van Gogh expressed powerful emotion while paving the way for the rise of modern art.

07 The Amazon rainforest, home to immense biodiversity, plays a critical role in regulating Earth's climate and carbon cycle.

Ⓐ Rich in diverse species, the Amazon rainforest is vital for maintaining Earth's climate balance and controlling the carbon cycle.
Ⓑ Earth's climate and carbon cycle created the conditions that made the Amazon rainforest a center of biodiversity.

08 The Galápagos Islands influenced Charles Darwin's ideas on evolution through his study of finch variations.

Ⓐ Evolution in the Galápagos Islands was the reason Darwin later discovered finch variations.
Ⓑ Darwin's observations of finches in the Galápagos Islands helped shape his theory of evolution.

Daily Check-up

 지문을 읽고 물음에 답하세요.

09 Babies make gurgling sounds or engage in "vocal play" during the four- to six- month age range. Babbling also occurs at this stage, and babies will sometimes sound as though they are "talking." This speech-like babbling includes the bilabial (two-lip) sounds /p/, /b/, and /m/. After this period, they eventually learn sounds such as /r/, /v/, and /th/. However, even four- or five-year-olds still have trouble with these sounds.

Q According to the passage, what can be inferred about /r/, /v/, and /th/ sounds?
Ⓐ They are the first sounds that babies learn during vocal play.
Ⓑ They are pronounced with only one lip.
Ⓒ They are more difficult to pronounce than bilabial sounds.

10 When the Normans conquered England in the eleventh century, they attempted to replace English with their own language, French. Although French became the official language, it never became the common spoken language because of cultural differences between the Normans and the Anglo-Saxons, the native population. In fact, it was the Norman people who were affected and, in 1362, English was finally declared the official language.

Q It can be inferred from the passage that
Ⓐ the Anglo-Saxons spoke English.
Ⓑ the Anglo-Saxons quickly learned to speak French fluently.
Ⓒ English and French were the only spoken languages during this period.

11 Like other stars, the Sun is composed of very hot gases. Sometimes, portions of these gases cool slightly, forming dark spots known as sunspots. Although they appear cooler, even the coldest sunspots are hotter than the hottest fire on Earth. Sunspots vary in size and shape. Smaller ones may last only a few days, while larger ones can remain for weeks or even longer, though most last about 30 days.

Q What is suggested in the passage about sunspots?
Ⓐ They can be observed throughout the year.
Ⓑ Their duration is related to their size.
Ⓒ They are cooler than Earth's atmospheric temperature.

12

Regional foods in the United States are becoming less regional as people move across the country. Dishes once tied to specific areas now appear nationwide. For example, New England's baked beans are commonly served in states such as Kentucky and Idaho. Chili, once limited to the Mexican border region, is now popular throughout the country. Likewise, Maine lobsters and other East Coast seafood are enjoyed in southern and western states.

Q According to the passage, what can be inferred about American regional foods?

Ⓐ The popularity of American foods has spread to other countries.
Ⓑ Most regional foods are no longer eaten in their original areas.
Ⓒ Originally, a region's food was served only in that region.

13

During digestion, sugar from food enters the bloodstream through the stomach and small intestine. For good health, this sugar level must remain within a specific range. A hormone called insulin helps maintain balance by moving sugar from the blood into cells, where it can be used for energy. Without this process, blood sugar could become dangerously high.

Q What can be inferred about the role of insulin?

Ⓐ It prevents sugar from being absorbed during digestion.
Ⓑ It keeps blood sugar from rising too much.
Ⓒ It reduces the body's need for energy.

14

Celestial bodies in the solar system move around the Sun in elliptical paths that are nearly circular. Most of them generally travel in the same direction and rotate like the Sun, creating a consistent orbital pattern. However, Mercury and Pluto differ from the rest. Their orbits are more tilted than those of the other planets, serving as clear exceptions that highlight the diversity of planetary motion.

Q What can be inferred about the orbits of most celestial objects in the solar system?

Ⓐ They are almost circular and similarly aligned.
Ⓑ They tilt more than Mercury and Pluto.
Ⓒ They move in opposite directions from the Sun.

정답·해석·해설 p.343

Daily Test

 지문을 읽고 물음에 답하세요.

[01-05]

Dolphin Signature Whistles

Dolphins have a complex communication system, with signature whistles as a key feature. Each dolphin develops a unique whistle in infancy and maintains it for years. These whistles function like personal names, allowing dolphins to announce their identity to others. The stable structure of the whistle helps with recognition even after long separations.

Signature whistles play essential roles in social organization and survival. For instance, when a member is isolated from its group, it repeatedly emits its signature whistle to signal its location and aid reunification. Such individualized vocal signals are rare among marine mammals; few species, aside from bottlenose dolphins, demonstrate individualized vocal signals of such complexity. In contrast, animals like elephants and some birds rely on scent or distinctive visual signals for recognizing individuals within their social groups.

The development of signature whistles depends strongly on social learning. Young dolphins imitate elements of family whistles but preserve distinctive traits of their own. This combination of copying and innovation reflects advanced cognition. Studies have also shown that dolphins respond more quickly to the whistles of familiar individuals than to those of unfamiliar ones, suggesting that signature whistles help maintain complex and stable social relationships.

01 What does the author suggest about the stability of whistle structure?

Ⓐ It causes confusion when groups mix with strangers.
Ⓑ It allows dolphins to mimic sounds from other species.
Ⓒ It prevents dolphins from learning new calls.
Ⓓ It helps dolphins remain recognizable to other members of their group over time.

02 The word "emits" in the passage is closest in meaning to

Ⓐ combines
Ⓑ imitates
Ⓒ releases
Ⓓ remembers

03 What can be inferred about dolphin intelligence from the passage?

Ⓐ It is entirely instinctive and unchangeable.
Ⓑ It includes both learning and creative abilities.
Ⓒ It depends mainly on environmental conditions.
Ⓓ It is less advanced than that of most mammals.

04 Why does the author mention "elephants and some birds"?

Ⓐ To illustrate how some animals use vocal signals for individual identification
Ⓑ To contrast vocal identification with other means of individual recognition
Ⓒ To suggest dolphins imitate these animals' behaviors
Ⓓ To explain the social structure of different species

05 What can be inferred about dolphins' responses to familiar whistles?

Ⓐ Fast responses likely help dolphins strengthen social bonds within their group.
Ⓑ Dolphins react quickly to all whistles, regardless of individual familiarity.
Ⓒ Quick responses to familiar whistles indicate an inability to remember other dolphins.
Ⓓ The speed of response to a whistle is unrelated to the dolphin's experience with the caller.

Daily Test

[06-10]

The Building of the Golden Gate Bridge

For many years, residents of San Francisco debated whether their city truly needed a new bridge. Supporters argued that a crossing over the Golden Gate Strait would connect the city to surrounding areas and stimulate the economy. Opponents believed the project was unrealistic and far too expensive for the time. Ultimately, the decision was left to the public. On November 4, 1930, San Franciscans voted in favor of the bridge, and construction officially began on January 5, 1933.

The original design was submitted by Chief engineer Joseph Strauss, who envisioned a hybrid of a cantilever bridge, which is supported from one side, and a suspension bridge, which hangs from cables. However, critics considered the proposal unattractive, and many doubted whether such a plan was appropriate for what would be the longest span in the world. Consulting engineer Leon S. Moisseiff later suggested that a full suspension bridge could succeed, even in the strong winds that swept through the Golden Gate Strait. At that time, no suspension bridge of this length had ever been attempted, so many remained skeptical.

Despite doubts, construction proceeded, and the Golden Gate Bridge was completed ahead of schedule and under budget. On May 28, 1937, President Franklin D. Roosevelt pressed a telegraph key in the White House to announce its opening, and vehicles crossed for the first time that afternoon.

06 The word "skeptical" in the passage is closest in meaning to
  Ⓐ uncertain
  Ⓑ supportive
  Ⓒ creative
  Ⓓ confident

07 What can be inferred about the decision to build the Golden Gate Bridge?
  Ⓐ It was reached easily without disagreement.
  Ⓑ It involved considerable public debate.
  Ⓒ Only engineers participated in making the final decision.
  Ⓓ The majority of residents were opposed to constructing the bridge.

08 Why does the author mention "strong winds"?
  Ⓐ To highlight a natural challenge engineers had to overcome
  Ⓑ To suggest that the bridge was delayed due to bad weather
  Ⓒ To explain why the public opposed the idea of a bridge
  Ⓓ To emphasize that suspension bridges are weaker than other designs

09 What can be inferred about a suspension structure as long as the Golden Gate Bridge?
  Ⓐ It might exceed the budget.
  Ⓑ It could collapse due to strong winds.
  Ⓒ It was the first of its kind.
  Ⓓ It was considered infeasible.

10 What is indicated about the completion of the Golden Gate Bridge?
  Ⓐ It was finished more quickly and at a lower cost than expected.
  Ⓑ It was delayed because of strong winds in the Golden Gate Strait.
  Ⓒ It exceeded the planned budget due to design changes.
  Ⓓ It opened several years after President Roosevelt left office.

정답·해석·해설 p.346

Day 19　삽입 문제

01: 출제 경향

삽입 문제는 주어진 문장을 지문에서 가장 적절한 자리에 넣는 문제입니다. 이 문제를 풀기 위해서는 지문 전체의 흐름을 이해하고, 특정 문장이 어느 자리에 들어가야 논리적으로 자연스럽게 연결되는지 판단해야 합니다. 이 유형은 한 지문당 보통 0~1문제가 출제됩니다.

02: 질문 형태

There are four locations [■] in the passage that indicate where the following sentence could be added.

However, the cause of acidification in the environment is not only air pollution.

Where would the sentence best fit? Select a location [■] where the sentence could be added to the passage.

다음 문장이 삽입될 수 있는 네 곳이 지문에 표시되어 있다.

그러나 환경에서의 산성화의 원인은 공기 오염만이 아니다.

그 문장은 어디에 가장 적절한가? 그 문장이 지문에 삽입될 수 있는 곳을 고르시오.

03: 핵심 전략

1. 삽입 문장에서 단서를 찾는다.

주어진 삽입 문장에는 문장이 들어가야 할 위치를 알려주는 단서가 포함되어 있습니다. 대표적인 단서에는 관사, 지시어, 연결어가 있으며, 이 단서들을 통해 삽입 문장이 들어갈 적절한 위치를 결정할 수 있습니다.

관사	삽입 문장 속 명사가 새로운 정보인지(a/an) 또는 이미 언급된 정보인지(the) 알려줍니다.
지시어	삽입 문장 속 this, that, these, those, it 등의 지시어는 앞에서 언급된 정보를 가리킵니다.
연결어	삽입 문장이 앞뒤 문장과 어떤 논리적 관계를 가지는지 보여줍니다. • 순서: after, at the same time, later, next, then, finally • 비교: similarly, likewise • 대조: but, however, in contrast, on the other hand, on the contrary • 예시: for example, for instance • 부연 설명: in addition, furthermore, moreover, also, besides, first/second • 인과: because, therefore, consequently, as a result, thus, for this reason

2. 지문에서 적절한 삽입 위치를 찾아 문장을 넣어 흐름을 검토한다.

지문에서 보기 **A**, **B**, **C**, **D**가 표시된 문장을 읽으며 삽입 문장에서 파악한 단서(관사, 지시어, 연결어)를 근거로 삽입 문장이 들어갈 적절한 위치를 추려냅니다. 선택한 자리에 문장을 실제로 넣어 읽었을 때, 앞뒤 문장이 논리적으로 자연스럽게 이어지는지를 확인합니다. 만약 문맥이 어색하다면 다른 위치를 다시 검토해야 합니다.

Ex

삽입 문장
This sudden release of materials from deep within Earth can dramatically reshape the surrounding landscape.
지구 깊은 곳으로부터의 이 갑작스러운 물질의 방출은 주변의 지형을 크게 변화시킬 수 있다.

지문
A Volcanic eruptions **release ash, gas, and molten rock** into the atmosphere. **B** These eruptions can also have major effects on global climate by blocking sunlight and lowering temperatures. **C** Scientists study volcanic activity to better understand how such events influence weather patterns. **D** Their findings also help predict future eruptions and reduce the risk to nearby communities.

A 화산 폭발은 재, 기체, 녹은 암석을 대기 중으로 방출한다. **B** 이 폭발은 또한 햇빛을 차단하고 기온을 낮춤으로써 지구 기후에 큰 영향을 미칠 수 있다. **C** 과학자들은 그러한 사건들이 기상 패턴에 어떻게 영향을 미치는지 더 잘 이해하기 위해 화산 활동을 연구한다. **D** 그들의 연구 결과는 미래의 폭발을 예측하고 인근 지역 사회에 대한 위험을 줄이는 데에도 도움이 된다.

→ 삽입 문장의 This sudden release of materials(이 갑작스러운 물질의 방출)에서 지시어 this는 앞 문장에서 이미 언급된 내용을 가리키는 표현입니다. 따라서 삽입 문장이 자연스럽게 연결되기 위해서는, 앞 문장에서 이미 release of materials(물질의 방출)가 등장해야 합니다. 따라서 이 문장은 release ash, gas, and molten rock이 처음 등장하는 문장 바로 뒤, 즉 ⑧에 들어가는 것이 논리적으로 자연스럽습니다.

Example:

Acid Rain and Acidification

A Acid rain occurs when harmful gases, such as nitrogen oxides and sulfur oxides, are released into the air. **B** Once in the atmosphere, the gases mix with water and form acids, which later fall back to Earth as precipitation. **C**

This process can damage forests, lakes, and buildings, making acid rain a serious environmental concern. **D** However, air pollution is not the only cause of environmental acidification. For instance, as plants grow, they absorb nutrients from the soil, a process that can gradually increase environmental acidification.

Scientists continue to study both natural and human-made sources of acidification to better understand how ecosystems are affected and how solutions might be developed.

Q There are four locations [■] in the passage that indicate where the following sentence could be added.

These pollutants often come from factories and vehicles that burn fossil fuels.

Where would the sentence best fit? Select a location [■] where the sentence could be added to the passage.

해석

산성비와 산성화

🅐 산성비는 질소 산화물과 황 산화물과 같은 해로운 가스가 공기 중으로 방출될 때 발생한다. 🅑 이 오염 물질은 보통 화석 연료를 태우는 공장과 차량에서 나온다. 일단 대기 중으로 들어가면, 가스는 물과 결합하여 산을 형성하는데, 이것은 이후 강수 형태로 지구에 다시 떨어진다. 🅒

이 과정은 숲, 호수, 건축물에 피해를 줄 수 있어, 산성비는 심각한 환경 문제로 여겨진다. 🅓 그러나, 대기 오염만이 환경 산성화의 유일한 원인은 아니다. 예를 들어, 식물이 자라면서 토양에서 영양분을 흡수하는 과정도 환경 산성화를 점차적으로 증가시킬 수 있다.

과학자들은 생태계가 어떻게 영향을 받는지, 그리고 해결책이 어떻게 마련될 수 있는지를 더 잘 이해하기 위해 산성화의 자연적 원인과 인위적 원인 모두를 계속해서 연구하고 있다.

Q 다음 문장이 삽입될 수 있는 네 곳이 지문에 표시되어 있다.

이 오염 물질은 보통 화석 연료를 태우는 공장과 차량에서 나온다.

그 문장은 어디에 가장 적절한가? 그 문장이 지문에 삽입될 수 있는 곳을 고르시오.

정답 Ⓑ

해설 **삽입 문제**
삽입 문장의 These pollutants(이 오염 물질)를 단서로 하여, 보기가 표시된 주변 문장을 읽어 보면 Ⓑ 앞 문장의 harmful gases, such as nitrogen oxides and sulfur oxides를 가리키고 있다는 것을 알 수 있습니다. 따라서 Ⓑ가 정답입니다.

● 단어 및 표현 ●

acid rain 산성비   acidification[əsìdəfikéiʃən] 산성화   nitrogen oxide 질소 산화물   sulfur oxide 황 산화물   release[rilíːs] 방출하다
atmosphere[ǽtməsfìər] 대기, 공기   precipitation[prisìpətéiʃən] 강수(비, 눈), 강수량   absorb[æbsɔ́ːrb] 흡수하다
nutrient[njúːtriənt] 영양분   gradually[grǽdʒuəli] 점차적으로   human-made[hjúːmənmeid] 인공의, 인간이 만든
ecosystem[íːkousìstəm] 생태계   affect[əfékt] 영향을 미치다

Daily Check-up

지문을 읽고 물음에 답하세요.

01
There are two types of natural scientists. One type consists of scientists who are more interested in learning. **A** They study to gain knowledge and are involved in basic or pure science. **B** Their projects may or may not have immediate importance to daily life. **C** They usually have a specific goal, such as creating a product, developing a process, or meeting another human need, often using information gathered by others.

Select a location [■] where the following sentence could be added to the passage.
Another type consists of scientists working in applied sciences.

02
Information about people's behavior is often conveyed through nonverbal cues, including facial expressions, eye contact, and body posture. **A** These cues are commonly referred to as body language. **B** When only a few passengers are present, individuals often lean casually against the walls. **C** However, as more people enter, the pattern changes: passengers typically move to occupy the corners, adjusting their positions to maintain personal space.

Select a location [■] where the following sentence could be added to the passage.
A classic example occurs in elevators.

03
For many years, humans had distinguished themselves from the rest of the animal world by their ability to make and use tools. **A** This distinction was shattered in 1969. **B** She found that chimpanzees not only used various tools for different tasks but also modified objects to make them better suited. **C** These discoveries challenged the long-held belief that toolmaking was unique to humans.

Select a location [■] where the following sentence could be added to the passage.
Dr. Jane Goodall reported several observations of chimpanzees making and using tools.

04

The Native Americans developed an effective method for growing corn. **A** They dug small holes in the ground, dropped in kernels along with small fish, and then covered the holes with soil. **B** The fish acted as fertilizer, providing nutrients for the young corn plants. **C** It was prepared in many ways, including bread, soup, baked corn cakes, and pudding, which sustained communities throughout the year.

Select a location [■] where the following sentence could be added to the passage.
After the harvest, corn became a vital food source.

05

Serious problems in speech can occur when the left hemisphere of the brain is damaged. **A** This side specializes in controlling certain movements needed for communication. **B** For example, in people who are born deaf and use hand movements to sign, damage to the left hemisphere can severely impair their signing ability. **C** Damage to this side may cause difficulty in recognizing faces or distinguishing melodies.

Select a location [■] where the following sentence could be added to the passage.
By contrast, the right hemisphere is involved in receiving and analyzing external information.

06

Human activity is the main driver of modern animal extinction. **A** Although extinction is a natural process, the current pace is alarming: one species disappears about every 20 minutes. **B** A striking example can be seen on the Pacific Ocean islands. **C** Since humans first colonized these fragile environments, nearly 2,000 bird species—about 15 percent of the world's total—have already become extinct.

Select a location [■] where the following sentence could be added to the passage.
This rate is 100 to 1,000 times faster than what is considered normal.

Daily Check-up

[07-08]

■ During the nineteenth and early twentieth centuries, several geologists explored the idea that the continents may have moved across the Earth's surface. ■ They were all inspired by the remarkable fit between the Atlantic coasts of Africa and South America. ■ The hypothesis of continental drift was finally developed by Alfred L. Wegener, who proposed that the Earth's continents had at one time been joined in a single supercontinent. ■

■ The "drift" theory, however, was not immediately accepted by Wegener's peers because it is difficult in the world of science to change accepted or established doctrines or views. ■ Those who believed that the continents were basically unchanged in their position were called "permanentists." ■ Others believed that as a result of the gradual contraction of the solid earth, ocean floor became dry land, and dry land in turn became ocean floor; these scientists were called "contractionists." ■

07 There are four locations [■] in the first paragraph that indicate where the following sentence could be added.

In 1912, he explained that this supercontinent, later named Pangaea, eventually broke apart and drifted through the ocean floor.

Where would the sentence best fit? Select a location [■] where the sentence could be added to the first paragraph.

08 There are four locations [■] in the second paragraph that indicate where the following sentence could be added.

Two other viewpoints prevailed at this time.

Where would the sentence best fit? Select a location [■] where the sentence could be added to the second paragraph.

[09-10]

■A In the early 1920s, a man named George Merrick decided to strike it rich in Miami, Florida. ■B He realized that he could earn a lot of money buying cheap land and reselling it to people from out of state at much higher prices. ■C He and a handful of other real estate developers began a national marketing campaign, and posted advertisements around the United States that promised a beautiful and happy life in Miami. ■D People read these descriptions of a tropical paradise full of orange trees and sandy beaches with excitement.

■A Thanks primarily to Florida's warm weather, laid-back lifestyle, and easy access via highways, new residents soon began moving to the South in the thousands. ■B Real estate brokers appeared all over the state, as buildings and resorts were constructed at a tremendous pace. ■C In 1926, a hurricane struck the middle of Miami, leaving some 400 dead, 3,600 injured, and 50,000 homeless. ■D Most people who had bought land suffered huge losses, and the speculation bubble was over.

09 There are four locations [■] in the first paragraph that indicate where the following sentence could be added.

But how could he get people from across the country interested in buying his land?

Where would the sentence best fit? Select a location [■] where the sentence could be added to the first paragraph.

10 There are four locations [■] in the second paragraph that indicate where the following sentence could be added.

Just when it seemed that no more luxury resorts and leisure facilities could be built, disaster hit.

Where would the sentence best fit? Select a location [■] where the sentence could be added to the second paragraph.

Daily Test

 지문을 읽고 물음에 답하세요.

[01-05]

Soil Microorganisms and Agriculture

Soil fertility is essential for productive agriculture, and microorganisms are central to maintaining and improving it. Bacteria, fungi, and other microscopic organisms decompose organic matter, releasing vital nutrients such as nitrogen, phosphorus, and potassium into the soil. Without a consistent supply of these nutrients, crops would grow poorly, resulting in reduced harvests and even potential food shortages for human populations.

Symbiotic partnerships between plants and microbes are especially valuable. For example, certain bacteria attach themselves to the roots of legumes and transform atmospheric nitrogen into forms that plants can readily absorb. **A** In addition to nitrogen-fixing bacteria, other soil microbes improve the way plants take in nutrients. **B** Some release substances that dissolve minerals in the soil, making them easier for roots to absorb. **C** These interactions support plant growth, particularly in nutrient-poor soils, and demonstrate how essential microorganisms are to healthy ecosystems. **D**

However, the beneficial activities of soil microorganisms are under threat from intensive farming, pesticide use, pollution, and soil erosion. The decline of these organisms can weaken soil fertility and harm agricultural productivity. Protecting and promoting diverse microbial communities is therefore crucial for sustaining crop yields and ensuring the long-term resilience of global farming systems.

01 What does the passage suggest about the loss of soil microorganisms?
   Ⓐ It improves the quality of synthetic fertilizers.
   Ⓑ It will make nitrogen fixation more efficient.
   Ⓒ It may lead to a decline in crop production.
   Ⓓ It reduces the need for phosphorus in soil.

02 Why does the author mention legumes?
   Ⓐ To contrast with plants that grow in poor soils
   Ⓑ To describe crops that need high levels of potassium
   Ⓒ To explain plants that do not depend on microorganisms
   Ⓓ To illustrate a plant type that benefits from bacteria

03 The word "resilience" in the passage is closest in meaning to
   Ⓐ distance
   Ⓑ strength
   Ⓒ variety
   Ⓓ importance

04 What is the purpose of the third paragraph?
   Ⓐ It describes the threats that soil microorganisms face.
   Ⓑ It explains how microorganisms provide nutrients in soil.
   Ⓒ It introduces examples of symbiotic relationships between plants and microbes.
   Ⓓ It summarizes the historical role of microorganisms in agriculture.

05 There are four locations [■] in the passage where the following sentence could be added.

   This process, known as nitrogen fixation, reduces the dependence on chemical fertilizers and encourages more sustainable farming practices.

   Where would the sentence best fit? Select a location [■] where the sentence could be added to the passage.

Daily Test

[06-10]

The Social Impact of Urban Green Spaces

Urban green spaces, such as parks, gardens, and tree-lined avenues, have become increasingly recognized as vital elements of city planning. These areas serve not only as recreational sites but also as important contributors to public health and social cohesion. Research indicates that access to green spaces can reduce stress, encourage physical activity, and improve overall well-being. For example, a study conducted in Tokyo found that city residents living near parks reported lower levels of depression and greater satisfaction with their urban environment.

Green spaces also foster social interaction by providing communal venues where individuals from diverse backgrounds can gather. This aspect is particularly beneficial in densely populated cities, where opportunities for interpersonal contact may be limited. Compared with neighborhoods without parks, those with ample green areas often see stronger community bonds and higher rates of volunteerism. **A**

Despite these benefits, many cities face challenges related to maintaining and expanding green spaces. **B** High land costs, limited funding, and conflicting development priorities often hinder urban greening efforts. **C** Nonetheless, some cities have successfully implemented innovative solutions, such as rooftop gardens and vertical forests, demonstrating that creative approaches can overcome financial and spatial constraints. **D**

06 The word "cohesion" in the passage is closest in meaning to

Ⓐ conflict
Ⓑ connection
Ⓒ division
Ⓓ independence

07 What can be inferred from the passage about cities with ample green spaces?

Ⓐ They usually experience greater community engagement.
Ⓑ They have higher rates of crime.
Ⓒ Their residents have less opportunity for social interaction.
Ⓓ They are less affected by high land costs.

08 Why does the author mention rooftop gardens and vertical forests?

Ⓐ To criticize traditional park management
Ⓑ To show how cities can address challenges in expanding green spaces
Ⓒ To argue that traditional parks are no longer necessary
Ⓓ To explain why funding for green spaces is declining

09 Which of the following is NOT mentioned in the passage as a challenge for green spaces?

Ⓐ High land costs
Ⓑ Limited funding
Ⓒ Conflicting development priorities
Ⓓ Low levels of public interest

10 There are four locations [■] in the passage that indicate where the following sentence could be added.

In addition, green spaces may serve as sites for cultural events and public celebrations, further enhancing their role in urban society.

Where would the sentence best fit? Select a location [■] where the sentence could be added to the passage.

정답·해석·해설 p.350

Day 20 Task Test

TOEFL iBT READING Begin >

[01-05]

Emotional Intelligence and Leadership

Emotional intelligence refers to the ability to recognize, understand, and manage one's own emotions as well as those of others. In organizational settings, emotional intelligence is increasingly regarded as essential for effective leadership. Leaders with high emotional intelligence are better prepared to handle stress, resolve conflicts, and inspire their teams, which in turn promotes stronger unity and higher productivity.

For example, a manager who is aware of their own frustration during a demanding project can regulate their response and communicate calmly with coworkers. This contrasts with leaders who lack such self-awareness and may react impulsively under pressure, creating tension and misunderstandings within the group. Emotional intelligence also includes empathetic listening, enabling leaders to provide support and motivation that help employees perform at their best.

Recent research suggests that training and practice help leaders cultivate emotional intelligence. Employers increasingly value leaders who demonstrate strong interpersonal skills in addition to technical expertise. Although intelligence and professional experience remain important, emotional intelligence often sets apart truly effective leaders. In today's collaborative workplaces, the ability to manage emotions and connect with others has become a defining factor for long-term success.

01 What is the passage mainly about?
- Ⓐ How leaders manage stress through emotional intelligence
- Ⓑ The value of technical skills in project management
- Ⓒ The growing value of interpersonal skills
- Ⓓ The comparison between different types of intelligence

02 The word "regulate" in the passage is closest in meaning to
- Ⓐ control
- Ⓑ ignore
- Ⓒ exaggerate
- Ⓓ eliminate

03 What is the relationship between paragraphs 1 and 2?
- Ⓐ Paragraph 2 illustrates the ideas introduced in paragraph 1.
- Ⓑ Paragraph 2 challenges the claim made in paragraph 1.
- Ⓒ Paragraph 2 introduces a new topic unrelated to paragraph 1.
- Ⓓ Paragraph 2 summarizes research findings from paragraph 1.

04 What is suggested in the passage about emotional intelligence?
- Ⓐ It is required for all employees, not just leaders.
- Ⓑ It is mostly determined by technical expertise.
- Ⓒ It is less important than technical skills in most organizations.
- Ⓓ It can be developed through deliberate effort and learning.

05 What can be inferred about leaders who lack emotional intelligence?
- Ⓐ They are more likely to react impulsively under pressure.
- Ⓑ They usually rely too much on empathetic listening.
- Ⓒ They often succeed in highly collaborative workplaces.
- Ⓓ They prefer to avoid communication with their teams.

[06-10]

Ancient Greek Pottery

The earliest Greek pottery featured simple abstract patterns such as circles, triangles, and arcs. These designs reflected the limited techniques available to artists at the time. A major breakthrough came with the invention of the black-figure style, which allowed for more elaborate artwork. In this method, the design was first outlined, then filled in using fine clay-based paint. The pottery was fired in a kiln through a three-step process that carefully controlled oxygen levels. This turned the unpainted areas reddish-orange and the painted areas glossy black.

Although black-figure pottery represented a clear step forward, it had limitations. ■A Artists could only show figures and objects in silhouette, which restricted the level of detail they could achieve. ■B Over time, a new technique emerged that offered greater freedom: the red-figure style. ■C Artists painted the background and details in black, leaving the main figure unpainted. ■D

When fired, the unpainted figure remained the reddish tone of Athenian clay, while the background turned black. This allowed for more realistic human forms and finer details. As a result, red-figure pottery replaced the black-figure style and is now seen as the peak of ancient Greek ceramic art.

TOEFL iBT READING   Questions 06~10 of 20

06 Why does the author mention circles, triangles, and arcs?
  Ⓐ To explain the symbolic meaning of ancient Greek pottery designs
  Ⓑ To give examples of shapes used in the earliest pottery patterns
  Ⓒ To describe the firing process of black-figure pottery
  Ⓓ To compare black-figure and red-figure techniques

07 The word "elaborate" in the passage is closest in meaning to
  Ⓐ ancient
  Ⓑ detailed
  Ⓒ formal
  Ⓓ expensive

08 What was a key improvement introduced by the black-figure technique?
  Ⓐ It allowed Greek potters to create visual contrast through firing.
  Ⓑ It enabled artists to create multiple copies of a single pottery design.
  Ⓒ It permitted the decoration of pottery exclusively with metallic glazes.
  Ⓓ It made pottery production faster by reducing drying time.

09 Why did red-figure pottery replace black-figure pottery?
  Ⓐ It was more durable.
  Ⓑ It was easier to manufacture.
  Ⓒ It allowed for realistic depictions.
  Ⓓ It was more versatile for artistic expression.

10 There are four locations [■] in the passage that indicate where the following sentence could be added.

  This method essentially reversed the black-figure process.

  Where would the sentence best fit? Select a location [■] where the sentence could be added to the passage.

[11-15]

Autonomous Vehicles

Autonomous vehicles represent a major advancement in transportation engineering, transforming the way people and goods move. These vehicles use a combination of sensors, cameras, and artificial intelligence to navigate roads and avoid obstacles without human intervention. One key feature of autonomous vehicles is their ability to communicate with each other and with traffic infrastructure, enhancing safety and efficiency in urban environments.

For example, self-driving cars can detect nearby vehicles and adjust their speed to prevent collisions. This technology contrasts with traditional cars, which depend entirely on the driver's awareness and reaction times. Autonomous vehicles also enable precise route planning and adaptive response to changing traffic conditions, which can reduce congestion. However, the integration of self-driving cars into existing transportation systems presents challenges, including regulatory approval and the need for new safety standards.

Recent research in transportation engineering emphasizes the environmental impact of autonomous vehicles. These vehicles may promote energy efficiency by optimizing driving patterns and reducing unnecessary acceleration or braking. Additionally, widespread adoption of autonomous technology could alter urban design, influencing parking, road layouts, and public transportation options. Understanding the effects of autonomous vehicles is essential for engineers working to develop sustainable, safe, and effective transportation networks.

11 What is a primary advantage of autonomous vehicles described in the passage?

Ⓐ They rely solely on human drivers for navigation.
Ⓑ They share data with traffic systems to improve safety and efficiency.
Ⓒ They are less energy efficient than traditional vehicles.
Ⓓ They do not require any sensors or cameras for operation.

12 The word "integration" in the passage is closest in meaning to

Ⓐ separation
Ⓑ combination
Ⓒ confusion
Ⓓ elimination

13 What can be inferred from the passage about self-driving cars in urban environments?

Ⓐ They help reduce traffic congestion through improved traffic management.
Ⓑ They mostly rely on public transportation routes.
Ⓒ They increase the risk of collisions at intersections.
Ⓓ They always require manual control in changing conditions.

14 Why does the author mention "Recent research in transportation engineering"?

Ⓐ To emphasize the difficulties of introducing self-driving cars to rural areas
Ⓑ To argue against developing new safety standards
Ⓒ To question the need for urban planning changes
Ⓓ To highlight the potential for autonomous vehicles to promote energy efficiency

15 According to the passage, all of the following are possible effects of autonomous vehicles EXCEPT:

Ⓐ Changes in the design of streets and parking areas
Ⓑ Improved efficiency through advanced route choices
Ⓒ Continuous monitoring and adaptation to conditions
Ⓓ Elimination of the need for regulations and safety rules

[16-20]

The Decline of Bee Populations

In recent decades, the global decline of bee populations has raised significant concerns among scientists and environmentalists. Bees, particularly honeybees, play a crucial role in pollinating crops that account for approximately one-third of the world's food supply. However, factors such as habitat loss, pesticide use, climate change, and parasitic mites have contributed to a phenomenon known as Colony Collapse Disorder (CCD), where worker bees abruptly disappear from a hive, leaving the queen and immature bees behind.

One major contributor to bee decline is the widespread use of neonicotinoids, a class of pesticides that affect bees' nervous systems, impairing their ability to navigate and forage. Additionally, the loss of wildflower meadows due to agricultural expansion has reduced bees' access to diverse nectar sources, weakening their immune systems. Climate change further exacerbates the problem by altering flowering seasons, leaving bees without food at critical times.

Efforts to mitigate this decline include banning harmful pesticides, planting pollinator-friendly gardens, and restoring natural habitats. Some farmers have adopted integrated pest management (IPM) techniques, which minimize pesticide use. While these measures show promise, reversing bee population trends requires global cooperation and long-term commitment.

16 Why does the author mention one-third of the world's food supply?

　Ⓐ To emphasize the economic cost of pesticides
　Ⓑ To highlight the importance of bees to agriculture
　Ⓒ To argue that humans should eat less honey
　Ⓓ To compare bees with other insects

17 The word "exacerbates" in the passage is closest in meaning to

　Ⓐ improves
　Ⓑ worsens
　Ⓒ delays
　Ⓓ reverses

18 According to the passage, what is one way climate change affects bees?

　Ⓐ It increases the spread of parasitic mites.
　Ⓑ It changes the timing of flowering seasons.
　Ⓒ It reduces the number of queen bees in hives.
　Ⓓ It causes pesticides to be less effective.

19 Which of the following is NOT mentioned in the passage as a factor in bee population decline?

　Ⓐ Habitat loss
　Ⓑ Air pollution
　Ⓒ Pesticides
　Ⓓ Climate change

20 What is the relationship between paragraphs 2 and 3?

　Ⓐ Paragraph 3 introduces solutions to the problems described in paragraph 2.
　Ⓑ Paragraph 3 provides evidence supporting the causes listed in paragraph 2.
　Ⓒ Paragraph 3 explains why the issues described in paragraph 2 cannot be solved.
　Ⓓ Paragraph 3 offers examples of the environmental impact mentioned in paragraph 2.

무료 토플자료 · 유학정보 제공

goHackers.com

Hackers
Updated TOEFL
Reading Basic

Actual
Test

Actual Test

TOEFL iBT READING   Begin >

Module 1

During the test, the clock will show you how much time you have to finish Module 1.

You can click Next to move to the next question and click Back to go back to earlier questions in the same module.

During the test, you WILL NOT be able to return to Module 1 once you have started Module 2.

Fill in the missing letters in the paragraph.

Desertification, the process by which fertile land turns into desert, poses serious challenges for people and the environment. It ⁰¹c____ be ⁰²cau_____ by ⁰³agricu_____ practices ⁰⁴su____ as excessive ⁰⁵far_____, overgrazing, ⁰⁶a____ land ⁰⁷clea_____. ⁰⁸Popul_____ growth ⁰⁹al____ contributes ¹⁰t__ the problem. As desertification spreads, it reduces the land's ability to support crops and livestock. When the land can no longer sustain life, people lose their livelihood and may be forced to migrate in search of new sources of income.

Read a notice.

Date: June 15
Subject: Administrative Notice

Dear Staff,

Please be advised that our office will be moving to a site located at 125 Parkway Drive on Thursday, June 25. All employees are requested to clear their desks by Tuesday, June 23. Normal operations will resume at the new premises on Monday, June 29. Thank you.

11 What is the main purpose of the notice?

Ⓐ To announce an office renovation project
Ⓑ To inform employees of a temporary closure
Ⓒ To notify staff about an office relocation
Ⓓ To encourage employee participation on moving day

12 What is suggested about normal operations?

Ⓐ They will continue at the current site until June 29.
Ⓑ They will stop for a period.
Ⓒ They will temporarily be handled by outside workers.
Ⓓ They will be reduced to focus on a special task.

Read an email.

Date	May 2
Subject	Final Call — Register for the Business Innovation Summit

Dear Mr. Chen,

We're reaching out regarding the upcoming Business Innovation Summit, taking place from May 15 to 17 at the Harborview Convention Center. This summit provides an opportunity to learn from industry experts and collaborate with other business owners.

The summit will feature presentations from global executives, a panel discussion on emerging market trends, and real-world case studies. Registration closes this Friday, May 9. As a past attendee, you're eligible for a 15% loyalty discount.

Please visit our website to register and view the complete schedule. If you have specific questions you'd like panelists to address during the sessions, feel free to share them through the online form when you register.

Best regards,
Sarah Williams

13 What is the main purpose of the email?
Ⓐ To encourage Mr. Chen to register for an upcoming business event
Ⓑ To announce a change in the summit's schedule
Ⓒ To thank Mr. Chen for inquiring about a business summit
Ⓓ To invite Mr. Chen to be a speaker at the business summit

14 What can be inferred about Mr. Chen?
Ⓐ He is a longtime member of the organizing committee.
Ⓑ He has sponsored the event before.
Ⓒ He has participated in the event in the past.
Ⓓ He is being invited to the event for the first time.

15 What does Ms. Williams invite Mr. Chen to do?
Ⓐ Recommend the event to others
Ⓑ Complete a survey online
Ⓒ Register for updates on the website
Ⓓ Submit questions in advance

Circadian Rhythms

Circadian rhythms are natural, internal processes that regulate the sleep-wake cycle and repeat roughly every 24 hours. These biological clocks are found in most living things, from humans to plants. They are governed by a clock in the brain, which responds primarily to light. These rhythms have a profound impact on physiological processes including hormone release, body temperature, and metabolism.

Modern lifestyles frequently disrupt these finely tuned rhythms. Artificial lighting, shift work, and jet lag can cause our internal clocks to lose their connection with the external environment. Such disruptions can lead to sleep disorders, cardiovascular issues, and metabolic problems. Research suggests that long-lasting circadian imbalance may increase the risk of disease and impair cognitive performance. Blue light from electronic devices is particularly disruptive, as it suppresses melatonin, which is an essential hormone that helps regulate the sleep-wake cycle.

Regulating circadian rhythms relies on maintaining consistent sleep patterns, increasing daylight exposure, and reducing blue light intake before sleep. Scientists are also investigating interventions for shift workers and travelers experiencing jet lag, including timed light exposure protocols to help reset disrupted circadian rhythms.

16. The word "profound" in the passage is closest in meaning to
   Ⓐ significant
   Ⓑ potential
   Ⓒ temporary
   Ⓓ unexpected

17. What is suggested in the passage about the blue light from electronic devices?
   Ⓐ It can replace daylight exposure.
   Ⓑ It inhibits the production of sleep-related hormones.
   Ⓒ It provides a measure for evaluating cognitive performance.
   Ⓓ It can contribute to improved metabolic function.

18. All of the following are ways to regulate circadian rhythms EXCEPT:
   Ⓐ keeping a regular sleep schedule
   Ⓑ spending more time in natural daylight
   Ⓒ maintaining regular exercise routines
   Ⓓ limiting blue light before bedtime

19. How are scientists addressing the issue of jet lag?
   Ⓐ By recommending consistent sleep schedules
   Ⓑ By researching timed light exposure protocols
   Ⓒ By creating new medication timing strategies
   Ⓓ By designing blue-light filtering devices

20. What is the relationship between paragraphs 2 and 3?
   Ⓐ Paragraph 3 elaborates on the causes of the issues mentioned in paragraph 2.
   Ⓑ Paragraph 3 challenges the claims made in paragraph 2.
   Ⓒ Paragraph 3 specifies how to counteract the disruptions mentioned in paragraph 2.
   Ⓓ Paragraph 3 identifies the types of workers who are easily affected by the disruptions discussed in paragraph 2.

End of Module 1

The first module of the Reading Section is now complete.
Module 2 will begin next.

TOEFL iBT READING — Begin

Module 2

During the test, the clock will show you how much time you have to finish Module 2.

You can click Next to move to the next question and click Back to go back to earlier questions in the same module.

Fill in the missing letters in the paragraph.

Bones form the framework of the human body, supporting and protecting the internal organs. ⁰¹Th____ change ⁰²throu_____ an individual's ⁰³li____. Babies ⁰⁴a____ born ⁰⁵wi____ 270 ⁰⁶bo_____, but they ⁰⁷grad_____ fuse ⁰⁸a___ the body ⁰⁹matu_____, adapting to its ¹⁰ne_____. During puberty, skeletal mass increases as the body reaches its adult form, which consists of 206 bones. In later life, medical conditions may cause bones to weaken as old tissue breaks down faster than new tissue forms.

The Effects of Globalization

Globalization has connected populations around the world. Due to advances in transportation and technology in the twenty-first century, goods, services, information, and ideas now move across borders faster and more easily than ever before. This has enabled international cooperation on an unprecedented scale.

Some factors, such as social media and streaming platforms, have accelerated this exchange, enabling entertainment, trends, and lifestyle practices to spread globally within seconds. As a result, people in different countries often consume identical content. While this allows individuals to understand topics and expressions from other parts of the world, not all of the effects of this shared exposure are as harmless. For instance, the popularity of certain content online can create social pressure, particularly among young people, to adopt foreign behaviors that conflict with their community's values, which can reduce cultural diversity over time.

However, people have found ways to reconcile globalization with their cultural identity. This may involve incorporating international products, services, and ideas but in a way that aligns with an existing culture, such as when international fast-food chains modify their menus based on local tastes. This approach allows cultures to participate in the global community while keeping their unique characteristics.

11 What is a result of advances in transportation and technology in the twenty-first century?

Ⓐ Stronger global collaboration
Ⓑ Conflicts between members of different communities
Ⓒ Reduced social pressure to conform to cultural norms
Ⓓ Increased economic competition among young people

12 Why does the author mention social media and streaming platforms?

Ⓐ To emphasize that not all of the effects of globalization are harmless
Ⓑ To provide an example of how cultural content spreads quickly
Ⓒ To contrast the two communication methods' global reach
Ⓓ To identify industries that have benefited greatly from technological advances

13 The word "reconcile" in the passage is closest in meaning to

Ⓐ equate
Ⓑ substitute
Ⓒ compare
Ⓓ balance

14 What does the passage mention as one action that preserves cultural identity?

Ⓐ Teaching traditional practices in educational institutions
Ⓑ Creating laws to protect local customs from foreign influence
Ⓒ Modifying international offerings to suit local preferences
Ⓓ Limiting access to social media and streaming platforms

15 What can be inferred about the popularity of certain online content?

Ⓐ It can lead to misunderstandings within communities.
Ⓑ It can cause cultures to become more homogenous.
Ⓒ It can create tensions between different generations.
Ⓓ It can result in reduced prejudice against foreign cultures.

End of Module 2

The Reading Section is now complete.

MEMO

|H|A|C|K|E|R|S|
Updated
TOEFL
READING BASIC

개정 6판 3쇄 발행 2026년 1월 5일
개정 6판 1쇄 발행 2025년 11월 7일

지은이	David Cho | 언어학 박사, 前 UCLA 교수, 해커스 어학연구소 공저
펴낸곳	(주)해커스 어학연구소
펴낸이	해커스 어학연구소 출판팀
주소	서울특별시 서초구 강남대로61길 23 (주)해커스 어학연구소
고객센터	02-537-5000
교재 관련 문의	publishing@hackers.com
동영상강의	HackersIngang.com
ISBN	978-89-6542-812-1 (13740)
Serial Number	06-03-01

저작권자 ⓒ 2025, David Cho, 해커스 어학연구소
이 책 및 음성파일의 모든 내용, 이미지, 디자인, 편집 형태에 대한 저작권은 저자에게 있습니다.
서면에 의한 저자와 출판사의 허락 없이 내용의 일부 혹은 전부를 인용, 발췌하거나 복제, 배포할 수 없습니다.

외국어인강 1위,
해커스인강(HackersIngang.com)
해커스인강

- 토플 시험에 나올 어휘를 정리한 **단어암기장 및 단어암기 MP3**
- 해커스 토플 스타강사의 **본 교재 인강**

전세계 유학정보의 중심,
고우해커스(goHackers.com)
고우해커스

- **토플 보카 외우기, 토플 스피킹/라이팅 첨삭 게시판** 등 무료 학습 콘텐츠
- 고득점을 위한 **토플 공부전략 강의**
- **국가별 대학 및 전공별 정보, 유학 Q&A 게시판** 등 다양한 유학정보

[외국어인강 1위] 헤럴드 선정 2018 대학생 선호브랜드 대상 '대학생이 선정한 외국어인강' 부문 1위

전세계 유학정보의 중심
고우해커스

고우해커스

토플 시험부터 학부·석박사, 교환학생, 중·고등 유학정보까지

고우해커스에 다 있다!

유학전문포털 235만개 정보 보유
고우해커스 내 유학 관련 컨텐츠 누적게시물 수 기준 (~2022.04.06.)

200여 개의 유학시험/생활 정보 게시판

17,200여 건의 해외 대학 합격 스펙 게시글
고우해커스 사이트 어드미션포스팅 게시판 게시글 수 기준 (~2022.10.14.)

goHackers.com

1위 해커스어학원
260만이 선택한 해커스 토플

단기간 고득점 잡는 해커스만의 체계화된 관리 시스템

01 토플 무료 배치고사
현재 실력과 목표 점수에 딱 맞는 학습을 위한 무료 반배치고사 진행!

토플 Trial Test (월 2회)
월 2회 실전처럼 모의테스트 가능한 TRIAL test 응시기회 제공!
02

03 1:1 개별 첨삭시스템
채점표를 기반으로 약점파악 및 피드백, 1:1 개인별 맞춤 첨삭 진행!

[260만] 해커스어학원 누적 수강생 수, 해커스인강 토플 강의 누적 수강신청건수 합산 기준(2003.01~2018.09.05. 환불자/중복신청 포함)
[1위] 한경비즈니스 2024 한국브랜드만족지수 교육(온·오프라인 어학원) 1위

해커스어학원 단기 졸업 시스템으로
빠르게 토플 졸업 go ▶

누구나 무료! 1:1 첨삭 무한 제공!

고우해커스 스피킹&라이팅 게시판

1. 실전 시험과 동일하게 훈련 가능!

- 최신 경향 반영 문제로 유형별 맞춤 연습
- 실제 시험과 동일! 실시간 타이머로 시간관리 훈련
- 녹음한 답변 들어보기 및 답변 자동 첨부 기능 지원

2. 고득점으로 가는 상세한 첨삭 평가

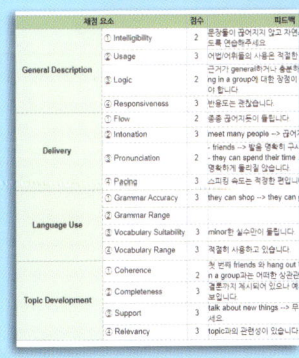
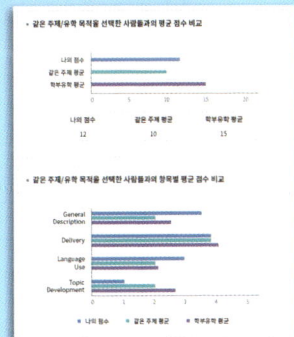

- 구성/내용/문법/어휘 등 개인별 맞춤 피드백
- 유학 목적/문제 유형에 따라 토플 수험생들과 실력 비교까지!

고우해커스 goHackers.com

◀ 고우해커스에서 **스피킹 첨삭** 받기

◀ 고우해커스에서 **라이팅 첨삭** 받기

HACKERS
Updated
TOEFL
READING BASIC

해커스 Updated TOEFL 교재 시리즈

정가 23,000원

HACKERS

Updated
TOEFL

READING BASIC

정답 · 해석 · 해설

2026년 1월 21일
NEW TOEFL
완벽 대비

HACKERS
Updated
TOEFL
READING BASIC

정답 · 해석 · 해설

해커스 어학연구소

리딩을 위한 기본기 다지기

Day 01 독해에 필요한 기초 문법 익히기

Course 1 ········· p.23

01 <u>Einstein</u> is a <u>famous</u> physicist.
    명사   형용사
Einstein은 유명한 물리학자이다.

02 The <u>cafeteria</u> will close <u>early</u> on Friday.
       명사   부사
구내식당은 금요일에 일찍 문을 닫을 것이다.

03 <u>We</u> had a <u>great</u> time at the party last night.
   대명사   형용사
우리는 어젯밤 파티에서 즐거운 시간을 보냈다.

04 The room was small, <u>but</u> it felt cozy.
                  형용사 접속사
그 방은 작았지만, 그곳은 편안하게 느껴졌다.

05 <u>Oceans</u> <u>cover</u> most of Earth's surface.
    명사   동사
바다는 지표면의 대부분을 덮는다.

06 Bats <u>sleep</u> <u>during</u> the day.
       동사   전치사
박쥐는 낮 동안 잠을 잔다.

07 Amy <u>always</u> speaks <u>very</u> clearly.
       부사   부사
Amy는 항상 아주 분명하게 말한다.

08 <u>Fortunately</u>, I found the missing report <u>at</u> the office.
     부사   전치사
다행히도, 나는 사무실에서 분실된 보고서를 찾았다.

09 Earth <u>revolves</u> around the <u>Sun</u>.
         동사   명사
지구는 태양 주위를 공전한다.

10 <u>Wow</u>! You look <u>amazing</u> today.
   감탄사   형용사
와! 너 오늘 멋져 보인다.

> **어휘**
> 01 physicist [fízisist] 물리학자
> 02 cafeteria [kæfətíəriə] 구내식당
> 05 surface [sə́ːrfis] 표면
> 07 clearly [klíərli] 분명하게, 또렷하게
> 08 fortunately [fɔ́ːrtʃənətli] 다행히도, 운 좋게
>   missing [mísiŋ] 분실된, 사라진
> 09 revolve [rivɑ́ːlv] 공전하다
> 10 amazing [əméiziŋ] 멋진

Course 2 ········· p.25

01 <u>The news</u> shocked <u>everyone</u>.
      주어   목적어
그 소식은 모든 사람을 놀라게 했다.

02 Birds <u>migrate</u> in <u>winter</u>.
       동사   수식어
새들은 겨울에 이동한다.

03 We eat <u>fresh fruit</u> <u>every morning</u>.
           목적어   수식어
우리는 매일 아침 신선한 과일을 먹는다.

04 The team elected <u>John</u> <u>captain</u>.
                 목적어 목적격 보어
그 팀은 John을 주장으로 선출했다.

05 The sky suddenly <u>became</u> <u>dark</u>.
                   동사   주격 보어
하늘이 갑자기 어두워졌다.

06 <u>Julian</u> bought <u>a gift</u> for his sister.
   주어   목적어
Julian은 그의 여동생을 위해 선물을 샀다.

07 <u>The soup</u> tastes <u>delicious</u>.
     주어   주격 보어
그 수프는 맛있다.

08 The meeting <u>started</u> <u>on time</u>.
              동사   수식어
회의가 제시간에 시작했다.

09 <u>Emma</u> called <u>her friends</u> last night.
    주어   목적어
Emma가 어젯밤 친구들에게 전화했다.

10 I <u>painted</u> the wall <u>blue</u>.
     동사   목적격 보어
나는 벽을 파란색으로 칠했다.

> **어휘**
> 01 shock [ʃɑ́ːk] 놀라게 하다
> 02 migrate [máigreit] (철새가) 이동하다
> 04 elect [ilékt] 선출하다, 뽑다
> 05 suddenly [sʌ́dnli] 갑자기
> 08 on time 제시간에

Course 3 ········· p.27

01 <u>The lecture</u> <u>was</u> <u>very difficult</u>. <2형식>
      주어   동사   주격 보어
그 강의는 매우 어려웠다.

02 <u>Jamie</u> <u>sent</u> <u>his professor</u> <u>an email</u>. <4형식>
    주어 동사   간접 목적어   직접 목적어
Jamie는 교수에게 이메일을 보냈다.

03 Pedro bought a new laptop. <3형식>
　　　주어　동사　　목적어
　　Pedro는 새 노트북을 샀다.

04 Mr. Patel became a doctor last year. <2형식>
　　　주어　　동사　주격 보어　수식어
　　Mr. Patel은 작년에 의사가 되었다.

05 The scientist discovered a new planet. <3형식>
　　　주어　　　동사　　　　목적어
　　그 과학자는 새로운 행성을 발견했다.

06 We named our baby Olivia. <5형식>
　　　주어　동사　목적어　목적격 보어
　　우리는 우리 아기에게 Olivia라는 이름을 지어주었다.

07 New species emerged after the ice age. <1형식>
　　　주어　　　동사　　　수식어
　　빙하기 이후 새로운 종들이 나타났다.

08 Seoul is the capital of South Korea. <2형식>
　　　주어　동사　　주격 보어
　　서울은 대한민국의 수도이다.

09 The guide told the tourists an interesting story. <4형식>
　　　주어　　동사　간접 목적어　　직접 목적어
　　가이드는 관광객들에게 흥미로운 이야기를 들려주었다.

10 Historians call the period the Middle Ages. <5형식>
　　　주어　　동사　목적어　목적격 보어
　　역사학자들은 그 시기를 중세 시대라고 부른다.

> 어휘　01 lecture[lékt∫ər] 강의, 강연
> 　　　07 species[spí:ʃi:z] (동물·식물의) 종
> 　　　　　emerge[imə́:rdʒ] 나타나다, 출현하다
> 　　　08 capital[kǽpətl] 수도
> 　　　10 historian[histɔ́:riən] 역사학자
> 　　　　　the Middle Ages 중세 시대

Course 4 .... p.29

01 Sandra really loves reading mystery novels.
　　Sandra는 추리 소설 읽기를 매우 좋아한다.

02 I drink coffee in the morning.
　　나는 아침에 커피를 마신다.

03 Jerry likes shirts with bright colors.
　　Jerry는 밝은 색이 있는 셔츠를 좋아한다.

04 Mark didn't go out because he was tired.
　　Mark는 피곤했기 때문에 밖에 나가지 않았다.

05 This is the house where I grew up.
　　여기가 내가 자란 집이다.

06 The sound of rain helps me sleep.
　　빗소리가 내가 잠들도록 도와준다.

07 Do you remember where you parked your car?
　　네가 차를 어디에 주차했는지 기억하니?

08 Everyone knows that she is kind.
　　모두가 그녀가 친절하다는 것을 안다.

09 I always take a shower after I exercise.
　　나는 운동한 후에 항상 샤워를 한다.

10 The girl who is wearing a red hat is my sister.
　　빨간 모자를 쓰고 있는 여자아이는 내 여동생이다.

> 어휘　01 mystery novel 추리 소설
> 　　　09 exercise[éksərsàiz] 운동하다

Course 5 .... p.31

01 The building (across the street) / is / a coffee shop (with free Wi-Fi).
　　길 건너에 있는 건물은 무료 와이파이가 있는 커피숍이다.

02 (In the living room), a vase (with fresh flowers) / sits (on the coffee table).
　　거실에는, 신선한 꽃이 꽂힌 꽃병이 커피 테이블 위에 놓여 있다.

03 (In 1969), a team (of American astronauts) / (successfully) landed (on the Moon).
　　1969년에, 미국 우주비행사 팀이 달에 성공적으로 착륙했다.

04 A scientist (from Japan) / discovered / a new species (in the Pacific Ocean).
　　일본 출신의 한 과학자가 태평양에서 새로운 종을 발견했다.

05 (This summer), students (from France) / visited / a museum (in New York City).
　　이번 여름에, 프랑스에서 온 학생들이 뉴욕시의 한 박물관을 방문했다.

06 (Last Friday), an author (of historical novels) / published / a new book (about ancient Rome).
　　지난 금요일에, 역사 소설 작가가 고대 로마에 관한 새 책을 출간했다.

07 (Inside the train station), a woman (in a black coat) / looked / (very) nervous.
　　기차역 안에서, 검은 코트를 입은 한 여성이 매우 불안해 보였다.

08 I / was / late (for my morning class) (because of the traffic jam).
　　교통 체증 때문에 나는 아침 수업에 늦었다.

09 (After a long day at work), Brett / relaxed / (on the sofa) (with a warm cup of tea).
　　직장에서 긴 하루를 보낸 후, Brett은 따뜻한 차 한 잔과 함께 소파에서 휴식을 취했다.

10 Children (from the neighborhood) / played / soccer (in the schoolyard).
　　동네 아이들이 운동장에서 축구를 했다.

> 어휘　03 astronaut[ǽstrənɔ̀:t] 우주비행사
> 　　　　　successfully[səksésfəli] 성공적으로
> 　　　　　land on ~에 착륙하다
> 　　　04 species[spí:ʃi:z] (동물·식물의) 종
> 　　　06 ancient[éinʃənt] 고대의
> 　　　07 nervous[nə́:rvəs] 불안한
> 　　　08 traffic jam 교통 체증
> 　　　09 relax[rilǽks] 휴식을 취하다
> 　　　10 schoolyard[skú:ljà:rd] 운동장

Daily Test
p.32

01 ⒜ 겨울 서식지에서 여름 서식지로
   ⒝ 연구자들에게 길 찾기에 관한 귀중한 정보를

02 ⒜ 아마존 열대우림의 나무에서
   ⒝ 그 과정을 비용이 많이 든다고 여겼다

03 ⒜ 한 천문학자가 2천 년도 훨씬 전에 그것을 제작했다.
   ⒝ 그것의 모양은 특이했는데, 그것이 사람의 몸처럼 보였기 때문이다.

04 ⒜ 낮 동안에는, 직사광선 아래에서 땅이 매우 뜨거워진다.
   ⒝ 밤에는 열이 빠르게 우주로 빠져나간다.

01

동물들은 놀라운 방향 감각을 가지고 있다. ⒜ 새들은 겨울 서식지에서 여름 서식지로 수천 마일을 이동하면서도 길을 잃지 않는다. 일부는 심지어 지난해의 같은 초원이나 나무로 돌아오기도 한다. ⒝ 철새들은 연구자들에게 길 찾기에 관한 귀중한 정보를 제공한다.

sense of direction 방향 감각   get lost 길을 잃다
meadow[médou] 초원   previous[príːviəs] 이전의
migratory[máigrətɔ̀ːri] 철새의, 이동하는
researcher[risə́ːrtʃər] 연구자   valuable[væljuəbl] 귀중한
navigation[nævəgéiʃən] 길 찾기

02

⒜ 1860년 이전에는, 고무가 아마존 열대우림의 나무에서 채취되었다. ⒝ 그러나, 상인들은 그 과정을 비용이 많이 든다고 여겼다. 이후, 식물학자들은 온실에서 고무나무를 재배하려는 시도를 했다. 이 시도는 성공적이었고, 그 씨앗들은 싱가포르와 아시아의 다른 영국 식민지로 운반되었다.

rubber[rʌ́bər] 고무   harvest[háːrvist] 채취하다, 수확하다
consider[kənsídər] ~이라고 여기다, 생각하다
costly[kɔ́ːstli] 비용이 많이 드는, 값비싼
botanist[bátənist] 식물학자   attempt to ~하기를 시도하다
greenhouse[gríːnhàus] 온실   successful[səksésfəl] 성공적인
transport[trænspɔ́ːrt] 운반하다   colony[káːləni] 식민지

03

최초의 풍향계는 고대 그리스에서 만들어졌다. ⒜ 한 천문학자가 2천 년도 훨씬 전에 그것을 제작했다. 그 장치는 아테네의 '바람의 탑' 위에 설치되었다. 그것은 미풍에 따라 회전하며 방향을 보여주었다. ⒝ 그것의 모양은 특이했는데, 그것이 사람의 몸처럼 보였기 때문이다.

instrument[ínstrəmənt] 기구, 도구   direction[dirékʃən] 방향
astronomer[əstránəmər] 천문학자   device[diváis] 장치, 기기
breeze[briːz] 미풍, 산들바람
unusual[ʌnjúːʒuəl] 특이한, 흔하지 않은

04

달에는 대기가 없다. 그 결과, 그것의 표면은 열을 유지할 수 없다. ⒜ 낮 동안에는, 직사광선 아래에서 땅이 매우 뜨거워진다. ⒝ 밤에는 열이 빠르게 우주로 빠져나간다. 그러면 온도는 영하보다 훨씬 떨어진다. 실제로, 달의 긴 밤 동안에는 표면 온도가 섭씨 -230도 아래로 내려갈 수 있다.

atmosphere[ǽtməsfìər] 대기, 공기층   surface[sə́ːrfis] 표면
extremely[ikstríːmli] 매우, 극도로   direct sunlight 직사광선
temperature[témpərətʃər] 온도   drop[drɑːp] 떨어지다, 하락하다
below freezing 영하로   in fact 실제로, 사실은
lunar[lúːnər] 달의, 음력의

Day 02 문장의 필수 성분 해석하기

Course 1
p.35

01 It ⓘs hard to wake up early on a cold morning.
추운 아침에 일찍 일어나는 것은 어렵다.

02 Participating in group activities ⓘmproves communication skills.
그룹 활동에 참여하는 것은 의사소통 능력을 향상시킨다.

03 What Leo wrote in his diary ⓡemains a mystery.
Leo가 일기에 썼던 것은 여전히 미스터리로 남아 있다.

04 According to many experts, it ⓘs true that exercise reduces stress.
많은 전문가들에 따르면, 운동이 스트레스를 줄인다는 것은 사실이다.

05 What Taylor said during the interview ⓘmpressed the judges.
Taylor가 면접 중에 말했던 것은 심사위원들에게 깊은 인상을 주었다.

06 Learning new languages ⓒreates opportunities.
새로운 언어를 배우는 것은 기회를 만든다.

07 Running ⓖives me a clear mind throughout the day.
달리기는 하루 종일 내 정신을 맑게 해준다.

08 It ⓦas clear that Hanna didn't want to join us.
Hanna가 우리와 함께하기를 원하지 않았다는 것은 분명했다.

09 It ⓘs fun to learn new things in a new environment.
새로운 환경에서 새로운 것을 배우는 것은 즐겁다.

10 What you do in your free time ⓡeveals a lot about your personality.
여가 시간에 하는 것은 너의 성격에 대해 많은 것을 드러낸다.

어휘
02 participate in ~에 참여하다
   improve[imprúːv] 향상시키다
03 remain[riméin] 남다, 유지되다
04 according to ~에 따르면
   reduce[ridjúːs] 줄이다, 감소시키다
05 impress[imprés] 깊은 인상을 주다

06 opportunity[àpərtjú:nəti] 기회
09 environment[inváiərənmənt] 환경
10 personality[pə̀:rsənǽləti] 성격, 인상

Course 2 .... p.37

01 I have heard this song before.
나는 이 노래를 전에 들어본 적이 있다.

02 The bridge across the river was repaired last month.
강을 가로지르는 그 다리는 지난달에 수리되었다.

03 Michael must have forgotten the meeting because he never arrived.
Michael은 결코 오지 않았으므로 회의를 잊었음에 틀림없다.

04 The hikers could have reached the village before sunset.
그 등산객들은 해질녘 전에 마을에 도착할 수도 있었다.

05 The new library was built two years ago.
새 도서관은 2년 전에 지어졌다.

06 The Johnson family has lived in Boston for five years.
Johnson 가족은 보스턴에서 5년 동안 살아왔다.

07 Fresh bread is baked at the bakery every morning.
신선한 빵이 그 빵집에서 매일 아침 구워진다.

08 We should have prepared more slides for the presentation.
우리는 발표를 위해 더 많은 슬라이드를 준비했었어야 했다.

09 You must have left your keys on the kitchen table.
너는 열쇠를 부엌 식탁 위에 두었음에 틀림없다.

10 Organic vegetables are sold at the downtown farmers' market.
유기농 채소가 도심의 농산물 시장에서 판매된다.

어휘 02 repair[ripéər] 수리하다
04 hiker[háikər] 등산객 reach[ri:tʃ] 도착하다
sunset[sʌ́nset] 해질녘, 일몰
08 prepare[pripéər] 준비하다
10 organic[ɔːrɡǽnik] 유기농의
downtown[dáuntáun] 도심의

Course 3 .... p.39

01 We plan to visit Barcelona this summer.
우리는 이번 여름에 바르셀로나를 방문할 계획이다.

02 The teacher explained that the final exam would cover all the chapters.
선생님은 기말시험이 모든 단원을 포함할 것이라고 설명했다.

03 I avoid talking about politics and religion.
나는 정치와 종교에 대해 이야기하는 것을 피한다.

04 Yuki promised to help us with the project.
Yuki는 그 프로젝트에서 우리를 도와주겠다고 약속했다.

05 The coach emphasized that teamwork was the most important thing.
코치는 팀워크가 가장 중요한 것이라고 강조했다.

06 I don't remember if Carlos attended the class this morning.
나는 오늘 아침 Carlos가 수업에 출석했는지 기억나지 않는다.

07 Please tell me where you bought this jacket.
이 재킷을 어디서 샀는지 말해줘.

08 We are not sure whether the museum will open during the holiday.
우리는 박물관이 연휴 동안 문을 열지 확실하지 않다.

09 Sanjay kept checking his phone during dinner.
Sanjay는 저녁 식사 동안 그의 전화기를 계속 확인했다.

10 I can't decide what I should wear to the wedding tomorrow.
나는 내일 결혼식에 무엇을 입어야 할지 결정하지 못하겠다.

어휘 02 explain[ikspléin] 설명하다
03 avoid[əvɔ́id] 피하다 religion[rilídʒən] 종교
05 emphasize[émfəsàiz] 강조하다
06 attend[əténd] 출석하다

Course 4 .... p.41

01 We want you to join us.
우리는 네가 우리와 함께하기를 원한다.

02 My hope is that we can finish the project on time.
내 희망은 우리가 프로젝트를 제시간에 끝낼 수 있는 것이다.

03 Mateo advised me to be careful.
Mateo는 나에게 조심하라고 조언했다.

04 My colleague asked me to help her.
내 동료는 나에게 그녀를 도와 달라고 요청했다.

05 The truth is that you have improved a lot this semester.
진실은 네가 이번 학기에 많이 향상되었다는 것이다.

06 The best part is that everyone enjoyed the event together.
가장 좋은 부분은 모두가 함께 그 행사를 즐겼다는 것이다.

07 The manager told the team to submit the report by Friday.
매니저는 팀에게 금요일까지 보고서를 제출하라고 말했다.

08 I heard someone singing outside my window.
나는 누군가가 내 창밖에서 노래하고 있는 것을 들었다.

09 I noticed a man waiting outside the office for a long time.
나는 한 남자가 오랫동안 사무실 밖에서 기다리고 있는 것을 알아차렸다.

10 The teacher let the students leave early after the test.
선생님은 시험 후에 학생들이 일찍 떠나도록 허락했다.

어휘 02 on time 제시간에
     04 colleague[káli:g] 동료
     05 semester[siméstər] 학기
     07 submit[səbmít] 제출하다
     09 notice[nóutis] 알아차리다

Daily Test   p.42

01 Ⓐ 많은 과학자들이 논의하는 것은

Ⓑ 새가 두 발로 걷는 공룡으로부터 진화했다는

02 Ⓐ 발명되었다

Ⓑ 발전했을지도 모른다

03 Ⓐ 어떤 사람들은 버섯을 모으는 것을 즐기며 그것을 안전하게 먹기를 바란다.

Ⓑ 과학자들은 사람들이 독이 있는 종과 먹을 수 있는 종을 구별할 수 있는지 아닌지를 여전히 논의한다.

04 Ⓐ 이 때문에, 나는 팀원들에게 자신의 아이디어를 내도록 격려했다.

Ⓑ 한 재치 있는 말이 우리를 웃게 했고 걱정을 잊게 했다.

01

화석을 연구하는 것은 새의 기원을 이해하는 데 필수적이다. Ⓐ **많은 과학자들이 논의하는 것은** 모든 증거가 실제로 새와 공룡의 연관성을 입증하는지 아닌지이다. 깃털을 설명하기 위해서는 공룡 화석을 살펴봐야 한다는 점을 부정하기는 어렵다. Ⓑ 중국에서의 발견들이 새가 두 발로 걷는 공룡으로부터 진화했다는 생각을 강하게 뒷받침한다는 것은 확실하다.

fossil[fá:səl] 화석 essential[isénʃəl] 필수적인, 매우 중요한
origin[ɔ́:rədʒin] 기원, 근원 debate[dibéit] 논의하다, 토론하다
evidence[évədəns] 증거, 근거
confirm[kənfə́:rm] 입증하다, 확증하다
deny[dinái] 부정하다, 부인하다 discovery[diskʌ́vəri] 발견
evolve[iválv] 진화하다 two-legged[tu:légd] 두 발로 걷는

02

Ⓐ 비행기는 20세기 초에 Wright 형제에 의해 발명되었다. 당시 많은 사람들은 그러한 기계가 실제로 날 수 있을지 의심했음에 틀림없다. 그러나, Wright 형제는 수년 동안 기계 공학을 세심하게 연구했고, 1903년에는 작동 가능한 비행기를 제작했다. Ⓑ 그들의 노력이 없었다면, 현대 항공 여행은 훨씬 더 늦게 발전했을지도 모른다.

doubt[daut] 의심하다 mechanics[məkǽniks] 기계 공학, 역학
aircraft[ɛ́ərkræft] 비행기, 항공기 modern[mɑ́:dərn] 현대의

03

Ⓐ 어떤 사람들은 버섯을 모으는 것을 즐기며 그것을 안전하게 먹기를 바란다. 전문가들은 야생 버섯을 먹는 것이 위험할 수 있다고 경고한다. Ⓑ 과학자들은 사람들이 독이 있는 종과 먹을 수 있는 종을 구별할 수 있는지 아닌지를 여전히 논의한다. 또한 연구자들은 많은 위험한 종류의 버섯이 해가 없어 보이기 때문에, 어떤 요인이 특정 버섯을 독성으로 만드는지를 연구하고 있다.

expert[ékspə:rt] 전문가 warn[wɔ:rn] 경고하다
difference[dífərəns] 구별, 차이 poisonous[pɔ́izənəs] 독이 있는
edible[édəbl] 먹을 수 있는 species[spí:ʃi:z] 종, 종류
factor[fǽktər] 요인, 원인 toxic[tá:ksik] 독성의
harmless[há:rmlis] 해가 없는

04

학기 초에, 선생님은 공지를 했다. 그 공지는 우리가 기말고사 대신 조별 과제를 완성할 것이라는 내용이었다. Ⓐ 이 때문에, 나는 팀원들에게 자신의 아이디어를 내도록 격려했다. Ⓑ 한 재치 있는 말이 우리를 웃게 했고 걱정을 잊게 했다. 결국, 우리의 팀워크는 더욱 강해졌고 우리는 과제를 성공적으로 마칠 수 있다는 자신감을 느꼈다.

announcement[ənáunsmənt] 공지, 발표
complete[kəmplí:t] 완성하다, 완료하다
encourage[inkə́:ridʒ] 격려하다, 용기를 주다
contribute[kəntríbju:t] (아이디어 등을) 내다, 기여하다
confident[kánfədənt] 자신감이 있는

Day 03 다양한 수식어 해석하기

Course 1   p.45

01 This is the best hotel to stay in around here.
이곳이 이 근처에서 묵기에 가장 좋은 호텔이다.

02 The company is searching for new employees to manage international clients.
그 회사는 해외 고객을 관리할 새 직원을 찾고 있다.

03 The teacher asked for a volunteer to lead the discussion.
선생님은 토론을 이끌 자원봉사자 한 명을 요청했다.

04 I am happy to see you again after such a long time.
나는 오랜만에 너를 다시 보게 되어 기쁘다.

05 The children were excited to visit the amusement park for the first time.
아이들은 처음으로 놀이공원을 방문하게 되어 신이 났다.

06 David woke up at 5 A.M. to catch the first flight to New York.
David는 뉴욕행 첫 비행기를 타기 위해 새벽 5시에 일어났다.

07 The hikers finally found a safe place to rest overnight.
등산객들은 하룻밤 동안 쉴 안전한 장소를 마침내 발견했다.

08 The café expanded its menu to attract more customers.
그 카페는 더 많은 고객을 끌어들이기 위해 메뉴를 확장했다.

09 Elena is ready to start her new job at the law firm next week.
Elena는 다음 주 로펌에서 새 일을 시작할 준비가 되어 있다.

10 Mei made a decision to move to another city for her career.
Mei는 자신의 경력을 위해 다른 도시로 이주하기로 결정했다.

어휘
02 manage[mǽnidʒ] 관리하다
client[kláiənt] 고객, 거래처
03 volunteer[vàːləntíər] 자원봉사자
05 amusement park 놀이공원
07 overnight[òuvərnáit] 하룻밤 동안
08 attract[ətrǽkt] 끌어들이다, 유인하다
customer[kʌ́stəmər] 고객
10 career[kəríər] 경력

Course 2 .... p.47

01 The professor who teaches modern history is very popular among students.
현대사를 가르치는 교수님은 학생들 사이에서 매우 인기가 있다.

02 I will never forget the summer when our family traveled across Europe.
나는 우리 가족이 유럽을 여행했던 그 여름을 결코 잊지 못할 것이다.

03 The dog that barks loudly every night keeps me awake.
매일 밤 크게 짖는 그 개가 나를 잠 못 들게 한다.

04 The man whom I met yesterday is my new boss.
내가 어제 만난 남자는 내 새 상사이다.

05 The painting which hangs on the wall was painted by Van Gogh.
벽에 걸려 있는 그 그림은 Van Gogh에 의해 그려졌다.

06 We visited the mall which opened last month.
우리는 지난달에 문을 연 쇼핑몰을 방문했다.

07 The company released a new smartphone that can take high-quality photos.
그 회사는 고화질 사진을 찍을 수 있는 새로운 스마트폰을 출시했다.

08 We visited the village where my grandparents grew up.
우리는 조부모님이 자라신 마을을 방문했다.

09 The book that won the award became a bestseller.
상을 받은 책은 베스트셀러가 되었다.

10 The reason why the project failed was a lack of communication between departments.
그 프로젝트가 실패한 이유는 부서 간의 소통 부족이었다.

어휘
03 bark[bɑːrk] 짖다 awake[əwéik] 깨어 있는
07 release[rilíːs] 출시하다, 공개하다
10 lack[læk] 부족

Course 3 .... p.49

01 Walking down the street, we talked about our plans for the weekend.
거리를 걸으며, 우리는 주말 계획에 대해 이야기했다.

02 The documents required for the visa should be submitted online.
비자에 필요한 서류들은 온라인으로 제출되어야 한다.

03 Surrounded by reporters, the actor gave no comment.
기자들에게 둘러싸인 채로, 그 배우는 아무 말도 하지 않았다.

04 The students waiting outside the auditorium in the cold weather finally went in.
추운 날씨에 강당 밖에서 기다리던 학생들이 마침내 안으로 들어갔다.

05 Having finished her presentation, the speaker answered questions from the audience.
발표를 마친 후, 발표자는 청중의 질문에 답했다.

06 Watch out for animals on the road when driving at night.
밤에 운전할 때는, 도로 위의 동물들을 조심해라.

07 The village destroyed by the earthquake last year has now been rebuilt.
지난해 지진으로 파괴된 그 마을은 현재 재건되었다.

08 The languages spoken in Canada are both English and French.
캐나다에서 사용되는 언어는 영어와 프랑스어 둘 다이다.

09 The travelers stopped to take photos of a waterfall flowing down the mountain.
여행자들은 산에서 흘러내리는 폭포의 사진을 찍기 위해 멈췄다.

10 The package delivered to my office this morning contained important documents.
오늘 아침 내 사무실로 배달된 그 소포에는 중요한 서류가 들어 있었다.

어휘
02 require[rikwáiər] 필요로 하다
submit[səbmít] 제출하다
03 give a comment 말하다, 언급하다
04 auditorium[ɔ̀ːditɔ́ːriəm] 강당
05 audience[ɔ́ːdiəns] 청중, 관중
07 destroy[distrɔ́i] 파괴하다
earthquake[ə́ːrθkweik] 지진
rebuild[riːbíld] 재건하다, 다시 짓다
10 package[pǽkidʒ] 소포 deliver[dilívər] 배달하다

Course 4 .... p.51

01 You can borrow my bike if you are careful.
네가 조심한다면, 내 자전거를 빌릴 수 있어.

02 Since Karen was busy with her assignment, she didn't join us for dinner.
Karen은 과제 때문에 바빠서, 우리와 저녁 식사에 함께하지 않았다.

03 After the movie ended, we went to a café.
영화가 끝난 후에, 우리는 카페에 갔다.

04 I didn't stop running until I reached the park.
나는 공원에 도착할 때까지 달리기를 멈추지 않았다.

05 While many people opposed the idea, the project moved forward.
많은 사람들이 그 생각에 반대했지만, 그 프로젝트는 진행되었다.

06 The flight was canceled because the weather was bad.
날씨가 나빴기 때문에, 비행편이 취소되었다.

07 The children cheered after the team scored a goal.
팀이 골을 넣은 후에, 아이들이 환호했다.

08 If the machine breaks down, call the technician immediately.
기계가 고장 나면, 즉시 기술자에게 전화하시오.

09 We enjoyed the concert although the seats were not good.
좌석이 좋지 않았지만, 우리는 콘서트를 즐겼다.

10 The plan succeeded even though many people doubted it.
많은 사람들이 그것을 의심했지만, 그 계획은 성공했다.

어휘
01 careful [kɛ́ərfəl] 조심하는
02 assignment [əsáinmənt] 과제
04 reach [riːtʃ] 도착하다
05 oppose [əpóuz] 반대하다 move forward 진행되다
06 cancel [kǽnsəl] 취소하다
07 cheer [tʃiər] 환호하다
08 technician [tekníʃən] 기술자
   immediately [imíːdiətli] 즉시, 곧바로
10 doubt [daut] 의심하다

Daily Test
p.52

01 ⓐ 열을 흡수하고 저장하는
ⓑ 미래의 기후 변화를 보다 정확하게 예측하기 위해

02 ⓐ 우리가 그 계획을 이사회에 발표했던
ⓑ 어떻게 그 아이디어가 적용될 수 있을지를

03 ⓐ 사막을 처음 방문하는 사람들은 그곳에서 발견되는 다양한 생물에 의해 종종 놀란다.
ⓑ 수 세기 동안 생명이 없는 곳으로 여겨졌던 사막은 초기 과학자들에게 오해받았다.

04 ⓐ 사람들이 붐비는 도시에서 휘발유 자동차를 운전할 때, 공기는 빠르게 오염된다.
ⓑ 더 많은 운전자가 전기차로 바꾼다면, 배출 수준은 감소할 것이다.

01

지구의 변화하는 기후를 연구하기 위해, 과학자들은 육지와 해양의 온도 패턴을 조사한다. ⓐ 육지의 온도와 달리, 열을 흡수하고 저장하는 물의 능력 때문에 해양의 온도는 비교적 안정적으로 유지된다. 이러한 안정성이 유지되는 이유를 이해하는 것은, 해양이 전 세계 기후 패턴에 어떤 영향을 미치는지를 설명하기 위해 필수적이다. ⓑ 미래의 기후 변화를 보다 정확하게 예측하기 위해 과학자들은 계속해서 데이터를 수집하고 있다.

remain [riméin] 유지되다 relatively [rélətivli] 비교적
stable [stéibəl] 안정적인 due to ~때문에
absorb [æbsɔ́ːrb] 흡수하다 store [stɔːr] 저장하다
stability [stəbíləti] 안정성 influence [ínfluəns] 영향을 미치다
predict [pridíkt] 예측하다 accurately [ǽkjurətli] 정확하게

02

우리 회사에서 나는 마케팅 팀을 이끄는 매니저와 함께 일한다. 그녀는 회의 중에 많은 직원들이 요청했던 전략을 도입했다. ⓐ 나는 우리가 그 계획을 이사회에 발표했던 날을 아직도 기억한다. ⓑ 그전까지 조용했던 사무실은, 어떻게 그 아이디어가 적용될 수 있을지를 모두가 논의하면서 갑자기 활기로 가득 찼다.

introduce [intrədjúːs] 도입하다, 소개하다
strategy [strǽtədʒi] 전략 employee [implɔ́iiː] 직원
request [rikwést] 요청하다, 요구하다
present [prizént] 발표하다, 제시하다 board [bɔːrd] 이사회
suddenly [sʌ́dnli] 갑자기 discuss [diskʌ́s] 논의하다, 토의하다
apply [əplái] 적용하다, 활용하다

03

ⓐ 사막을 처음 방문하는 사람들은 그곳에서 발견되는 다양한 생물에 의해 종종 놀란다. 일부 지역에서는, 혹독한 환경에 적응한 동물들은 낮에는 숨어 있다가 밤에 나타난다. ⓑ 수 세기 동안 생명이 없는 곳으로 여겨졌던 사막은 초기 과학자들에게 오해받았다. 최근 연구로부터 더 많은 것을 배우면서, 현대 학자들은 이제 사막이 놀라운 생물 다양성을 지닌 생태계임을 인식하고 있다.

variety [vəráiəti] 다양성, 여러 가지 region [ríːdʒən] 지역
adapt to ~에 적응하다 harsh [hɑːrʃ] 혹독한, 거친
appear [əpíər] 나타나다 lifeless [láiflis] 생명이 없는
misunderstand [mìsʌndərstǽnd] 오해하다
scholar [skɑ́lər] 학자 recognize [rékəgnàiz] 인식하다, 알아보다
ecosystem [íːkousìstəm] 생태계
remarkable [rimɑ́ːrkəbl] 놀라운, 주목할 만한
biodiversity [bàioudivə́ːrsəti] 생물 다양성

04

Ⓐ 사람들이 붐비는 도시에서 휘발유 자동차를 운전할 때, 공기는 빠르게 오염된다. 이러한 차량들은 유해한 화학 물질을 배출하는 연료를 태우기 때문에, 환경 훼손의 주요 원인이다. Ⓑ 더 많은 운전자가 전기차로 바꾼다면, 배출 수준은 감소할 것이다. 전기차가 때때로 비싸긴 하지만, 그것들은 청정한 대안으로서 점점 인기를 얻고 있다.

gasoline[gǽsəliːn] 휘발유　crowded[kráudid] 붐비는, 혼잡한
polluted[pəlúːtid] 오염된　vehicle[víːikl] 차량, 탈것
release[rilíːs] 배출하다, 방출하다　chemical[kémikəl] 화학 물질
environmental[invàiərənméntl] 환경의
damage[dǽmidʒ] 훼손, 피해　switch to ~으로 바꾸다, 전환하다
emission[imíʃən] 배출, 배기가스
decrease[dikríːs] 감소하다, 줄다　popularity[pɑ̀ːpjuǽrəti] 인기
alternative[ɔːltə́ːrnətiv] 대안, 대체물

TASK 1 단어 완성하기 Complete the Words

Day 04 해석 없이 바로 채우는 빈칸

Daily Check-up ··· p.62

01 to
02 did
03 result
04 environment
05 from
06 influences
07 has
08 can
09 information
10 may
11 on
12 conclusions
13 Archaeologists
14 risk
15 represented
16 prehistoric
17 in
18 no
19 Researchers
20 sophisticated
21 adapt, conditions
22 contribute, by
23 put, underground
24 artificial, new
25 did, also
26 that, determines
27 agriculture, dependence
28 of, or
29 different, ages
30 serve, and
31 facilitated, but
32 biologists, migrations, conservation
33 of, significantly, transportation, civilizations
34 incredible, for, is, not
35 track, in, to, predictions
36 play, in, forecasting, navigation

01 고대 로마인들은 많은 길을 건설하려고 노력했다.
02 산업 혁명은 처음에는 노동 환경을 개선하지 않았다.
03 강수량 부족은 심각한 가뭄을 초래할 수 있다.
04 숲은 자연 환경의 일부이다.
05 화산은 뜨거운 암석이 지구 속 깊은 곳에서 솟아오를 때 형성된다.
06 기후는 농업 생산에 영향을 미친다.
07 온라인 학습을 통해 교육이 더 접근하기 쉬워졌다.
08 재생 에너지를 사용하는 것은 탄소 배출을 줄일 수 있다.
09 인쇄기는 정보를 더 빠르게 확산하는 데 도움이 되었다.
10 그 새는 매년 같은 둥지로 돌아올 수도 있다.
11 좋은 건강은 규칙적인 운동과 균형 잡힌 식단에 달려 있다.
12 과학자들은 데이터로부터 결론을 도출해야 한다.
13 고고학자들은 과거의 유물을 발굴한다.
14 일부 종들은 멸종 위기에 처해 있다.
15 Michelangelo 같은 예술가들은 르네상스의 이상을 구현했다.
16 박물관들은 선사 시대 동굴 예술 작품들을 보존한다.
17 그 도시는 인구 증가를 보였다.
18 심해 지역은 바닥에 도달하는 햇빛이 전혀 없다.
19 연구원들은 화성에서 물의 증거를 발견했다.
20 그 장치는 그 당시에는 매우 정교했다.
21 북극곰은 두꺼운 털을 발달시켜 북극 환경에 적응한다.
22 소규모 사업체들은 일자리를 창출함으로써 경제 성장에 기여한다.
23 사막 동물들은 낮 동안 땅속에 숨어 극심한 더위를 견딘다.
24 컴퓨터는 새로운 것들을 배우기 위해 인공 지능을 사용한다.
25 그녀는 경주에서 우승했을 뿐만 아니라 이전 세계 기록도 경신했다.
26 DNA는 유전 형질을 결정하는 유전 정보를 담고 있다.
27 초기 인류는 야생 식물에 대한 자신들의 의존을 줄이기 위해 농업을 발달시켰다.
28 구름은 작은 물 혹은 얼음 방울들로 이루어져 있다.
29 음악은 오랜 세월 동안 서로 다른 배경의 사람들을 이어왔다.
30 지도는 실용적이면서 교육적인 도구 역할을 모두 한다.
31 실크로드는 경제적 교류뿐만 아니라 사상의 전파도 촉진했다.
32 해양 생물학자들은 종 보전을 촉진하기 위해 고래 이동을 추적한다.
33 바퀴의 발명은 초기 문명의 운송을 상당히 발전시켰다.
34 인간의 뇌가 가진 놀라운 기억 능력은 아직도 과학자들에 의해 완전히 이해되지 않고 있다.
35 과학자들은 정확한 예측을 하기 위해 기후 패턴의 변화를 계속 추적해야 한다.
36 인공위성은 정확한 일기 예보와 내비게이션 시스템을 제공하는 데 역할을 한다.

어휘
01 ancient[éinʃənt] 고대의
02 working conditions 노동 환경
03 result in ~을 초래하다   drought[draut] 가뭄
04 environment[inváiərənmənt] 환경
05 form[fɔːrm] 형성되다, 만들어지다
06 agricultural[ægrikʌ́ltʃərəl] 농업의
07 education[èdʒukéiʃən] 교육
   accessible[æksésəbl] 접근하기 쉬운
08 renewable energy 재생 에너지
   carbon emissions 탄소 배출
09 printing press 인쇄기
11 depend on ~에 달려 있다
   balanced[bǽlənst] 균형 잡힌
12 draw conclusions 결론을 도출하다
13 archaeologist[à:rkiálədʒist] 고고학자
   uncover[ʌnkʌ́vər] 발굴하다   artifact[á:rtəfækt] 유물
14 at risk 위기에 처한   extinction[ikstíŋkʃən] 멸종
15 represent[rèprizént] 구현하다, 나타내다
   ideal[aidíːəl] 이상, 이상적인 것
16 prehistoric[prì:histɔ́:rik] 선사 시대의
17 increase in ~의 증가
20 device[diváis] 장치, 기기
   sophisticated[səfístəkèitid] 정교한, 복잡한
21 adapt to ~에 적응하다
22 contribute to ~에 기여하다
   economic growth 경제 성장
23 put up with ~을 견디다, 참다

24 artificial intelligence 인공지능(AI)
26 genetic [dʒənétik] 유전의
   inherited trait 유전 형질
27 dependence [dipéndəns] 의존
30 serve as ~으로서의 역할을 하다
   practical [præktikəl] 실용적인
31 facilitate [fəsílətèit] 촉진하다, 용이하게 하다
32 marine biologist 해양 생물학자
   conservation [kànsərvéiʃən] 보존
33 significantly [signífikəntli] 상당히, 현저히
   advance [ædvæns] 발전시키다
   civilization [sìvəlaizéiʃən] 문명
34 incredible [inkrédəbl] 놀라운, 엄청난
35 accurate [ǽkjurət] 정확한
   prediction [pridíkʃən] 예측

Daily Test   p.66

01 from	02 as
03 and	04 also
05 temperature	06 releasing
07 or	08 us
09 surroundings	10 By
11 addition	12 for
13 help	14 soil
15 and	16 cycles
17 in	18 deforestation
19 by	20 biodiversity
21 is	22 of
23 are	24 generation
25 through	26 the
27 and	28 an
29 advancements	30 agriculture
31 originated	32 government
33 in	34 has
35 into	36 infrastructure
37 wide	38 of
39 including	40 media
41 instruments	42 that
43 not	44 to
45 but	46 emotions
47 with	48 communities
49 share	50 traditions
51 It	52 in
53 and	54 transition
55 to	56 era
57 was	58 in
59 literature	60 philosophy
61 with	62 observation
63 to	64 hypothesis
65 can	66 experiments
67 data	68 if
69 predictions	70 not
71 sources	72 power
73 others	74 such
75 oil	76 are
77 carelessly	78 may
79 cause	80 environmental

01-10

피부는 인체에서 가장 큰 기관이며 보호 장벽으로 기능한다. 그것은 상처와 세균 같은 유해한 요인들로부터 우리를 보호한다. 그것은 또한 땀을 배출하거나 열을 보존함으로써 체온을 조절하는 데 도움을 준다. 피부에는 촉각과 압력을 감지하는 감각기가 있으며, 우리가 주변 환경에 반응하도록 돕는다. 이렇게 함으로써, 피부는 장기를 안전하게 지키고 균형을 유지한다. 피부가 없다면, 중요한 장기들은 취약해질 것이고, 체온 조절은 불가능해질 것이다.

organ [ɔ́ːrgən] 기관, 장기   protective [prətéktiv] 보호하는
injury [índʒəri] 상처, 부상   germ [dʒəːrm] 세균, 병균
release [rilíːs] 배출하다   retain [ritéin] 보존하다
sensor [sénsər] 감각기, 센서   detect [ditékt] 감지하다
vital [váitl] 중요한, 필수적인   vulnerable [vʌ́lnərəbl] 취약한, 연약한

11-20

숲은 지구의 기후 체계에 중요한데, 이는 수많은 종들에게 서식지를 제공하기 때문이다. 야생 동물에게 은신처를 제공할 뿐만 아니라, 나무는 토양 침식을 예방하는 데 도움을 주고 물 순환을 조절하여, 장기적인 환경 안정성을 유지한다. 그러나, 많은 지역에서, 벌목과 농업 확장으로 인한 산림 파괴는 계속해서 생물 다양성을 위협한다. 숲 생태계를 보호하고 복원하는 보전 프로그램들은 생태학적 균형을 유지하는 데 필수적이다.

habitat [hǽbitæt] 서식지   countless [káuntlis] 수많은
species [spíːʃiːz] 종   shelter [ʃéltər] 은신처, 피난처
soil erosion 토양 침식   regulate [régjulèit] 조절하다
stability [stəbíləti] 안정성
deforestation [diːfɔ̀ːristéiʃən] 산림 파괴   logging [lɔ́ːgiŋ] 벌목
expansion [ikspǽnʃən] 확장   threaten [θrétn] 위협하다
biodiversity [bàioudivə́ːrsəti] 생물 다양성
conservation [kànsərvéiʃən] 보전, 보존

21-30

유전학은 유전과 유전된 특성에 대한 연구이다. 이것은 형질이 유전자를 통해 한 세대에서 다른 세대로 유전되는 방법을 다루는 과학이고, 유전자는 DNA의 조각이다. DNA는 유기체를 만들고 작동시키기 위한 지침을 담고 있다. 유전학 연구는 의학, 농업, 법의학에서 중요한 발전을 가져왔다. 그것은 우리가 생명을 지배하는 복잡한 기제를 이해하는 데 도움을 주었고, 진화에 대한 더 깊은 통찰을 제공해 주었다.

genetics[dʒənétiks] 유전학 **heredity**[hərédəti] 유전
gene[dʒiːn] 유전자 **segment**[ségmənt] 조각, 단편
instruction[instrʌ́kʃən] 지침, 명령
advancement[ædvǽnsmənt] 발전, 진보
agriculture[ǽgrəkʌ̀ltʃər] 농업 **forensic**[fərénsik] 법의학의
govern[gʌ́vərn] 지배하다, 통제하다 **insight**[ínsàit] 통찰, 이해
evolution[èvəlúːʃən] 진화

31-40

인터넷은 상호 연결된 컴퓨터 네트워크의 세계적인 체계이다. 그것은 1960년대의 미국 정부 프로젝트에서 시작되었으며 그 이후로 월드 와이드 웹, 이메일, 소셜 미디어를 포함한 다양한 서비스를 지원하는 거대한 기반 시설로 성장했다. 인터넷은 사람들이 소통하고, 일하고, 배우고, 즐거운 시간을 보내는 방식을 근본적으로 바꾸었으며, 현대 사회와 일상생활을 형성하는 가장 강력한 힘 중 하나로 부상했다.

originate from ~에서 시작되다, 기원하다
infrastructure[ìnfrəstrʌ́ktʃər] 기반 시설
fundamentally[fʌ̀ndəméntəli] 근본적으로
emerge[imə́ːrdʒ] 부상하다, 나타나다

41-50

고고학적 증거는 음악이 수만 년 동안 인류 삶의 중요한 부분이 되어 왔음을 보여준다. 초기의 악기들은 고대인들이 단순히 생존하기 위해서만이 아니라 감정을 표현하고 다른 사람들과 연결하기 위해 음악을 만들었다는 것을 보여준다. 음악은 공동체를 하나로 모으고, 그들이 생각을 나누며, 중요한 사건을 축하하고, 심지어 의식을 행하는 데 도움을 주었다. 시간이 지나면서, 음악적 전통은 각 문화권에서 서로 다르게 발전했으며, 지역의 신념과 환경에 의해 형성되었다.

archaeological[àːrkiəládʒikəl] 고고학적인
evidence[évədəns] 증거 **instrument**[ínstrəmənt] 악기
ancient[éinʃənt] 고대의
not just A but B 단지 A뿐만 아니라 B도
express[iksprés] 표현하다 **emotion**[imóuʃən] 감정
community[kəmjúːnəti] 공동체
celebrate[séləbrèit] 축하하다 **ritual**[rítʃuəl] 의식, 제의
evolve[iválv] 발전하다, 진화하다 **belief**[bilíːf] 신념

51-60

르네상스는 14세기부터 17세기까지 유럽에서 일어난 문화적이고 예술적인 부흥의 시기였다. 그것은 이탈리아 플로렌스에서 시작되었으며, 중세에서 근대로의 전환을 나타냈다. 이 시기에, 고대 그리스와 로마의 고전 예술, 문학, 그리고 철학에 대한 새로운 관심이 있었다. 르네상스는 유명한 예술가, 사상가, 그리고 과학자들을 배출했으며, 이들은 유럽의 사상과 사회를 근본적으로 변화시켰다.

rebirth[ribə́ːrθ] 부흥, 재탄생 **transition**[trænzíʃən] 전환
modernity[mədə́ːrnəti] 근대성, 현대 **literature**[lítərətʃər] 문학
fundamentally[fʌ̀ndəméntəli] 근본적으로

61-70

과학적 방법은 자연 현상을 연구하고 설명하는 방법이다. 그것은 보통 관찰로 시작하여, 실험을 통해 검증될 수 있는 가설로 이어진다. 그 다음 연구자들은 자신들의 예측이 맞는지 틀렸는지를 확인하기 위해 데이터를 수집하고 연구한다. 그러한 실험이 여러 차례 반복된 후 유사한 결과를 낸다면, 그 결과들은 더욱 신뢰할 수 있게 되어, 과학적 지식의 기초를 이루고, 발견된 것들은 기술, 의학, 그리고 인간의 진보와 관련된 다른 영역에 적용될 수 있게 된다.

observation[àbzərvéiʃən] 관찰 **hypothesis**[haipáθəsis] 가설
prediction[pridíkʃən] 예측 **finding**[fáindiŋ] (연구) 결과
reliable[riláiəbl] 신뢰할 수 있는

71-80

천연자원은 인간이 생존하고 발전하기 위해 사용하는 지구에서 나는 물질이다. 이것들은 물, 광물, 숲, 그리고 다양한 에너지원을 포함한다. 일부는 태양 에너지와 목재처럼 재생 가능한 반면, 다른 것들은 석탄과 석유 같이 재생 불가능하다. 만약 자원들이 부주의하게 사용된다면, 그것들은 고갈될 수 있고 심각한 환경 문제를 야기할 수 있다. 지속 가능한 미래를 보장하기 위해, 사회는 다가올 세대들의 이익을 위해 개발과 환경 보호 간의 균형을 맞춰야 한다.

source[sɔːrs] 원천 **renewable**[rinjúːəbl] 재생 가능한
timber[tímbər] 목재 **carelessly**[kéərlisli] 부주의하게
deplete[diplíːt] 고갈시키다
sustainable[səstéinəbl] 지속 가능한

Day 05 문맥으로 채우는 빈칸

Daily Check-up ········· p.76

- 01 honor
- 02 fertile
- 03 invention
- 04 quickly
- 05 delayed
- 06 melted
- 07 unstable
- 08 seasonal
- 09 vegetation
- 10 caused
- 11 spread
- 12 sociology
- 13 nutrients
- 14 prices

15 introduced	16 improve
17 leaves	18 disasters
19 solid	20 monitor
21 growth, problems	22 damaged, rebuilt
23 harmful, ecosystem	24 rescue, result
25 during, nocturnal	26 access, reliable
27 structures, artistic	28 substance, naturally
29 groups, members	30 notify, notice
31 policies, measures, health	
32 survival, mimicry, predators	
33 process, remember, resting	
34 experienced, rainfall, area, drought	
35 emergence, bacteria, emergency, immediate	
36 revealed, between, relationship, further	

01 고대 이집트인들은 그들의 파라오를 기리기 위해 피라미드를 지었다.
02 그 지역은 농업에 적합한 비옥한 토양이 풍부하다.
03 인쇄기의 발명은 유럽에서 의사소통을 변화시켰다.
04 세균은 단순한 세포 분열로 번식하기 때문에 빠르게 증식한다.
05 기계가 오작동했고, 따라서 생산이 며칠 동안 지연되었다.
06 기후가 상당히 따뜻해졌으므로, 빙하들이 이전보다 더 빠르게 녹았다.
07 폭풍 동안 대기는 불안정해졌다.
08 철새들은 계절에 따른 비행경로를 따라간다.
09 사막은 식물이 매우 적어서 농업을 어렵게 만든다.
10 강은 몇 주간의 폭우 후에 범람했고, 이것이 인근 마을들에 홍수를 일으켰다.
11 문화 교류가 쉬워져서, 새로운 아이디어들이 대륙을 넘어 퍼졌다.
12 심리학과 사회학을 포함한 사회 과학은 인간 행동에 초점을 둔다.
13 균류는 공생 관계를 통해 식물이 영양분을 흡수하도록 돕는다.
14 공급과 수요가 시장에서 재화의 가격을 결정한다.
15 정부는 환경을 보호하기 위해 새로운 규제들을 도입했다.
16 과학자들은 태양광 패널의 효율성을 높이기 위해 새로운 소재를 시험하고 있다.
17 사막 식물들은 두꺼운 잎이나 줄기에 물을 저장한다.
18 지진과 허리케인 같은 자연재해는, 광범위한 피해를 일으킬 수 있다.
19 물은 섭씨 0도에서 어는데, 이는 액체에서 고체로 변한다는 것을 의미한다.
20 인공위성은 지구를 공전하며, 연구자들이 우주에서 날씨 변화를 관측할 수 있게 한다.
21 그 마을은 빠르게 성장했지만, 이러한 성장이 주택 문제들을 야기했다.
22 오래된 대성당은 화재로 훼손되었지만 이후에 재건되었다.
23 그 공장이 해로운 화학물질을 강에 방출했고, 그 결과 수생 생태계가 붕괴되었다.
24 응급 구조 작업은 자연재해 동안 많은 생명을 구하는 결과를 가져올 수 있다.
25 일부 동물들은 낮 동안 활동적이지만, 다른 동물들은 밤새 야행성 상태를 유지한다.
26 인터넷은 정보 접근을 쉽게 해주지만, 그 정보가 모두 신뢰할 만한 것은 아니다.
27 고대 문명들은 역사적 건축물들을 남겼는데, 그러한 구조물들은 그들의 예술적 능력을 보여준다.
28 그 물질은 생분해성 물질인데, 이는 그 물질이 자연적으로 분해된다는 뜻이다.
29 늑대들은 무리로 사냥한다. 이러한 사회적 무리들은 구성원들과 식량을 공유한다.
30 학교들은 학생의 성적에서 상당한 변화를 인식하면, 부모들에게 알려야 한다.
31 정부는 새로운 정책들을 도입했고, 이러한 조치들이 공중 보건 상태를 개선했다.
32 동물들은 포식자들로부터 숨기 위해 위장과 의태 같은 생존을 위한 다양한 전략들을 사용한다.
33 수면은 뇌가 일상 경험들을 처리하는 것을 돕는다. 그 결과, 사람들은 휴식을 취한 후에 정보를 더 잘 기억한다.
34 북부 지역은 폭우를 경험했지만, 남부 지역은 심각한 가뭄에 시달렸다.
35 항생제 내성 박테리아의 출현은 즉각적인 치료가 필요한 의료 응급 상황들을 발생시킨다.
36 그 실험은 스트레스와 기억 사이의 강한 연관성을 보여주었다. 그 관계는 추가 연구들에 의해 입증되었다.

어휘
01 honor[ánər] 기리다
02 fertile[fə́:rtl] 비옥한 agriculture[ǽgrəkàltʃər] 농업
03 transform[trænsfɔ́:rm] 변화시키다, 바꾸다
04 multiply[mʌ́ltəplai] 증식하다 cell division 세포 분열
05 malfunction[mælfʌ́ŋkʃən] 오작동하다
  delay[diléi] 지연시키다
06 climate[kláimit] 기후 glacier[gléiʃər] 빙하
07 atmosphere[ǽtməsfìər] 대기
08 migratory bird 철새
09 vegetation[vèdʒətéiʃən] 식물, 초목
10 overflow[òuvərflóu] 넘치다
11 continent[kántənənt] 대륙
12 psychology[saikálədʒi] 심리학
  sociology[sòusiálədʒi] 사회학
13 fungi[fʌ́ndʒai] 균류 nutrient[njú:triənt] 영양분
  symbiotic[sìmbiátik] 공생의
14 supply[səplái] 공급 demand[dimǽnd] 수요
  determine[ditə́:rmin] 결정하다
15 introduce[ìntrədjú:s] 도입하다
  regulation[règjuléiʃən] 규제
16 efficiency[ifíʃənsi] 효율성
18 natural disaster 자연재해
19 freeze[fri:z] 얼다
20 satellite[sǽtəlàit] 인공위성 orbit[ɔ́:rbit] 공전하다
  monitor[mánətər] 관측하다
22 damaged[dǽmidʒd] 훼손된
23 ecosystem[í:kousìstəm] 생태계
  collapse[kəlǽps] 붕괴하다
24 rescue[réskju:] 구조
25 nocturnal[nɑːktə́ːrnl] 야행성의
26 reliable[riláiəbl] 신뢰할 만한
27 artistic[ɑːrtístik] 예술적인
28 substance[sʌ́bstəns] 물질
30 notify[nóutəfài] 알리다 notice[nóutis] 인식하다
31 policy[páləsi] 정책 measure[méʒər] 조치

32 mimicry [mímikri] 의태　predator [prédətər] 포식자
33 process [práses] 처리하다
34 drought [draut] 가뭄
35 emergence [imə́:rdʒəns] 출현
　 immediate [imí:diət] 즉각적인
36 reveal [riví:l] 보여주다, 드러내다

65 reproduce
66 successfully
67 countless
68 advantageous
69 become
70 common
71 phenomenon
72 attributed
73 activities
74 burning
75 consequences
76 rising
77 levels
78 frequent
79 events
80 changes

Daily Test　p.80

01 structures
02 protect
03 waves
04 reefs
05 healthy
06 offering
07 places
08 animals
09 support
10 maintain
11 region
12 development
13 earliest
14 as
15 invented
16 systems
17 enabled
18 recording
19 trade
20 religious
21 Leaders
22 central
23 reshaping
24 voyages
25 ideas
26 diseases
27 continents
28 process
29 called
30 era
31 ancient
32 developed
33 valleys
34 areas
35 ensured
36 harvests
37 today
38 essential
39 industry
40 settlements
41 period
42 societies
43 production
44 powered
45 allowed
46 goods
47 rapidly
48 migrated
49 industrial
50 employment
51 comprises
52 numerous
53 comets
54 unique
55 massive
56 distinctive
57 helps
58 universe
59 gravitational
60 knowledge
61 process
62 organisms
63 better
64 allowing

01–10

산호초는 많은 바다 생물에게 집과 음식을 제공하는 수중 공동체이다. 시간이 지나면서, 그것들은 강한 파도로부터 해안선을 보호하는 구조물을 형성한다. 이 산호초들은 물고기와 다른 동물들이 살고 자랄 수 있는 안전한 장소를 제공함으로써 바다 생명체들을 건강하게 유지한다. 그들은 또한 깨끗한 물과 안정적인 해안선을 유지하는 데 도움을 줌으로써 사람들을 돕는다. 그러나, 그들은 쉽게 피해를 받으므로, 그들을 보호하는 것은 바다의 균형을 위해 중요하다.

coral reef 산호초　shoreline [ʃɔ́rlàin] 해안선
maintain [meintéin] 유지하다　stable [stéibəl] 안정적인

11–20

고대 메소포타미아는 티그리스강과 유프라테스강 사이에 위치했다. 이 지역에서는 우루크와 바빌론 같은 일부 세계 최초의 도시들의 발달이 있었다. 메소포타미아인들은 설형문자를 포함한 문자 체계를 만들어 냈으며, 이는 법률과 무역, 그리고 종교적 관습에 대한 기록을 가능하게 했다. 이러한 성취들은 조직화된 문명의 시작을 알렸다.

cuneiform [kju:ní:əfɔ̀:rm] 설형문자　enable [inéibl] 가능하게 하다
religious [rilídʒəs] 종교의　practice [præktis] 관습, 의식
accomplishment [əkɑ́mpliʃmənt] 업적, 성취
organized [ɔ́:rgənàizd] 조직화된　civilization [sìvəlaizéiʃən] 문명

21–30

대항해 시대는 유럽 탐험가들이 바다를 건너 새로운 무역로를 찾으면서 세계적 연결을 확장했다. Christopher Columbus와 Vasco da Gama와 같은 리더들은 역사를 바꾸는 데 있어서 중심적인 역할을 했다. 그들의 항해는 대륙 간에 상품, 사상, 그리고 질병을 전달했으며, 이 과정은 이후에 콜럼버스의 교환이라고 불렸다. 이 시대는 또한 식민지화를 촉진했고 전 세계의 정치적·경제적 체계를 변화시켰다.

exploration [èkspləréiʃən] 탐험　reshape [ri:ʃéip] 바꾸다, 재편하다
voyage [vɔ́iidʒ] 항해　disease [dizí:z] 질병
continent [kɑ́:ntinənt] 대륙
colonization [kɑ̀:lənizéiʃən] 식민지화

31-40

인류 문명은 운송, 관개, 그리고 담수 원천을 위해 항상 강에 의존해 왔다. 많은 고대 도시들이 강 유역을 따라 발달했다. 이러한 비옥한 지역들은 농업에 도움을 주었고 안정적인 수확을 보장했다. 오늘날에도, 강은 산업, 무역, 그리고 인간의 정착지에 필수적이며, 수많은 공동체의 생명줄 구실을 한다. 그것들은 경제 성장의 기반을 제공한다. 강은 또한 문화 교류를 촉진한다. 무엇보다도, 그것들은 전 세계 지역에서 인류의 생존에 여전히 중요하다.

rely on ~에 의존하다 **irrigation**[ìrəgéiʃən] 관개
fertile[fə́:rtl] 비옥한 **reliable**[riláiəbl] 안정적인
settlement[sétlmənt] 정착지 **countless**[káuntlis] 수많은
promote[prəmóut] 촉진하다 **critical**[krítikəl] 중요한

41-50

산업 혁명은 18세기에 영국에서 시작되었다. 이 시기는 기계화된 생산을 통해 경제와 사회를 변화시켰다. 증기 기관으로 가동되는 공장들은, 노동자들이 대규모로 상품을 생산할 수 있게 했다. 사람들이 일자리를 찾아 농촌 지역에서 산업 중심지로 이주하면서, 도시화가 빠르게 증가했다. 이러한 추세는 일상생활을 변화시켰을 뿐만 아니라 오늘날 사회에 계속해서 영향을 미치는 현대 산업, 교통 체계, 그리고 새로운 노동 형태의 기반을 마련했다.

revolution[rèvəlú:ʃən] 혁명 **migrate**[máigreit] 이주하다
lay the foundation for ~의 기반을 마련하다

51-60

태양계는 천체들로 구성된 방대한 집합으로, 모두 중심의 별인 태양을 공전한다. 그것은 8개의 주요 행성, 수많은 위성, 소행성, 혜성들로 이루어져 있다. 각 행성은 목성의 거대한 크기부터 토성의 독특한 고리에 이르기까지 고유한 특성을 지니고 있다. 우리 태양계를 이해하는 것은 우리가 우주에서 지구가 차지하는 위상을, 그리고 중력이 어떻게 천체의 움직임을 좌우하는지 이해하는 데 도움을 준다. 이 지식은 또한 우주 탐사를 안내하고 행성, 별, 그리고 다른 우주 구조의 기원에 대한 통찰을 제공한다.

celestial body 천체 **orbit**[ɔ́:rbit] 공전하다
comprise[kəmpráiz] ~으로 이루어져 있다
asteroid[ǽstərɔ̀id] 소행성 **distinctive**[distíŋktiv] 독특한
comprehend[kɑ̀:mprihénd] 이해하다
govern[gʌ́vərn] 좌우하다, 지배하다 **insight**[ínsàit] 통찰

61-70

진화론은 모든 종이 공통 조상으로부터 기원했다고 주장한다. 자연 선택이라고 불리는 이러한 과정은, 그들의 환경에 더욱 적합한 특성을 가진 생물체를 선호하며, 그들이 더 성공적으로 생존하고 번식할 수 있게 한다. 무수한 세대에 걸쳐, 이러한 유리한 특성들이 개체군 내에서 더 일반적이게 되며, 새로운 종의 출현으로 이어진다.

descend[disénd] 기원하다 **ancestor**[ǽnsestər] 조상
natural selection 자연 선택 **suit**[su:t] 적합하다
reproduce[rì:prədjú:s] 번식하다
population[pɑ̀:pjuléiʃən] 개체군 **emergence**[imə́:rdʒəns] 출현

71-80

지구 온난화는 지구 대기 및 해양 평균 기온의 지속적인 상승을 말한다. 이 현상은 주로 화석 연료 연소와 산림 벌채와 같은 인간의 활동으로부터 비롯된 온실가스 배출 때문이라고 여겨진다. 지구 온난화로 인한 결과에는 해수면 상승, 더 빈번한 기상 이변들, 그리고 심각한 생태계 변화들이 포함된다.

global warming 지구 온난화 **refer to** ~을 말하다
ongoing[ɑ́ŋɡòuiŋ] 지속적인
attribute A to B A가 B 때문이라고 여기다
greenhouse gas 온실가스 **fossil fuel** 화석 연료
deforestation[di:fɔ̀:ristéiʃən] 산림 벌채
frequent[frí:kwənt] 빈번한

Day 06 Task Test

p.84

01 Early
02 which
03 plain
04 simple
05 mainly
06 for
07 food
08 As
09 designs
10 more
11 the
12 rotates
13 regions
14 at
15 times
16 day
17 solve
18 problem
19 planet
20 divided
21 Solar
22 and
23 turbines
24 these
25 to
26 electricity
27 creating
28 provide
29 millions
30 homes
31 Some
32 erupt
33 with
34 force
35 significant
36 to
37 communities
38 infrastructure
39 others
40 lava
41 such
42 and

#	Word	#	Word
43	developed	44	characters
45	creative	46	structures
47	of	48	comedies
49	place	50	large
51	movements	52	earthquakes
53	eruptions	54	mountain
55	reshaping	56	around
57	example	58	devastating
59	in	60	occurred
61	Rapid	62	growth
63	cause	64	congestion
65	and	66	on
67	and	68	services
69	such	70	address
71	devised	72	system
73	accurately	74	solar
75	and	76	movements
77	planets	78	accomplishments
79	the	80	knowledge
81	absorb	82	and
83	it	84	energy
85	can	86	Unlike
87	they	88	not
89	other	90	organisms
91	objects	92	mainly
93	for	94	animals
95	building	96	stones
97	shaped	98	sharp
99	which	100	them
101	These	102	hunt
103	groups	104	than
105	of	106	gather
107	large	108	and
109	catch	110	cooperation
111	Before	112	invention
113	copied	114	hand
115	required	116	time
117	effort	118	technology
119	possible	120	quickly

01-10

도자기는 가장 오래된 장식 예술 중 하나로, 사람들이 역사를 통해 실용적 사용과 창조적 표현을 어떻게 결합해 왔는지를 보여준다. 초기 도자기는 소박하고 단순했으며, 주로 음식과 액체를 저장하는 데 사용되었다. 기술이 발전하면서, 디자인은 더욱 화려하고 정교해졌다. 시간이 지나면서, 다양한 문화들은 지역의 재료와 방식을 사용하여 독특한 스타일을 발전시켰나. 예를 들어, 고대 그리스 도자기는 정교한 흑색과 적색 형상을 특징으로 했으며, 중국 자기는 선명한 유약으로 유명해졌다.

pottery[pɑ́:təri] 도자기, 도예 **decorative**[dékərèitiv] 장식의
detailed[dí:teild] 정교한 **distinct**[distíŋkt] 독특한
intricate[íntrikət] 정교한 **figure**[fígjər] (사람·동물 등의) 형상
porcelain[pɔ́:rsəlin] 자기 **vibrant**[váibrənt] 선명한
glaze[gleiz] 유약

11-20

시간대는 우리가 전 세계적으로 시간을 일관되게 유지하는 데 도움을 준다. 지구가 자전하기 때문에, 서로 다른 지역들은 하루 중 서로 다른 시간에 햇빛을 받는다. 이 문제를 해결하기 위해, 지구는 24개의 시간대로 나누어지며, 각각은 약 한 시간씩 떨어져 있다. 이 체계는 우리가 먼 거리에 걸쳐 여행, 비즈니스, 그리고 의사소통을 계획하는 데 도움을 주며, 우리가 세계의 다른 지역에 살고 있음에도 불구하고 멀리 떨어진 지역에 있는 사람들이 공유된 일정을 따를 수 있게 해준다.

time zone 시간대 **consistent**[kənsístənt] 일관된
rotate[róuteit] 자전하다 **faraway**[fá:rəwèi] 멀리 떨어진

21-30

재생 가능한 자원은 햇빛, 바람, 나무와 같이 인간의 일생 내에서 자연적으로 보충될 수 있는 물질들이다. 태양광 패널과 풍력 터빈은 오염을 발생시키지 않고 전기를 생산하기 위해 이러한 자원들을 사용한다. 풍력 발전소는 수백만 가구에 전력을 제공한다. 재생 에너지로 전환하는 것은 환경을 보호하고, 피해를 줄이며, 기후 변화의 도전에 대응하면서 증가하는 에너지 수요를 충족하는 데 필수적이다.

renewable[rinjú:əbl] 재생 가능한
material[mətíəriəl] 물질
replace[ripléis] 보충하다, 대체하다
solar panel 태양광 패널 **generate**[dʒénərèit] 발생시키다
electricity[ilèktrísəti] 전기 **pollution**[pəlú:ʃən] 오염
vital[váitl] 필수적인 **address**[ədrés] 대응하다, 해결하다

31-40

화산은 지구 표면의 틈으로, 깊은 지하 공간에서 마그마와 화산재, 가스가 빠져나올 수 있는 곳이다. 일부 화산들은 폭발적인 힘으로 격렬하게 분출하여, 주변 지역 사회와 사회 기반 시설에 상당한 피해를 입히는 반면, 다른 화산들은 오랜 기간에 걸쳐 천천히 그리고 꾸준히 용암을 분출한다. 대부분의 화산의 위치는 단층선을 따른 지각판의

움직임과 직접적으로 연결되어 있다. 화산 활동을 연구하는 것은 과학자들이 지구 내부의 지질학적 과정을 더 잘 이해하고 인구 밀집 지역을 위협하는 위험한 분출을 예측하는 더 정확한 방법을 개발하는 데 도움을 준다.

chamber[tʃéimbər] 공간, 방   erupt[irʌ́pt] 분출하다
explosive[iksplóusiv] 폭발적인, 폭발하는
significant[signífikənt] 상당한   steadily[stédili] 꾸준히
tectonic plate 지각판   fault line 단층선
geological[dʒìəlɑ́dʒikəl] 지질학적인   eruption[irʌ́pʃən] 분출
populated[pɑ́:pjulèitid] 인구가 밀집된

41-50

고대 그리스 연극은 서양 문화에서 연극과 문학을 형성하는 데 주요한 역할을 했다. Sophocles와 Euripides 같은 극작가들은 복잡한 인물들과 창의적인 줄거리 구조를 발전시켰다. 비극과 희극의 공연은 대형 원형 극장에서 열렸으며, 많은 사람들이 관람하여 예술을 즐길 수 있게 했다. 그리스 연극의 영향은 오늘날에도 여전히 나타나며, 그것의 주제들, 무대 기법들, 그리고 인물 발전이 현대의 무대와 영화 제작에 계속 영감을 주고 있다.

playwright[pléirait] 극작가   character[kǽriktər] 인물, 등장인물
tragedy[trǽdʒədi] 비극   comedy[kɑ́:mədi] 희극
amphitheater[ǽmfəθì:ətər] 원형 극장
inspire[inspáiər] 영감을 주다

51-60

판 구조론은 지구의 외부 판들이 어떻게 움직여서 지표면을 형성하는지를 설명하는 이론이다. 그것들의 움직임은 지진, 화산 분출, 그리고 산맥 형성을 일으켜, 지구 곳곳의 지형을 바꿔 놓는다. 예를 들어, 2011년 일본의 파괴적인 지진은 단층선을 따른 갑작스러운 지각판 활동으로 인해 발생했다. 판 구조론을 연구하는 것은 지구의 지질학적 과정을 이해하고, 잠재적인 자연재해를 평가하며, 지역 사회가 효과적으로 준비할 수 있도록 돕기 위해 지진과 화산 분출의 정확한 예측을 개선하는 데 필수적이다.

plate tectonics 판 구조론   theory[θí:əri] 이론
reshape[riʃéip] 바꾸다, 재형성하다   landscape[lǽndskèip] 경관
devastating[dévəstèitiŋ] 파괴적인   sudden[sʌ́dn] 갑작스러운
assess[əsés] 평가하다   potential[pəténʃəl] 잠재적인
hazard[hǽzərd] 재해

61-70

도시화는 농촌 지역에서 도시로의 사람들의 이동으로, 주요한 인구 통계학적이고 경제적인 변화를 초래한다. 급속한 도시 성장은 교통 혼잡, 오염, 주택과 공공 서비스에 대한 부담을 야기할 수 있다. 도쿄 같은 도시들은 복잡한 교통망과 신중한 계획을 통해 이러한 문제들을 해결한다. 도시화를 연구하는 것은 인구 증가와 환경 보호, 효율적인 서비스, 그리고 거주자들의 높은 삶의 질 사이의 균형을 맞추는 지속 가능한 도시를 만드는 데 필수적이다.

urbanization[ə̀:rbənizéiʃən] 도시화   rural[rúərəl] 농촌의
demographic[dèməgrǽfik] 인구 통계학적인
traffic congestion 교통 혼잡   strain[strein] 부담
address[ədrés] 해결하다   challenge[tʃǽlindʒ] 문제
sustainable[səstéinəbl] 지속 가능한   efficient[ifíʃənt] 효율적인

71-80

고대 마야 도시들에 대한 고고학적 연구들은 수학과 천문학에서 인상적인 발전을 보여 준다. 마야인들은 20진법 수 체계를 고안했고 일식과 행성들의 움직임을 정확하게 예측했다. 이러한 성취들은 콜럼버스 이전 문명들의 과학적 지식과 지적 기술을 증명하며, 고대 아메리카의 문화적 성취와 기술적 정교함에 대한 귀중한 통찰을 제공할 뿐만 아니라 시간, 공간, 그리고 자연 현상에 관한 인류의 이해에 대한 그들의 지속적인 기여를 보여준다.

archaeological[ɑ̀:rkiəlɑ́dʒikəl] 고고학적인
impressive[imprésiv] 인상적인
base-20 numbering system 20진법 수 체계
accurately[ǽkjurətli] 정확하게   solar eclipse 일식
demonstrate[démənstrèit] 증명하다   insight[ínsàit] 통찰
sophistication[səfìstəkéiʃən] 정교함
contribution[kɑ̀ntrəbjú:ʃən] 기여, 공헌

81-90

태양은 지구상의 생명을 유지하는 주요한 에너지원이다. 대부분의 식물들은 햇빛을 흡수하고 그것을 그것들이 사용할 수 있는 에너지로 변환한다. 동물과 달리, 그것들은 다른 살아 있는 유기체들을 먹지 않는다. 영양분을 위해 유기물을 섭취하는 대신 식물은 햇빛, 물, 이산화탄소와 같은 환경에서 발견되는 기본 물질들에 의존한다. 이러한 단순한 투입물들은 그것들이 광합성을 통해 자체적으로 자양분을 만들 수 있게 하며, 이는 그것들의 성장과 발전을 지원하는 과정이다.

absorb[æbsɔ́:rb] 흡수하다   convert[kənvə́:rt] 변환하다
consume[kənsú:m] 섭취하다   nourishment[nə́:riʃmənt] 영양분
rely on ~에 의존하다   substance[sʌ́bstəns] 물질
carbon dioxide 이산화탄소   input[ínpùt] 투입물
photosynthesis[fòutəsínθəsis] 광합성

91-100

초기 인류는 혹독한 환경에서 생존하는 데 도움을 주기 위해 자연에서 발견된 재료로부터 단순한 도구를 만들었다. 이러한 물건들은 주로 동물을 사냥하고 피난처를 짓는 데 사용되었다. 일부 돌들은 날카로운 모서리로 다듬어졌으며, 이는 그것들이 자르고 긁는 데 칼처럼 기능할 수 있게 했다. 사람들은 또한 뾰족한 돌을 긴 나무 막대에 묶어서 창을 만들었으며, 이는 멀리서 사냥하는 것을 더 쉽게 했다. 그러한 혁신들은 식량과 보호에 대한 접근을 개선했고, 후에 인간의 기술적 발전을 위한 토대를 놓았다.

harsh[hɑ:rʃ] 혹독한   scrape[skreip] 긁다   spear[spiər] 창
access[ǽkses] 접근

101-110

군대개미는 그들의 먹이 찾기 행동에 기반하여 사회적 포식자로 분류된다. 이 개미들은 혼자보다는 무리를 이루어 사냥한다. 수천 마리의 개미들이 거대한 무리를 이루어 모이며, 그것들은 협력을 통해 먹이를 잡는다. 이러한 팀워크를 통해, 그들은 단독으로 다룰 수 있는 것보다 훨씬 크거나 빠른 먹이를 포획할 수 있다. 이 고도로 조직화된 행동은 그것들이 효율적으로 자원을 확보하고 거대하고 빠르게 성장하는 그것들의 군집의 생존을 보장할 수 있게 한다.

army ant 군대개미   classify[klǽsəfài] 분류하다
predator[prédətər] 포식자   foraging behavior 먹이 찾기 행동
swarm[swɔːrm] 무리, 떼   prey[prei] 먹이
capture[kǽptʃər] 포획하다   handle[hǽndl] 다루다
organized[ɔ́ːrgənàizd] 조직화된   secure[sikjúər] 확보하다
colony[kάːləni] 군집

111-120

15세기에 Johannes Gutenberg에 의해 만들어진 인쇄기는 사람들이 정보를 공유하는 방식을 바꾸었다. 이 발명품 이전에는, 책이 손으로 필사되었으며, 이는 많은 시간과 노력을 요구했다. 이 기술은 책을 빠르고 대량으로 인쇄하는 것을 가능하게 했다. 이것은 유럽 전역에 새로운 사상들을 퍼뜨렸고 르네상스와 종교 개혁 같은 운동들을 뒷받침했다. 그것은 또한 독서에 더 쉽게 접근할 수 있게 하고 학습을 장려했으며, 현대 교육과 의사소통에 영향을 미쳤다.

printing press 인쇄기   Reformation[rèfərméiʃən] 종교 개혁
access[ǽkses] 접근   encourage[inkə́ːridʒ] 장려하다
influence[ínfluəns] 영향을 미치다

TASK ❷ 일상 지문 읽고 문제 풀기 Read in Daily Life

Day 07 이메일/메시지 대화문

❶ 이메일

지문 흐름 및 빈출 문제 ···················· p.94

날짜: 9월 6일
제목: 요가 수업

Ms. Jones께,

9월 18일 오후 6시 30분에 있을 River Park Fitness 요가 수업 예약이 확정되었음을 알려드리게 되어 기쁩니다.

만약 예약을 취소할 필요가 있으시다면, 555-5265로 연락해 주시기 바랍니다.

매트가 제공될 것입니다. 본인의 물병은 가져와 주시기 바랍니다.

Anna Smith 드림

---

confirm[kənfə́:rm] 확정하다 **reservation**[rèzərvéiʃən] 예약

❷ 메시지 대화문

지문 흐름 및 빈출 문제 ···················· p.96

Linda Chen (오후 3시)
안녕하세요, 팀 여러분. 재고 조사가 금요일 오전 9시에 시작된다는 것을 다시 알려 드립니다.

Kenji Yamamoto (오후 3시 5분)
알겠어요. 시간에 맞춰 도착하겠습니다. 전자제품 코너의 물품을 세겠습니다.

Nina Patel (오후 3시 10분)
저는 의류 코너를 담당하고 모든 것이 올바르게 라벨링되도록 확실히 하겠습니다.

Linda Chen (오후 3시 20분)
아주 좋아요. 반드시 모든 것이 준비되도록 확인합시다. 우리는 다가오는 감사를 위해 정확한 수치가 필요합니다.

---

inventory[ínvəntɔ̀:ri] 재고 **electronics**[ilektrá:niks] 전자제품
handle[hǽndl] 담당하다, 다루다 **accurate**[ǽkjurət] 정확한
upcoming[ʌ́pkʌ̀miŋ] 다가오는 **audit**[ɔ́:dit] 감사

Daily Check-up ···················· p.98

01 ⓒ 02 Ⓐ 03 Ⓑ 04 Ⓐ 05 Ⓐ 06 ⓒ
07 ⓒ 08 Ⓐ

01 이메일을 읽으시오.

날짜: 4월 8일
제목: 트레이닝 세션 확인

Mr. Carter께,

4월 12일 오전 7시 30분에 있을 Diaz 코치와의 개인 트레이닝 세션을 확인 드리고자 합니다. **필요한 건강 및 안전 양식을 작성하기 위해 10분 일찍 도착해 주시기 바랍니다.** 수건과 모든 필요한 장비는 제공됩니다.

Alex Morgan 드림

---

personal[pə́:rsənl] 개인의 **fill out** ~을 작성하다
required[rikwáiərd] 필요한 **equipment**[ikwípmənt] 장비

해석 Mr. Carter는 왜 일찍 도착해야 하는가?
Ⓐ 세션 전에 몸을 풀기 위해
Ⓑ 트레이닝 일정을 검토하기 위해
☑ 서류를 작성하기 위해

해설 필요한 건강 및 안전 양식을 작성하기 위해 10분 일찍 도착해 달라고 했으므로 ⓒ가 정답입니다.

어휘 **warm up** 몸을 (천천히) 풀다, 준비 운동을 하다
review[rivjú:] 검토하다 **paperwork**[péipərwə̀:rk] 서류 작성

02 메시지 대화문을 읽으시오.

Aiden Brooks (오후 6시)
안녕하세요, 모두! 확인차 물어보는데—Riverside 보호소에서의 우리의 자원봉사일은 이번 토요일 오전 9시 맞죠?

Chloe Zhang (오후 6시 3분)
네! 알려줘서 고마워요. 지난주에 모은 옷들을 내가 가져갈게요.

Arjun Khan (오후 6시 5분)
이번에도 내가 등록 테이블을 맡을게요. 이번에는 자원봉사자들을 위해 간식을 가져가는 게 좋을까요?

Aiden Brooks (오후 6시 9분)
좋은 생각이에요! 가는 길에 과일이랑 생수를 좀 사갈게요.

---

volunteer[vɑ̀:ləntíər] 자원봉사 **shelter**[ʃéltər] 보호소
reminder[rimáindər] 알림 **collect**[kəlékt] 모으다, 수집하다
check-in table 등록 테이블, 서명대

해석 Arjun Khan의 역할은 무엇인가?
☑ 자원봉사자 등록 구역을 관리하는 것

| 해설 | ⒷJ 기부된 옷을 가져가는 것
ⒸJ 모임을 위해 음료와 간식을 준비하는 것

해설 Arjun Khan이 이번에도 등록 테이블을 맡겠다고 했으므로 Ⓐ가 정답입니다.

어휘 **manage**[mǽnidʒ] 관리하다 **donate**[dóuneit] 기부하다

03 이메일을 읽으시오.

> 날짜: 9월 10일
> 제목: 확인—미술사 강의 등록
>
> Ms. Wilson께,
>
> 다가오는 미술사 강의 시리즈에 참여하게 되신 것을 매우 기쁘게 생각합니다. 9월 20일 오후 6시에 시작하는 세션에 대한 등록이 확인되었습니다. 발표 중 필기를 하기 위해 노트와 펜을 가져오시기 바랍니다. 모든 다른 자료는 박물관에서 제공될 예정입니다.
>
> Ben Johnson 드림
>
> **delighted**[diláitid] 기쁜 **upcoming**[ʌ́pkʌ̀miŋ] 다가오는
> **registration**[rèdʒistréiʃən] 등록 **session**[séʃən] 수업, 과정
> **confirm**[kənfə́:rm] 확정하다, 확인하다

해설 Ms. Wilson은 강의에 무엇을 가져가야 하는가?
Ⓐ 입장권
Ⓑ 필기도구
Ⓒ 발표 슬라이드

해설 발표 중 필기를 하기 위해 노트와 펜을 가져오라고 했으므로 Ⓑ가 정답입니다.

어휘 **entry pass** 입장권 **writing materials** 필기도구

04 메시지 대화문을 읽으시오.

> Laura Brown (오전 9시)
> 팀 여러분, 잠시 알려 드립니다—우리의 새 활동량 측정기를 위한 캠페인이 목요일까지 준비되어야 해요.
>
> Daniel Park (오전 9시 5분)
> 알겠습니다. 오늘 오후에 포스터 디자인을 최종 확정하고 초안을 보내드릴게요.
>
> Maya Lopez (오전 9시 10분)
> 소셜 미디어 광고를 정리해서 게시 일정을 잡을게요. 캡션과 해시태그도 준비하겠습니다.
>
> Laura Brown (오전 9시 20분)
> 좋아요. 초안을 보내기 전에 날짜와 제품 사양을 꼭 재확인하세요. 고마워요!
>
> **heads-up**[hédzʌ̀p] 알림, 주의 환기
> **campaign**[kæmpéin] 캠페인, 홍보 활동 **On it.** 알겠습니다.
> **finalize**[fáinəlàiz] 최종 확정하다 **draft**[dræft] 초안
> **schedule**[skédʒuːl] 일정을 잡다 **go live** (콘텐츠가) 게시되다
> **prep**[prep] 준비하다 **double-check**[dʌ̀bltʃék] 재확인하다
> **product specs** 제품 사양

해설 단어 "campaign"의 문맥상 의미는 무엇이겠는가?
Ⓐ 제품을 위한 홍보 활동
Ⓑ 회사 직원과의 회의
Ⓒ 고객의 출장

해설 새로운 활동량 측정기 제품과 관련된 포스터 디자인, 소셜 미디어 광고와 같은 업무 내용을 통해 "campaign"이 홍보 활동이나 마케팅 프로젝트를 의미하는 것을 알 수 있습니다. 따라서 Ⓐ가 정답입니다.

어휘 **promotional**[prəmóuʃənl] 홍보의 **activity**[æktívəti] 활동
business trip 출장

[05-06] 이메일을 읽으시오.

> 날짜: 9월 3일
>
> Ms. Miller께,
>
> ⁰⁵귀하의 Dr. Chen과의 스케일링 예약이 9월 8일 목요일 오전 10시에 예정되어 있습니다. 체크인을 하고 병력 관련 서류를 작성하기 위해 15분 일찍 도착해 주시기 바랍니다. ⁰⁶스케일링 후에는, 착색을 방지하기 위해 최소 2시간 동안 커피나 차를 마시지 않도록 하십시오. 일정 변경이 필요하시면, 최소 24시간 전에 555-3892로 저희에게 연락해 주시기 바랍니다.
>
> Michael Torres 드림
>
> **appointment**[əpɔ́intmənt] 예약
> **teeth cleaning** 스케일링, 치석 제거
> **scheduled**[skédʒuːld] 예정된 **medical history** 병력
> **form**[fɔːrm] 서류, 양식 **refrain from** ~하지 않도록 하다
> **prevent**[privént] 방지하다 **stain**[stein] 착색, 얼룩
> **reschedule**[rìːskédʒuːl] 일정을 변경하다
> **contact**[kɑ́ntækt] 연락하다 **in advance** 사전에, 미리

05

해설 이메일의 주된 목적은 무엇인가?
Ⓐ 치과 예약을 확인하기 위해
Ⓑ 새로운 치과 서비스를 홍보하기 위해
Ⓒ 새로운 치과의사를 소개하기 위해

해설 첫 문장에서 Dr. Chen과의 스케일링 예약이 예정되어 있다고 한 뒤, 예약과 관련된 사항들을 안내했으므로 Ⓐ가 정답입니다.

어휘 **dental**[déntl] 치과의, 치아의 **promote**[prəmóut] 홍보하다
introduce[ìntrədjúːs] 소개하다

06

해설 Ms. Miller는 방문 후에 무엇을 하도록 안내받았는가?
Ⓐ 즉시 양치하기
Ⓑ 처방약을 복용하기
Ⓒ 착색을 일으키는 음료 피하기

해설 스케일링 후에는 착색을 방지하기 위해 최소 2시간 동안 커피나 차를 마시지 말라고 했으므로 Ⓒ가 정답입니다.

어휘 **immediately**[imíːdiətli] 즉시 **prescribed**[priskráibd] 처방된
avoid[əvɔ́id] 피하다

[07-08] 메시지 대화문을 읽으시오.

Helena Cho (오전 9시 5분)
좋은 아침이에요, 여러분. Redmond Industries를 위한 고객 프레젠테이션이 내일 오후 2시에 예정되어 있습니다.

Samir Desai (오전 9시 8분)
모든 재무 슬라이드는 완성됐고, 저는 프로젝터를 설치하려고 일찍 도착할 거예요. Tomas, [08]제가 마지막 순간에 추가하길 원하는 차트가 있나요?

Tomas Weber (오전 9시 11분)
고마워요, Samir. 나는 최신 수치로 시장 분석 자료를 업데이트했어요. Olivia, 당신 팀은 디자인 샘플을 확정했나요?

Olivia Grant (오전 9시 13분)
네, 디자인 샘플은 인쇄돼서 배포할 준비가 됐어요.

Helena Cho (오전 9시 15분)
좋아요, 다들 잘하고 있어요. 정오 전에 자료를 검토하고 수정 사항이 있으면 저에게 보내주세요. [07]그리고 숫자 부분은 특히 주의하세요—4월에 문제가 있었는데, 다시는 그런 일이 생겨선 안 됩니다.

client[kláiənt] 고객   **schedule**[skédʒu:l] 일정을 잡다
last-minute[læstmínit] 마지막 순간의   **figure**[fígjər] 수치, 숫자
distribute[distríbju:t] 배포하다
afford[əfɔ́:rd] (좋지 않은 일을) 감당하다, 여유가 있다

07

해석 오전 9시 15분에, Ms. Cho가 "We can't afford that again."이라고 쓸 때, 그녀가 암시하는 것은?
Ⓐ 고객이 이번 회의에서 더 많은 디자인 샘플을 기대하고 있다.
Ⓑ 발표를 다시 검토할 시간을 주기 위해 일정을 변경해야 한다.
✓Ⓒ 숫자의 정확성을 보장하기 위해 각별한 주의가 필요하다.

해설 Ms. Cho가 숫자 부분은 특히 주의하라며 4월에 문제가 있었고, 다시는 그런 일이 생겨서는 안 된다고 한 내용을 통해 숫자의 정확성을 강조하고 있음을 알 수 있습니다. 따라서 Ⓒ가 정답입니다.

어휘 **reschedule**[rì:skédʒu:l] 일정을 변경하다
numerical[nju:mérikəl] 수치의, 숫자의

08

해석 Samir Desai는 무엇을 하겠다고 제안하는가?
✓Ⓐ 프레젠테이션 슬라이드에 차트를 추가하기
Ⓑ 시장 분석 부분을 검토하기
Ⓒ 인쇄된 디자인 샘플을 배포하기

해설 Samir Desai가 마지막 차트를 자신이 추가하겠다고 제안했으므로 Ⓐ가 정답입니다.

Daily Test   p.102

| 01 Ⓑ | 02 Ⓒ | 03 Ⓐ | 04 Ⓒ | 05 Ⓐ | 06 Ⓑ |
| 07 Ⓓ | 08 Ⓑ | 09 Ⓒ | 10 Ⓒ |

[01-02] 이메일을 읽으시오.

날짜: 12월 1일
제목: The Garden Bistro

Ms. Rivera께,

[01]12월 3일 오후 6시 30분에 The Garden Bistro에 4명 예약하신 것이 확정되었습니다. 좌석 배치를 위해 15분 일찍 도착해 주시기 바랍니다. [02]귀하의 야외 테이블 요청을 확인했으며, 가능하다면 부응해 드리기 위해 노력하겠습니다.

감사합니다,
James Wilson 드림

reservation[rèzərvéiʃən] 예약   **confirmed**[kənfə́:rmd] 확정된
request[rikwést] 요청   **outdoor**[áutdɔ:r] 야외의
accommodate[əkάːmədèit] (요구 등에) 부응하다, 맞춰 주다
available[əvéiləbl] 가능한

01

해석 Ms. Rivera의 예약은 언제 예정되어 있는가?
Ⓐ 12월 3일 오후 6시 15분
✓Ⓑ 12월 3일 오후 6시 30분
Ⓒ 12월 4일 오후 7시
Ⓓ 12월 4일 오후 6시 30분

해설 첫 문장에서 12월 3일 오후 6시 30분 예약이 확정되었다고 했으므로 Ⓑ가 정답입니다.

02

해석 Ms. Rivera는 무엇을 요청했는가?
Ⓐ 조용한 구석
Ⓑ 창문 근처의 테이블
✓Ⓒ 야외에 있는 테이블
Ⓓ 비공개 식사실

해설 야외 테이블 요청을 확인했다고 했으므로 Ⓒ가 정답입니다.

어휘 **private**[práivət] 비공개의, 사적인

[03-04] 메시지 대화문을 읽으시오.

Maya Cruz (오후 2시)
간단히 알립니다: 직원 핸드북의 최종 원고는 금요일 마감입니다. 제가 검토할 수 있도록 각자 맡은 섹션을 목요일 오후까지 보내 주세요.

David Kim (오후 2시 5분)
알겠습니다, Maya. [03]작업장 안전 섹션은 내일 아침까지 마무리하겠습니다.

Lena Brooks (오후 2시 10분)
알겠어요. 지금 재택근무 정책을 업데이트 중이에요. 목요일 정오 이전에 전달하겠습니다.

Omar Ahmed (오후 2시 15분)
좋습니다. [04]목요일 저녁에 통합본을 교정하고, 마감 전에 코멘트를 보내겠습니다.

Maya Cruz (오후 2시 20분)
좋아요. 모두 고마워요. 정확성과 일관성을 유지합시다.

quick reminder 간단한 알림, 상기   final draft 최종 원고
employee handbook 직원 핸드북(사원 규정집)
be due 마감이다, 제출 기한이다   wrap (up) 마무리하다
Understood. 알겠습니다.
remote work 재택근무(원격근무)
proofread [prúːfriːd] 교정하다   accurate [ǽkjurət] 정확한

03

해석   David Kim이 명시하는 것은 무엇인가?
ⓐ 그는 내일 아침까지 자신의 부분을 마칠 것이다. ✓
ⓑ 그는 Lena Brooks의 도움이 필요하다.
ⓒ 그는 동료들의 원고를 교정할 것이다.
ⓓ 그는 지금 재택근무 정책을 업데이트 중이다.

해설   David Kim이 작업장 안전 섹션을 내일 아침까지 마무리하겠다고 했으므로 ⓐ가 정답입니다.

04

해석   Omar Ahmed의 역할은 무엇인가?
ⓐ 작업장 안전 섹션을 최종 마무리하기
ⓑ 직원들에게 핸드북을 배포하기
ⓒ 완성된 초안을 검토하기 ✓
ⓓ 재택근무 정책을 업데이트하기

해설   Omar Ahmed가 목요일 저녁에 통합본을 교정하고, 마감 전에 코멘트를 보내겠다고 했으므로 ⓒ가 정답입니다.

어휘   completed [kəmplíːtid] 완성된

[05-07] 이메일을 읽으시오.

받는 사람: lucas.ford@hmail.com
보낸 사람: info@coastviewhotel.com
날짜: 10월 2일
제목: 답장: 회의실 예약 사항 문의

Mr. Ford께,

⁰⁵저희 회의실 시설에 대한 문의에 감사드립니다. 저희 Harborview 스위트룸은 10월 23일 목요일 오전 8시 30분부터 오후 4시 30분까지 이용 가능합니다. 이 스위트룸은 최대 40명까지 수용할 수 있으며, 완비된 시청각 장비 설치, 무료 Wi-Fi, 현장 기술 지원을 제공합니다. 저희 출장 음식팀은 아침 식사 및 점심 식사 메뉴를 다양하게 제공하며, 채식 및 글루텐이 없는 옵션도 포함되어 있습니다. ⁰⁶첨부된 메뉴에서 모든 선택지를 확인하실 수 있습니다.

⁰⁷예약을 확정하시려면, 25퍼센트의 보증금이 필요합니다. 만약 예약을 취소해야 하는 경우, 행사 7일 전까지 통보하시면 보증금 전액 환불이 가능합니다. 참석 예상 인원과 식이 제한이 있다면 회신해 주세요.

Melissa Chang 드림

inquiry [ínkwəri] 문의, 질문   conference room 회의실

---

facility [fəsíləti] 시설   accommodate [əkάːmədèit] 수용하다
complimentary [kὰːmpləméntəri] 무료의
on-site [ɑ́nsáit] 현장의   technical support 기술 지원
catering [kéitəriŋ] 출장 음식
vegetarian [vèdʒətéəriən] 채식주의자의
attached [ətǽtʃt] 첨부된   secure [sikjúər] 확보하다
deposit [dipάzit] 보증금   cancellation [kænsəléiʃən] 취소
notice [nóutis] 통보, 알림   refund [ríːfʌnd] 환불
anticipated [æntísəpèitid] 예상된   attendee [ətèndíː] 참석자
dietary restriction 식이 제한

05

해석   Mr. Ford에 대해 추론할 수 있는 것은?
ⓐ 그는 공간을 임대하는 데 관심을 보였다. ✓
ⓑ 그는 호텔의 행사 담당자로 일한다.
ⓒ 그는 최근 이 호텔에서 세미나에 참석했다.
ⓓ 그는 야외 행사 출장 음식 서비스를 요청하고 있다.

해설   첫 문장에서 회의실 시설에 대한 문의에 감사하다고 했으므로 Mr. Ford가 호텔의 회의실 대여에 관심을 갖고 문의를 보냈다는 것을 추론할 수 있습니다. 따라서 ⓐ가 정답입니다.

06

해석   이메일 메시지와 함께 제공된 정보는 무엇인가?
ⓐ 호텔 회의 시설의 층별 배치도
ⓑ 이용 가능한 출장 음식 메뉴 ✓
ⓒ 인근 관광 명소 안내 책자
ⓓ 대여 가능한 기술 장비 목록

해설   첨부된 메뉴에서 출장 음식팀이 제공하는 모든 선택지를 확인할 수 있다고 했으므로 ⓑ가 정답입니다.

어휘   brochure [brouʃúər] 안내 책자   attraction [ətrǽkʃən] 명소
equipment [ikwípmənt] 장비

07

해석   예약을 확정하기 위해 Mr. Ford는 무엇을 제공해야 하는가?
ⓐ 모든 참석자의 이름
ⓑ 그의 기관 등록 번호
ⓒ 예상 참석자 수
ⓓ 보증금 납입 ✓

해설   예약을 확정하려면 25퍼센트의 보증금이 필요하다고 했으므로 ⓓ가 정답입니다.

[08-10] 메시지 대화문을 읽으시오.

Amira Hassan (오후 2시)
팀 여러분, 안녕하세요. ⁰⁸분기별 예산 검토 회의가 이번 주 목요일 오후 3시에 2B 회의실에서 있습니다. 각자 무엇을 준비할지 확인해 주세요.

David Park (오후 2시 5분)
업데이트된 수익 차트를 준비하고 모두를 위해 사본을 인쇄하겠습니다.

Elena Petrova (오후 2시 10분)
지출 보고서를 완료하고 수요일 저녁까지 디지털 버전을 전송해두겠습니다.

Rajiv Nair (오후 2시 15분)
⁰⁹저는 목요일에 출장 예정입니다. 하지만 예산 전망을 미리 이메일로 공유하겠습니다.

Amira Hassan (오후 2시 20분)
⁰⁹고마워요, Rajiv. 그게 정말 도움이 될 거예요.

---

quarterly[kwɔ́ːrtərli] 분기별의   budget[bʌ́dʒit] 예산
revenue[révənjùː] 수익   copy[kɑ́ːpi] 사본
expense[ikspéns] 지출   report[ripɔ́ːrt] 보고서
forecast[fɔ́ːrkæst] 전망

08

해석 어구 "quarterly budget review meeting"의 문맥상 의미는 무엇이겠는가?
ⓐ 새로운 직원을 고용하는 회의
ⓑ 재정 세부 사항을 검토하는 정기 회의 ✓
ⓒ 새로운 사무실 정책을 소개하는 회의
ⓓ 직원들에게 프레젠테이션 기술을 훈련하는 워크숍

해설 수익 차트, 지출 보고서, 예산 전망 같은 업무 내용을 통해 "quarterly budget review meeting"이 재정 세부 사항을 정기적으로 검토하는 회의를 의미하는 것을 알 수 있습니다. 따라서 ⓑ가 정답입니다.

어휘 hire[haiər] 고용하다   examine[igzǽmin] 검토하다

09

해석 오후 2시 20분에 Amira Hassan이 "That will be very helpful"이라고 쓸 때, 그녀가 암시하는 것은?
ⓐ Rajiv의 회의 참여가 꼭 필요하다고 생각한다.
ⓑ Rajiv가 회의 자료를 인쇄해 주길 바란다.
ⓒ Rajiv가 예산 전망을 제공해 주는 것에 고마워한다. ✓
ⓓ 출장 계획에도 불구하고 Rajiv가 직접 참석하길 요청한다.

해설 Rajiv Nair가 예산 전망을 미리 이메일로 공유하겠다고 하자, Amira Hassan이 고맙다고 하며 그것이 정말 도움이 될 것이라고 한 내용을 통해 Rajiv의 사전 자료 제공에 고마워한다는 것을 알 수 있습니다. 따라서 ⓒ가 정답입니다.

어휘 participation[pɑːrtìsəpéiʃən] 참여
appreciate[əpríːʃièit] 고마워하다

10

해석 Rajiv Nair에 대해 제시된 것은?
ⓐ 그는 지난 분기 보고서에서 오류를 냈다.
ⓑ 그는 수익 차트를 전송할 것이다.
ⓒ 그는 회의에 참석하지 않을 것이다. ✓
ⓓ 그는 토론을 이끌 것이다.

해설 Rajiv Nair가 목요일에 출장 예정이라고 한 내용을 통해 그가 회의에 참석하지 않을 것이라고 추론할 수 있습니다. 따라서 ⓒ가 정답입니다.

어휘 error[érər] 오류, 실수   attend[əténd] 참석하다

Day 08 공지/광고

❶ 공지

지문 흐름 및 빈출 문제 ·········· p.108

모든 주민 분들께 알려 드립니다. 원래 10월 11일 화요일 오전 10시부터 오후 1시까지 예정되어 있던 수도 공급 유지 보수의 일정이 변경되었습니다.

서비스는 이제 10월 13일 목요일 오후 2시부터 오후 5시까지 진행될 것입니다. 이 시간 동안, 모든 세대에서 물을 이용할 수 없습니다.

주민 분들은 부디 음용과 기본적인 필요를 위해 미리 충분한 물을 저장해 두시기 바랍니다. 귀하의 협조에 감사드립니다.

---

maintenance[méintənəns] 유지 보수
reschedule[riːskédʒuːl] 일정을 변경하다
unavailable[ʌ̀nəvéiləbl] 이용할 수 없는   unit[júːnit] 세대
store[stɔːr] 저장하다   in advance 미리, 사전에
basic[béisik] 기본적인

❷ 광고

지문 흐름 및 빈출 문제 ·········· p.110

개점 행사!
RiverPark 스튜디오에서 당신의 새로운 창의적 공간을 발견하세요!

이번 주 월요일 개점 행사에 저희와 함께 하세요.

저희 스튜디오는 넓은 공간, 전문 강사진, 그리고 움직임과 리듬에 초점을 맞춘 그룹 수업을 제공합니다. 모든 수준의 댄서들이 즐겁게 배울 수 있는 활기차고 따뜻한 분위기를 경험해 보세요.

특별 혜택: 9월 20일까지 등록하는 분들은 등록비가 면제됩니다. 지금 당신의 댄스 여정을 시작할 기회를 이용해 보세요!

---

grand opening 개점 행사   spacious[spéiʃəs] 넓은
movement[múːvmənt] 움직임   energetic[ènərdʒétik] 활기찬
welcoming[wélkəmiŋ] 따뜻하게 맞이하는, 환영하는
atmosphere[ǽtməsfiər] 분위기   registration fee 등록비
sign up 등록하다, 신청하다
take advantage of ~을 이용하다, ~의 혜택을 받다
opportunity[ɑ̀pərtjúːnəti] 기회   journey[dʒə́ːrni] 여정

Daily Check-up   p.112

01 Ⓐ   02 Ⓑ   03 Ⓒ   04 Ⓑ   05 Ⓐ   06 Ⓑ
07 Ⓒ   08 Ⓐ

01 광고를 읽으시오.

> **코스타리카를 발견하세요: 배우고, 생활하며, 교류하세요**
>
> 올여름 당신의 언어 실력을 변화시키세요! 7월 15일부터 8월 5일까지 코스타리카에서 진행되는 3주간의 스페인어 집중 몰입 프로그램에 참여하세요. 일일 수업, 현지 홈스테이, 역사 유적지로의 안내 여행을 통해 유창함을 향상시키면서 지역 문화를 체험하세요. 모든 수준의 학습자를 환영합니다.
>
> 조기 등록 할인은 3월 30일까지 가능합니다.
>
> 등록 문의는 www.languageworld.com에 방문하세요.
>
> intensive [inténsiv] 집중적인
> immersion [imə́:rʒən] 몰입, 집중 학습   fluency [flú:ənsi] 유창함
> excursion [ikskə́:rʒən] 여행   historical site 역사 유적지
> early-bird discount 조기 등록 할인
> enrollment [enróulmənt] 등록

해석   광고는 주로 무엇에 관한 것인가?
Ⓐ 언어 학습 프로그램 ✓
Ⓑ 코스타리카로의 여름 휴가 패키지
Ⓒ 교환 학생 행사

해설   광고의 첫 부분에서 3주간의 스페인어 집중 몰입 프로그램을 소개하고 있으므로 Ⓐ가 정답입니다.

어휘   exchange student 교환 학생

02 공지를 읽으시오.

> **주차 금지 구역**
>
> 과학관 입구 앞에는 주차가 금지되어 있습니다. 이 구역에 방치된 차량들은 소유자 부담으로 견인될 것입니다.
>
> • 도서관 방문객들은 건물 뒤 주차장을 이용할 수 있습니다.
> • Maple Street에 추가 공간도 이용 가능합니다.
>
> 협조에 감사드립니다.
>
> prohibit [prəhíbit] 금지하다   entrance [éntrəns] 입구
> vehicle [ví:ikl] 차량   unattended [ʌnəténdid] 방치된
> tow [tou] 견인하다   expense [ikspéns] 부담, 비용
> parking lot 주차장   cooperation [kouà:pəréiʃən] 협조

해석   입구 앞에 주차된 차량들에 어떤 일이 일어날 것인가?
Ⓐ 뒤편 주차장으로 옮겨질 것이다.
Ⓑ 소유자 비용으로 이동될 것이다. ✓
Ⓒ 잠시 동안 머물 수 있을 것이다.

해설   과학관 입구에 방치된 차량들은 소유자 부담으로 견인된다고 했으므로 Ⓑ가 정답입니다.

어휘   remove [rimú:v] 이동하다, 치우다   cost [kɔ:st] 비용

03 광고를 읽으시오.

> **완전히 새로운 Zenith Pro 12로 미래를 경험해 보세요, 이제 구입 가능합니다!**
>
> • ᴬ멋진 사진과 영상을 위한 고해상도 카메라
> • 원활한 멀티태스킹을 위한 빨라진 프로세서
> • ᴮ하루의 전력을 공급하는 길어진 배터리 수명
> • 당신의 생활 방식에 맞는 매끈하고 현대적인 디자인
>
> 특별 혜택: 10월 5일 이전에 예약 주문하시고, 무료 무선 충전기를 받으세요
>
> available [əvéiləbl] (구입) 가능한, 구할 수 있는
> high-resolution [hàirezəlú:ʃən] 고해상도의
> stunning [stʌ́niŋ] 멋진   smooth [smu:ð] 원활한
> battery life 배터리 수명   power [páuər] (전력을) 공급하다
> sleek [sli:k] 매끈한   modern [mɑ́:dərn] 현대적인
> preorder [pri:ɔ́:rdər] 예약 주문하다   wireless [wáiərlis] 무선의
> charger [tʃɑ́:rdʒər] 충전기

해석   다음 중 Zenith Pro 12에 대해 언급되지 않은 것은?
Ⓐ 고해상도 카메라가 있다.
Ⓑ 길어진 배터리 수명을 가지고 있다.
Ⓒ 다양한 색상으로 구입 가능하다. ✓

해설   고해상도 카메라, 긴 배터리 수명은 언급되었지만 색상에 대한 내용은 전혀 언급되지 않았으므로 Ⓒ가 정답입니다.

어휘   multiple [mʌ́ltipəl] 다양한, 다수의

04 공지를 읽으시오.

> 원래 7월 14일 목요일 오후 2시로 예정되어 있던 무료 요리 수업의 일정이 변경되었음을 참고해 주십시오. 이제 이것은 7월 16일 토요일 오전 11시에 지역 주민 센터 주방에서 열릴 것입니다. 불편에 사과드리며 이번 변경에 관한 이해에 감사드립니다.
>
> note [nout] 참고하다   originally [ərídʒənəli] 원래
> apologize [əpɑ́lədʒàiz] 사과하다
> inconvenience [ìnkənví:njəns] 불편
> understanding [ʌ̀ndərstǽndiŋ] 이해
> regarding [rigá:rdiŋ] ~에 관한

해석   요리 수업은 언제 진행될 것인가?
Ⓐ 7월 14일 목요일 오후 2시
Ⓑ 7월 16일 토요일 오전 11시 ✓
Ⓒ 7월 16일 토요일 오후 2시

해설   원래 수업이 7월 14일 목요일 오후 2시에 예정되어 있었으나, 7월 16일 토요일 오전 11시로 변경되었다고 했으므로 Ⓑ가 정답입니다.

[05-06] 공지를 읽으시오.

> **도서관 공지: 8월 20일 업데이트**
>
> ⁰⁵도서관의 연례 소프트웨어 업데이트가 8월 20일 오전 8시부터 오후 4시까지 있을 예정입니다. ⁰⁶이 시간 동안, 컴퓨터 구역과 프린터를 이용할 수 없습니다. 그러나, 도서 대출, 열람실, 안내 데스크를 포

함한 다른 모든 도서관 서비스는 평상시와 같이 계속 이용하실 수 있습니다. 방문객들은 해당 일자에 컴퓨터, 프린터, 인터넷 서비스 사용이 필요하다면 미리 계획을 세워주시기 바랍니다.

annual[ǽnjuəl] 연례의 take place 열리다, 시행되다
available[əvéiləbl] 이용 가능한 advise[ədváiz] 권고하다
ahead[əhéd] 미리

05

해석 공지의 주된 목적은 무엇인가?
(A) 일시적인 서비스 중단을 알리기 위해 ✓
(B) 새로운 도서관 서비스를 홍보하기 위해
(C) 연장된 도서관 운영 시간에 대해 알리기 위해

해설 도서관의 연례 소프트웨어 업데이트가 있을 예정이라고 한 후, 이 시간 동안 컴퓨터 구역과 프린터를 이용할 수 없다고 안내하고 있으므로 (A)가 정답입니다.

어휘 inform[infɔ́ːrm] 알리다 disruption[disrʌ́pʃən] 중단
announce[ənáuns] 알리다, 발표하다

06

해석 업데이트 동안 사용할 수 없게 될 서비스는 무엇인가?
(A) 도서 대출
(B) 문서 출력 ✓
(C) 열람실

해설 업데이트 동안 프린터를 이용할 수 없다고 했으므로 (B)가 정답입니다.

[07-08] 광고를 읽으시오.

EcoTrek Adventures와 야외를 탐험하세요

07올여름, EcoTrek은 7월 12일부터 14일까지 Evergreen 국립공원을 지나는 3일 간의 가이드가 있는 하이킹 투어를 제공합니다. 숙련된 가이드들이 안전 교육을 제공하고 공원의 독특한 야생생물에 대한 정보를 공유할 것입니다.

- 요금: 1인당 225달러
  포함 사항: 캠핑 장비 대여, 세 끼 식사, 전문 가이드 서비스
- 08최적의 안전과 양질의 교육을 위해 참가 인원은 20명으로 제한됩니다.

explore[ikspló:r] 탐험하다 offer[ɔ́:fər] 제공하다
experienced[ikspíəriənst] 숙련된 safety training 안전 교육
unique[juːníːk] 독특한 fee[fi:] 요금
equipment[ikwípmənt] 장비 meal[mi:l] 식사, 끼니
participant[pɑːrtísəpənt] 참가자 optimal[ɑ́ptəməl] 최적의
quality[kwɑ́ləti] 양질의 instruction[instrʌ́kʃən] 교육, 설명

07

해석 무엇이 광고되고 있는가?
(A) 캠핑 장비 대여 서비스
(B) 야생동물 보호 프로젝트
(C) 가이드가 있는 야외 모험 프로그램 ✓

해설 첫 문장에서 3일 간의 가이드가 있는 하이킹 투어 프로그램을 소개한 후 요금 및 포함 사항을 안내했으므로 (C)가 정답입니다.

어휘 conservation[kɑ̀nsərvéiʃən] 보호

08

해석 모임 규모는 왜 20명으로 제한되는가?
(A) 안전한 체험을 보장하기 위해 ✓
(B) 모든 참가자가 확실히 캠핑 장비를 받도록 하기 위해
(C) 공원 내 모든 등산로를 이용할 수 있도록 보장하기 위해

해설 최적의 안전과 양질의 교육을 위해 참가 인원은 20명으로 제한된다고 했으므로 (A)가 정답입니다.

어휘 ensure[inʃúər] 확실히 하다 gear[giər] 장비
guarantee[gæ̀rəntíː] 보장하다 trail[treil] 등산로

Daily Test

p.116

| 01 ⓑ | 02 ⓒ | 03 ⓐ | 04 ⓑ | 05 ⓓ | 06 ⓒ |
| 07 ⓓ | 08 ⓑ | 09 ⓓ | 10 ⓑ |

[01-02] 광고를 읽으시오.

Clearview Services
오늘 온라인 자동 결제를 신청하세요.

간단하고, 안전하며, 빠릅니다. 01이 서비스로, 당신의 매월 전기 요금이 지급 기일에 은행 계좌에서 직접 납부됩니다. 02시작하려면, 모바일 앱을 통해 당신의 Clearview Services 계정에 로그인하고 "결제 설정"을 선택하세요. 지금 등록하셔서 시간을 절약하고 요금 미납을 방지하세요.

sign up for ~을 신청하다 automatic[ɔ̀:təmǽtik] 자동의
payment[péimənt] 결제, 납부, 지불 secure[sikjúər] 안전한
monthly[mʌ́nθli] 매월의 electricity bill 전기 요금
directly[diréktli] 직접 account[əkáunt] 계좌, 계정
due date 지급 기일 select[silékt] 선택하다
billing[bíliŋ] 청구서 발송 preference[préfərəns] 선호(도)
enroll[inróul] 등록하다

01

해석 어떤 유형의 사업체가 이 광고를 냈는가?
(A) 운송 회사
(B) 에너지 공급 업체 ✓
(C) 컴퓨터 소프트웨어 회사
(D) 은행

해설 전기 요금의 결제 서비스에 대해 안내하고 있으므로, 전기 요금을 청구하는 에너지 공급 회사에서 낸 공지일을 알 수 있습니다. 따라서 (B)가 정답입니다.

어휘 transportation[træ̀nspərtéiʃən] 운송, 운수
provider[prəváidər] 공급 업체

02

해석 고객들은 어떻게 자동 결제에 등록할 수 있는가?
ⓐ 서면 양식을 우편으로 보내서
ⓑ Clearview Services 사무실을 방문해서
ⓒ 모바일 앱을 통해 로그인해서
ⓓ 고객 서비스에 직접 전화해서

해설 자동 결제를 시작하려면 모바일 앱을 통해 계정에 로그인하고 '결제 설정'을 선택하라고 했으므로 ⓒ가 정답입니다.

어휘 mail [meil] (우편으로) 보내다 paper form 서면 양식

[03-04] 공지를 읽으시오.

시험 장소 변경

다음 주 화요일 오전 9시로 예정되어 있던 중간고사가 이제 108호 강의실 대신 과학관 대강당에서 진행됩니다. ⁰³이 변경은 등록한 학생 수가 많아서 편안한 좌석을 확보하기 위해 이루어졌습니다. ⁰⁴15분 일찍 도착하시고, 출석 확인을 위해 학생증을 가져오시기 바랍니다.

---

location [loukéiʃən] 장소 **midterm** [mìdtə́ːrm] (학기) 중간의
auditorium [ɔ̀ːditɔ́ːriəm] 대강당 **instead of** ~대신에
registered [rédʒistərd] 등록한 **ensure** [inʃúər] 확보하다
comfortable [kʌ́mfərtəbl] 편안한 **seating** [síːtiŋ] 좌석
student ID 학생증 **check-in** [tʃékin] 출석 확인, 등록

03

해설 108호 강의실에 대해 추론할 수 있는 것은?
ⓐ 전체 학급에게 너무 작다.
ⓑ 보수 중이다.
ⓒ 이중 예약되었다.
ⓓ 좌석이 없다.

해설 등록한 학생 수가 많아서 편안한 좌석을 확보하기 위해 시험 장소가 108호 강의실에서 변경되었다고 한 내용을 통해 108호 강의실이 학급에 비해 작다는 것을 추론할 수 있습니다. 따라서 ⓐ가 정답입니다.

어휘 entire [intáiər] 전체의
under maintenance 보수 중인, 수리 중인

04

해설 학생들은 시험에 무엇을 가져오도록 요청받았는가?
ⓐ 계산기
ⓑ 학생 신분증
ⓒ 여분의 종이
ⓓ 시험 일정표 사본

해설 출석을 위해 학생증을 가져오라고 했으므로 ⓑ가 정답입니다.

어휘 calculator [kǽlkjulèitər] 계산기
identification [aidèntəfikéiʃən] 신분 증명(서)
extra [ékstrə] 여분의, 추가의

[05-07] 공지를 읽으시오.

주목: North Tower 세입자들

안전과 효율성을 향상시키기 위해, North Tower의 엘리베이터 두 대가 모두 업그레이드를 받게 될 것입니다:

- 일자: 11월 14일 월요일 – 11월 18일 금요일
- 작업 시간: 매일 오전 7시 – 오후 6시
- 영향: 해당 시간 동안 엘리베이터 이용 불가

세입자와 직원을 위한 안내:

- ⁰⁶계단이나 1층의 공용 로비를 통해 연결된 인접한 East Tower의 엘리베이터를 이용하세요.
- 무겁거나 부피가 큰 물품이 배송은 오후 6시 이후로 일정을 잡아 주세요.
- ⁰⁷특히 혼잡 시간대에는 층간 이동에 여유 시간을 두세요.

재개장:

- 엘리베이터는 11월 19일 토요일에 서비스를 재개할 예정입니다.
- 업그레이드는 빨라진 서비스와 향상된 안전 기능을 포함할 예정입니다.

---

attention [əténʃən] 주목, 주의 **tenant** [ténənt] 세입자
efficiency [ifíʃənsi] 효율성 **undergo** [ʌ̀ndərgóu] 받다, 겪다
daily [déili] 매일 **impact** [ímpækt] 영향
unavailable [ʌ̀nəvéiləbl] 이용 불가능한
instruction [instrʌ́kʃən] 지시(사항) **stairwell** [stéərwel] 계단(통)
adjacent [ədʒéisnt] 인접한 **peak hour** 혼잡 시간대
resume [rizúːm] 재개하다 **feature** [fíːtʃər] 기능, 특징

05

해설 지문의 단어 "resume"과 의미상 가장 유사한 것은?
ⓐ 멈추다
ⓑ 막다
ⓒ 수리하다
ⓓ 계속하다

해설 resume(재개하다)의 동의어인 continue(계속하다)를 지문에 넣으면 엘리베이터는 11월 19일 토요일에 서비스를 계속할 예정이라는 의미가 되어 문맥상 자연스럽습니다. 따라서 ⓓ가 정답입니다.

어휘 repair [ripɛ́ər] 수리하다

06

해설 공사 시간 동안 세입자들은 무엇을 하도록 안내받았는가?
ⓐ 작업이 끝날 때까지 모든 배송을 취소한다
ⓑ 건물에 들어가는 것을 피한다
ⓒ 계단이나 East Tower 엘리베이터를 이용한다
ⓓ 업그레이드 동안 재택근무를 한다

해설 계단이나 인접한 East Tower의 엘리베이터를 이용하라고 했으므로 ⓒ가 정답입니다.

어휘 cancel [kǽnsəl] 취소하다 enter [éntər] 들어가다

07

해석 North Tower 세입자들에 대해 추론할 수 있는 것은?
　Ⓐ 업그레이드 기간 동안 전혀 층간 이동을 할 수 없다.
　Ⓑ 엘리베이터를 이용해야 할 때마다 건물 밖으로 나가야 한다.
　Ⓒ East Tower 엘리베이터 이용이 제한된다.
　Ⓓ 다수가 거의 같은 시간에 건물에 출입한다.

해설 혼잡 시간대에는 층간 이동에 여유 시간을 두라고 했으므로 세입자 중 다수가 거의 같은 시간에 건물에 출입한다는 것을 추론할 수 있습니다. 따라서 Ⓓ가 정답입니다.

어휘 **restricted**[ristríktid] 제한된, 제약을 받는

[08-10] 광고를 읽으시오.

캔버스 아트 아카데미
당신의 창의적 잠재력을 발견하세요!

08새로운 학생을 모집합니다! 지금 등록하면 300달러 상당의 입문 아트 패키지를 단 99달러에 받을 수 있습니다!

신규 수강생 패키지 구성:
- 예술적 기술에 대한 종합 평가 및 포트폴리오 검토
- 전문 강사와의 1:1 스튜디오 세션
- 0915년 이상의 경력을 지닌 Amanda Liu 강사와의 개인 맞춤 상담

프로그램은 4월 10일 월요일에 시작하며, 4월 1일 토요일 오전 11시에는 무료 체험 워크숍이 열립니다.

바쁜 일정에 맞추기 위해, 야간 및 주말 수업도 제공됩니다.

망설이지 마세요 — 10이 특별 할인 혜택은 3월 31일에 종료되며, 수업 정원도 빠르게 채워지고 있습니다!

자세한 내용은 www.canvasartacademy.com을 방문하세요.

---

potential[pətén∫əl] 잠재력 **worth**[wə:rθ] ~의 가치가 있는
assessment[əsésmənt] 평가 **one-on-one**[wʌ̀nənwʌ́n] 1대1의
personalized[pə́:rsənəlàizd] 개인 맞춤의
accommodate[əká:mədèit] 맞추다, 수용하다
special offer 특별 혜택

08

해석 광고의 주된 목적은 무엇인가?
　Ⓐ 자격 있는 미술 강사를 모집하기 위해
　Ⓑ 할인된 패키지로 신규 학생을 끌어들이기 위해
　Ⓒ 새로운 미술 갤러리의 개장을 알리기 위해
　Ⓓ 국제 미술 대회를 홍보하기 위해

해설 첫 문장에서 새로운 학생을 모집한다고 한 후, 입문 아트 패키지를 할인가에 홍보하고 있으므로 Ⓑ가 정답입니다.

어휘 **recruit**[rikrú:t] 모집하다 **qualified**[kwáləfàid] 자격 있는
attract[ətrǽkt] 끌어들이다, 유치하다
discounted[dískauntid] 할인된
announce[ənáuns] 알리다, 발표하다
promote[prəmóut] 홍보하다
competition[kàmpətí∫ən] 대회, 경쟁

09

해석 Amanda Liu에 대해 제시된 것은?
　Ⓐ 미술 전시 관리 분야를 전문으로 한다.
　Ⓑ 학원의 온라인 프로그램을 관리한다.
　Ⓒ 최근 디자인 학위를 마쳤다.
　Ⓓ 미술 교육 분야에서 풍부한 경력을 가지고 있다.

해설 Amanda Liu 강사가 15년 이상의 경력을 지녔다고 했으므로 그녀가 미술 교육 분야에서 풍부한 경력을 가지고 있음을 알 수 있습니다. 따라서 Ⓓ가 정답입니다.

어휘 **specialize in** ~을 전문으로 하다 **exhibition**[èksəbí∫ən] 전시
degree[digrí:] 학위 **extensive**[iksténsiv] 풍부한, 폭넓은

10

해석 신규 회원들이 특별 할인을 받을 수 있는 마지막 날은 언제인가?
　Ⓐ 3월 15일
　Ⓑ 3월 31일
　Ⓒ 4월 1일
　Ⓓ 4월 10일

해설 이 특별 할인 혜택이 3월 31일에 종료된다고 했으므로 Ⓑ가 정답입니다.

Day 09 소셜 미디어 게시글/기사

1 소셜 미디어 게시글

지문 흐름 및 빈출 문제 ·················· p.120

Mariana Torres

잊지 못할 밤을 위한 준비가 되셨나요! Sunset 음악 축제가 이번 주 토요일 오후 6시에 Oak Hill 공원에서 열릴 예정입니다.

지역 록 밴드들의 라이브 공연과 밤을 마무리하는 흥미진진한 DJ 공연을 즐기세요. 가족들도 환영되며, 어린이들을 즐겁게 해줄 페이스 페인팅과 풍선 아트가 있는 어린이 친화적인 구역이 있을 것입니다. 방문객들은 저녁 하늘 아래에서 편하게 있을 수 있도록 담요, 접이식 의자, 따뜻한 옷을 가져오실 것이 권장됩니다.

훌륭한 음악과 지역 분위기를 즐길 기회를 놓치지 마세요!

---

unforgettable[ʌ̀nfərgétəbəl] 잊지 못할, 잊을 수 없는
festival[féstəvəl] 축제 **performance**[pərfɔ́:rməns] 공연
welcome[wélkəm] 환영되는, 기꺼이 받아들여지는
zone[zoun] 구역 **entertain**[èntərtéin] 즐겁게 하다
blanket[blǽŋkit] 담요 **folding chair** 접이식 의자
comfortable[kʌ́mfərtəbl] 편한 **vibe**[váib] 분위기, 느낌

❷ 기사

지문 흐름 및 빈출 문제 p.122

> **Hilltown 내 지역 텃밭이 확장되다**
>
> Sarah Kim 작성 (4월 12일)
>
> 시 관계자들에 따르면, Hilltown 주민들은 다가오는 확장 프로젝트 덕분에 머지않아 더 넓은 지역 텃밭을 즐기게 될 것으로 보입니다.
>
> 새로운 확장으로 20개의 추가 부지가 추가될 것이다. "저희는 이 프로젝트가 더 많은 이웃들을 하나로 모으고 건강한 생활 방식을 촉진할 것이라고 믿습니다,"라고 시의회 의장 Carla Ruiz는 말했다.
>
> 이 프로젝트는 시 자원과 민간 기부금을 합해서 자금을 조달받았으며, 이는 지속 가능한 삶과 건강한 생활 습관에 대한 강력한 지역 사회의 지지를 반영한다.
>
> official [əfíʃəl] 관계자, 공무원 plot [plɑt] 부지, 구획
> neighbor [néibər] 이웃   city council 시 의회
> president [prézədənt] 의장 fund [fʌnd] 자금을 조달하다
> donation [dounéiʃən] 기부금 reflect [riflékt] 반영하다
> sustainable [səstéinəbl] 지속 가능한

Daily Check-up p.124

01 ⓒ   02 ⓒ   03 ⓑ   04 ⓐ   05 ⓒ   06 ⓑ
07 ⓑ   08 ⓐ

01 소셜 미디어 게시글을 읽으시오.

> **Noah Chen**
>
> 저는 이번 주 토요일에 시내에서 사진 촬영 산책에 참여합니다! 모임은 오후 4시에 시청 앞에서 만나고, 그곳에서 우리의 가이드인 지역 전문 사진가가 간단한 소개를 하고 사진 구도와 조명에 대한 팁을 공유할 예정이에요. 우리는 사진을 찍으면서 거리 예술, 시장, 옛 건물들을 탐방할 거예요. 초보자와 전문가 모두 환영입니다. 카메라나 스마트폰만 가져오세요. 함께 가고 싶은 사람 있나요?
>
> photography [fətɑ́:grəfi] 사진 촬영
> composition [kɑ̀:mpəzíʃən] 구도 lighting [láitiŋ] 조명
> expert [ékspərt] 전문가

해석   게시물의 주된 목적은 무엇인가?
ⓐ 시내 예술 전시회를 홍보하기 위해
ⓑ 사진가와의 개인 수업을 제공하기 위해
ⓒ 야외 행사에 사람들을 초대하기 위해

해설   첫 문장에서 시내 사진 촬영 산책에 참여한다고 한 후, 마지막에서 함께 참여하자고 초대했으므로 ⓒ가 정답입니다.

어휘   exhibition [èksəbíʃən] 전시회

02 기사를 읽으시오.

> **도시 환경 개선을 위해 나무 심기 프로젝트를 시작하다**
>
> 11월 12일 — *Riverdale Times*
>
> 지속 가능성 달성을 위한 계획의 일환으로, 시는 지역 내 공원과 주요 도로변에 1,000그루의 나무를 심기 시작했습니다. 관계자들은 이 프로젝트가 도시 열섬 현상을 줄이고 대기의 질을 개선할 것이라고 믿고 있습니다. 학교와 지역 사회 단체의 자원봉사자들이 이번 나무 심기 활동을 돕고 있으며, 이는 다음 달까지 계속될 예정입니다.
>
> launch [lɔ:ntʃ] 시작하다
> sustainability [səstèinəbíləti] 지속 가능성
> initiative [iníʃiətiv] (목적 달성을 위한) 계획
> urban heat 도시 열섬 현상 quality [kwɑ́ləti] 질, 우수함
> volunteer [vɑ̀:ləntɪər] 자원봉사자 effort [éfərt] 활동, 노력
> continue [kəntínju:] 계속하다

해석   이 프로젝트의 예상되는 한 가지 이점은 무엇인가?
ⓐ 주민들을 위한 공원 시설을 더 많이 만들 것이다.
ⓑ 지역 사업체의 수를 늘릴 것이다.
ⓒ 도시를 더 시원하게 만들 것으로 예상된다.

해설   관계자들은 이 프로젝트가 도시 열섬 현상을 줄일 것이라고 믿고 있다고 했으므로 ⓒ가 정답입니다.

어휘   benefit [bénəfit] 이점, 이익 park facilities 공원 시설

03 웹페이지를 읽으시오.

> 홈 | 제품 | 서비스 | 연락처
>
> **North Star Office Systems**
>
> 한정된 기간에, North Star는 최신 스마트 사무기기 라인에 대한 특별 출시 기념 특가를 제공합니다. Stellar 5000 스마트 허브는 사무실 운영을 간소화하도록 설계되어, 전력, 데이터, 화상 회의를 위한 단일 도킹 스테이션을 제공합니다.
>
> • 7월 15일 이전의 모든 주문은 무료 현장 설치 제공
> • 모든 첫 구매 고객은 단 한번도 유지 보수 패키지 구매 시 20퍼센트의 할인
>
> 주문하려면, 아래의 "지금 주문하기" 버튼을 클릭하세요.
>
> introductory [ìntrədʌ́ktəri] 출시 기념의, 소개의
> office equipment 사무기기   streamline [strí:mlain] 간소화하다
> operation [ɑ̀pəréiʃən] 운영
> complimentary [kɑ̀:mpləméntəri] 무료의
> on-site [ɑnsáit] 현장의 installation [ìnstəléiʃən] 설치
> maintenance [méintənəns] 유지 보수

해석   모든 첫 구매자에게 제공되는 것은 무엇인가?
ⓐ 무료 설치
ⓑ 유지 보수 패키지 할인
ⓒ 제품 보증 기간 연장

해설   모든 첫 구매 고객은 유지 보수 패키지 구매 시 20퍼센트의 할인을 받는다고 했으므로 ⓑ가 정답입니다.

어휘   warranty [wɔ́:rənti] (제품) 보증, 보증서

04 기사를 읽으시오.

현금 없는 결제의 증가

4월 8일 – 많은 도시에서, 모바일 결제 앱과 비접촉식 카드가 현금을 대체하고 있습니다. 기업들은 현금 없는 거래가 더 빠르며 처리 비용을 절감한다고 보고했습니다. 또한 소비자들도 특히 소액 구매에서 디지털 결제가 더 편리하다고 느낍니다. 경제학자들은 이러한 추세가 결국 일부 지역에서는 완전히 현금 없는 매장으로 이어질 수 있다고 시사합니다.

contactless[kάːntæktləs] 비접촉의 replace[ripléis] 대체하다
transaction[trænzǽkʃən] 거래 convenient[kənvíːnjənt] 편리한
purchase[pə́ːrtʃəs] 구매 economist[ikάːnəmist] 경제학자
eventually[ivéntʃuəli] 결국

해석 기사에서 언급된 현금 없는 결제의 한 가지 이점은 무엇인가?
  ⓐ 기업들의 처리 비용을 줄인다.
  ⓑ 더 높은 수익을 보장한다.
  ⓒ 그들은 거래를 완전히 안전하게 만든다.

해설 기업들은 현금 없는 거래가 더 빠르며 처리 비용을 절감한다고 보고했다고 했으므로 ⓐ가 정답입니다.

어휘 advantage[ædvǽntidʒ] 이점, 장점
  guarantee[gæ̀rəntíː] 보장하다 profit[prάːfit] 수익, 이익
  transaction[trænzǽkʃən] 거래
  completely[kəmplíːtli] 완전히 secure[sikjúər] 안전한

[05-06] 웹페이지를 읽으시오.

홈 | 가입하기 | 수업 보기 | 연락하기

GreenFit 체육관

GreenFit 체육관에 오신 것을 환영합니다! 저희는 여러분의 생활 방식에 맞춰 설계된 다양한 피트니스 프로그램과 회원권 선택지를 제공합니다.

회원권 요금제

06B기본형 – 35달러/월: 헬스장 기구 이용만 가능
05표준형 – 55달러/월: 헬스장 기구 이용, 그룹 수업, 락커 이용
06C고급형 – 75달러/월: 표준형 요금제의 모든 혜택 및 수영장과 사우나 이용

운영 시간

06A월요일-금요일: 오전 6시-오후 10시
토요일: 오전 7시-오후 8시
일요일: 오전 8시-오후 6시

accommodate[əkάːmədèit] 맞추다, 수용하다 plan[plæn] 요금제
basic[béisik] 기본(형)의 standard[stǽndərd] 표준(형)의
premium[príːmiəm] 고급(형)의 benefit[bénəfit] 혜택
operation[ὰpəréiʃən] 운영

05

해석 표준형 요금제에 포함된 것은 무엇인가?
  ⓐ 수영장 이용
  ⓑ 사우나 이용
  ⓒ 락커 이용

해설 표준형 요금제에 포함된 사항으로 헬스장 기구, 그룹 수업, 락커 이용이라고 했으므로 ⓒ가 정답입니다.

06

해석 다음 중 GreenFit 체육관에 대해 사실이 아닌 것은?
  ⓐ 평일에는 주말보다 더 일찍 문을 연다.
  ⓑ 기본형 요금제 회원은 한 달에 50달러 이상을 낸다.
  ⓒ 고급형 요금제 회원은 그룹 수업에 참여할 수 있다.

해설 기본형 요금제 회원은 한 달에 35달러의 요금을 낸다고 했으므로 ⓑ가 정답입니다.

[07-08] 뉴스 기사를 읽으시오.

GREENDALE (2월 19일)

07월요일에, 시는 친환경 교통수단을 장려하기 위해 새로운 자전거 공유 프로그램을 발표했습니다. 500대 이상의 자전거가 도심 전역의 도킹 스테이션에 배치되었습니다. 08관계자들은 이 프로그램이 교통 혼잡을 줄이고 대기질을 개선하기를 바라고 있습니다. 자전거 이용자들은 도시 곳곳에서의 짧은 여행을 위해 모바일 앱을 이용해서 자전거를 대여할 수 있습니다.

eco-friendly[íːkoufrèndli] 친환경적인
transportation[træ̀nspərtéiʃən] 교통 (수단)
bicycle[báisikl] 자전거 place[pleis] 배치하다
throughout[θruːáut] ~ 전역의
congestion[kəndʒéstʃən] 혼잡, 체증

07

해석 기사는 주로 무엇에 대한 것인가?
  ⓐ 손상된 자전거를 수리하기 위한 계획
  ⓑ 도시의 새로운 교통 프로그램
  ⓒ 교통량 통제를 위해 설계된 모바일 앱

해설 첫 문장에서 시에서 새로운 자전거 공유 프로그램을 발표했다고 소개한 후, 이 프로그램의 세부 내용과 기대되는 점에 대해 설명했으므로 ⓑ가 정답입니다.

어휘 repair[ripɛ́ər] 수리하다 damaged[dǽmidʒd] 손상된
  traffic[trǽfik] 교통(량) control[kəntróul] 통제

08

해석 프로그램의 한 가지 목표는 무엇인가?
  ⓐ 교통량을 줄이는 것
  ⓑ 버스를 자전거로 대체하는 것
  ⓒ 자전거 이용자들에게 자전거 안전을 교육하는 것

해설 관계자들은 이 프로그램이 교통 혼잡을 줄이기를 바란다고 했으므로 ⓐ가 정답입니다.

어휘 decrease[dikríːs] 줄이다 replace[ripléis] 대체하다
  train[trein] 교육하다, 훈련시키다

Daily Test
p.128

| 01 ⓑ | 02 ⓐ | 03 ⓒ | 04 ⓐ | 05 ⓑ | 06 ⓒ |
| 07 ⓐ | 08 ⓐ | 09 ⓒ | 10 ⓒ | | |

[01-02] 뉴스 기사를 읽으시오.

공원 보수 공사 완료
Olivia Grant 작성

MAPLEWOOD(6월 12일) — ⁰¹시 의회는 새로운 놀이터 시설, 피크닉 테이블, 개선된 산책로를 포함하여 Maplewood 공원의 보수 공사를 완료했습니다. ⁰²시 의원 David Lin은 "저희는 이 공원이 가족들을 위한 안전하고 즐거운 곳이 되기를 원합니다"라고 말했습니다. 리본 커팅식은 6월 20일 오전 11시에 열릴 예정입니다.

---
council [káunsəl] 의회   complete [kəmplí:t] 완료하다
renovation [rènəvéiʃən] 보수 (공사), 개조
playground [pléigràund] 놀이터
equipment [ikwípmənt] 시설, 장비   trail [treil] 산책로, 오솔길
enjoyable [indʒɔ́iəbl] 즐거운   ceremony [sérəmòuni] 의식 (행사)

01
해석 뉴스 기사의 주된 목적은 무엇인가?
ⓐ 행사의 연기를 설명하기 위해
ⓑ 완료된 공원 개선 사항을 알리기 위해 ✓
ⓒ 새로운 의원을 소개하기 위해
ⓓ 공원에서의 가족 활동을 홍보하기 위해

해설 첫 문장에서 시 의회는 Maplewood 공원의 보수 공사를 완료했다고 소개했으므로 ⓑ가 정답입니다.

어휘 postponement [poustpóunmənt] 연기, 지연
improvement [imprú:vmənt] 개선 사항

02
해석 David Lin이 공원에 대해 제시하는 것은 무엇인가?
ⓐ 그것은 가족 친화적인 곳으로 의도되었다. ✓
ⓑ 보수를 위해 다시 폐쇄될 것이다.
ⓒ 입장료를 부과할 것이다.
ⓓ 도시 밖에 위치해 있다.

해설 David Lin이 이 공원이 가족들을 위한 안전하고 즐거운 곳이 되기를 원한다고 한 내용을 공원을 통해 가족 친화적인 곳으로 의도되었다는 것을 알 수 있습니다. 따라서 ⓐ가 정답입니다.

어휘 intend [inténd] 의도하다   charge [tʃɑːrdʒ] 부과하다, 청구하다

[03-04] 온라인 후기를 읽으시오.

Bella Roma Trattoria
리뷰 작성자: Leila Hassan
전체 평점: ★★★★☆ (5점 중 4점)

⁰⁴ᴮ훌륭한 가정식 파스타와 화덕 피자를 제공하는 Oak Street에 위치한 매력적인 장소. 서비스는 서두르는 느낌 없이 세심하며, 직원들은 딱 맞는 메뉴를 추천해 줍니다. ⁰⁴ᶜ아늑하고 소박한 실내 장식과 작은 야외 테라스가 친밀함을 느끼게 합니다. ⁰⁴ᴰ가격은 합리적이며, 특히 평일 밤 3코스 세트 메뉴가 만족스럽습니다.

⁰³참고: 발렛 주차 불가 (거리 주차만 가능)

---
trattoria [trɑ̀tərí:ə] (소규모 이탈리안) 레스토랑
charming [tʃɑ́ːrmiŋ] 매력적인
homemade [hóummèid] 가정(식)의   attentive [əténtiv] 세심한
rush [rʌʃ] 서두르다   spot-on [spɑ̀tɑ́:n] 딱 맞는, 정확한
suggestion [səgdʒéstʃən] 제안   cozy [kóuzi] 아늑한
rustic [rʌ́stik] 소박한   décor [deikɔ́:r] 실내 장식
intimate [íntəmət] 친밀한   reasonable [rí:zənəbl] 합리적인

03
해석 레스토랑의 주차에 대해 암시되는 것은?
ⓐ 레스토랑은 무료 발렛 서비스를 제공한다.
ⓑ 발렛 주차는 유료로 이용할 수 있다.
ⓒ 고객들은 길가에만 주차할 수 있다. ✓
ⓓ 레스토랑에는 자체 전용 주차장이 있다.

해설 발렛 주차가 불가능하고 거리 주차만 가능하다고 했으므로 ⓒ가 정답입니다.

어휘 private [práivət] 전용의

04
해석 Leila Hassan이 Bella Roma Trattoria를 좋아한 이유로 언급되지 않은 것은?
ⓐ 위치가 편리했다. ✓
ⓑ 음식의 질이 높았다.
ⓒ 실내 장식이 친근했다.
ⓓ 가격이 합리적이었다.

해설 레스토랑의 위치에 대해서는 언급되지 않았으므로 ⓐ가 정답입니다.

어휘 convenient [kənví:njənt] 편리한
affordable [əfɔ́:rdəbl] 합리적인

[05-07] 소셜 미디어 게시물을 읽으시오.

Carlos Mendes

흥미진진한 소식입니다. ⁰⁵우리 동네에서 첫 번째 봄 지역사회 달리기 행사가 5월 12일 일요일 오전 9시에 Central 파크에서 열립니다! 경로는 가벼운 5킬로미터이고, 달리는 사람, 걷는 사람, 단순히 아침을 함께 즐기고 싶은 가족들을 위해 설계되었습니다.

⁰⁶현재 온라인 등록이 열려 있으며, 등록하는 모든 참가자는 무료 티셔츠와 재사용 가능한 물병을 받게 됩니다. 참가비는 지역 푸드 뱅크에 전액 기부되며, 그곳에서는 매달 수백 가정을 돕고 있습니다.

달리기 이후에는, 피크닉 공간, 지역 밴드들의 라이브 음악, 그리고 신선한 과일부터 샌드위치까지 모든 것을 제공하는 음식 가판대를 즐기실 수 있습니다. 12세 미만의 어린이를 위한 소정의 상품이 주어지는 1킬로미터 미니 레이스가 있습니다.

⁰⁷주최자들은 이 행사가 건강, 가족, 지역사회 정신을 기념하는 매년 열리는 전통이 되기를 바라고 있습니다. 그곳에서 뵙기를 바랍니다!

neighborhood [néibərhud] 동네   route [ruːt] 경로
registration [rèdʒistréiʃən] 등록
reusable [riːjúːzəbəl] 재사용 가능한   entry fee 참가비
stall [stɔːl] 가판대   organizer [ɔ́ːrgənàizər] 주최자
tradition [trədíʃən] 전통   fitness [fítnis] 건강

05

해석   소셜 미디어 게시글의 주된 목적은 무엇인가?
ⓐ 모금 행사의 결과를 알리기 위해
✓ⓑ 사람들을 지역 사회 달리기에 참가하도록 초대하기 위해
ⓒ 지역 음식 노점상들과 음악가들을 홍보하기 위해
ⓓ 공원의 새 오락 활동을 강조하기 위해

해설   달리기 행사를 소개하며 마지막에서 그곳에서 뵙기를 바란다고 했으므로 ⓑ가 정답입니다.

어휘   fundraiser [fʌ́ndrèizər] 모금 행사   participate in ~에 참가하다
recreational [rèkriéiʃənəl] 오락의

06

해석   참가자들은 등록할 때 무엇을 받게 되는가?
ⓐ 메달과 인증서
ⓑ 지역 음식 가판대에서의 무료 식사
✓ⓒ 무료 티셔츠와 재사용 가능한 물병
ⓓ 어린이 미니 레이스 무료 입장

해설   등록하는 모든 참가자는 무료 티셔츠와 재사용 가능한 물병을 받게 된다고 했으므로 ⓒ가 정답입니다.

어휘   certificate [sərtífikət] 인증서   entry [éntri] 입장

07

해석   달리기 행사에 대해 명시된 것은?
✓ⓐ 정기적인 지역 행사로 자리 잡을 것으로 기대된다.
ⓑ 지역 푸드뱅크를 지원하기 위해 매달 열릴 예정이다.
ⓒ 오직 전문 운동선수들만을 대상으로 한다.
ⓓ 올해 연례 여름 축제를 대체한다.

해설   주최자들은 이 행사가 건강, 가족, 지역사회 정신을 기념하는 매년 열리는 전통이 되기를 바라고 있다고 했으므로 ⓐ가 정답입니다.

[08-10] 기사를 읽으시오.

공중보건부에서 새 지역 보건소를 발표하다

Alicia Morgan 작성

9월 20일—공중보건부는 450 Main Street에 위치한 새 지역 보건소의 개소를 발표했습니다. 이 시설은 10월 5일에 공식 운영을 시작할 예정이며 주민들에게 저렴한 의료 서비스를 제공하도록 설계되었습니다.

⁰⁸보건부 관계자들에 따르면, 보건소는 일반 의료 상담, 소아과 진료, 예방 접종 및 치과 검진을 제공합니다. ⁰⁹보건부는 보건소의 운영 시간이 월요일부터 토요일, 오전 8시부터 오후 7시까지일 것이며, ¹⁰영어와 스페인어를 구사하는 직원들이 상주할 것이라고 밝혔습니다.

주민들은 www.cityhealth.gov를 방문해 환자 등록이나 진료 예약에 관한 정보를 확인할 수 있습니다. 시 관계자들은 이 새 보건소가 가족, 노인, 그리고 의료 서비스를 제대로 받지 못하는 사람들을 위한 중요한 자원의 역할을 할 것이라고 강조했습니다.

located [lóukeitid] ~에 위치한   officially [əfíʃəli] 공식적으로
affordable [əfɔ́ːrdəbl] 저렴한 (가격의)
healthcare [hélθkèər] 의료   general [dʒénərəl] 일반적인
pediatric [piːdiǽtrik] 소아과의
vaccination [væksənéiʃən] 예방 접종
dental checkup 치과 검진   emphasize [émfəsàiz] 강조하다
serve as ~의 역할을 하다   essential [isénʃəl] 중요한, 필수적인
senior [síːnjər] 노인
underserved [ʌ̀ndərsə́ːrvd] 서비스를 제대로 받지 못하는
population [pàːpjuléiʃən] 사람들, 인구

08

해석   보건소는 어떤 서비스를 제공할 것인가?
✓ⓐ 예방 접종과 치과 검진
ⓑ 응급 수술과 병원 진료
ⓒ 노인 환자를 위한 가정 방문
ⓓ 영양 및 식단 상담

해설   보건소가 일반 의료 상담, 소아과 진료, 예방 접종 및 치과 검진을 제공한다고 했으므로 ⓐ가 정답입니다.

어휘   emergency [imə́ːrdʒənsi] 응급   surgery [sə́ːrdʒəri] 수술
elderly [éldərli] 노인의, 나이가 든

09

해석   지역 보건소에 대해 제시된 것은?
ⓐ 일주일 내내 영업할 것이다.
ⓑ 저녁 9시까지 운영될 것이다.
✓ⓒ 일요일에는 문을 닫을 것이다.
ⓓ 24시간 응급 서비스를 제공할 것이다.

해설   운영 시간은 월요일부터 토요일, 오전 8시부터 오후 7시까지라고 한 내용을 통해 일요일에는 운영되지 않음을 알 수 있습니다. 따라서 ⓒ가 정답입니다.

10

해석   기사가 보건소의 직원에 대해 제시하는 것은 무엇인가?
ⓐ 주말에 연장 근무할 것이다.
ⓑ 응급 의료 절차를 전문으로 한다.
✓ⓒ 영어와 스페인어를 모두 구사할 것이다.
ⓓ 전문적인 소아과 교육을 받았다.

해설   영어와 스페인어를 구사하는 직원들이 상주할 것이라고 했으므로 ⓒ가 정답입니다.

어휘 specialize in ~을 전문으로 하다

plumbing[plʌ́miŋ] 배관 (설비)   repair[ripɛ́ər] 수리, 보수
prior[práiər] 사전의

Day 10 양식/일정표

❶ 양식

지문 흐름 및 빈출 문제 ·········· p.134

연례 기술 혁신 정상 회의

연례 기술 혁신 정상 회의에 관심을 가져주셔서 감사합니다! 4월 14일부터 16일까지 그랜드 컨벤션 센터에서 열리는 행사에 등록하시려면 이 양식을 작성해 주세요.

성명: Daniel Scott
회사: NextGen Software Ltd.
식사 선호:
☐ 표준 식사   ☑ 채식주의 식사
☐ 엄격한 채식주의 식사   ☐ 글루텐이 없는 식사

등록비: 350달러

참고: 등록은 3월 31일에 마감됩니다. 제출 시 결제가 필요합니다. 도움이 필요하시면, events@techsummit.org로 연락해 주세요.

summit[sʌ́mit] 정상 회의   preference[préfərəns] 선호
vegetarian[vèdʒətéəriən] 채식주의의
vegan[védʒən] 엄격한 채식주의의   payment[péimənt] 결제, 지불
submission[səbmíʃən] 제출   assistance[əsístəns] 도움, 지원

❷ 일정표

지문 흐름 및 빈출 문제 ·········· p.136

예정된 유지 보수 일정

위치: 본관 건물
날짜: 10월 20일 월요일

서비스 일정:
• 오전 9-11시: 전력 중단 – 모든 층 (1-5층)
• 오후 1-3시: 엘리베이터 점검 – 3층 및 4층
• 오후 3-5시: 배관 수리 – 2층 화장실

참고 사항:
• 전력 중단 중에는 모든 컴퓨터 접근이 불가능할 것입니다.
• 배관 수리 중에는 2층 화장실이 폐쇄될 것입니다.
• 일정은 사전 공지 없이 변경될 수 있습니다.

upcoming[ʌ́pkʌ̀miŋ] 예정된, 다가오는
maintenance[méintənəns] 유지 보수, 관리
power shutdown 전력 중단   inspection[inspékʃən] 점검, 검사

Daily Check-up ·········· p.138

01 ⓑ   02 ⓒ   03 ⓒ   04 ⓑ   05 ⓐ   06 ⓑ
07 ⓒ   08 ⓑ

01 양식을 읽으시오.

City Bistro 피드백 카드

귀하의 의견은 소중합니다. 저희의 서비스 향상에 도움을 주세요.

1. 날짜: 10월 28일
2. 서버 이름(선택 사항): Chris
3. 방문의 다음 측면들을 평가해 주세요:
   • 음식의 질: ( ) 우수 (✓) 양호 ( ) 개선 필요
   • 직원 친절도: (✓) 우수 ( ) 양호 ( ) 개선 필요
   • 식당 분위기: ( ) 우수 (✓) 양호 ( ) 개선 필요
4. 의견: 스테이크가 완벽하게 조리되었고, 서버인 Chris는 매우 친절하고 신속했습니다. 음악이 조금 너무 시끄러웠습니다.

valuable[vǽljuəbl] 소중한, 가치 있는   optional[ɑ́:pʃənl] 선택적인
rate[reit] 평가하다   aspect[ǽspekt] (측)면
excellent[éksələnt] 우수한   improvement[imprúːvmənt] 개선
attentiveness[əténtivnis] 친절도, 세심함
perfectly[pə́ːrfiktli] 완벽하게

해석 고객의 방문에서 가장 높게 평가된 측면은 무엇인가?
ⓐ 음식의 질
ⓑ 직원 친절도
ⓒ 식당 분위기

해설 직원 친절도 항목에 "우수"로 표시되어 있고, 나머지 항목들은 "양호"에 표시되어 있으므로 ⓑ가 정답입니다.

02 일정표를 읽으시오.

시내 공립 도서관
1월 워크숍 일정표

워크숍	일자	시간	강의실	재료비
디지털 사진술	1월 8일	오전 10:00 – 오후 12:00	컴퓨터실	25달러
창의적 글쓰기	1월 15일	오후 2:00 – 오후 4:00	A 회의실	무료
재무 계획	1월 22일	오후 6:00 – 오후 8:00	대회의실	15달러

등록 필요: 555-1234로 전화하거나 www.downtown.library.gov를 방문하세요.

참고 사항: 참가자는 사진이 부착된 신분증을 지참하고 15분 일찍 도착해야 합니다.

public [pʌ́blik] 공립의, 공공의 material [mətíəriəl] 재료
photography [fətá:grəfi] 사진술 creative [kriéitiv] 창의적인
registration [rèdʒistréiʃən] 등록
participant [pɑ:rtísəpənt] 참가자
photo ID 사진이 부착된 신분증

해석 어느 워크숍이 시작 시간이 가장 늦은가?
ⓐ 디지털 사진술
ⓑ 창의적 글쓰기
ⓒ 재무 계획 ✓

해설 워크숍 시작 시간을 비교하면 재무 계획이 오후 6시로 가장 늦습니다. 따라서 ⓒ가 정답입니다.

03 양식을 읽으시오.

온라인 주문 문의 양식

이름: Ben Carter
주문 번호: 9876543-BC
문의 세부 내용: 제품: "Everest Adventure" 등산화, 사이즈 10
문제점: 9월 20일에 등산화를 받았습니다. 갈색 한 켤레를 주문했지만, 검은색 한 켤레를 받았습니다. 사이즈는 맞지만, 색상이 틀립니다.
올바른 색상의 교환품을 받기를 원합니다.

order [ɔ́:rdər] 주문 inquiry [ínkwəri] 문의, 질문
product [prɑ́:dʌkt] 제품 issue [íʃu:] 문제점
replacement [ripléismənt] 교환품, 교체 correct [kərékt] 올바른

해석 Ben Carter는 무엇을 요청하는가?
ⓐ 잘못 받은 제품에 대한 전액 환불
ⓑ 손상된 부츠로 인한 교체
ⓒ 다른 색상으로의 교환 ✓

해설 갈색 한 켤레를 주문했지만, 검은색을 받았고 올바른 색상의 교환품을 받기를 원한다고 했으므로 ⓒ가 정답입니다.

어휘 refund [rí:fʌnd] 환불 damaged [dǽmidʒd] 손상된

04 일정표를 읽으시오.

팀 프로젝트 완료 일정

일	일자	시간	장소
최종 팀 회의	10월 22일	오전 9:00	회의실 B
고객 검토 세션	10월 24일	오후 1:00	회의실 B
최종 문서 제출	10월 25일	오후 5:00	-

- 모든 팀원은 최후의 수정 사항을 논의하기 위해 최종 팀 회의에 참석해야 합니다.
- 고객 검토 세션은 선임 팀원에게는 필수이며 후임 직원에게는 선택입니다.
- 모든 팀원은 최종 문서를 프로젝트 관리자에게 전자 형태로 제출해야 합니다.

completion [kəmplí:ʃən] 완료 review [rivjú:] 검토
documentation [dɑ̀:kjumentéiʃən] 문서, 서류 (조사)

attend [əténd] 참석하다 revision [rivíʒən] 수정 (사항)
mandatory [mǽndətɔ̀:ri] 필수적인 senior [sí:njər] 선임의, 상급의
junior [dʒú:njər] 후임의, 하급의
electronically [ilektrɑ́nikəli] 전자 형태로, 전자 기기를 통해

해석 어느 일이 후임 직원에게 선택적인가?
ⓐ 최종 팀 회의
ⓑ 고객 검토 세션 ✓
ⓒ 최종 문서 제출

해설 고객 검토 세션은 후임 직원에게는 선택이라고 했으므로 ⓑ가 정답입니다.

[05-06] 양식을 읽으시오.

⁰⁵시내 주차 허가증

이름: _____
차량 번호: _____
허가증 종류: ☐ 월간 ☐ 주간 (7일 이용)
선호 구역: _____
주차 시간: ☐ 오전 7시-오후 3시 ☐ 오전 9시-오후 5시
☐ 낮 12시-오후 8시 ☐ 24시간 이용

⁰⁶월간 허가증은 85달러이며 전월 25일까지 구매되어야 합니다. 주간 허가증은 25달러이며 최대 3일 전까지 구매될 수 있습니다. 모든 허가증에는 차량 등록증이 필요합니다. 허가증은 차량 간에 양도될 수 없습니다. 기한이 만료된 허가증에는 45달러의 주차 위반금이 부과됩니다. 고객 센터는 월요일부터 금요일까지 오전 8시에서 오후 4시에 이용 가능합니다.

permit [pərmít] 허가증 license plate (차량) 번호판
access [ǽkses] 이용(권) preferred [prifə́:rd] 선호하는
previous [prí:viəs] (이)전의
vehicle registration proof 차량 등록증
non-transferable [nɑ̀:ntrænsfə́:rəbl] 양도될 수 없는
expired [ikspáiərd] (기한이) 만료된
violation [vàiəléiʃən] 위반

05

해석 이 양식은 무엇에 사용되는가?
ⓐ 주차 요금제를 신청하는 것 ✓
ⓑ 주차 위반을 신고하는 것
ⓒ 연체된 주차 과태료를 지불하는 것

해설 제목에서 "시내 주차 허가증"임을 알린 후 주차 허가증 구매에 대한 사항을 선택하도록 했으므로 ⓐ가 정답입니다.

어휘 register for ~을 신청하다 overdue [òuvərdjú:] 연체된
fine [fain] 과태료

06

해석 월간 주차 허가증은 언제까지 구매되어야 하는가?
ⓐ 매달 첫 날
ⓑ 전월 25일까지 ✓
ⓒ 최대 3일 전까지

해설 월간 허가증은 전월 25일까지 구매되어야 한다고 했으므로 ⓑ가 정답입니다.

[07-08] 일정표를 읽으시오.

도시 운송 – 92번 급행 노선
월요일-금요일 일정

정류소	첫 번째 버스	두 번째 버스	세 번째 버스	마지막 버스
도심역	오전 6시 30분	오전 8시 15분	오후 12시	오후 5시 45분
미드타운 광장	오전 6시 50분	오전 8시 35분	오후 12시 20분	오후 6시 05분
리버사이드 몰	오전 7시 15분	오전 9시	07오후 12시 45분	오후 6시 30분

참고 사항: 08오전 8시 15분 도심역 출발편은 공휴일에는 운행되지 않습니다.

transit[trǽnsit] 운송, 교통 (체계) express[iksprés] 급행의
route[ru:t] 노선, 경로 stop[stɑːp] 정류소
departure[dipɑ́ːrtʃər] 출발 run[rʌn] 운행하다
public holiday 공휴일

07

해설 오후 12시 버스는 리버사이드 몰에 몇 시에 도착하는가?
　　 ⓐ 오전 8시 35분
　　 ⓑ 오후 12시
　　 ✓ⓒ 오후 12시 45분

해설 일정표에 따르면 오후 12시에 도심역을 출발한 세 번째 버스는 오후 12시 45분에 리버사이드 몰에 도착합니다. 따라서 ⓒ가 정답입니다.

08

해설 공휴일에는 어느 버스가 운행되지 않는가?
　　 ⓐ 첫 번째 버스
　　 ✓ⓑ 두 번째 버스
　　 ⓒ 세 번째 버스

해설 참고 사항에서 오전 8시 15분 도심역 출발편, 즉 두 번째 버스가 공휴일에는 운행되지 않는다고 했으므로 ⓑ가 정답입니다.

Daily Test   p.142

| 01 ⓒ | 02 ⓑ | 03 ⓒ | 04 ⓑ | 05 ⓑ | 06 ⓒ |
| 07 ⓒ | 08 ⓑ | 09 ⓒ | 10 ⓐ | | |

[01-02] 양식을 읽으시오.

고객 피드백 양식

Quality Electronics에서 쇼핑해 주셔서 감사합니다. 저희는 귀하의 피드백을 소중히 여깁니다.

고객 이름: Mark Harrison
구매 날짜: 9월 17일
구매 품목: XG-450 TV

서비스 만족도 (1-5점 척도로, 5가 최고점임)
판매 사원 지식: ☐1 ☐2 ☐3 ☑4 ☐5
02고객 서비스: ☐1 ☐2 ☐3 ☐4 ☑5
상품 재고: ☐1 ☐2 ☑3 ☐4 ☐5
결제 과정 효율성: ☐1 ☐2 ☐3 ☑4 ☐5

의견: 01판매 사원이 매우 큰 도움이 되었지만, 제가 원했던 TV가 품절이었습니다. 그는 제게 유사한 모델을 찾아줬고, 이것이 훌륭한 대안이 되었습니다. 결제 과정은 매우 효율적이었습니다.

value[vǽljuː] 소중히 여기다 item[áitəm] 품목
satisfaction[sæ̀tisfǽkʃən] 만족(도) scale[skeil] 척도
salesperson[séilzpə̀ːrsn] 판매 사원, 영업 사원
knowledge[nɑ́ːlidʒ] 지식 availability[əvèiləbíləti] 가용성
comment[kɑ́ment] 의견, 논평 out of stock 품절인, 재고가 없는
similar[símələr] 유사한, 비슷한
alternative[ɔːltɜ́ːrnətiv] 대안, 대체품 check-out[tʃèkáut] 결제
process[prɑ́ses] 과정 efficient[ifíʃənt] 효율적인

01

해설 고객의 주된 불만은 무엇인가?
　　 ⓐ 판매원이 지식이 부족했다.
　　 ⓑ 고객 서비스가 좋지 않았다.
　　 ✓ⓒ 원했던 제품이 재고가 없었다.
　　 ⓓ 결제 과정이 너무 느렸다.

해설 자신이 원했던 TV가 품절이었다고 했으므로 ⓒ가 정답입니다.

어휘 complaint[kəmpléint] 불만
knowledgeable[nɑ́ːlidʒəbl] 지식이 풍부한
desired[dizáiərd] 바라던 in stock 재고가 있는

02

해설 Mr. Harrison이 자신의 경험에서 가장 높게 평가한 측면은 무엇인가?
　　 ⓐ 판매 사원 지식
　　 ✓ⓑ 고객 서비스
　　 ⓒ 상품 재고
　　 ⓓ 결제 과정 효율성

해설 Mr. Harrison이 표시한 점수표에서 평가 항목 중 고객 서비스만 5점으로 표시되어 있으므로 ⓑ가 정답입니다.

어휘 efficiency[ifíʃənsi] 효율성

[03-04] 일정표를 읽으시오.

지역 주민 센터 수업 일정

요일	시간	수업	강사	강의실
월요일	오후 6시 30분-7시 30분	요가(초급)	Ms. Harris	201호
화요일	오전 7시-8시	스피닝	Mr. Kim	105호
수요일	오후 6시-7시	필라테스	Ms. Lopez	202호
목요일	오후 7시 30분-8시 30분	줌바	Mr. Brown	201호
금요일	오전 7시-8시	요가(상급)	Ms. Hill	202호

중요 안내:
- 연령 요건: 초급반은 16세 이상 가능. ⁰³상급 요가는 초급 과정을 수료해야 참여 가능.
- ⁰⁴취소 정책: 수업 시작 최소 하루 전에 취소해야 비용 부과 없음. 당일 취소 시 5달러의 수수료가 부과될 수 있음.

---

requirement[rikwáiərmənt] 요건, 요구 사항
advanced[ədvǽnst] 상급의, 앞선
cancellation[kæ̀nsəléiʃən] 취소 at least 최소(한), 적어도
fee[fi:] 수수료

03

해석   상급 요가 수업에 적용되는 특별 요건은 무엇인가?
Ⓐ 참가자는 최소 18세 이상이어야 한다.
Ⓑ 참가자는 자신의 요가 매트와 블록을 가져와야 한다.
✓Ⓒ 참가자는 먼저 초급 과정을 수료해야 한다.
Ⓓ 참가자는 수업 시작 하루 전에 등록해야 한다.

해설   상급 요가는 초급 과정을 수료해야 참여 가능하다고 했으므로 ⓒ가 정답입니다.

어휘   register[rédʒistər] 등록하다

04

해석   당일에 수업 등록을 취소하면 무슨 일이 발생할 수 있는가?
Ⓐ 전액 환불을 받는다.
✓Ⓑ 5달러의 수수료가 부과될 수 있다.
Ⓒ 다시 등록하려면 24시간을 기다려야 한다.
Ⓓ 다음 달에 자동으로 자리를 잃는다.

해설   당일 취소 시 5달러의 수수료가 부과될 수 있다고 했으므로 Ⓑ가 정답입니다.

어휘   charge[tʃɑ:rdʒ] (요금 등을) 부과하다
automatically[ɔ̀:təmǽtikəli] 자동으로

[05-07] 양식을 읽으시오.

⁰⁵GREENWOOD 레크리에이션 센터
수영장 및 수상 시설 예약 시스템

이름: _____
회원 번호: _____
시설 종류:
☐ 왕복 연습용 풀   ☐ 가족용 풀   ☐ 전용 풀 파티 룸

요청 날짜: _____
시간대:
☐ 오전 7-9시   ☐ 오전 9-11시   ☐ 오전 11시-오후 1시
☐ 오후 1-3시   ☐ 오후 3-5시
고객 수: _____

예약 지침
- ⁰⁶전용 풀 파티 룸은 사전 예약이 필요하며 최대 14일 전까지 사전 예약 가능합니다.
- 왕복 연습용 풀은 최소 48시간 전에 예약되어야 합니다.
- ⁰⁷무단 불참 또는 20분 이상 지각 시 자동 취소됩니다.

---

aquatic[əkwǽtik] 수상의   facility[fəsíləti] 시설
reservation[rèzərvéiʃən] 예약   lap[læp] (수영 경기장의) 왕복
private[práivət] 전용의, 사적인   time slot 시간대
advance[ædvǽns] 사전의   no-show[nòuʃóu] 무단 불참, 노쇼
arrival[əráivəl] 도착

05

해석   이 양식은 무엇에 사용되는가?
Ⓐ 수영 프로그램에 등록하는 것
✓Ⓑ 수상 시설의 시간대를 예약하는 것
Ⓒ 수영장 유지 보수 서비스를 요청하는 것
Ⓓ 수중 에어로빅 수업에 등록하는 것

해설   제목에서 수영장 및 수상 시설 예약 시스템이라고 한 뒤, 기입 항목에서 수영장 예약에 대한 사항을 선택하도록 했으므로 Ⓑ가 정답입니다.

어휘   aerobics[eəróubiks] 에어로빅

06

해석   전용 풀 파티 룸은 얼마나 미리 예약할 수 있는가?
Ⓐ 당일에만
Ⓑ 48시간 전까지
✓Ⓒ 14일 전까지
Ⓓ 한 달 전까지

해설   전용 풀 파티 룸은 최대 14일 전까지 사전 예약 가능하다고 했으므로 Ⓒ가 정답입니다.

07

해석   예약 시간보다 25분 늦게 도착하면 무슨 일이 생기는가?
Ⓐ 30분 연장을 받는다.
Ⓑ 추가 요금이 부과된다.
✓Ⓒ 예약이 즉시 취소된다.
Ⓓ 가족용 풀로 대신 이동된다.

해설   무단 불참 또는 20분 이상 지각 시 자동 취소된다고 했으므로 Ⓒ가 정답입니다.

어휘   extension[iksténʃən] 연장   additional[ədíʃənl] 추가의
right away 즉시, 곧바로

[08-10] 일정표를 읽으시오.

부서별 회의 일정

다음 주부터 시작될 예정인 새로운 분기별 부서 회의 일정을 알려드립니다. 모든 회의는 5층 회의실 B에서 열릴 것입니다. ¹⁰알려드렸던 바와 같이, 모든 직원의 참석은 필수입니다. 필요한 서류를 지참해서 정시에 도착해 주십시오.

부서	일자	시간	필요 자료
회계	10월 28일 월요일	오전 9시	재무제표
마케팅	10월 29일 화요일	오후 1시	⁰⁸캠페인 분석표
연구 개발	10월 30일 수요일	오전 10시	진행 보고서
인사	11월 1일 금요일	오전 9시	인사 제안서

⁰⁹오전에 열리는 모든 회의에는 유럽식 아침 식사가 제공될 것입니다.

departmental [dipà:rtméntl] 부서(별)의
quarterly [kwɔ́:rtərli] 분기(별)의
attendance [əténdəns] 참석, 출석
mandatory [mǽndətɔ̀:ri] 필수의 personnel [pə̀:rsənél] 직원
accounting [əkáuntiŋ] 회계 human resources 인사

08

해석 마케팅 부서 직원들이 회의에 가져가야 하는 것은 무엇인가?
Ⓐ 분기별 검토를 위한 재무제표
Ⓑ 캠페인 분석 문서 자료
Ⓒ 현재 프로젝트의 진행 보고서
Ⓓ 경영진 승인을 위한 인사 제안서

해설 표에서 마케팅 부서의 필요 자료 칸에 캠페인 분석표라고 나와 있으므로 Ⓑ가 정답입니다.

어휘 documentation [dɑ̀:kjumentéiʃən] 문서 (자료), 서류
management [mǽnidʒmənt] 경영진, 관리
approval [əprúːvəl] 승인

09

해석 어떤 회의에 유럽식 아침 식사가 포함될 것인가?
Ⓐ 다음 주에 예정된 모든 부서 회의
Ⓑ 5층에서 열리는 회의들만
Ⓒ 오전 시간에 예정된 회의들
Ⓓ 모든 직원의 필수 참석이 요구되는 회의들

해설 오전에 열리는 모든 회의에는 유럽식 아침 식사가 제공될 것이라고 했으므로 Ⓒ가 정답입니다.

10

해석 이 회의 참석에 대해 결론 지을 수 있는 것은?
Ⓐ 모든 직원은 자신의 부서 회의에 참석해야 한다.
Ⓑ 부서장만 참석이 요구된다.
Ⓒ 프로젝트 마감 기한이 있는 직원에게는 참석이 선택적이다.
Ⓓ 상급 경영진이 누가 참석해야 할지 결정할 것이다.

해설 모든 직원의 참석은 필수라고 했으므로 Ⓐ가 정답입니다.

어휘 department head 부서장 determine [ditə́:rmin] 결정하다

Day 11 영수증/메뉴

❶ 영수증

지문 흐름 및 빈출 문제 ········· p.146

```
The Corner Café
영수증 번호: 7359-A
날짜: 9월 22일
서버: Maria
```

품목	수량	단가
샌드위치	1	12.50달러
커피 (대)	1	4.50달러
쿠키	2	3.00달러
소계:		23달러
세금(10퍼센트):		2.3달러
합계:		25.3달러

구매해 주셔서 감사합니다!

참고 사항: 다음 방문 시에 무료 커피를 받으려면 이 영수증을 보여주세요.

receipt [risíːt] 영수증 subtotal [sʌ̀btóutl] 소계 tax [tæks] 세금

❷ 메뉴

지문 흐름 및 빈출 문제 ········· p.148

```
The Urban Grill
저녁 메뉴
```

전채 요리
- 오늘의 수프 ················ 5.00달러
- 스프링롤 (4개) ············ 7.00달러

메인 코스
- 구운 스테이크 ············ 24.00달러
  감자튀김, 구운 감자, 또는 사이드 샐러드 중 선택하신 한 가지와 함께 제공됨
- 구운 치킨 ················ 18.00달러
  * 채식주의 옵션은 요청 시 이용 가능

참고 사항:
– 메인 코스는 한 사람을 위한 것입니다. 두 명 이상의 고객이 나

누어 먹는 메인 코스에 대해서는 추가로 5.00달러의 공유 요금이 부과됩니다.
- 모든 가격에는 8퍼센트의 세금이 부과됩니다.

appetizer[ǽpitàizər] 전채 요리, 애피타이저 **grilled**[grild] 구운
roasted[róustid] 구운 **vegetarian**[vèdʒətéəriən] 채식주의의
intended for ~을 위한

주의 사항: ᶜ무료 리필 불가. ᴬ모든 판매는 최종임. ᴮ회원은 15.00달러 이상 구매 시 10퍼센트 할인.

cinema[sínəmə] 영화관 **concession**[kənséʃən] 매점

해석 매점 정책에 대해 사실이 아닌 것은?
Ⓐ 구매된 품목은 환불될 수 없다.
Ⓑ 회원들은 특정 조건에서 할인을 받을 수 있다.
Ⓒ 탄산음료는 무료로 한 번 리필될 수 있다.

해설 무료 리필 불가라고 했으므로 Ⓒ가 정답입니다.

어휘 **refund**[rí:fʌnd] 환불하다 **condition**[kəndíʃən] 조건, 상황
at no charge 무료로

Daily Check-up
p.150

01 Ⓐ 02 Ⓒ 03 Ⓑ 04 Ⓒ 05 Ⓐ 06 Ⓑ
07 Ⓑ 08 Ⓒ

01 송장을 읽으시오.

발행일: 7월 12일
송장 번호: 7759
결제 기한: 8월 31일

품목	수량	단가	총액
사무용 책상	2개	150달러	300달러
인체공학 의자	4개	90달러	360달러

소계: 660달러
세금(8퍼센트): 52.80달러
총 청구 금액: 712.80달러

issue[íʃu:] 발행하다 **invoice**[ínvɔis] 송장, 청구서
due date 결제 기한 **unit price** 단가
ergonomic[ə̀:rgənámik] 인체공학적인

해석 어떤 유형의 사업체가 청구서를 발행했는가?
Ⓐ 가구 공급업체
Ⓑ 음식 조달 서비스
Ⓒ 인쇄 회사

해설 품목이 사무용 책상과 의자이므로 이 송장이 가구를 판매하는 업체에서 발행된 것임을 알 수 있습니다. 따라서 Ⓐ가 정답입니다.

어휘 **furniture**[fə́:rnitʃər] 가구 **supplier**[səpláiər] 공급업체
catering[kéitəriŋ] 음식 조달(업)

02 메뉴를 읽으시오.

Starview 영화관
매점 메뉴

- 팝콘 .... 소 4.50달러 / 중 6.00달러 / 대 7.50달러
- 치즈 나초 5.50달러
- 핫도그 4.00달러
- 탄산음료 .... 소 2.50달러 / 대 3.50달러
- 생수 2.00달러
- 아이스크림 3.00달러

콤보 상품: 팝콘 대 + 탄산음료 대 = 10.00달러

03 영수증을 읽으시오.

Downtown 스케이트 링크
587 Pine Street, Rivertown, NY 10025 / 555-0199

일자: 9월 24일
회원 번호: 7483-B
고객: Thomas Jenkins
품목: 연간 스케이트 회원권

할인: 10퍼센트
소계: 550.00달러
세금(7퍼센트): 38.50달러
총액: 588.50달러

참고 사항: 이 회원권은 공개 스케이트 수업, 선택 그룹 수업, 스케이트 대여 회원 할인을 포함합니다. 안전 및 시설 오리엔테이션이 9월 26일 오후 6시에 예정되어 있습니다. 이 영수증 사본을 가져오시기 바랍니다.

annual[ǽnjuəl] 연간의 **rental**[réntl] 대여
copy[kɑ́:pi] 사본

해석 Thomas Jenkins가 오리엔테이션 세션에 가져와야 하는 것은 무엇인가?
Ⓐ 회원 카드
Ⓑ 영수증 사본
Ⓒ 운동복

해설 오리엔테이션에 이 영수증 사본을 가져오라고 했으므로 Ⓑ가 정답입니다.

04 메뉴를 읽으시오.

Riverbend Deli - 점심 메뉴

- 오늘의 수프 5.50달러
- 시저 샐러드 7.00달러
- 구운 치킨 샌드위치 9.50달러
- 토마토 소스 파스타 8.50달러
- 커피 또는 차 2.00달러
- 생과일 주스 3.50달러

참고 사항: 점심 세트는 10.00달러에 샌드위치와 파스타 중 한 가지와 음료 한 가지를 포함합니다.

해석 구운 치킨 샌드위치와 커피를 따로 주문하면 고객이 지불하는 금액은 얼마인가?
Ⓐ 9.50달러
Ⓑ 10.00달러
Ⓒ 11.50달러 ✓

해설 구운 치킨 샌드위치는 9.50달러이고 커피는 2.00달러이므로 점심 세트가 아니라 따로 주문할 경우 Ⓒ가 정답입니다.

어휘 separately[sépərətli] 따로, 별도로

[05-06] 송장을 읽으시오.

송장 번호: RZ4588
⁰⁶날짜: 6월 12일
고객 번호: 7729
고객: Ms. Clara Jensen
주소: 14 Oak Lane, Green Valley
서비스 제공업체: Rivera Zipline Adventures
주소: 903 Valley Rd, Green Valley

설명	수량	단가	금액
스탠다드 어드벤처 패키지 (장비 렌탈 및 가이드 투어 포함)	2	95.00달러	190.00달러
점심 식사 업그레이드 (미식 샌드위치 및 음료)	2	15.00달러	30.00달러
소계			220.00달러
세금(10퍼센트)			22.00달러
총 청구 금액			242.00달러

결제 안내: ⁰⁵결제는 청구서 발행일로부터 15일 이내에 이루어져야 합니다. 지연 결제 시 5퍼센트의 벌금이 부과될 수 있습니다.
참고 사항: 모든 서비스는 7월 15일에 예정되어 있습니다. 도착 시 이 송장을 제시해 주십시오. ⁰⁵48시간 이전에 취소한 경우, 전액 환불됩니다.

어휘 address[ǽdres] 주소 service provider 서비스 제공업체
description[diskrípʃən] 설명 quantity[kwɑ́:ntəti] 수량
instruction[instrʌ́kʃən] 안내 사항 penalty[pénəlti] 벌금
present[prizént] 제시하다

05

해석 고객이 전액 환불의 자격을 갖추기 위해서는 무엇을 해야 하는가?
Ⓐ 48시간 이전에 서비스를 취소한다 ✓
Ⓑ 고객 번호로 서비스 제공업체에 연락한다
Ⓒ 도착 시 청구서를 제시한다

해설 48시간 이전에 취소한 경우, 전액 환불된다고 했으므로 Ⓐ가 정답입니다.

어휘 eligible[élidʒəbl] 자격을 갖춘 contact[kɑ́ntækt] 연락하다

06

해석 고객이 벌금을 내지 않고 이 계산서를 지불해야 하는 기한은 언제인가?
Ⓐ 6월 12일
Ⓑ 6월 27일 ✓
Ⓒ 7월 15일

해설 송장 발행일은 6월 12일이므로, 15일 후인 6월 27일이 벌금 없이 결제할 수 있는 마감일입니다. 따라서 Ⓑ가 정답입니다.

[07-08] 메뉴를 읽으시오.

The Corner Bistro
신선하고, 지역적이며, 맛있습니다

전채 요리
• 프렌치 어니언 수프 9.00달러
녹인 스위스 치즈로 토핑됨
• 하우스 샐러드 7.50달러
⁰⁷혼합 채소에 비네그레트 또는 랜치 드레싱 중 선택 가능

메인 요리
• 구운 연어 21.00달러
구운 채소와 레몬딜 소스와 함께 제공
• 야채 리조또 18.00달러
제철 버섯과 약간의 트러플 오일로 조리됨

안내:
• ⁰⁸평일 오후 2시와 5시 사이에 주문되는 모든 메인 요리에 대해서는 15퍼센트 할인이 적용됩니다.
• 모든 가격에 7퍼센트의 판매세가 부과됩니다.

어휘 topped[tɑ́:pt] 토핑된 melted[méltid] 녹인
salmon[sǽmən] 연어 apply[əplái] 적용하다

07

해석 메뉴에서 선택 옵션을 제공하는 품목은 무엇인가?
Ⓐ 프렌치 어니언 수프
Ⓑ 하우스 샐러드 ✓
Ⓒ 구운 연어

해설 비네그레트 또는 랜치 드레싱 중 선택 가능하다고 했으므로 Ⓑ가 정답입니다.

08

해석 고객들은 어떤 조건에서 메인 요리에 대한 할인을 받을 수 있는가?
Ⓐ 전채 요리와 메인 요리를 함께 주문할 때
Ⓑ 계산 시 유효한 학생증을 제시할 때
Ⓒ 평일 오후 2시부터 5시 사이에 주문할 때 ✓

해설 평일 오후 2시와 5시 사이에 주문되는 모든 메인 요리에 대해서는 15퍼센트 할인이 적용된다고 했으므로 Ⓒ가 정답입니다.

어휘 valid[vǽlid] 유효한 student ID 학생증

Daily Test
p.154

01 ⓒ　02 ⓑ　03 ⓒ　04 ⓑ　05 ⓓ　06 ⓒ
07 ⓑ　08 ⓑ　09 ⓐ　10 ⓐ

[01-02] 메뉴를 읽으시오.

The Golden Spoon Bistro

샌드위치 (⁰¹선택한 사이드 샐러드와 함께 제공됨)

구운 치킨과 아보카도 ·· 15달러
토스트된 사워도우 빵 위에 얇게 썰린 구운 닭가슴살, 신선한 아보카도, 양상추를 올림

BLT ·· 14달러
토스트된 흰 빵 위에 바삭한 베이컨, 양상추, 토마토를 올림

칠면조 클럽 ·· 15.50달러
잡곡빵 위에 구운 칠면조, 베이컨, 양상추, 토마토, 마요네즈를 올림

* 디저트 메뉴는 요청 시 제공합니다.
* ⁰²총 6명 이상의 단체 손님에게는 18퍼센트의 봉사료가 추가됩니다.

chicken breast 닭가슴살　**lettuce**[létis] 양상추
crispy[kríspi] 바삭한　**turkey**[tə́ːrki] 칠면조
multigrain[mʌ́ltigrein] 잡곡의　**gratuity**[grətjúːəti] 봉사료, 팁
party[páːrti] 단체, 일행

01
해석　메뉴에 따르면, 모든 샌드위치에 포함되는 것은 무엇인가?
ⓐ 감자튀김
ⓑ 청량음료
✓ⓒ 사이드 샐러드
ⓓ 토스트된 사워도우 빵

해설　샌드위치는 선택한 사이드 샐러드와 함께 제공된다고 했으므로 ⓒ가 정답입니다.

02
해석　여덟 명이 The Golden Spoon Bistro에서 식사를 한다면, 청구서에 포함되는 추가 요금은 무엇인가?
ⓐ 대규모 단체를 위한 할인
✓ⓑ 자동 18퍼센트 봉사료
ⓒ 음료에 대한 서비스 요금
ⓓ 디저트 가격

해설　총 6명 이상의 단체 손님에게는 18퍼센트의 봉사료가 추가된다고 했으므로 ⓑ가 정답입니다.

어휘　**dine**[dain] 식사를 하다　**automatic**[ɔ̀ːtəmǽtik] 자동의

[03-04] 영수증을 읽으시오.

Bright Mart 대형 슈퍼마켓

영수증 번호: 28491
날짜: 9월 24일
계산원: Daniel H.
고객: Sarah Bell (회원 번호: 45219)

품목	수량	단가	할인	총액
유기농 사과	3	2.50달러	-	7.50달러
통밀빵	2	3.20달러	1개 구매 시, 1개 얻음 (무료)	3.20달러
세탁 세제	1	12.50달러	⁰⁴2.50달러 할인 (회원)	10.00달러
재사용 가능한 장바구니	1	1.00달러	-	1.00달러

소계: 21.70달러
세금(8퍼센트): 1.74달러
총액: 23.44달러

적립 포인트: 12
참고 사항: ⁰³영수증 지참 시 14일 이내 반품 가능. 식품은 개봉되지 않은 상태여야 함. 회원 할인은 자동 적용됨.

cashier[kǽʃiər] 계산원　**organic**[ɔːrgǽnik] 유기농의
whole wheat 통밀　**laundry detergent** 세탁 세제
reusable[riːjúːzəbəl] 재사용 가능한
earn[əːrn] 적립하다, 얻다, 모으다
unopened[ʌnóupənd] 개봉되지 않은

03
해석　반품 정책에 따르면, 다음 중 반품될 수 있는 것은?
ⓐ 7일 이내의 개봉된 치즈 팩
ⓑ 20일 후에 개봉되지 않은 세제 상자
✓ⓒ 10일 이내의 개봉되지 않은 파스타 소스병
ⓓ 14일 이내의 개봉된 사과 봉지

해설　영수증 지참 시 14일 이내 반품 가능하고 식품은 개봉되지 않은 상태여야 한다고 했으므로 ⓒ가 정답입니다.

어휘　**opened**[óupənd] 개봉된　**sealed**[siːld] 개봉되지 않은, 밀봉된

04
해석　Sarah Bell에 대해 추론할 수 있는 것은?
ⓐ 그녀는 현금으로 지불했다.
✓ⓑ 그녀는 매장의 회원이다.
ⓒ 그녀는 자신의 장바구니를 가져왔다.
ⓓ 그녀는 한 가지 품목을 반품했다.

해설　세탁 세제에 대해 회원 할인을 받았고 회원 할인은 자동 적용된다고 했으므로 Sarah Bell이 매장의 회원임을 추론할 수 있습니다. 따라서 ⓑ가 정답입니다.

어휘　**in cash** 현금으로

[05-07] 메뉴를 읽으시오.

The Daily Grind Café

아침 식사(오전 11시까지 제공)
- 모닝 스페셜 7.95달러
  달걀 두 개, 토스트, 그리고 커피나 차 중 하나 선택
- 유럽식 아침 식사 5.75달러
  크림치즈를 바른 베이글, 신선한 과일, 커피
- 브런치 추가 옵션 2.50달러
  [06]토요일, 일요일에만 가능. 모든 조식 메뉴에 베이컨이나 소시지를 추가하세요.

종일 메뉴(오전 7시-오후 9시 이용 가능)
- 오늘의 수프 5.00달러
  [05]오늘의 메뉴는 서버에게 문의하세요
- 데일리 샐러드 8.75달러
  선택 가능한 드레싱: 이탈리안, 랜치, 발사믹 비네그레트
- 셰프 스페셜 12.95달러
  신선한 제철 재료로 준비되는 매일 달라지는 주 요리

* 학생 할인: 유효한 학생증 제시 시 총 금액의 10퍼센트 할인. [07]단, 정가 메뉴 품목에만 적용되며, 다른 할인, 일일 프로모션, 셰프 스페셜과 중복 불가

어휘 entrée[á:ntrei] 주 요리 seasonal[sí:zənl] 제철의
ingredient[ingrí:diənt] 재료

05

해석 고객이 서버에게 문의해야 하는 것은?
Ⓐ 점심 메뉴
Ⓑ 가능한 커피 종류
Ⓒ 특정 샐러드 드레싱
☑ 오늘의 수프 종류

해설 오늘의 수프 메뉴 하단에서 오늘의 메뉴는 서버에게 문의하라고 했으므로 Ⓓ가 정답입니다.

어휘 specific[spisífik] 특정한

06

해석 언제 아침 메뉴에 베이컨이나 소시지를 추가할 수 있는가?
Ⓐ 오전 11시 이전 아무 때나
Ⓑ 카페 영업 시간 내내
☑ 토요일과 일요일에만
Ⓓ 셰프 스페셜과 함께만

해설 베이컨이나 소시지를 추가할 수 있는 브런치 추가 옵션은 토요일, 일요일에만 가능하다고 했으므로 Ⓒ가 정답입니다.

07

해석 셰프 스페셜을 주문하는 학생들에 대해 추론할 수 있는 것은?
Ⓐ 총 금액의 10퍼센트 할인을 받을 것이다.
☑ 정가를 그대로 지불할 것이다.
Ⓒ 다른 일일 프로모션과 함께 사용할 수 있다.
Ⓓ 저녁 시간에만 주문할 수 있다.

해설 학생 할인은 셰프 스페셜과 중복 불가라고 했으므로 Ⓑ가 정답입니다.

어휘 full price 정가

[08-10] 송장을 읽으시오.

Sparkle 청소 서비스

청구일: 9월 17일
결제 마감일: 10월 17일
고객: Harmony Fitness
주소: 321 Health Street, Seattle, WA 98101
결제 조건: 청구일로부터 30일 이내 결제
(연체 잔액에 대해 월 1.5퍼센트의 금융 수수료 부과)

설명	금액
주간 사무실 청소 (8월 25일 ~ 9월 15일)	[09]600.00달러
꼼꼼한 카펫 청소 (체육관 바닥)	250.00달러
[08]비품 비용 (세제, 소독제)	50.00달러
총 청구 금액	900.00달러

참고 사항: 기한 내에 결제하지 않으면 추가 금융 수수료가 발생할 수 있으므로 기한 내 결제를 부탁드립니다.
[10]결제는 수표 또는 전자 이체로 가능합니다.

귀하의 지속적인 거래에 감사드립니다.

어휘 billing date 청구일 due date 결제 마감일 term[tə:rm] 조건
finance charge 금융 수수료
overdue[òuvərdjú:] 연체된, 기한이 지난
balance[bǽləns] (지불) 잔액, 잔금 supply[səplái] 비품, 용품
disinfectant[dìsinféktənt] 살균제, 소독제 remit[rimít] 송금하다
payment[péimənt] 납부(금) electronic transfer 전자 송금
continued[kəntínju:d] 지속적인

08

해석 송장에 기재된 비품 비용에 포함된 것은 무엇인가?
Ⓐ 새 카펫 배송비
☑ 청소용 세제와 소독제
Ⓒ 진공청소기 대여 비용
Ⓓ 보호용 장갑과 안전 장비

해설 비품 비용에 세제와 소독제가 포함되었다고 했으므로 Ⓑ가 정답입니다.

어휘 vacuum machine 진공청소기
protective[prətéktiv] 보호용의 equipment[ikwípmənt] 장비

09

해석 어느 서비스가 Harmony Fitness에 가장 많은 비용을 들게 했는가?
☑ 3주 간 수행된 주간 사무실 청소
Ⓑ 체육관 바닥의 꼼꼼한 카펫 청소
Ⓒ 청소용품 및 재료비
Ⓓ 행정 처리 및 청구 비용

해설 주간 사무실 청소 비용이 600달러로 가장 높은 금액이므로 ⓐ가 정답입니다.

어휘 perform[pərfɔ́:rm] 수행하다 materials fee 재료비
administrative[ædmínəstrèitiv] 행정의, 관리의

10

해설 송장에 따르면, Harmony Fitness는 어떻게 결제할 수 있는가?
ⓐ 수표 또는 전자 이체로 ✓
ⓑ Sparkle 청소 서비스 사무실에 직접 방문해서만
ⓒ 청소 직원에게 현금을 지불해서
ⓓ 월 임대료에서 차감해서

해설 결제는 수표 또는 전자 이체로 가능하다고 했으므로 ⓐ가 정답입니다.

어휘 in person 직접 deduct[didʌ́kt] 차감하다, 빼다

Day 12 Task Test

p.160

01 ⓒ	02 ⓑ	03 ⓒ	04 ⓓ	05 ⓓ	06 ⓐ
07 ⓑ	08 ⓒ	09 ⓒ	10 ⓓ	11 ⓐ	12 ⓑ
13 ⓓ	14 ⓑ	15 ⓑ	16 ⓑ	17 ⓒ	18 ⓒ
19 ⓓ	20 ⓑ

[01-02] 포스터를 읽으시오.

국제 문화 클럽

01캠퍼스를 떠나지 않고도 세상을 탐험할 준비가 되셨나요?
우리 클럽은 매주 언어 교환, 세계 음식의 밤, 영화 상영회 등 다양한 행사를 개최합니다. 02자리는 온라인 등록을 한 선착순 40명으로 제한됩니다. 회원비는 없습니다. 첫 모임은 9월 20일 오후 6시에 학생회관에서 열립니다.

explore[iksplɔ́:r] 탐험하다, 탐구하다 spot[spɑ:t] 자리, 좌석
limited[límitid] 제한된 register[rédʒistər] 등록하다, 신청하다
membership fee 회원비

01

해설 포스터의 주된 목적은 무엇인가?
ⓐ 교내 음식 축제를 홍보하기 위해
ⓑ 행사 장소 변경을 알리기 위해
ⓒ 동아리 활동의 시작을 알리기 위해 ✓
ⓓ 문화 축제를 위한 자원봉사자를 모집하기 위해

해설 첫 문장에서 캠퍼스를 떠나지 않고도 세상을 탐험할 준비가 되었는지 물은 후, 클럽 행사의 내용과 참가 방법에 대해 안내했으므로 ⓒ가 정답입니다.

어휘 recruit[rikrú:t] 모집하다 fair[fɛər] 축제

02

해설 학생들은 어떻게 국제 문화 클럽에 자리를 확보할 수 있는가?
ⓐ 학생회관에서 등록함으로써
ⓑ 온라인으로 등록함으로써 ✓
ⓒ 소정의 회비를 지불함으로써
ⓓ 다른 회원의 추천을 받음으로써

해설 참가 인원은 온라인으로 등록한 선착순 40명에게 제한된다고 했으므로 ⓑ가 정답입니다.

어휘 secure[sikjúər] 확보하다, 얻다

[03-04] 송장을 읽으시오.

TechFix Solutions

송장 번호: 0847
송장 날짜: 1월 15일
04결제 마감일: 1월 27일

서비스 설명	날짜	시간	요금	합계
컴퓨터 진단	1월 12일	1.5	75달러/시간	112.50달러
소프트웨어 설치	1월 12일	2.0	75달러/시간	150.00달러
데이터 복구	1월 13일	033.0	95달러/시간	285.00달러

소계: 547.50달러
세금 (8퍼센트): 43.80달러
총 청구 금액: 591.30달러

거래에 감사드립니다.

문의사항은 billing@techfix.com 혹은 555-1098로 연락주세요.

due date 결제 마감일 rate[reit] 요금, 단가
diagnostic[dàiəgnɑ́:stik] 진단, 검사
installation[ìnstəléiʃən] 설치 data recovery 데이터 복구
subtotal[sʌ̀btóutl] 소계 total due 총 청구 금액, 지불해야 할 금액
business[bíznis] 거래, 영업 contact[kɑ́ntækt] 연락하다

03

해설 데이터 복구에 소요된 시간은 몇 시간이었는가?
ⓐ 1.5
ⓑ 2.0
ⓒ 3.0 ✓
ⓓ 8.0

해설 데이터 복구 항목의 시간이 3.0으로 표시되어 있으므로 ⓒ가 정답입니다.

04

해설 결제해야 하는 최종 날짜는 언제인가?
ⓐ 1월 12일
ⓑ 1월 13일

ⓒ 1월 15일
ⓥ 1월 27일

해설 결제 마감일이 1월 27일이므로 ⓓ가 정답입니다.

[05-06] 공지를 읽으시오.

회사의 내부 네트워크는 1월 14일 토요일 오전 8시부터 오후 6시까지, 대규모 시스템 업그레이드로 인해 사용할 수 없습니다. 이 기간 동안 직원들은 이메일, 공유 드라이브, 또는 사내 인트라넷 포털에 접속할 수 없습니다. ⁰⁵급여 서비스와 외부 웹사이트는 계속 이용 가능합니다. ⁰⁶주말 동안 근무가 예정된 직원들은 금요일 저녁까지 필요한 모든 파일을 다운로드해야 합니다.

internal network 내부 네트워크
unavailable [ʌ̀nəvéiləbl] 사용할 수 없는   due to ~로 인해
shared drive 공유 드라이브   intranet portal 사내 인트라넷 포털
have access to ~에 접근하다   payroll services 급여 서비스
remain available 계속 이용 가능하다

05

해설 업그레이드 기간 동안 어떤 서비스를 계속 이용할 수 있는가?
Ⓐ 이메일
Ⓑ 공유 드라이브
Ⓒ 인트라넷 포털
ⓥ 급여 서비스

해설 업그레이드 동안 급여 서비스와 외부 웹사이트는 계속 이용 가능하다고 했으므로 ⓓ가 정답입니다.

06

해설 주말 동안 근무해야 하는 직원은 무엇을 해야 하는가?
ⓥ 미리 필요한 파일을 다운로드한다
Ⓑ IT 직원에게 임시 접근 권한을 요청한다
Ⓒ 개인 이메일 계정을 대신 사용한다
Ⓓ 모든 업무를 월요일로 연기한다

해설 주말 동안 근무가 예정된 직원들은 금요일 저녁까지 필요한 모든 파일을 다운로드해야 한다고 했으므로 Ⓐ가 정답입니다.

어휘 request [rikwést] 요청하다   temporary [témpərèri] 임시의
assignment [əsáinmənt] 업무

[07-08] 이메일을 읽으시오.

받는 사람: nguyenlinda78@hmail.com
보낸 사람: olivia.bennett@hmail.com
날짜: 11월 5일
제목: 일정 변경—이탈리아 요리 워크숍

Ms. Nguyen께,

⁰⁷원래 11월 12일 오후 3시에 예정되어 있던 이탈리아 요리 워크숍이 연기되었음을 알려드립니다. 수업은 같은 장소에서 11월 15일 오후 5시 30분에 열릴 예정입니다. ⁰⁸새로운 일정이 귀하의 일정과 맞지 않을 경우, 등록비 전액 환불을 요청하실 수 있습니다.

Olivia Bennett 드림

inform [infɔ́ːrm] 알리다, 통지하다
originally [ərídʒənəli] 원래, 처음에
schedule [skédʒuːl] 일정을 잡다
postpone [poustpóun] 연기하다   location [loukéiʃən] 장소
request [rikwést] 요청하다   refund [ríːfʌnd] 환불
registration fee 등록비

07

해설 이탈리안 요리 워크숍은 원래 언제 예정되어 있었는가?
Ⓐ 11월 10일 오후 5시 30분
ⓥ 11월 12일 오후 3시
Ⓒ 11월 15일 오후 5시 30분
Ⓓ 11월 18일 오후 3시

해설 11월 12일 오후 3시에 예정되어 있던 이탈리아 요리 워크숍이 연기되었다고 했으므로 Ⓑ가 정답입니다.

08

해설 어떤 경우에 Ms. Nguyen는 환불을 받을 수 있는가?
Ⓐ 사전 통보 없이 결석할 경우
Ⓑ 다른 워크숍으로 변경하고 싶을 경우
ⓥ 새로운 일정이 본인의 일정과 맞지 않을 경우
Ⓓ 요리 도구를 가져오지 않았을 경우

해설 새로운 일정이 본인의 일정과 맞지 않을 경우, 등록비 전액 환불을 요청할 수 있다고 했으므로 Ⓒ가 정답입니다.

어휘 without notice 사전 통보 없이   conflict with ~과 맞지 않다
availability [əvèiləbíləti] 일정

[09-11] 소셜 미디어 게시글을 읽으시오.

이번 봄에 책장을 새롭게 꾸미고 싶으신가요? ⁰⁹5월 18일 일요일 오후 1시부터 4시까지 Maple 도서관 중정(220 Maple Ave.)에서 열리는 이웃 간 도서 교환 행사에 함께하세요.

거의 새것 같은 교환할 책을 최대 다섯 권까지 가져오세요. (소설, 논픽션, 아동서 모두 가능)

행사 하이라이트
• 그림책들이 있는 아동용 코너
• 직원 추천 도서가 있는 "숨은 보석" 서가
• 선착순 30명의 참가자를 위한 무료 커피 (인근 Brew House 후원)

¹⁰주인이 나타나지 않은 책들은 지역 독서 프로그램을 지원하는 현지 비영리 단체 River City Literacy에 기부됩니다. 즉, 모든 책이 좋은 주인을 찾을 수 있도록 할 예정입니다.

¹¹비가 오는 경우: 행사는 실내 204호실로 이동합니다. Maple 및 Oak 거리에는 노상 주차가 가능하며, 대중교통 정류장은 두 블록 거리에 있습니다.

refresh [rifréʃ] 새롭게 하다   book swap 도서 교환 행사
courtyard [kɔ́ːrtjɑ̀ːrd] 중정, 뜰   trade [treid] 교환하다
attendee [ətèndíː] 참가자   courtesy of ~의 후원으로

unclaimed[ʌnkléimd] 주인이 나타나지 않은
nonprofit[nà:nprá:fit] 비영리 단체

review[rivjú:] 검토, 평가
prototype[próutətàip] 시제품   specs[speks] (설계) 사양
visuals[víʒuəlz] 시각 자료   senior management 고위 경영진

09

해석   이 게시글의 주요 목적은 무엇인가?
ⓐ 새 카페 개점을 홍보하기 위해
ⓑ 지역 독서 프로그램에의 기부를 장려하기 위해
ⓒ 지역 주민들을 도서 교환 행사에 초대하기 위해
ⓓ 도서관 활동에 대해 세부사항을 공유하기 위해

해설   첫 문장에서 5월 18일 일요일 오후 1시부터 4시까지 Maple 도서관 중정에서 열리는 이웃 간 도서 교환 행사에 함께 하자고 초대했으므로 ⓒ가 정답입니다.

어휘   promote[prəmóut] 홍보하다   donation[dounéiʃən] 기부, 기증

10

해석   행사 중 남은 책은 어떻게 되는가?
ⓐ 원래 주인에게 반환된다.
ⓑ 다음 주에 할인가에 판매된다.
ⓒ 지역 문해 단체에 기부된다.
ⓓ 향후 교환 행사를 위해 도서관에 보관된다.

해설   주인이 나타나지 않은 책들은 현지 비영리 단체 River City Literacy에 기부된다고 했으므로 ⓒ가 정답입니다.

11

해석   행사 당일 비가 오면 어떻게 되는가?
ⓐ 행사가 실내로 옮겨질 것이다.
ⓑ 행사가 월요일로 연기될 것이다.
ⓒ 행사가 취소될 것이다.
ⓓ 행사가 야외에서 예정대로 진행될 것이다.

해설   비가 오는 경우 행사는 실내로 이동한다고 했으므로 ⓐ가 정답입니다.

[12-14] 메시지 대화문을 읽으시오.

Carla Ramirez (오후 3시 5분)
알림이에요—제품 디자인 검토는 내일 오전 11시 회의실에서 있습니다.

James Miller (오후 3시 7분)
고마워요, Carla. 저는 업데이트된 시제품 스케치를 가져오겠습니다.

Nina Patel (오후 3시 10분)
¹²저는 새 제품 이미지가 포함된 프레젠테이션 슬라이드를 아직 작업 중이에요. 마무리하는 데 약간의 도움이 필요할 수도 있어요.

Daniel Cho (오후 3시 11분)
오늘 밤에 디자인 사양과 테스트 데이터를 다시 확인하겠습니다. 당신은 슬라이드의 시각 자료에 집중하면 돼요.

Carla Ramirez (오후 3시 15분)
좋아요. ¹⁴모두 준비 철저히 해요—고위 경영진이 참석할 겁니다.

12

해석   Nina Patel에 대해 결론 지을 수 있는 것은?
ⓐ 이미 프레젠테이션 슬라이드를 완성했다.
ⓑ 제시간에 슬라이드를 완성하려면 도움이 필요하다.
ⓒ 제품 디자인 검토 회의에 참석할 수 없다.
ⓓ 슬라이드 대신 시제품 스케치를 준비하고 있다.

해설   Nina Patel이 슬라이드를 아직 작업 중이고 혼자서는 다 끝내기 어려울 것 같다며 도움을 요청하고 있으므로 ⓑ가 정답입니다.

어휘   assistance[əsístəns] 도움

13

해석   어구 "product design review"의 문맥상 의미는 무엇이겠는가?
ⓐ 프로젝트 일정을 업데이트하는 회의
ⓑ 마케팅 직원이 슬라이드 레이아웃을 테스트하는 세션
ⓒ 새로운 디자인 아이디어를 구상하는 워크숍
ⓓ 디자인 작업을 평가하고 논의하는 회의

해설   회의에 필요한 시제품 스케치와 새 제품 이미지가 포함된 프레젠테이션 슬라이드 준비 등의 업무 내용을 통해 "product design review"가 디자인 작업을 평가하고 논의하는 회의임을 알 수 있습니다. 따라서 ⓓ가 정답입니다.

어휘   brainstorm[bréinstɔ̀:rm] 구상하다

14

해석   오후 3시 15분에, Carla Ramirez가 "senior management will be there"라고 쓸 때, 그녀가 암시하는 것은?
ⓐ 고위 경영진이 그들 자신의 제품 디자인을 제공할 것이다.
ⓑ 회의가 더 철저한 준비와 격식을 요구한다.
ⓒ 고위 경영진이 고객들이 프레젠테이션에 참석하도록 초대할 것이다.
ⓓ 고위 직원만 참석할 수 있다.

해설   Carla Ramirez가 모두 준비를 철저히 하라고 한 후, 고위 경영진이 참석할 것이라고 한 내용을 통해 회의가 더 철저한 준비와 격식을 요구한다는 것을 알 수 있습니다. 따라서 ⓑ가 정답입니다.

어휘   formality[fɔ:rmǽləti] 격식, 정식 절차   attend[əténd] 참석하다

[15-17] 기사를 읽으시오.

RIVERSIDE (3월 12일)

¹⁵Fresh Garden Market, 지역사회에 8년째 서비스를 제공하고 있는 지역 식료품점은 최근 온라인 주문 시스템을 도입하고 배송 서비스를 확대하여 더 많은 고객에게 다가가고 있습니다. ¹⁶매니저 Sarah Kim은 "우리는 바쁜 가정들이 집을 나가지 않고도 장을 볼 수 있는 편리한 방법이 필요하다는 것을 알게 되었습니다"라고 밝혔

습니다. ¹⁷이 식료품점은 이제 10마일 반경 내에서 당일 배송을 제공하며, 신선한 농산물, 유기농 식품, 생활용품을 새 웹사이트를 통해 판매하고 있습니다. 또한 고객들은 추가 편의를 위해 차량 수령 서비스를 선택할 수도 있으며, 그 매장은 늘어난 수요를 처리하기 위해 새로운 배송 기사 세 명을 추가로 고용했습니다.

convenient[kənvíːnjənt] 편리한　same-day delivery 당일 배송
produce[prədjúːs] 농산물　organic food 유기농 식품
household items 생활용품　curbside pickup 차량 수령 서비스
demand[dimǽnd] 수요, 요구

15

해석　기사는 주로 무엇에 대한 것인가?
Ⓐ 지역 식료품점의 역사
Ⓑ 고객의 필요에 맞춰 식료품점이 변화한 방식 ✓
Ⓒ 온라인 식료품 쇼핑의 이점
Ⓓ 유기농 농산물 제품 홍보 방법

해설　한 지역 식료품점이 최근 온라인 주문 시스템을 도입한 방식에 대해 소개하고 있으므로 Ⓑ가 정답입니다.

어휘　adapt to ~에 맞춰 변화하다, 적응하다　benefit[bénəfit] 이점

16

해석　식료품점은 왜 배송 서비스를 시작했는가?
Ⓐ 온라인 소매업체들과의 늘어난 경쟁에 대응하기 위해
Ⓑ 집에서 쇼핑하기를 원하는 바쁜 가정들을 돕기 위해 ✓
Ⓒ 더 빠른 서비스를 요구하는 고객의 요청에 응하기 위해
Ⓓ 기존 10마일의 반경을 넘어 새로운 고객을 끌어들이기 위해

해설　매니저 Sarah Kim이 "바쁜 가정들이 집을 나가지 않고도 장을 볼 수 있는 편리한 방법이 필요하다는 것을 알게 되었다"고 했으므로 Ⓑ가 정답입니다.

어휘　respond to ~에 대응하다　competition[kàmpətíʃən] 경쟁
attract[ətrǽkt] 끌다, 유인하다

17

해석　이 식료품점이 제공하는 새로운 기능은 무엇인가?
Ⓐ 유기농 및 생활용품의 확장된 선택지
Ⓑ 제품 목록이 업데이트된 새로 디자인된 웹사이트
Ⓒ 온라인 식료품 주문과 함께 차량 수령 서비스 제공 ✓
Ⓓ 온라인 주문 고객을 위한 할인 쿠폰

해설　식료품점은 신선한 농산물, 유기농 식품, 생활용품을 새 웹사이트를 통해 판매하고, 고객들은 추가 편의를 위해 차량 수령 서비스를 선택할 수 있다고 했으므로 Ⓒ가 정답입니다.

어휘　expanded[ikspǽndid] 확장된, 확대된

[18-20] 양식을 읽으시오.

¹⁸의료 클리닉 온라인 예약 시스템

환자 이름: _____
예약 유형:
☐ 일반 검진 (30분)　☑ 전문의 상담 (45분)
선호 날짜: _____
시간대:
☐ 오전 9시-9시 30분　☑ 오전 10시 30분-11시
☐ 오후 2시-2시 30분　☐ 오후 4시-4시 30분

• 예약은 최소 24시간 전에 해야 합니다.
• ²⁰전문의 상담은 주치의의 진료 의뢰서가 필요하며, 최대 3주 전까지 예약할 수 있습니다.
• 일반 검진은 최대 2주 전까지 예약 가능합니다.
• ¹⁹25달러의 수수료를 피하시려면 예약 시간 최소 2시간 전까지 예약 취소를 해야 합니다.
방문 시 보험 카드와 사진이 부착된 신분증 제시 필요

appointment[əpɔ́intmənt] 예약　check-up[tʃékʌp] (건강) 검진
specialist consultation 전문의 상담　time slot 시간대
in advance 미리　referral[rifə́ːrəl] 진료 의뢰서
primary doctor 주치의　cancellation[kæ̀nsəléiʃən] 취소
avoid[əvɔ́id] 피하다　insurance[inʃúərəns] 보험
require[rikwáiər] 요구하다

18

해석　이 양식은 무엇을 위한 것인가?
Ⓐ 병원에서 새 환자로 등록하기
Ⓑ 환자 정보를 업데이트하기
Ⓒ 의료 예약을 잡기 ✓
Ⓓ 의사에게 진료 보고서 요청하기

해설　제목이 "의료 클리닉 온라인 예약 시스템"이고, 날짜·시간·진료 유형을 선택하는 항목이 있으므로 의료 예약을 위한 양식임을 알 수 있습니다. 따라서 Ⓒ가 정답입니다.

어휘　register[rédʒistər] 등록하다　request[rikwést] 요청하다

19

해석　예약 1시간 전에 취소하면 어떻게 되는가?
Ⓐ 일정 변경은 가능하나 시간대에서 우선순위를 잃는다.
Ⓑ 대기 명단으로 이동된다.
Ⓒ 최소 일주일 동안 재예약이 불가능하다.
Ⓓ 25달러의 취소 수수료를 내야 한다. ✓

해설　25달러의 수수료를 피하려면 예약 시간 최소 2시간 전까지 예약 취소를 해야 한다고 했으므로 Ⓓ가 정답입니다.

어휘　cancellation fee 취소 수수료

20

해석 전문의 상담 예약에 필요한 것은 무엇인가?
ⓐ 방문에 대한 사전 결제
ⓑ 주치의의 진료 의뢰서
ⓒ 이전 진료 기록
ⓓ 보험사의 사전 승인

해설 전문의 상담은 주치의의 진료 의뢰서가 필요하다고 했으므로 ⓑ가 정답입니다.

어휘 medical record 진료 기록 approval[əprúːvəl] 승인

TASK 3 학술 지문 읽고 문제 풀기 Read an Academic Passage

Day 13 주제 문제

Daily Check-up p.176

01 Ⓐ 02 Ⓑ 03 Ⓐ 04 Ⓐ 05 Ⓑ 06 Ⓐ
07 Ⓐ 08 Ⓑ 09 Ⓒ 10 Ⓐ 11 Ⓒ 12 Ⓐ
13 Ⓑ 14 Ⓐ

01

제트 엔진 동력은 주로 비행기에 이용되지만, 고속 보트에도 이용될 수 있다.
- ✓ 제트 엔진 동력은 비행기와 고속 보트 둘 다에 이용될 수 있다.
- Ⓑ 제트 엔진 동력은 비행기에는 이용될 수 있지만 고속 보트에는 이용될 수 없다.

utilize[júːtəlàiz] 이용하다, 활용하다

02

미국의 지질학자 John Wesley Powell은 로키 산맥에 대한 초기 체계적 조사 중 하나를 이끌었다.
- Ⓐ 로키 산맥 지역은 미국의 지질학자인 John Wesley Powell이 그 지역을 연구하기 전까지는 발견되지 않았다.
- ✓ 로키 산맥 지역은 미국의 지질학자 John Wesley Powell이 이끈 가장 초기의 조직적인 탐험 중 하나를 통해 탐사되었다.

geologist[dʒiáːləʒist] 지질학자
systematic[sìstəmǽtik] 체계적인
organized[ɔ́ːrgənàizd] 조직적인
expedition[èkspədíʃən] 탐험, 원정

03

지구의 천연자원 감소는 주로 인구 증가 때문이었다.
- ✓ 인구 증가는 지구의 천연자원 감소를 초래했다.
- Ⓑ 인구 증가 때문에, 미래에는 천연자원이 없을 것이다.

decrease[dikríːs] 감소 natural resources 천연자원
due to ~때문에 result in ~을 초래하다

04

문학적 상징은 추상적 개념을 나타내기 위해 작가들이 사물, 색상, 또는 인물을 사용해서 더 깊은 의미를 전달할 수 있게 해준다.
- ✓ 문학적 상징을 통해, 작가들은 사물, 색깔, 혹은 인물을 추상적인 개념에 대한 표현으로 사용해서 깊은 의미를 드러낼 수 있다.
- Ⓑ 문학적 상징은 작가들에게 그들의 진정한 의도를 숨기게 만드는 혼란스러운 사물, 색깔, 혹은 인물을 사용하도록 강요함으로써 명확한 의미를 표현하는 것을 방해한다.

literary[lítərèri] 문학적인
symbolism[símbəlìzm] 상징(적 표현), 상징주의
abstract[ǽbstrækt] 추상적인 profound[prəfáund] 깊은, 심오한
employ[implɔ́i] 사용하다, 활용하다
representation[rèprizentéiʃən] 표현, 상징

05

Harry Truman 대통령은 1945년에 정부에 의해 운영되는 모든 미국인을 위한 의료 보험 제도를 제안했지만, 그 제안은 의회에서 무산되었다.
- Ⓐ Harry Truman 대통령과 의회는 1945년에 제안된 모든 미국인을 위한 정부 운영 의료 보험 제도를 거부하기로 합의했다.
- ✓ 의회는 정부에 의해 운영되는 모든 미국인을 위한 국가 의료 보험 제도에 대한 Truman의 계획을 1945년에 거부했다.

government-run[gʌ́vərnməntrʌ̀n] 정부에 의해 운영되는
health insurance 의료 보험 veto[víːtou] 거부하다

06

역사적인 콘서트홀인 카네기홀은, 러시아 작곡가 Peter Ilich Tchaikovsky가 1891년 5월 5일 개관의 밤 콘서트를 지휘한 이후로 많은 유명한 음악가들을 맞이해왔다.
- ✓ 카네기홀에서 공연한 유명한 음악가들 중에서, Peter Ilich Tchaikovsky가 그곳에서 콘서트를 지휘한 첫 번째 인물이었다.
- Ⓑ 모든 주요 음악가가 역사적인 콘서트홀인 카네기홀에서 콘서트를 공연했으며, 이는 러시아 작곡가 Peter Ilich Tchaikovsky에 의한 공연으로 시작되었다.

historic[histɔ́ːrik] 역사적인 composer[kəmpóuzər] 작곡가
conduct[kəndʌ́kt] 지휘하다

07

증기 기관의 발명은 신뢰할 수 있는 동력원을 제공하여, 산업 성장을 촉진하고 전 세계의 교통망을 변화시켰다.
- ✓ 증기 기관의 발명은 산업 성장을 이끌고 전 세계적으로 교통을 개조한 신뢰할 수 있는 동력원을 만들어냈다.
- Ⓑ 산업 성장 기간 동안에 발명된 증기 기관은, 교통망이 전 세계적으로 확장됨에 따라 유용해졌다.

industrial[indʌ́striəl] 산업의
transportation[trænspərtéiʃən] 교통, 운송
dependable[dipéndəbl] 신뢰할 수 있는

08

고대 세계의 교역로는 상품의 이동뿐만 아니라 문화 교류도 가능하게 했다.
- ✓ⓐ 고대 세계에서, 교역로는 상품의 이동과 문화 교류 모두를 가능하게 했다.
- ⓑ 고대 교역로는 처음에는 상품을 이동시키기 위해 확립되었고, 문화 교류는 후에 나타난 결과로 생겨나게 되었다.

trade route 교역로   enable[inéibl] 가능하게 하다
exchange[ikstʃéindʒ] 교류   goods[gudz] 상품, 물품
establish[istǽbliʃ] 확립하다   outcome[áutkʌm] 결과

09 주제 문제

고고학자들은 과거 문명의 일상생활을 재구성하기 위해 유물에 의존한다. 예를 들어, 토기 조각은 어떤 음식이 저장되거나 조리되었는지를 드러내고, 도구는 자원이 어떻게 얻어지고 가공되었는지를 보여준다. 씨앗이나 동물 뼈와 같은 작은 잔해조차도 식단과 교역에 대한 증거를 제공한다. 종합하면, 이러한 자료들은 연구자들에게 문화적 관습에 대한 더 넓은 그림을 제공하며, 고대 사회가 어떻게 생존하고 발전했는지를 이해하도록 돕는다.

archaeologist[ὰːrkiάlədʒist] 고고학자
artifact[άːrtəfæ̀kt] 유물, 인공물
reconstruct[rìːkənstrʌ́kt] 재구성하다
reveal[rivíːl] 드러내다, 보여주다   obtain[əbtéin] 얻다, 획득하다

해설 다음 중 지문의 중심 생각을 가장 잘 나타낸 것은?
- ⓐ 토기와 도구는 고고학에서 가장 가치 있는 유물이다.
- ⓑ 고고학자들은 주로 고대 교역로를 연구에 집중한다.
- ✓ⓒ 유물은 연구자들이 과거 문명을 이해하는 데 도움을 준다.

해설 고고학자들이 과거 문명의 일상생활을 재구성하기 위해 유물에 의존한다고 한 후, 토기, 도구, 씨앗, 동물 뼈 등이 과거 문명에 대해 무엇을 보여주는지 설명했으므로 ⓒ가 정답입니다.

어휘 archaeology[ὰːrkiάlədʒi] 고고학
valuable[væljuəbl] 가치 있는   mainly[méinli] 주로

10 주제 문제

화산은 지표면을 형성하는 강력한 지질학적 특징이다. 화산은 녹은 암석, 즉 마그마가 지구 깊은 곳에서 올라와 표면에서 분출할 때 형성된다. 화산 분출은 새로운 땅을 만들고, 광물로 토양을 비옥하게 하며, 기체를 방출함으로써 기후에 영향을 미칠 수 있다. 종종 파괴적이지만, 화산은 또한 지구의 자연적 과정에서 필수적인 역할을 하며, 우리 행성의 역동적인 특성을 보여준다.

molten[móultən] 녹은   erupt[irʌ́pt] (화산이) 분출하다
enrich[inrítʃ] 비옥하게 하다   influence[ínfluəns] 영향을 미치다
destructive[distrʌ́ktiv] 파괴적인
demonstrate[démənstrèit] 보여주다
dynamic[dainǽmik] 역동적인

해설 지문의 주제는 무엇인가?
- ✓ⓐ 지구를 형성하는 데 있어서 화산의 역할
- ⓑ 화산 분출의 파괴적인 특성
- ⓒ 마그마가 지구 핵에서 올라오는 과정

해설 화산이 지표면을 형성하는 강력한 지질학적 특징이라고 한 후, 화산이 지구의 자연적 과정에서 필수적인 역할을 한다고 설명했으므로 ⓐ가 정답입니다.

어휘 core[kɔːr] 핵

11 주제 문제

기억은 사건의 완벽한 기록이 아니라, 주의와 맥락에 의해 영향을 받는 과정이다. 사람들은 정보가 어떻게 제시되었는지 또는 그 당시에 그들이 얼마나 많은 주의를 기울였는지에 따라 종종 세부 사항을 다르게 회상한다. 어떤 경우에는, 기억이 심지어 왜곡되거나 거짓 정보로 대체될 수도 있다. 심리학자들은 기억이 어떻게 작동하는지와 왜 기억이 신뢰할 수 있으면서도 오류가 있는지를 이해하기 위해 이러한 영향들을 연구한다.

influence[ínfluəns] 영향을 미치다   context[kάːntekst] 맥락
recall[rikɔ́ːl] 회상하다   distort[distɔ́ːrt] 왜곡하다
false[fɔːls] 거짓의   psychologist[saikάːlədʒist] 심리학자
fallible[fæləbl] 오류가 있는

해설 다음 중 지문의 중심 생각을 가장 잘 나타낸 것은?
- ⓐ 기억 왜곡은 주로 사람들이 충분히 주의를 기울이지 않을 때 발생한다.
- ⓑ 심리학자들은 인간의 기억이 완전히 신뢰할 수 없음을 증명했다.
- ✓ⓒ 기억은 다양한 요인들에 의해 영향을 받을 수 있는 불완전한 과정이다.

해설 기억이 사건의 완벽한 기록이 아니라 주의와 맥락에 의해 영향을 받는 과정이라고 한 후, 정보 제시 방식이나 주의 정도에 따라 회상이 달라지고 때로는 왜곡되거나 거짓 정보로 대체될 수 있다고 설명했으므로 ⓒ가 정답입니다.

어휘 distortion[distɔ́ːrʃən] 왜곡
unreliable[ʌ̀nriláiəbl] 신뢰할 수 없는

12 주제 문제

외계 행성, 즉 우리 태양계 밖의 행성들의 발견은 우주에 대한 우리의 이해를 변화시켰다. 별빛의 미세한 변화를 탐지하는 망원경을 사용하여, 과학자들은 수천 개의 이러한 행성들을 발견했다. 일부는 그것들의 별에 가깝게 공전하는 거대 가스 행성이고, 다른 것들은 크기와 구성에서 지구와 유사하다. 그것들을 연구함으로써, 천문학자들은 행성의 형성과 우리 태양계 너머에 있는 생명체의 가능성에 대해 더 많이 알게 되기를 기대한다.

exoplanet[éksouplæ̀nit] 외계 행성
telescope[téləskòup] 망원경   gas giant 거대 가스 행성
orbit[ɔ́ːrbit] 공전하다   resemble[rizémbəl] 유사하다, 닮다
composition[kὰːmpəzíʃən] 구성   planetary[plǽnətèri] 행성의

해석 지문의 중심 생각은 무엇인가?
ⓐ 외계 행성은 우주에 대한 새로운 통찰을 드러낸다.
ⓑ 과학자들은 별빛의 변화를 관찰함으로써 외계 행성을 탐지한다.
ⓒ 생명체가 우리 태양계 밖의 행성들에 존재한다.

해설 외계 행성의 발견이 우주에 대한 우리의 이해를 변화시켰다고 한 후, 과학자들이 그것들을 연구하여 행성의 형성과 생명체의 가능성에 대해 더 많이 알고자 한다고 설명했으므로 ⓐ가 정답입니다.

어휘 insight [ínsàit] 통찰 observe [əbzə́ːrv] 관찰하다
exist [igzíst] 존재하다

13 주제 문제

상형 문자는 고대 이집트의 문자 체계로, 종교, 정부, 일상생활에 관련된 일들을 기록하기 위해 그림과 기호를 사용했다. 수 세기 동안, 학자들은 그것들의 의미를 이해할 수 없었다. 1799년 로제타석의 발견으로 그러한 상황은 바뀌었는데, 그것은 그리스어와 이집트 문자 둘 다로 같은 글을 담고 있었다. 이 획기적인 발견은 전문가들이 마침내 상형 문자를 해독할 수 있게 했으며, 고대 이집트에 대한 광범위한 지식을 밝혀냈다.

hieroglyphics [hàiərəglífiks] (이집트의) 상형 문자
breakthrough [bréikθrùː] 획기적인 발견
decipher [disáifər] 해독하다 extensive [iksténsiv] 광범위한

해석 다음 중 지문의 중심 생각을 가장 잘 나타낸 것은?
ⓐ 학자들은 수 세기 동안 상형 문자를 이해할 수 없었다.
ⓑ 로제타석은 이집트 상형 문자의 해독을 가능하게 했다.
ⓒ 고대 이집트 문자는 종교적인 글, 법령, 일상생활을 기록했다.

해설 학자들이 수 세기 동안 상형 문자의 의미를 이해할 수 없었다가 1799년 로제타석의 발견으로 학자들이 마침내 상형 문자를 해독할 수 있게 되었다고 했으므로 ⓑ가 정답입니다.

어휘 enable [inéibl] 가능하게 하다 decree [dikríː] 법령

14 주제 문제

재즈는 20세기 초 미국에서 등장했으며, 아프리카의 리듬, 블루스, 유럽의 전통을 혼합했다. 즉흥 연주와 스윙으로 알려진 재즈는 뉴올리언스에서 시카고와 뉴욕 같은 도시들로 퍼져나갔다. Louis Armstrong과 Duke Ellington 같은 음악가들이 재즈의 성장을 이루었고 전 세계 청중에게 영감을 주었다. 단순한 오락 이상으로, 재즈는 창의성, 자유, 문화적 교류를 상징했다.

emerge [imə́ːrdʒ] 등장하다
improvisation [imprɑ̀vəzéiʃən] 즉흥 연주
inspire [inspáiər] 영감을 주다 symbolize [símbəlaiz] 상징하다
creativity [kriːeitívəti] 창의성

해석 지문은 주로 무엇에 대한 것인가?
ⓐ 재즈 음악의 발전과 문화적 영향
ⓑ Louis Armstrong과 Duke Ellington이 사용한 음악 기법
ⓒ 뉴올리언스에서 다른 도시들로의 재즈의 지리적 확산

해설 재즈가 20세기 초 미국에서 등장하여 아프리카의 리듬, 블루스, 유럽의 전통을 혼합했다고 한 후, 재즈의 지리적 확산과 재즈를 성장시킨 음악가들, 그리고 재즈가 상징하는 바에 대해 설명했으므로 ⓐ가 정답입니다.

어휘 impact [ímpækt] 영향
geographical [dʒìːəgrǽfikəl] 지리적인

Daily Test   p.180

01 ⓑ 02 ⓐ 03 ⓒ 04 ⓐ 05 ⓒ 06 ⓒ
07 ⓑ 08 ⓐ 09 ⓑ 10 ⓒ

[01-05]

겨울잠

⁰¹많은 포유류들은 신진대사 활동이 급격히 줄어드는 겨울잠에 들어가서 극한의 겨울 환경을 견뎌낸다. 예를 들어, 곰은 심장 박동수와 체온을 낮추지만 부분적으로는 깨어 있는 상태를 유지한다. 이는 위험이 발생하면 그들이 깨어날 수 있게 해주며, 에너지 보존과 생존 필요를 균형 있게 맞춘다. 대조적으로, 북극땅다람쥐와 같은 더 작은 동물들은 훨씬 더 극단적인 반응을 보이는데, 그들의 체온은 영하로 떨어질 수 있고, 이는 혹독한 북극의 겨울을 견디도록 돕는 드문 적응이다.

다른 종들은 간헐적인 겨울잠 전략을 사용한다. 예를 들어, ⁰³줄무늬다람쥐는 주기적으로 겨울잠에서 깨어나 저장해 둔 먹이를 먹은 후 다시 휴면 상태로 돌아간다. 이러한 방식은 박쥐와 같은 "진정한" 겨울잠 동물과 대비되는데, 그것들은 한 번에 몇 달 동안 활동하지 않고 전적으로 지방 저장분으로 생명을 유지한다. ⁰⁵겨울잠의 깊이와 빈도는 종종 먹이의 입수 가능성과 포식 위험 같은 요인에 달려 있으며, 자원이 한정된 더 추운 기후에 사는 동물들은 온화한 환경에 사는 동물들보다 대체로 더 깊게 겨울잠을 잔다.

겨울잠 연구는 생물학을 넘어선 영향을 갖는다. 과학자들은 일부 종들이 섭씨 0도에 가까운 체온에서 어떻게 생존하는지를 조사하고 있으며, 이러한 발견들을 인간 의학에 적용하기를 희망하고 있다. 잠재적인 응용 분야로는 이식용 장기 보존 개선을 포함한다.

hibernation [hàibərnéiʃən] 겨울잠, 동면
mammal [mǽməl] 포유류 metabolic [mètəbɑ́lik] 신진대사의
dramatically [drəmǽtikəli] 급격히 alert [ələ́ːrt] 깨어 있는
arise [əráiz] 발생하다 conservation [kɑ̀nsərvéiʃən] 보존
in contrast 대조적으로 adaptation [ædəptéiʃən] 적응
endure [indjúər] 견디다, 버티다 severe [səvíər] 혹독한, 심한
occasional [əkéiʒənəl] 간헐적인
periodically [pìəriɑ́dikəli] 주기적으로 consume [kənsúːm] 먹다
dormancy [dɔ́ːrmənsi] 휴면 상태
inactive [inǽktiv] 활동하지 않는
sustain [səstéin] 생명을 유지하다 reserve [rizə́ːrv] 저장분
availability [əvèiləbíləti] 입수 가능성 predation [pridéiʃən] 포식
implication [ìmplikéiʃən] 영향 species [spíːʃiːz] 종, 생물 종
transplant [trǽnsplænt] 이식

01 주제 문제

해석 지문은 주로 무엇에 대한 것인가?
   ⓐ 곰이 부분적인 겨울잠을 통해 겨울에 적응하는 방법
   ⓑ 동물들이 겨울잠을 자는 데 사용하는 다양한 전략들
   ⓒ 겨울잠 연구로부터 이루어진 의학적 발견들
   ⓓ 북극 겨울이 작은 포유류에게 영향을 미치는 방법

해설 많은 포유류들이 겨울잠을 통해 겨울 환경을 견딘다고 한 후, 곰, 줄무늬다람쥐 등의 다양한 겨울잠 전략들을 설명했으므로 ⓑ가 정답입니다.

어휘 affect[əfékt] 영향을 미치다

02 어휘 문제

해석 지문의 단어 "alert"와 의미상 가장 유사한 것은?
   ⓐ 깨어 있는
   ⓑ 영리한
   ⓒ 강한
   ⓓ 시끄러운

해설 alert(깨어 있는, 경계하는)의 동의어인 awake(깨어 있는)를 지문에 넣으면 곰이 부분적으로 깨어 있는 상태를 유지한다는 의미가 되어 문맥상 자연스럽습니다. 따라서 ⓐ가 정답입니다.

03 세부 사항 문제

해설 줄무늬다람쥐는 박쥐와 같은 "진정한" 겨울잠 동물들과 어떻게 다른가?
   ⓐ 그들은 겨울 내내 겨울잠을 잔다.
   ⓑ 그들은 생존을 위해 전적으로 저장된 체지방에 의존한다.
   ⓒ 그들은 저장해 둔 먹이를 먹기 위해 주기적으로 깨어난다.
   ⓓ 그들은 겨울잠을 자는 동안 대사율을 낮추지 않는다.

해설 줄무늬다람쥐는 주기적으로 겨울잠에서 깨어나 저장해 둔 먹이를 먹는다고 했으므로 ⓒ가 정답입니다.

어휘 dormant[dɔ́:rmənt] 겨울잠을 자는   metabolic rate 대사율

04 어휘 문제

해석 지문의 단어 "implications"와 의미상 가장 유사한 것은?
   ⓐ 영향
   ⓑ 동의
   ⓒ 예측
   ⓓ 실험

해설 implications(영향, 함의)의 동의어인 effects(영향)를 지문에 넣으면 겨울잠 연구가 생물학을 넘어선 영향을 갖는다는 의미가 되어 문맥상 자연스럽습니다. 따라서 ⓐ가 정답입니다.

05 일치 문제

해석 온화한 기후에 사는 동물들에 대해 명시된 것은?
   ⓐ 그들은 보통 더 추운 지역에 사는 동물들보다 더 깊게 겨울잠을 잔다.
   ⓑ 그들은 추운 기후에서 사는 동물들보다 더 오랜 기간 동안 겨울잠을 잔다.
   ⓒ 그들은 더 많은 자원으로 인해 깊은 겨울잠에 대한 필요가 적다.
   ⓓ 그들은 포식자가 접근할 때 깨어날 가능성이 더 높다.

해설 겨울잠의 깊이와 빈도는 먹이의 입수 가능성에 따라 달라진다고 했고, 온화한 환경에 사는 동물들이 자원이 한정된 더 추운 기후에 사는 동물들보다 덜 깊게 겨울잠을 잔다고 했으므로 ⓒ가 정답입니다.

[06-10]

> **사회적 지지의 역할**
>
> 사회적 지지는 스트레스를 겪는 시기에 가족, 친구, 또는 공동체 구성원들에게 제공받는 실질적이거나 정서적인 도움으로 이루어진다. 06/10B심리학자들은 탄탄한 사회적 관계망을 가진 사람들이 심리적 고통을 덜 겪고, 신체 건강이 더 좋으며, 질병에서 더 빠른 회복을 보이는 경향이 있음을 관찰했다. 예를 들어, 지지해주는 동료들과 정기적으로 교류하는 사람들은 힘든 업무 환경이나 개인적 어려움의 요구를 더 잘 감당할 준비가 되어 있다.
>
> 한 대규모 대학에서 실시된 연구는 사회적 지지의 중요성을 보여주었다. 09정기적인 그룹 활동에 참여한 학생들은 고립된 상태로 남아 있던 학생들에 비해 불안이 적고 학업 성취도가 높다고 보고했다. 이러한 차이는 힘든 시기에 사회적 상호작용이 어떻게 보호 요인으로 기능할 수 있는지를 강조한다.
>
> 10C사회적 지지가 모든 스트레스의 원인을 없앨 수는 없지만, 10A사람들이 문제를 재해석하고 효과적인 대처 전략을 마련하는 데 도움을 준다. 이에 비해, 의미 있는 관계가 부족한 사람들은 더 높은 빈도의 우울증과 신체 질환을 겪을 가능성이 크다. 사회적 지지의 중요한 역할을 인식하는 것은 교육 및 의료 환경 모두에서 효과적인 개입을 설계하는 데 필수적이다. 10D다양한 환경에 걸친 광범위한 이점은 왜 사회적 지지가 심리학 연구와 공중 보건 노력에서 여전히 중요한 주안점으로 남아 있는지를 분명히 보여준다.

consist of ~으로 이루어지다   **robust**[roubʎst] 탄탄한
distress[distrés] 고통
interact[ìntərǽkt] 교류하다, 상호작용하다
supportive[səpɔ́:rtiv] 지지하는   **equipped to** ~할 준비가 된
demand[dimǽnd] 요구, 부담
challenging[tʃǽlindʒiŋ] 힘든, 도전적인
contrast[kɑ́:ntræst] 차이, 대조
interaction[ìntərǽkʃən] 상호작용
eliminate[ilímənèit] 없애다, 제거하다
reinterpret[rì:intə́:rprit] 재해석하다
coping strategy 대처 전략
meaningful[mí:niŋfəl] 의미 있는   **depression**[dipréʃən] 우울증
intervention[ìntərvénʃən] 개입   **diverse**[dáivə:rs] 다양한
underscore[ʎndərskɔ̀:r] 분명히 보여주다, 강조하다

06 주제 문제

해설 지문의 중심 생각은 무엇인가?
   ⓐ 사회적 지지의 감소는 스트레스 및 질병의 발생 빈도와 관련이 있다.
   ⓑ 대학들은 사회적 지지를 증가시키기 때문에 그룹 활동을 장

려해야 한다.
ⓒ 사회적 지지는 스트레스를 줄이고 건강을 증진시킨다.
ⓓ 심리학자들은 주로 사회적 지지의 다양한 유형을 정의함으로써 사회적 지지를 연구해 왔다.

해설 탄탄한 사회적 관계망을 가진 사람들이 심리적 고통을 덜 겪고, 신체 건강이 더 좋다고 설명한 후, 이를 뒷받침하는 연구 결과를 제시했으므로 ⓒ가 정답입니다.

어휘 decline[dikláin] 감소하다 incidence[ínsədəns] 발생 빈도
define[difáin] 정의하다

07 어휘 문제

해설 지문의 단어 "robust"와 의미상 가장 유사한 것은?
ⓐ 유연한
ⓑ 강한 ✓
ⓒ 다양한
ⓓ 이용 가능한

해설 robust(탄탄한, 강한)의 동의어인 strong(강한)을 지문에 넣으면 강한 사회적 관계망을 가진 사람들이라는 의미가 되어 문맥상 자연스럽습니다. 따라서 ⓑ가 정답입니다.

08 어휘 문제

해설 지문의 단어 "isolated"와 의미상 가장 유사한 것은?
ⓐ 외로운 ✓
ⓑ 독립적인
ⓒ 평온한
ⓓ 불안한

해설 isolated(고립된)의 동의어인 lonely(외로운)를 지문에 넣으면 외로운 상태로 남아 있던 학생들이라는 의미가 되어 문맥상 자연스럽습니다. 따라서 ⓐ가 정답입니다.

09 세부 사항 문제

해설 지문이 사회적 지지의 이점으로 제시하는 것은 무엇인가?
ⓐ 졸업 후 더 높은 소득
ⓑ 향상된 학업 성취 ✓
ⓒ 해외에서 공부할 더 많은 기회
ⓓ 심리학에 대한 관심 증가

해설 정기적인 그룹 활동에 참여한 학생들이 고립된 상태로 남아 있던 학생들에 비해 학업 성취도가 높다고 했으므로 ⓑ가 정답입니다.

어휘 income[ínkʌm] 소득 enhanced[inhǽnst] 향상된
interest[íntərəst] 관심

10 불일치 문제

해설 지문에 따르면, 다음 중 사회적 지지에 대해 사실이 아닌 것은?
ⓐ 사람들이 대처 전략을 마련하는 데 도움을 준다.
ⓑ 더 나은 신체 건강과 더 빠른 회복에 기여한다.
ⓒ 가능한 모든 압박의 원인을 제거한다. ✓

ⓓ 심리학 연구에서 중요하다고 여겨진다.

해설 사회적 지지가 모든 스트레스의 원인을 없앨 수는 없다고 했으므로 ⓒ가 정답입니다.

어휘 pressure[préʃər] 압박

Day 14 세부 사항 문제

Daily Check-up p.188

01 ⓑ	02 ⓐ	03 ⓐ	04 ⓑ	05 ⓐ	06 ⓑ
07 ⓑ	08 ⓐ	09 ⓐ	10 ⓑ	11 ⓒ	12 ⓐ
13 ⓐ	14 ⓑ

01

소셜 미디어 플랫폼은 21세기 디지털 시대에 사람들이 의사소통하고, 정보를 공유하며, 관계를 유지하는 방식을 근본적으로 변화시켰다.
ⓐ 디지털 시대의 의사소통은 사람들이 소셜 미디어 플랫폼을 통해 연결되고 정보를 교환하는 방식을 변화시켰다.
ⓑ 디지털 네트워킹 사이트들은 현대의 의사소통 패턴, 정보 공유, 사회적 연결을 혁신적으로 변화시켰다. ✓

fundamentally[fÀndəméntəli] 근본적으로
revolutionize[rèvəlúːʃənàiz] 혁신으로 변화시키다

02

동물의 가축화는 안정적인 식량과 노동력의 원천을 제공함으로써 인류 사회를 변화시켰다.
ⓐ 동물을 가축화하는 것은 인류에게 꾸준한 식량 공급과 유용한 노동력을 제공했다. ✓
ⓑ 가축된 동물들은 식량에 대한 농업 의존도를 줄임으로써 인류 사회를 변화시켰다.

domestication[dəmèstikéiʃən] 가축화
transform[trænsfɔ́ːrm] 변화시키다
reliable[riláiəbl] 안정적인, 믿을 만한
dependence[dipéndəns] 의존도, 의존

03

고래는 광활한 바다의 거리를 넘어 의사소통의 한 형태로 복잡한 노래와 소리를 사용한다.
ⓐ 고래는 바다에서 먼 거리에 걸쳐 의사소통하기 위해 정교한 노래와 소리에 의존한다. ✓
ⓑ 고래는 의사소통을 위해 복잡한 노래와 소리를 사용하지만, 이것들은 더 짧은 거리에서 가장 효과적이다.

elaborate[ilǽbərət] 정교한 effective[iféktiv] 효과적인

04

불의 발견은 인류 진화의 전환점이었으며, 온기와 조리된 음식을 제공했다.
- Ⓐ 인류가 온기를 추구함에 따라 불이 발견되었고, 이후 그들의 진화적 발전에서 중요해졌다.
- ✓ⓑ 열과 조리된 음식을 제공함으로써, 불의 발견은 인류 진화에서 중요한 이정표가 되었다.

turning point 전환점 evolution[èvəlúːʃən] 진화
warmth[wɔːrmθ] 온기 milestone[máilstòun] 이정표

05

민주주의 사회는 대의 정치를 유지하고 개인의 권리를 보호하기 위해 투표를 통한 시민의 참여에 의존한다.
- ✓Ⓐ 민주주의 사회에서, 시민의 투표는 대의 정치를 유지하고 개인의 권리를 보호하는 데 도움을 준다.
- Ⓑ 민주주의 사회의 선거는 대의제의 정부 형태를 지지하는 적극적인 시민 참여를 반영한다.

democratic[dèməkrǽtik] 민주주의의
participation[pɑːrtìsəpéiʃən] 참여
representative government 대의 정치, 대표 정부
sustain[səstéin] 유지하다 safeguard[séifgɑ̀ːrd] 보호하다
election[ilékʃən] 선거 reflect[riflékt] 반영하다

06

종들은 자연 선택을 통해 환경적 압력에 적응하며, 이는 생존과 번식을 향상시키는 유전적 변화로 이어진다.
- Ⓐ 유전적 변화는 생존과 번식을 향상시키며, 그런 다음 종들이 환경에 대한 반응으로 자연 선택을 겪도록 야기한다.
- ✓ⓑ 자연 선택은 종들이 환경적 압력에 적응할 수 있게 해주며, 생존과 번식을 향상시키는 유전적 변화를 일으킨다.

enhance[inhǽns] 향상시키다
reproduction[rìːprədʌ́kʃən] 번식, 생식
undergo[ʌ̀ndərgóu] 겪다, 경험하다
in response to ~에 대한 반응으로

07

도시화는 도시에 사람들이 점점 더 집중되는 것을 말하며, 흔히 산업과 경제적 기회에 의해 촉진된다.
- Ⓐ 도시화는 산업화와 새로운 경제적 기회이며, 이는 사람들이 도시에 집중됨으로써 발생된다.
- ✓ⓑ 도시화는 산업화와 경제적 전망에 의해 촉진되는 도시 인구의 증가이다.

urbanization[ə̀ːrbənizéiʃən] 도시화
concentration[kɑ̀nsəntréiʃən] 집중, 밀집
industrialization[indʌ̀striəlizéiʃən] 산업화
spur[spəːr] 촉진하다, 박차를 가하다
prospect[prɑ́spekt] 전망, 가능성

08

공생 관계는 서로 다른 종들이 참여하는 모든 유기체의 생존을 향상시키는 상호 이익을 제공할 때 발생한다.
- ✓Ⓐ 서로 다른 종들이 상호 이익을 얻을 때, 그들은 생존을 돕는 공생 관계를 형성한다.
- Ⓑ 유기체의 향상된 생존은 상호 이익을 만들어내며, 그런 다음 종들 사이의 공생 관계를 초래한다.

symbiotic[sìmbiɑ́ːtik] 공생의 mutual[mjúːtʃuəl] 상호의
participate[pɑːrtísəpèit] 참여하다
result in ~을 초래하다, ~으로 이어지다

09 세부 사항 문제

뇌는 함께 작동하는 많은 부분으로 이루어진 매우 중요한 기관이다. 뇌는 사고, 기억, 감정, 균형, 동작을 제어한다. 뇌에는 두 개의 반구가 있는데, 왼쪽 반구는 종종 추론 및 언어와 관련이 있고, 오른쪽 반구는 창의성과 공간 인식과 관련이 있다. 양쪽 모두 일상적인 과제에서 협력한다.

hemisphere[hémisfìər] (뇌의) 반구 linked to ~과 관련 있는
reasoning[ríːzniŋ] 추론 spatial[spéiʃəl] 공간의
awareness[əwéərnis] 인식 cooperate[kouɑ́pərèit] 협력하다

해석 오른쪽 반구는 무엇과 관련이 있는가?
  Ⓐ 논리적 추론과 언어 능력
  ✓ⓑ 창의적 사고와 공간 인식
  Ⓒ 균형과 조정

해설 오른쪽 반구가 창의성과 공간 인식과 관련이 있다고 했으므로 Ⓑ가 정답입니다.

어휘 associated with ~과 관련이 있는
  coordination[kouɔ̀ːrdənéiʃən] 조정

10 세부 사항 문제

해양 포유동물은 모든 포유동물의 기본적인 특성을 공유하지만 바다에서 생존하기 위해 적응했다. 그것들은 근육이 여분의 산소를 저장하고 몸집이 육지 포유동물보다 몸집 대비 더 많은 혈액을 포함하고 있기 때문에 오랫동안 물속에 머물 수 있다. 따뜻함을 유지하기 위해, 대부분은 물속에서 덜 효과적인 두꺼운 털보다는 두꺼운 지방층, 즉 지방에 의존한다.

marine[məríːn] 해양의 adapt to ~에 적응하다
relative to ~에 비해, ~과 비교하여 rely on ~에 의존하다
blubber[blʌ́bər] (해양 동물의) 지방 effective[iféktiv] 효과적인

해석 해양 포유동물들은 어떻게 오랫동안 물속에 머물 수 있는가?
  Ⓐ 물고기처럼 특별한 아가미를 통해 호흡함으로써
  ✓ⓑ 더 많은 산소와 혈액을 보유함으로써
  Ⓒ 지방을 추가적인 산소 공급원으로 사용함으로써

해설 해양 포유동물들은 근육이 여분의 산소를 저장하고 몸집 대비 더 많은 혈액을 포함하고 있기 때문에 오랫동안 물속에 머물 수 있다

고 했으므로 ⓑ가 정답입니다.

어휘 **gill**[gil] 아가미　**additional**[ədíʃnəl] 추가적인
　　　source[sɔːrs] 공급원

11 세부 사항 문제

미국이 1776년에 건국되었을 때, 교통은 심각한 문제였다. 최초의 13개 주들은 대서양 연안에 위치했지만, 앨러게니 산맥을 넘는 것은 매우 어려웠다. 서쪽으로 이주한 정착민들은 동쪽과의 연결을 유지하는 것이 어려웠다. 운하가 건설되었지만 비용이 많이 드는 것으로 드러났고, 도로는 건설하기 어려웠으며 악천후에는 자주 통행이 불가능했기 때문에, 이동과 통신을 불안정하게 했다.

challenge[tʃǽlindʒ] 문제, 어려움　**original**[ərídʒənl] 최초의
extremely[ikstríːmli] 매우, 극도로　**settler**[sétlər] 정착민
canal[kənǽl] 운하　**costly**[kɔ́stli] 비용이 많이 드는
impassable[impǽsəbl] 통행이 불가능한
unreliable[ʌ̀nriláiəbl] 불안정한

해석 앨러게니 산맥 서쪽의 정착민들은 왜 동쪽과 연결을 유지하기 어려웠는가?
　　Ⓐ 산맥에는 정착민들이 필요로 하는 자원이 부족했다.
　　Ⓑ 도로 건설은 해안 지역에만 제한되었다.
　　Ⓒ 교통과 통신을 신뢰할 수 없었다.

해설 서쪽으로 이주한 정착민들은 동쪽과의 연결을 유지하는 것이 어려웠다고 한 후, 운하와 도로 문제로 이동과 통신이 불안정했다고 했으므로 Ⓒ가 정답입니다.

12 세부 사항 문제

전 세계 인구의 거의 절반이 인도유럽어를 사용한다. 이 대규모의 어족은 주로 유럽과 인도 지역에서 발달했다. 그것들 간의 차이에도 불구하고, 이 언어들은 특정한 특징들을 공유한다. 어휘와 문법의 유사성이 영어, 스페인어, 러시아어, 힌디어, 그리고 많은 다른 언어들을 연결하며, 그것들의 공통된 역사적 뿌리를 드러낸다.

population[pɑ̀pjuléiʃən] 인구　**language family** 어족
reveal[rivíːl] 드러내다, 보여주다　**historical**[histɔ́ːrikəl] 역사적인

해석 인도유럽어들에 의해 공유되는 한 가지 특징은?
　　Ⓐ 유사한 어휘와 문법
　　Ⓑ 동일한 발음 규칙
　　Ⓒ 똑같은 문자 체계

해설 인도유럽어들이 특정한 특징들을 공유한다고 한 후, 어휘와 문법의 유사성이 영어, 스페인어, 러시아어, 힌디어 등을 연결한다고 했으므로 Ⓐ가 정답입니다.

어휘 **grammatical**[grəmǽtikəl] 문법의
　　　pronunciation[prənʌ̀nsiéiʃən] 발음
　　　identical[aidéntikəl] 똑같은

13 세부 사항 문제

박쥐의 날개는 얇은 피부막으로 덮인 긴 손과 팔 뼈로 이루어져 있으며, 이는 발목 근처에 붙어 있다. 날개는 박쥐의 몸을 가로질러 뻗어 있다. 강한 근육으로 인해, 박쥐는 새처럼 위아래로 똑바로 퍼덕이지 않는다. 대신에, 그것은 헤엄치는 듯한 날갯짓으로 앞으로 움직이는데, 이는 때때로 초당 20회에 달하며, 갈매기처럼 활공할 수도 있다.

lengthen[léŋθən] 길게 하다　**membrane**[mémbrein] 막
attach[ətǽtʃ] 붙다　**ankle**[ǽŋkl] 발목　**flap**[flæp] 퍼덕이다
stroke[strouk] 날갯짓　**glide**[glaid] 활공하다　**gull**[gʌl] 갈매기

해석 지문에 따르면, 박쥐는 새와 어떻게 다르게 나는가?
　　Ⓐ 박쥐는 앞으로 가는 헤엄치는 듯한 날갯짓을 이용한다.
　　Ⓑ 박쥐는 오직 위아래로만 퍼덕인다.
　　Ⓓ 박쥐는 강력한 비행 근육이 부족하다.

해설 박쥐는 새처럼 위아래로 똑바로 퍼덕이지 않으며 헤엄치는 듯한 날갯짓으로 앞으로 움직인다고 했으므로 Ⓐ가 정답입니다.

어휘 **differently**[dífərəntli] 다르게　**flight**[flait] 비행

14 세부 사항 문제

하루나 일 년 중 특정 시기에, 생물은 예측 가능한 행동을 하는데, 닭은 알을 낳고, 사람들은 졸리게 되며, 나무는 잎을 떨어뜨린다. 과학자들은 이러한 현상을 "내부 시계"라는 개념으로 설명한다. 이 시계는 모든 식물과 동물에 존재하며, 행동과 생물학적 변화를 조절한다. 그것은 빛과 어둠, 또는 더위와 추위 같은 환경적 신호에 반응하여, 생존에 적절한 시기에 활동이 일어나도록 보장한다.

predictable[pridíktəbl] 예측 가능한
internal[intə́ːrnl] 내부의, 내적인　**regulate**[régjulèit] 조절하다
behavior[bihéivjər] 행동　**biological**[bàiəlɑ́dʒikəl] 생물학적인
respond to ~에 반응하다　**ensure**[inʃúər] 보장하다

해석 내부 시계란 무엇인가?
　　Ⓐ 사람들이 밤에 잠들게 하는 과정
　　Ⓑ 생물의 시기를 조절하는 생물학적 체계
　　Ⓒ 자연의 계절 변화를 기록하는 달력

해설 내부 시계가 환경적 신호에 반응하여 생존에 적절한 시기에 활동이 일어나도록 보장한다고 했으므로 Ⓑ가 정답입니다.

어휘 **process**[prɑ́ses] 과정　**seasonal**[síːzənl] 계절의

Daily Test　p.192

| 01 Ⓑ | 02 Ⓒ | 03 Ⓐ | 04 Ⓑ | 05 Ⓒ | 06 Ⓑ |
| 07 Ⓐ | 08 Ⓐ | 09 Ⓒ | 10 Ⓑ | | |

[01-05]

화성의 날씨

⁰¹화성의 날씨는 극도로 혹독하며 지구의 날씨와는 상당히 다르다. 종종 붉은 행성이라고 불리는 화성에서는 가을과 겨울의 기온이 섭씨 영하 143도까지 떨어질 수 있어서 보호되지 않는 인간에게는 치명적인 환경을 만든다. 봄과 여름에도, 기온은 섭씨 18도 정도에만 도달한다. 하지만 화성은 보호하는 오존층이 없는데, 이는 인간의 피부가 태양의 자외선에의 직접적인 노출로 인해 심각하게 손상될 수 있다는 것을 의미한다.

이러한 차이에도 불구하고, 화성과 지구는 한 가지 유사점을 공유하는데, 둘 다 사계절이 있다는 것이다. ⁰²하지만 화성은 더 타원형인 궤도를 가지고 있고, 이것이 그것의 계절을 더 길고 기간이 불규칙하게 만든다. 지구의 궤도는 거의 원형이어서, 계절이 더 균형적이기에, 각각 약 3개월씩 지속되며 친숙한 계절별 날씨 패턴을 가져온다.

또 다른 주요한 차이점은 폭풍의 정도와 성질이다. ⁰⁵화성에는 몇 주 동안 지속되고 행성 전체를 뒤덮을 수 있는 거대한 먼지 폭풍이 일어나기 쉽다. 지구가 강력한 폭풍우와 홍수를 겪는 반면, ⁰⁴화성은 매우 격렬해서 분화구 벽을 뚫고 나오는 고대의 홍수를 과거에 겪었는데, 이는 시속 160킬로미터가 넘는 속도로 물을 밀어냈고, 지구의 일반적인 홍수보다 훨씬 더 강력한 것이었다.

deadly [dédli] 치명적인
unprotected [ʌ̀nprətéktid] 보호되지 않은
severely [səvíərli] 심각하게   exposure [ikspóuʒər] 노출
ultraviolet radiation 자외선   elliptical [ilíptikəl] 타원형의
orbit [ɔ́:rbit] 궤도   uneven [ʌníːvn] 불규칙한
circular [sə́:rkjulər] 원형의   prone to ~하기 쉬운
crater [kréitər] 분화구   surge [sə:rdʒ] 밀려들다

01 주제 문제

해석   다음 중 지문의 중심 생각을 가장 잘 나타낸 것은?
  Ⓐ 화성과 지구는 동일한 계절별 날씨 패턴을 공유한다.
  Ⓑ 화성의 날씨는 혹독하며 지구의 날씨와 크게 다르다.
  Ⓒ 극한 기온 때문에 화성에서의 인간 생존은 불가능하다.
  Ⓓ 지구의 거의 원형인 궤도가 그것의 계절이 균형 잡힌 이유를 설명한다.

해설   화성의 날씨는 극도로 혹독하며 지구의 날씨와는 상당히 다르다고 한 후, 기온, 계절의 길이, 폭풍의 정도와 성질 면에서의 차이 등을 설명했으므로 Ⓑ가 정답입니다.

어휘   identical [aidéntikəl] 동일한   extreme [ikstríːm] 극한의
balanced [bǽlənst] 균형 잡힌

02 세부 사항 문제

해석   화성의 계절을 더 길고 불규칙하게 만드는 것은 무엇인가?
  Ⓐ 얇은 대기
  Ⓑ 느린 자전 속도
  Ⓒ 매우 타원형인 궤도
  Ⓓ 태양으로부터의 거리

해설   화성이 더 타원형인 궤도를 가지고 있고, 그것이 화성의 계절을 더 길고 기간이 불규칙하게 만든다고 했으므로 Ⓒ가 정답입니다.

어휘   rotation [routéiʃən] 자전

03 어휘 문제

해석   지문의 단어 "prone"과 의미상 가장 유사한 것은?
  Ⓐ 가능성 있는
  Ⓑ 저항하는
  Ⓒ 보호받는
  Ⓓ 준비된

해설   prone(~하기 쉬운)의 동의어인 likely(가능성 있는)를 지문에 넣으면 화성에는 거대한 먼지 폭풍이 일어날 가능성이 있다는 의미가 되어 문맥상 자연스럽습니다. 따라서 Ⓐ가 정답입니다.

04 세부 사항 문제

해석   화성의 고대 홍수가 지구의 일반적인 홍수와 다른 점 한 가지는 무엇인가?
  Ⓐ 계절성 폭풍우에 의해 발생되었다.
  Ⓑ 매우 빠른 속도와 힘으로 나아갔다.
  Ⓒ 보통 더 짧고 덜 파괴적이었다.
  Ⓓ 먼지 폭풍 동안 주기적으로 발생했다.

해설   화성의 고대 홍수는 시속 160킬로미터가 넘는 속도로 물을 밀어냈고, 지구의 일반적인 홍수보다 훨씬 더 강력한 것이었다고 했으므로 Ⓑ가 정답입니다.

어휘   advance [ædvǽns] 나아가다   extremely [ikstríːmli] 매우
destructive [distrʌ́ktiv] 파괴적인

05 일치 문제

해석   화성의 먼지 폭풍에 대해 명시된 것은?
  Ⓐ 보통 북반구에 국한된다.
  Ⓑ 많은 강우와 침식을 일으킨다.
  Ⓒ 몇 주 동안 지속될 수 있다.
  Ⓓ 여름과 가을에만 발생한다.

해설   화성에는 몇 주 동안 지속되는 거대한 먼지 폭풍이 일어나기 쉽다고 했으므로 Ⓒ가 정답입니다.

어휘   confined to ~에 국한된   hemisphere [hémisfiər] 반구
erosion [iróuʒən] 침식

[06-10]

확증 편향

확증 편향은 사람들이 정보를 해석하고 선택을 하는 방식에 영향을 미치는 인지적 경향이다. ⁰⁶이 편향은 개인이 자신의 기존 신념과 일치하는 증거를 선호하게 하는 반면, 그러한 견해에 이의를 제기하는 세부 사항들을 무시하거나 간과하게 한다. 그 결과, 확증 편향은 선입견을 강화하고 다양한 상황에서 객관성을 제한할 수 있다.

확증 편향의 명확한 예는 뉴스 매체 선택에서 나타나는데, 이는 편향이 일상적인 선택에 어떻게 영향을 미치는지를 보여준다. ⁰⁸사람들은 종종 그들 자신의 관점을 반영하는 매체를 선택하여, 이미 그들이 생

각하는 것을 지지하는 기사와 논평을 수용한다. 이에 반해, 그들은 반대되는 관점을 제공하거나 그들의 기대와 모순되는 보도를 무시할 수 있다. 이러한 선택적 정보 처리는 매체에만 국한되지 않는데, ¹⁰소비자들이 긍정적인 후기에 집중하고 부정적인 의견을 간과하는, 상품 구매와 같은 결정에도 영향을 미친다.

확증 편향의 영향은 전문적이고 사회적인 영역으로 확장된다. 예를 들어, 직장에서의 토론 중에 사람들은 반대 의견에 소통하기보다는 비슷한 관점을 공유하는 동료들로부터 동의를 구할 수 있다. 그러한 패턴은 개인적 판단뿐만 아니라 집단의 결론도 형성할 수 있다. ⁰⁹확증 편향을 인식하고 그것에 적극적으로 이의를 제기하는 것은 더 정확하고 균형 잡힌 결정에 이르고 효과적인 문제 해결 능력을 기르는 데 필수적이다.

> confirmation bias 확증 편향   cognitive [kágnətiv] 인지적인
> tendency [téndənsi] 경향, 성향   interpret [intə́:rprit] 해석하다
> existing [igzístiŋ] 기존의   dismiss [dismís] 무시하다
> challenge [tʃǽlindʒ] 이의를 제기하다
> preconceived opinion 선입견
> objectivity [ὰ:bdʒiktívəti] 객관성   outlet [áutlèt] 매체
> perspective [pərspéktiv] 관점   absorb [æbsɔ́:rb] 수용하다
> contradict [kὰ:ntrədíkt] 모순되다   selective [siléktiv] 선택적인
> sphere [sfiər] 영역   engage with ~와 소통하다
> dissenting [diséntiŋ] 반대하는   cultivate [kʌ́ltəvèit] 기르다

06 주제 문제

해석   지문은 주로 무엇에 대한 것인가?
Ⓐ 사람들이 직관에 근거하여 결정을 내리는 방법
☑ 현재의 신념을 강화하는 정신적 경향
Ⓒ 여론을 형성하는 데 있어서 매체가 하는 역할
Ⓓ 직장 내 의견 충돌이 흔한 이유

해설   확증 편향이 기존 신념과 일치하는 증거를 선호하게 하고 선입견을 강화한다고 한 후, 뉴스 매체 선택, 상품 구매, 직장 내 토론에서의 행동 등의 예시를 들어 설명했으므로 Ⓑ가 정답입니다.

어휘   based on ~에 근거하여   intuition [intjuːíʃən] 직관, 직감
reinforce [rìːinfɔ́ːrs] 강화하다   public opinion 여론
disagreement [dìsəgríːmənt] 불일치, 의견 충돌

07 어휘 문제

해석   지문의 단어 "dismiss"와 의미상 가장 유사한 것은?
☑ 무시하다
Ⓑ 받아들이다
Ⓒ 확장하다
Ⓓ 분석하다

해설   dismiss(무시하다, 묵살하다)의 동의어인 ignore(무시하다)를 지문에 넣으면 자신의 견해에 이의를 제기하는 세부 사항들을 무시하거나 간과한다는 의미가 되어 문맥상 자연스럽습니다. 따라서 Ⓐ가 정답입니다.

08 세부 사항 문제

해석   사람들이 뉴스 매체를 선택할 때 사람들이 확증 편향의 영향을 받는 한 가지 방식은 무엇인가?
☑ 그들은 종종 자신의 기존 견해와 일치하는 매체를 선호한다.
Ⓑ 그들은 객관성을 유지하기 위해 주기적으로 반대 뉴스 보도를 비교한다.
Ⓒ 그들은 보통 논평이나 사설을 읽는 것을 피한다.
Ⓓ 그들은 국제 언론 매체에만 의지하는 경향이 있다.

해설   사람들은 종종 그들 자신의 관점을 반영하는 매체를 선택한다고 했으므로 Ⓐ가 정답입니다.

어휘   compare [kəmpέər] 비교하다   opinion piece 사설

09 세부 사항 문제

해석   지문에 따르면, 확증 편향을 인식하고 그것에 이의를 제기하는 것이 왜 중요한가?
Ⓐ 사람들이 그들의 의견에 더 확신을 갖게 해준다.
Ⓑ 직장에서의 토론에서 동의를 증가시킨다.
☑ 더 정확한 결정과 객관적인 문제 해결로 이어진다.
Ⓓ 선택적 정보 처리를 더 쉽게 만든다.

해설   확증 편향을 인식하고 그것에 적극적으로 이의를 제기하는 것이 더 정확하고 균형 잡힌 결정에 이르고 효과적인 문제 해결 능력을 기르는 데 필수적이라고 했으므로 Ⓒ가 정답입니다.

어휘   confident [kάnfədənt] 확신을 가진

10 세부 사항 문제

해석   확증 편향은 소비자 선택에 어떻게 영향을 미치는가?
Ⓐ 사람들이 어떤 후기도 읽지 않고 제품을 구매하게 함으로써
☑ 소비자들이 자신이 의도한 구매를 지지하는 정보에 집중하도록 이끎으로써
Ⓒ 구매자들이 구매 전에 전문가의 조언을 구하도록 권장함으로써
Ⓓ 사람들이 항상 가장 저렴한 선택사항을 택하도록 강요함으로써

해설   소비자들이 긍정적인 후기에 집중하고 부정적인 의견을 간과한다고 했으므로 Ⓑ가 정답입니다.

어휘   expert [ékspəːrt] 전문가

Day 15   일치/불일치 문제

Daily Check-up ············ p.200

01 Ⓐ	02 Ⓑ	03 Ⓑ	04 Ⓐ	05 Ⓑ	06 Ⓐ
07 Ⓐ	08 Ⓑ	09 Ⓐ	10 Ⓑ	11 Ⓑ	12 Ⓒ
13 Ⓑ	14 Ⓒ				

01

실크로드는 아시아, 중동, 유럽을 연결하여, 무역과 문화 교류를 가능하게 했다.
- ☑ 실크로드는 먼 지역들을 연결했으며, 무역과 문화 공유에 이바지했다.
- ⓑ 아시아, 중동, 유럽 간의 무역과 문화 교류가 실크로드의 형성을 가져왔다.

cultural [kʌ́ltʃərəl] 문화의 exchange [ikstʃéindʒ] 교류, 교환
distant [dístənt] 먼, 떨어진 creation [kriéiʃən] 형성

02

인류학은 시간과 공간에 걸쳐 인간 문화와 사회를 연구하며, 사회 관습과 신념이 서로 다른 집단에서 어떻게 다른지 조사한다.
- ⓐ 시간과 공간에 걸친 사회 관습과 신념의 차이가 학문 분야로서의 인류학의 발전을 가져왔다.
- ☑ 사회 관습과 신념의 차이를 탐구함으로써, 인류학은 시간과 공간에 걸쳐 인간 문화와 사회를 조사한다.

anthropology [æ̀nθrəpáːlədʒi] 인류학 practice [prǽktis] 관습
field [fiːld] 학문 분야 variation [vɛ̀əriéiʃən] 차이, 변화

03

별은 가스와 먼지 구름에서 생겨나는데, 그곳에서 핵융합이 시작될 때까지 중력이 물질을 끌어모은다.
- ⓐ 핵융합의 시작이 중력을 만들어내고, 그 다음 가스와 먼지를 끌어 모아 별을 형성한다.
- ☑ 가스와 먼지 구름에서, 중력은 결국 핵융합을 일으켜 별을 형성하는 물질들을 모은다.

gravity [grǽvəti] 중력 material [mətíəriəl] 물질, 재료
nuclear fusion 핵융합 eventually [ivéntʃuəli] 결국, 마침내
ignite [ignáit] 일으키다, 점화하다

04

고대 문명은 일 년 내내 일관된 작물 생산량을 보장하기 위해 복잡한 관개 시스템을 개발했다.
- ☑ 일 년 내내 꾸준한 수확량을 확보하기 위해, 복잡한 관개 시스템이 고대 문명에 의해 건설되었다.
- ⓑ 일 년 내내 일관된 작물 생산량은 관개 시설이 개발된 후 고대 문명이 등장하게 했다.

irrigation [ìrəgéiʃən] 관개, 물 대기
consistent [kənsístənt] 일관된, 꾸준한
secure [sikjúər] 확보하다, 보장하다 steady [stédi] 꾸준한, 안정된
harvest [háːrvist] 수확량, 수확
emerge [imə́ːrdʒ] 나타나다, 등장하다

05

선택의 역설은 너무 많은 선택지를 갖는 것이 실제로 만족도를 감소시킬 수 있음을 시사한다.
- ⓐ 선택의 역설은 사람들이 더 많은 선택지를 가질 때 항상 더 행복하다는 것을 보여준다.
- ☑ 선택의 역설에 따르면, 선택지의 과잉은 사람들의 행복을 낮출 수 있다.

paradox [pǽrədàks] 역설 actually [ǽktʃuəli] 실제로, 사실은
decrease [dikríːs] 감소시키다 satisfaction [sæ̀tisfǽkʃən] 만족도
excess [ékses] 과잉, 초과

06

태양열과 풍력 같은 재생 가능한 에너지원은 온실가스 배출을 상당히 줄이면서 화석 연료에 대한 지속 가능한 대안을 제공한다.
- ☑ 태양열과 풍력 같은 화석 연료에 대한 지속 가능한 대안들은, 온실가스 배출을 상당히 줄이는 데 도움이 된다.
- ⓑ 온실가스 배출 감소가 태양열과 풍력 같은 재생 가능한 에너지원이 화석 연료를 대체한 주된 이유이다.

renewable [bènəfíʃəl] 재생 가능한 offer [ɔ́ːfər] 제공하다, 제안하다
sustainable [səstéinəbl] 지속 가능한
alternative [ɔːltə́ːrnətiv] 대안 emission [imíʃən] 배출, 방출
significantly [signífikəntli] 상당히, 현저히
considerably [kənsídərəbli] 상당히, 크게
replace [ripléis] 대체하다

07

Shakespeare의 희곡은 인간의 감정과 보편적 주제 탐구로 높이 평가된다.
- ☑ Shakespeare의 희곡은 인간 감정의 다양성을 포착하고 시대를 넘어 유의미한 주제들을 다룬 것으로 찬사받는다.
- ⓑ 인간의 감정과 보편적 주제들이 유명한 Shakespeare의 희곡에서 널리 탐구되게 되었다.

admire [ædmáiər] 높이 평가하다 exploration [èkspləréiʃən] 탐구
universal [jùːnəvə́ːrsəl] 보편적인
relevant [réləvənt] 유의미한, 관련 있는

08

우리가 알고 있듯이 물은 생명에 필수적이므로, 다른 행성에서 물을 찾는 것은 외계 생명체 탐색에서 중대한 단계이다.
- ⓐ 과학자들은 외계 생명체가 어떤 형태의 물 없이도 존재할 수 있다고 믿는다.
- ☑ 물이 생명체에게 필수적이므로, 다른 곳에서 그것을 발견하는 것이 외계 생명체를 찾는 핵심이다.

essential [iːsénʃəl] 필수적인 crucial [krúːʃəl] 중대한
extraterrestrial [èkstrətəréstriəl] 외계의
vital [váitl] 매우 중요한 alien [éiljən] 외계의

09 일치 문제

서기 400년 이후, 이집트어는 그리스어 알파벳에 그리스어에서 발견되지 않는 소리들에 대한 추가 문자들을 더해서 써졌다. 이 형태는 콥트어로 알려지게 되었다. 그러나, 시간이 지나면서, 콥트어는 현재 이집트의 언어인 아랍어로 대체되었다. 결국, 문자 언어로서 콥트어는 소실되었고, 한편 고대의 그림 문자 체계인 상형 문자는 이집트 과거의 기록으로서 존속했다.

replace[ripléis] 대체하다 eventually[ivéntʃuəli] 결국, 마침내
hieroglyphics[hàiərəglífiks] (고대 이집트의) 상형 문자
ancient[éinʃənt] 고대의

해석 지문에서 콥트어에 대해 명시된 것은?
Ⓐ 그것은 추가된 문자들과 함께 그리스어 알파벳을 사용했다.
Ⓑ 그것은 이집트의 주요 언어로서 아랍어를 완전히 대체했다.
Ⓒ 그것은 알파벳 문자 대신 그림 문자를 사용했다.

해설 이집트어가 그리스어 알파벳에 그리스어에서 발견되지 않는 소리들에 대한 추가 문자들을 더해서 써졌다고 한 후, 이 형태가 콥트어로 알려지게 되었다고 했으므로 Ⓐ가 정답입니다.

10 일치 문제

Louis-Jacques-Mandé Daguerre는 1839년 프랑스에서 최초의 사진 인화술을 발견한 것으로 공로를 인정받는다. 그는 먼저 실험을 시작한 Joseph-Nicéphore Niépce와 함께 일했다. 두 사람은 1827년에 실용적인 과정을 만들기 위해 협력 관계를 맺었으나, 1833년 Niépce의 사망 이후, Daguerre는 계속 이어가서 다게레오타입을 내놓았다. 다게레오타입은 빠르게 인기를 얻었고 1839년부터 약 1860년까지 널리 사용되어, 사진술의 초기 시대를 특징지었다.

be credited with ~으로 공로를 인정받다
photographic process 사진 인화술
practical[prǽktikəl] 실용적인
introduce[ìntrədjúːs] 내놓다, 소개하다
mark[mɑːrk] 특징짓다, 나타내다

해석 다게레오타입에 대해 제시된 것은?
Ⓐ 그것들은 Daguerre에 의해 단독으로 개발되었다.
Ⓑ 그것들은 도입 후 빠르게 채택되었다.
Ⓒ 그것들은 19세기 내내 인기를 유지했다.

해설 다게레오타입이 빠르게 인기를 얻었고 1839년부터 약 1860년까지 널리 사용되었다고 했으므로 Ⓑ가 정답입니다.

어휘 adopt[ədápt] 채택하다 introduction[ìntrədʌ́kʃən] 도입

11 일치 문제

색유리 제작은 고대 세계로 거슬러 올라갈 수 있으며, 로마인들과 이집트인들 모두로부터 많은 예시들이 남아 있다. 3세기와 4세기까지, 비록 수는 적었지만 기독교 대성당들은 얇은 색유리 조각들로 장식되기 시작했다. 그러나, 중세 시대에 스테인드글라스 창문들은 점점 더 복잡한 디자인으로 제작되면서 절정에 달했다. 시간이 지나면서, 그것들은 정교하고 화려한 예술 형태로 발전했다.

trace back to ~까지 거슬러 올라가다
cathedral[kəθíːdrəl] 대성당 decorate[dékərèit] 장식하다
reach one's height 절정에 달하다
increasingly[inkríːsiŋli] 점점 더
elaborate[ilǽbərət] 정교한, 공들인

해석 지문에서 중세 시대의 스테인드글라스에 대해 제시된 것은?
Ⓐ 그것은 이전 세기들과 비교하여 인기가 떨어졌다.
Ⓑ 그것은 더 정교한 예술 형태로 발전했다.
Ⓒ 성당에서의 그것의 사용은 시간이 지나면서 급격히 줄었다.

해설 중세 시대에 스테인드글라스 창문들이 점점 더 복잡한 디자인으로 제작되었고 시간이 지나면서 정교하고 화려한 예술 형태로 발전했다고 했으므로 Ⓑ가 정답입니다.

어휘 decline[dikláin] 줄어들다 popularity[pɑ̀pjuǽrəti] 인기
sophisticated[səfístəkèitid] 정교한
artistic[ɑːrtístik] 예술적인

12 불일치 문제

ᴬ지구의 지각 바로 아래에 위치하는 맨틀은, 약 2,900킬로미터 두께이고 지구 질량의 대부분을 차지한다. 상부 지역은 고체이지만, 더 깊은 부분은 액체처럼 작용할 정도로 충분히 가열된다. ᶜ높은 압력은 암석이 완전히 녹는 것을 막으며, 대신 그것은 섭씨 1,000도 이상의 온도에서 흐를 수 있는 "가소성 물질"이 된다. ᴮ이 가소성 물질은 주로 철과 마그네슘을 포함하는 화합물로 구성되어 있다.

crust[krʌst] 지각 mass[mæs] 질량 solid[sɑ́lid] 고체의
behave[bihéiv] 작용하다, 행동하다 liquid[líkwid] 액체
compound[kɑ́mpaund] 화합물

해석 다음 중 맨틀의 특성으로 언급되지 않은 것은?
Ⓐ 그것은 지구의 지각 바로 아래에 있다.
Ⓑ 그것은 철과 마그네슘의 화합물을 포함한다.
Ⓒ 그것은 깊은 곳에서 완전히 액체 암석으로 녹는다.

해설 높은 압력이 암석이 완전히 녹는 것을 막는다고 했으므로 Ⓒ가 정답입니다.

어휘 completely[kəmplíːtli] 완전히

13 불일치 문제

두 사람이 대화에 참여할 때, 그들은 보통 일정한 개인적 거리를 유지한다. ᴮ이 거리는 체취나 무례함에 의한 것이 아니라 관계의 친밀도를 반영하는 보이지 않는 경계선으로 인한 것이다. ᴬ흥미롭게도, 평균적인 개인적 거리는 문화마다 다르다. ᶜ예를 들어, 북미인들은 일반적으로 세계의 많은 다른 지역 사람들보다 더 넓은 개인적 공간을 선호한다.

engage in ~에 참여하다, ~을 하다 body odor 체취
disrespect[dìsrispékt] 무례함, 실례
invisible[invízəbl] 보이지 않는 intimacy[íntəməsi] 친밀함

해석 다음 중 개인적 거리에 대해 사실이 아닌 것은?

Ⓐ 그것은 문화적 차이에 의해 영향을 받는다.
Ⓑ 그것은 체취나 무례함에 의해 발생한다.
Ⓒ 북미인들은 다른 사람들에 비해 더 많은 공간을 필요로 하는 경향이 있다.

해설 개인적 거리가 체취나 무례함에 의한 것이 아니라고 했으므로 Ⓑ가 정답입니다.

14 불일치 문제

^A비록 프레스코화의 기원과 발전은 불확실하지만, 그것의 흔적은 기원전 2천년 크레타 섬의 미노스 문명으로 거슬러 올라간다. 그 전통은 그리스, 로마, 비잔틴 제국을 거쳐 계속되었다. ^C그리스의 프레스코화는 거의 남아 있지 않지만, 헤르쿨라네움과 폼페이에서 수많은 로마의 예시들이 발견되었다. ^B서기 250년과 400년 사이에, 초기 기독교도들 또한 간단한 프레스코화로 로마의 지하 묘지를 장식했다.

uncertain[ʌnsə́ːrtn] 불확실한   evidence[évədəns] 흔적, 증거
date back to ~으로 거슬러 올라가다   empire[émpaiər] 제국
catacomb[kǽtəkòum] 지하 묘지

해석 다음 중 프레스코화에 대해 사실이 아닌 것은?
Ⓐ 그것들의 사용은 기원이 미노스 문명까지 거슬러 올라갈 수 있다.
Ⓑ 초기 기독교도들은 로마의 지하 묘지를 장식하기 위해 프레스코화를 사용했다.
Ⓒ 많은 수의 원본 그리스 프레스코화들이 오늘날에도 여전히 보존되어 있다.

해설 그리스의 프레스코화는 거의 남아 있지 않다고 했으므로 Ⓒ가 정답입니다.

어휘 original[ərídʒənl] 원본의   preserve[prizə́ːrv] 보존하다

Daily Test   p.204

01 Ⓓ   02 Ⓒ   03 Ⓑ   04 Ⓐ   05 Ⓒ   06 Ⓑ
07 Ⓒ   08 Ⓒ   09 Ⓓ   10 Ⓑ

[01-05]

인상주의의 영향

인상주의는 19세기 후반 서양 미술사에서 매우 중요한 전환점을 나타냈다. 02B/02C1860년대 프랑스에서 등장한 인상주의 화가들은 전통적인 화가들이 했듯이 대상을 세밀하게 묘사하기보다는, 스쳐 지나가는 순간과 변화하는 빛의 특성을 포착하려고 했다. 04즉각적인 시각적 인상에 대한 이러한 강조는 정확성과 엄격한 사실주의를 우선시했던 이전의 관습과 뚜렷하게 대조되었다.

인상주의 작품의 주목할 만한 예는 1872년에 그려진 03Claude Monet의 '인상, 해돋이'이다. 이 그림은 느슨하고 눈에 보이는 붓놀림과 생생한 색채를 보여주는데, 이는 인상주의 화가들이 정확한 형태보다는 느낌과 분위기를 어떻게 전달했는지를 보여준다. 02A그들 이전의 많은 화가들과 달리, 그들은 야외에서 그림을 자주 그렸는데, 이는 외광파 회화라고 알려진 기법으로, 자연광을 직접 관찰하고 묘사할 수 있게 했다. 02D이러한 접근법은 인상주의를 기존 방법들과 구별되게 했고 후기 인상주의와 모더니즘 같은 후대 운동들의 기반을 닦아주었다.

인상주의 미술에 대한 반응은 처음에는 엇갈렸다. 05많은 비평가들이 이를 미완성이거나 불완전한 것으로 치부했던 반면, 다른 이들은 점차 그것의 신선함과 독창성을 인정했다. 시간이 지나면서, 그 운동은 널리 받아들여졌고, 미술 기법과 대중의 취향 모두에 깊은 영향을 미쳤다. 오늘날, 인상주의는 그것의 혁신성과 현대 시각 예술의 방향을 변화시킨 것으로 찬사를 받고 있다.

influence[ínfluəns] 영향
impressionism[impréʃənìzm] 인상주의
capture[kǽptʃər] 담아내다, 포착하다
fleeting[flíːtiŋ] 스쳐 지나가는
meticulously[mətíkjuləsli] 세밀하게   depict[dipíkt] 묘사하다
immediate[imíːdiət] 즉각적인   sharply[ʃáːrpli] 뚜렷하게
prioritize[praiɔ́ːrətàiz] 우선시하다
demonstrate[démənstrèit] 보여주다   loose[luːs] 느슨한
vibrant[váibrənt] 생생한   illustrate[íləstrèit] 보여주다
atmosphere[ǽtməsfìər] 분위기   set ~ apart ~을 구별되게 하다
established[istǽbliʃt] 기존의
pave the way for ~의 기반을 닦다   reception[risépʃən] 반응
dismiss[dismís] 치부하다
acceptance[əkséptəns] 받아들임, 인정
celebrate[séləbrèit] 찬사하다

01 어휘 문제

해석 지문의 단어 "pivotal"과 의미상 가장 유사한 것은?
Ⓐ 예상치 못한
Ⓑ 어려운
Ⓒ 일시적인
Ⓓ 매우 중요한

해설 pivotal(매우 중요한, 결정적인)의 동의어인 very important(매우 중요한)를 지문에 넣으면 인상주의가 서양 미술사에서 매우 중요한 전환점을 나타냈다는 의미가 되어 문맥상 자연스럽습니다. 따라서 Ⓓ가 정답입니다.

02 불일치 문제

해석 다음 중 인상주의에 대해 사실이 아닌 것은?
Ⓐ 그것은 화가들에게 야외에서 그림을 그릴 것을 권장했다.
Ⓑ 그것은 변화하는 빛의 효과를 포착하는 데 집중했다.
Ⓒ 그것은 세밀한 묘사를 우선시했다.
Ⓓ 그것은 이후 미술 운동들에 영향을 미쳤다.

해설 인상주의 화가들이 대상을 세밀하게 묘사하기보다는 스쳐 지나가는 순간과 변화하는 빛의 특성을 포착하려고 했다고 했으므로 Ⓒ가 정답입니다.

어휘 encourage[inkə́ːridʒ] 권장하다
prioritize[praiɔ́ːrətàiz] 우선시하다

03 일치 문제

해석 Claude Monet의 '인상, 해돋이'에 대해 명시된 것은?
ⓐ 그것은 실제 대상의 모습을 주의 깊게 모방한다.
ⓑ 그것은 눈에 보이는 붓놀림과 밝은 색채를 사용한다. ✓
ⓒ 그것은 인공 조명을 사용하여 전적으로 작업실에서 그려졌다.
ⓓ 그것은 Monet의 생전에 잘 알려지지 않았다.

해설 Claude Monet의 '인상, 해돋이'가 눈에 보이는 붓놀림과 생생한 색채를 보여준다고 했으므로 ⓑ가 정답입니다.

어휘 imitate[ímətèit] 모방하다 appearance[əpíərəns] 모습

04 세부 사항 문제

해석 인상주의는 이전의 미술 전통과 어떻게 달랐는가?
ⓐ 그것은 정확한 사실주의보다는 시각적 인상을 강조했다. ✓
ⓑ 그것은 명확성을 달성하기 위해 더 어두운 색채를 사용했다.
ⓒ 그것은 초상화를 선호하여 야외 풍경을 피했다.
ⓓ 그것은 주로 종교적 상징주의에 집중했다.

해설 인상주의의 즉각적인 시각적 인상에 대한 강조가 정확성과 엄격한 사실주의를 우선시했던 이전의 관습과 뚜렷하게 대조되었다고 했으므로 ⓐ가 정답입니다.

어휘 clarity[klǽrəti] 명확성 portrait[pɔ́:rtrit] 초상화
religious[rilídʒəs] 종교적인

05 일치 문제

해석 인상주의 미술을 처음 평가했던 비평가들에 대해 제시된 것은?
ⓐ 그들은 호의적인 평가를 통해 그 운동의 이름을 짓는 데 도움을 주었다.
ⓑ 그들은 즉시 그 그림들의 독창성을 인정했다.
ⓒ 그들은 종종 그 그림들을 불완전하거나 형편없이 그려졌다고 치부했다. ✓
ⓓ 그들은 인상주의가 사실주의에 너무 초점을 두었기 때문에 거부했다.

해설 많은 비평가들이 인상주의 미술을 미완성이거나 불완전한 것으로 치부했다고 했으므로 ⓒ가 정답입니다.

어휘 name[neim] 이름을 짓다 favorable[féivərəbl] 호의적인
execute[éksikjù:t] 만들다, 실행하다

[06-10]

인공 어초

06/07A/07B/07D인공 어초는 어류 개체 수를 늘리고, 서식지를 보호하며, 여가 낚시를 확대하기 위해 수중 환경에 도입된다. 지지자들은 어초가 어린 물고기를 끌어들여 어류 생산량을 증가시킨다고 주장하지만, 많은 연구들은 그것들이 실제로 개체 수를 늘리는지 아니면 단순히 물고기를 한 곳에 집중시키는지를 확인하지 못했다. 1999년에, 작은입배스 낚시를 개선하기 위해 시카고 남쪽 미시간 호수에 인공 어초가 건설되었다. 10연구원들은 이 장소가 배스를 끌어 모으기만 하는지 아니면 번식도 돕는지를 확인하기 위해 계속해서 현장을 관찰하고 있다. 이러한 구별은 중요하다. 어초가 번식을 돕지 않고 물고기만 끌어들인다면, 전체 개체 수는 감소할 수 있다. 만약 번식과 생존을 향상시킨다면, 늘어난 물고기가 어획량을 상쇄하고 종을 안정화하는 데 도움을 줄 수 있다.

08D이 논쟁은 전 세계로 확장된다. 08A유사한 프로젝트들은 생태 균형과 지속 가능성에 대한 의문을 제기한다. 08B인공 어초가 분명히 낚시 기회를 개선하고 새로운 서식지를 제공하지만, 08C대부분의 연구들은 그것들이 새로운 개체 수를 만들어 내기보다는 주로 기존 물고기를 끌어들인다는 점을 시사한다. 과학자들은 그러한 구조물이 실제 개체 수 증가를 촉진하는지 아니면 단순히 재분포를 일으키는지 판단하기 위한 신중한 평가를 강조하며, 이는 책임감 있는 수산 자원 관리의 핵심 쟁점이다.

artificial[à:rtəfíʃəl] 인공의 reef[ri:f] 어초, 암초
aquatic[əkwǽtik] 수중의 population[pà:pjuléiʃən] 개체 수
habitat[hǽbitæt] 서식지 boost[bu:st] 증진시키다
concentrate[kánsəntrèit] 집중시키다
reproduction[rìprədʌ́kʃən] 번식 distinction[distíŋkʃən] 구별
enhance[inhǽns] 향상시키다 offset[ɔ́:fsèt] 상쇄하다, 보충하다
stabilize[stéibəlàiz] 안정화하다
sustainability[səstèinəbíləti] 지속 가능성
redistribution[rì:distrəbjúʃən] 재분배
responsible[rispánsəbl] 책임감 있는 fishery[fíʃəri] 수산 자원

06 주제 문제

해석 지문은 주로 무엇에 대한 것인가?
ⓐ 해양 생태계에서 여가 낚시가 주는 이로움
ⓑ 인공 어초의 목적과 효과 ✓
ⓒ 인공 서식지에서 오염이 어류 개체 수에 미치는 영향
ⓓ 전 세계의 인공 어초 건설 역사

해설 인공 어초가 수중 환경에 도입된 목적에 대해 설명한 후, 인공 어초 건설의 실제 효과에 대한 연구 결과를 다루었으므로 ⓑ가 정답입니다.

어휘 effectiveness[iféktivnis] 효과

07 불일치 문제

해석 다음 중 인공 어초를 추가하는 이유로 언급되지 않은 것은?
ⓐ 어류 공급을 증가시키기 위해
ⓑ 해양 환경을 보호하기 위해
ⓒ 어류를 연구하는 연구 방법을 개선하기 위해 ✓
ⓓ 여가 낚시 기회를 확대하기 위해

해설 어류 개체 수 증가, 서식지 보호, 여가 낚시 확대가 인공 어초의 도입 목적으로 언급되었지만, 어류 연구 방법 개선은 언급되지 않았으므로 ⓒ가 정답입니다.

08 불일치 문제

해석 지문에 따르면, 다음 중 인공 어초에 대해 사실이 아닌 것은?
ⓐ 그것들은 생태 균형과 지속 가능성에 대한 의문을 제기한다.

Ⓑ 그것들은 수중 생물을 위한 새로운 서식지를 제공할 수 있다.
☑ 그것들은 완전히 새로운 개체 수 창출을 보장한다.
Ⓓ 그것들의 영향에 대해 전 세계적으로 논의가 이루어지고 있다.

해설 대부분의 연구들이 인공 어초가 새로운 개체 수를 만들어 내기보다는 주로 기존 물고기를 끌어들인다는 점을 시사한다고 했으므로 Ⓒ가 정답입니다.

어휘 ensure[inʃúər] 보장하다

09 어휘 문제

해설 지문의 단어 "offset"과 의미상 가장 유사한 것은?
Ⓐ 공급하다
Ⓑ 개선하다
Ⓒ 줄이다
☑ 상쇄하다

해설 offset(상쇄하다)의 동의어인 counteract(상쇄하다)를 지문에 넣으면 늘어난 물고기가 어획량을 상쇄할 수 있다는 의미가 되어 문맥상 자연스럽습니다. 따라서 Ⓓ가 정답입니다.

10 일치 문제

해설 미시간 호수에 건설된 인공 어초에 대해 제시된 것은?
Ⓐ 그것은 주로 해양 생태계를 지원하도록 설계되었다.
☑ 어류 번식을 증가시키는 것에 대한 그것의 영향은 여전히 연구 중이다.
Ⓒ 그것은 즉시 작은입배스의 수를 증가시켰다.
Ⓓ 그것은 인간 활동에 의해 파괴된 자연 어초를 대신했다.

해설 연구원들이 미시간 호수의 인공 어초가 배스를 끌어모으기만 하는지 아니면 번식도 돕는지를 확인하기 위해 현장을 계속해서 관찰하고 있다고 했으므로 Ⓑ가 정답입니다.

어휘 impact[ímpækt] 영향 destroy[distrɔ́i] 파괴하다

Day 16 어휘 문제

Daily Check-up ········ p.212

01 Ⓐ	02 Ⓐ	03 Ⓐ	04 Ⓑ	05 Ⓐ	06 Ⓑ
07 Ⓐ	08 Ⓑ	09 Ⓒ	10 Ⓑ	11 Ⓑ	12 Ⓐ
13 Ⓒ	14 Ⓐ	15 Ⓒ	16 Ⓑ		

01

그 약은 환자의 증상을 줄이는 데 매우 효과적임이 입증되었다.
☑ 성공적인
Ⓑ 두드러진
Ⓒ 규칙적인

effective[iféktiv] 효과적인 symptom[símptəm] 증상

02

토론 중에, 각 학생은 강력한 증거로 자신의 의견을 정당화하려고 노력했다.
☑ 뒷받침하다
Ⓑ 비판하다
Ⓒ 거부하다

justify[dʒʌ́stəfài] 정당화하다

03

환경 오염을 줄이기 위해, 새로운 정책은 내년부터 슈퍼마켓에서의 비닐봉지 사용을 제한할 것이다.
☑ 제한하다
Ⓑ 장려하다
Ⓒ 보호하다

restrict[ristríkt] 제한하다

04

더 나은 시설에 대한 시급한 필요성을 인식하여, 정부는 공교육 프로그램에 더 많은 자금을 배정하겠다고 약속했다.
Ⓐ 철회하다
☑ 배분하다
Ⓒ 숨기다

urgent[ə́ːrdʒənt] 시급한 allocate[ǽləkèit] 배정하다

05

비록 그 기사가 길었지만, 그 학생은 요점만을 포함한 매우 간결한 요약을 했다.
☑ 간결한
Ⓑ 혼란스러운
Ⓒ 정교한

concise[kənsáis] 간결한

06

몇 주간의 훈련 후, 그 운동선수는 마침내 자신의 성과에서 현저한 향상을 보였다.
Ⓐ 평범한
☑ 눈에 띄는
Ⓒ 의심스러운

remarkable[rimáːrkəbl] 현저한
improvement[imprúːvmənt] 향상
performance[pərfɔ́ːrməns] 성과, 업적

07

계속된 경기 침체 때문에 올해 자동차 판매는 10에서 20퍼센트 감소할 가능성이 있다.
- Ⓐ 감소하다 ✓
- Ⓑ 변동하다
- Ⓒ 확대되다

shrink [ʃriŋk] 감소하다   economic slump 경기 침체

08

그 과학자는 일정한 패턴을 확인하기 위해 5년에 걸쳐 다양한 실험에서 나온 데이터를 신중하게 수집했다.
- Ⓐ 흩뿌렸다
- Ⓑ 모았다 ✓
- Ⓒ 나누었다

compile [kəmpáil] 수집하다   consistent [kənsístənt] 일정한

09

그 작가의 스타일은 매우 독특한데, 이는 그의 책들을 쉽게 알아볼 수 있게 해준다.
- Ⓐ 모호한
- Ⓑ 흔한
- Ⓒ 독특한 ✓

distinct [distíŋkt] 독특한   recognize [rékəgnàiz] 알아보다

10

새로운 규정들은 관세를 줄임으로써 국제 무역을 촉진하려는 의도이다.
- Ⓐ 방해하다
- Ⓑ 촉진하다 ✓
- Ⓒ 무시하다

facilitate [fəsílətèit] 촉진하다   tariff [tǽrif] 관세

11 어휘 문제

곤충은 지구상 생명체의 생존에 매우 중요하다. 그것들은 꽃의 꽃가루를 옮겨 식물이 번식하고 자라게 해준다. 곤충이 없다면, 많은 식물이 죽을 것인데, 그것들에게 씨앗을 퍼뜨리고 생활 주기를 계속할 효과적인 방법이 없기 때문이다. 이러한 상호 의존은 곤충이 생태계에서 수행하는 필수적인 역할을 강조한다.

pollinate [pάlənèit] 꽃가루를 옮기다
reproduce [rìːprədjúːs] 번식하다
interdependence [ìntərdipéndəns] 상호 의존
highlight [háilàit] 강조하다, 부각시키다

해석   지문의 단어 "crucial"과 의미상 가장 유사한 것은?
- Ⓐ 선택적인
- Ⓑ 필수적인 ✓
- Ⓒ 해로운

해설   crucial(매우 중요한, 결정적인)의 동의어인 essential(필수적인)을 지문에 넣으면 곤충이 지구상 생명체의 생존에 필수적이라는 의미가 되어 문맥상 자연스럽습니다. 따라서 Ⓑ가 정답입니다.

12 어휘 문제

초기 인류는 시간을 측정하기 위해 태양, 달, 별의 규칙적인 움직임을 관찰했다. 태양의 뜨고 지는 것이 낮과 밤을 표시했고, 달의 주기가 월을 알려주었다. 그러나 시간이 지나면서, 사람들은 더 정확한 방법을 필요로 했다. 정확성에 대한 이러한 필요가 달력, 해시계, 그리고 결국 기계식 시계의 발명으로 이어졌다.

measure [méʒər] 측정하다   lunar [lúːnər] 달의
accuracy [ǽkjurəsi] 정확성   sundial [sʌ́ndaiəl] 해시계
eventually [ivéntʃuəli] 결국

해석   지문의 단어 "precise"와 의미상 가장 유사한 것은?
- Ⓐ 정확한 ✓
- Ⓑ 간단한
- Ⓒ 일반적인

해설   precise(정확한)의 동의어인 exact(정확한)를 지문에 넣으면 사람들이 더 정확한 방법을 필요로 했다는 의미가 되어 문맥상 자연스럽습니다. 따라서 Ⓐ가 정답입니다.

13 어휘 문제

뉴딜 예술 프로젝트 시기에 제작된 그림, 책, 포스터, 악보들은 단순한 긴급 고용 프로그램의 기록 그 이상이다. 그것들은 대공황 동안 수천 명의 예술가들에게 기회를 제공한 활기찬 문화 운동을 나타낸다. 평범한 미국인들의 고난과 희망을 기록함으로써, 이러한 작품들은 계속해서 국가의 문화적 정체성을 형성하는 영속적인 예술적 기여가 되었다.

music transcription 악보   vibrant [váibrənt] 활기찬, 생동감 있는
struggle [strʌ́gl] 고난, 투쟁   ordinary [ɔ́ːrdənèri] 평범한
lasting [lǽstiŋ] 영속적인
contribution [kὰntrəbjúːʃən] 기여, 공헌
identity [aidéntəti] 정체성

해석   지문의 단어 "vibrant"와 의미상 가장 유사한 것은?
- Ⓐ 연약한
- Ⓑ 일시적인
- Ⓒ 생기 넘치는 ✓

해설   vibrant(활기찬, 생동감 있는)의 동의어인 lively(생기 넘치는)를 지문에 넣으면 뉴딜 예술 프로젝트 시기에 제작된 작품들이 수천 명의 예술가들에게 기회를 제공한 생기 넘치는 문화 운동을 나타낸다는 의미가 되어 문맥상 자연스럽습니다. 따라서 Ⓒ가 정답입니다.

14 어휘 문제

1800년대 후반에, 아메리카 원주민 부족들은 토지와 전통적인 삶의 상실에 직면했다. 이 위기로부터, 고스트 댄스 운동이 나타났다. 그것은 현재의 고난에 대한 절망을 표현하면서도 회복에 대한 지속적인 희망을 품고 있었다. 지지자들은 신성한 춤이 버팔로를 회복시키고, 조상의 풍습을 되살리며, 외부의 지배로부터 그들을 해방시켜 줄 것이라고 믿었다.

enduring [indjúəriŋ] 지속적인 renewal [rinjúːəl] 회복
sacred [séikrid] 신성한 restore [ristɔ́ːr] 회복시키다
ancestral [ænséstrəl] 조상의

해석 지문의 단어 "despair"와 의미상 가장 유사한 것은?
ⓐ 절망 ✓
ⓑ 분노
ⓒ 흥분

해설 despair(절망)의 동의어인 hopelessness(절망)를 지문에 넣으면 고스트 댄스 운동이 현재의 고난에 대한 절망을 표현했다는 의미가 되어 문맥상 자연스럽습니다. 따라서 ⓐ가 정답입니다.

15 어휘 문제

많은 사막 지역에서, 풍경은 메마르고 척박해 보이며, 식물이 거의 없고 보이는 지표수가 없다. 그러한 환경에서 생존하는 동물들은 체내에 물을 저장하거나 밤에만 활동하는 능력과 같은 놀라운 적응을 발달시켰다. 이러한 전략들은 극심한 더위와 부족한 자원에서도 생명이 지속될 수 있게 한다.

barren [bǽrən] 척박한 vegetation [vèdʒətéiəriən] 식물
adaptation [ӕdəptéiʃən] 적응 persist [pərsíst] 지속하다
extreme [ikstríːm] 극심한 scarce [skɛ́ərs] 부족한

해석 지문의 단어 "arid"와 의미상 가장 유사한 것은?
ⓐ 빈
ⓑ 온화한
ⓒ 건조한 ✓

해설 arid(메마른, 매우 건조한)의 동의어인 dry(건조한)를 지문에 넣으면 많은 사막 지역에서 풍경이 건조하고 척박해 보인다는 의미가 되어 문맥상 자연스럽습니다. 따라서 ⓒ가 정답입니다.

16 어휘 문제

청소놀래기는 더 큰 물고기들의 피부에서 기생충을 제거하는 것을 돕는 작은 열대어이다. 청소를 의뢰하는 물고기가 헤엄쳐 다가오면, 청소놀래기는 산호초에 청소 장소를 마련한다. 연구들은 이 물고기가 각각의 파트너를 인식하고 속임수를 피하는 것을 포함하여, 복잡한 사회적 행동을 수행할 수 있음을 보여준다.

tropical [trάːpikəl] 열대의 parasite [pǽrəsàit] 기생충
set up 마련하다, 설치하다 station [stéiʃən] 장소, 지점
coral reef 산호초 carry out ~을 수행하다
recognize [rékəɡnàiz] 인식하다

해석 지문의 어구 "carry out"과 의미상 가장 유사한 것은?
ⓐ 포기하다
ⓑ 수행하다 ✓
ⓒ 숨기다

해설 carry out(수행하다, 실행하다)의 동의어인 perform(수행하다)을 지문에 넣으면 이 물고기가 복잡한 사회적 행동을 수행할 수 있다는 의미가 되어 문맥상 자연스럽습니다. 따라서 ⓑ가 정답입니다.

Daily Test p.216

01 ⓑ 02 ⓓ 03 ⓐ 04 ⓒ 05 ⓓ 06 ⓐ
07 ⓒ 08 ⓑ 09 ⓒ 10 ⓒ

[01-05]

학습에 대한 동기의 영향

동기는 학습과 개인적 성취에서 핵심 요인으로 널리 여겨진다. 05B/05D심리학자들은 종종 과제에 대한 진정한 흥미에서 나오는 내적 동기와 성적, 돈, 또는 칭찬과 같은 외부 보상에 기반한 외적 동기를 구별한다. 01이 두 가지 형태의 동기는 개인이 문제에 접근하는 방식을 형성하고 과제가 어려워질 때 그들이 얼마나 오래 지속하는지를 결정한다. 05A내적 동기는 호기심, 창의성, 회복력과 관련이 있는 반면, 외적 동기는 반복적이거나 처음에는 매력적이지 않은 과제에 유용한 지원을 제공할 수 있다.

05C예를 들어, 단순히 즐거움 때문에 독서하는 학생들은 보통 더 강한 언어 능력을 발달시키고 평생 학습 습관을 유지한다. 반면, 주로 높은 성적을 받기 위해 공부하는 학생들은 단기적인 성공을 달성할 수 있지만 외적 보상이 없어지면 보통 흥미를 잃는다.

연구들은 교사들이 학생들에게 선택권을 주고, 과제를 그들의 개인적 삶과 연결하며, 발전과 역량을 강조하는 피드백을 제공함으로써 내적 동기를 고취할 수 있음을 시사한다. 이에 비해, 외부 보상에 너무 많이 의존하는 환경은 창의성을 약화시키고 위험 감수를 단념시킬 수 있다. 두 가지 유형의 동기의 균형을 맞추는 것이 장기적인 성장과 성취를 돕는 데 가장 효과적인 것으로 보인다.

motivation [mòutəvéiʃən] 동기 distinguish [distíŋɡwiʃ] 구별하다
intrinsic [intrínzik] 내적인 genuine [dʒénjuin] 진정한
challenge [tʃǽlindʒ] 문제 determine [ditə́ːrmin] 결정하다
be associated with ~과 관련이 있다
resilience [rizíljəns] 회복력 routine [ruːtíːn] 반복적인, 일상적인
unappealing [ʌ̀nəpíːliŋ] 매력적이지 않은
incentive [inséntiv] 보상, 장려책
competence [kάːmpətəns] 역량, 능력
comparison [kəmpǽrəsn] 비교 deter [ditə́ːr] 단념시키다

01 주제 문제

해석 지문은 주로 무엇에 대한 것인가?
ⓐ 조기 교육에서 내적 동기와 외적 동기의 구별
ⓑ 서로 다른 유형의 동기가 학습 결과와 지속성에 어떻게 영향을 미치는지 ✓
ⓒ 즐거움을 위해 읽는 학생들이 왜 더 강한 언어 능력을 기르는지

ⓓ 학생의 동기와 창의성을 효과적으로 촉진할 수 있는 교수 전략

해설 내적 동기와 외적 동기가 개인이 문제에 접근하는 방식을 형성하고 과제가 어려워질 때 그들이 얼마나 오래 지속하는지를 결정한다고 한 후, 예시를 들어 설명했으므로 ⓑ가 정답입니다.

어휘 outcome[áutkʌ̀m] 결과 persistence[pərsístəns] 지속성

02 어휘 문제

해석 지문의 단어 "intrinsic"과 의미상 가장 유사한 것은?
  ⓐ 먼
  ⓑ 극단적인
  ⓒ 일시적인
  ✓ⓓ 내적인

해설 intrinsic(내적인, 본질적인)의 동의어인 internal(내적인)을 지문에 넣으면 심리학자들이 내적 동기와 외적 동기를 구별한다는 의미가 되어 문맥상 자연스럽습니다. 따라서 ⓓ가 정답입니다.

03 어휘 문제

해석 지문의 단어 "persist"와 의미상 가장 유사한 것은?
  ✓ⓐ 계속하다
  ⓑ 준비하다
  ⓒ 이어지다
  ⓓ 향상되다

해설 persist(지속하다, 계속하다)의 동의어인 continue(계속하다)를 지문에 넣으면 과제가 어려워질 때 얼마나 오래 계속하는지를 결정한다는 의미가 되어 문맥상 자연스럽습니다. 따라서 ⓐ가 정답입니다.

04 어휘 문제

해석 지문의 단어 "deter"와 의미상 가장 유사한 것은?
  ⓐ 허용하다
  ⓑ 촉진하다
  ✓ⓒ 단념시키다
  ⓓ 감탄하다

해설 deter(단념시키다, 방해하다)의 동의어인 discourage(단념시키다)를 지문에 넣으면 외부 보상에 너무 많이 의존하는 환경이 위험 감수를 단념시킬 수 있다는 의미가 되어 문맥상 자연스럽습니다. 따라서 ⓒ가 정답입니다.

05 불일치 문제

해석 지문에 따르면, 다음 중 내적 동기에 대해 사실이 아닌 것은?
  ⓐ 그것은 창의성과 관련이 있다.
  ⓑ 그것은 과제에 대한 진정한 흥미에서 나온다.
  ⓒ 그것은 학생들이 평생 학습 습관을 유지하는 데 도움을 준다.
  ✓ⓓ 그것이 효과적이려면 외부 보상을 필요로 한다.

해설 내적 동기가 아니라 외적 동기가 성적, 돈, 칭찬 같은 외부 보상에 기반한다고 했으므로, ⓓ가 정답입니다.

어휘 require[rikwáiər] 필요로 하다

[06-10]

> **백신과 면역 체계**
>
> 백신은 면역 체계가 해로운 병원체를 인식하고 물리치도록 훈련시키기 때문에 현대 의학에서 가장 효과적인 도구 중 하나이다. [06]사람이 백신을 접종하면, 약화되거나 비활성화된 조각과 같은 바이러스나 세균의 무해한 부분이 체내로 들어간다. 이 성분들은 질병을 일으킬 만큼 강하지 않지만, 면역 체계를 자극하여 항체를 생성하는데, 그것은 침입하는 미생물을 겨냥해 무력화하는 보호 단백질로서 역할을 한다.
>
> 이점은 그 사람이 나중에 실제 병원체와 접촉했을 때 나타난다. 면역 체계가 이미 위협을 인식하는 방법을 "학습"했기 때문에, 그것은 훨씬 더 빠르고 효과적으로 반응할 수 있다. [10A/10B]이러한 빠른 반응은 종종 감염을 완전히 예방하거나, 적어도 증상의 심각성을 줄인다.
>
> [10D]지난 세기 동안, 백신 접종은 위험한 질병들을 통제하거나 심지어 퇴치하는 데 도움을 주었다. 예를 들어, 천연두는 전 세계적인 면역 캠페인을 통해 완전히 박멸되었으며, 소아마비는 전 세계적으로 몇 건의 사례만 남을 정도로 줄었다. 개인적 보호를 넘어서, 백신은 또한 지역사회 전반에 걸친 이점을 제공한다. 많은 수의 사람들이 면역을 갖게 되면, 발병이 덜 일어날 가능성이 있는데, 이는 집단 면역으로 알려진 현상이다. 이것은 유아, 노인, 면역 체계가 약한 사람들과 같은 취약 집단을 보호한다.

pathogen[pǽθədʒən] 병원체
inactivate[inǽktəvèit] 비활성화시키다
component[kəmpóunənt] 성분 antibody[ǽntibàdi] 항체
neutralize[njú:trəlàiz] 무력화하다, 중화시키다
invade[invéid] 침입하다 microbe[máikroub] 미생물
encounter[inkáuntər] 접촉하다, 마주치다
eliminate[ilímənèit] 퇴치하다 smallpox[smɔ́:lpɑ:ks] 천연두
eradicate[irǽdəkèit] 박멸하다
immunization[ìmjunəzéiʃən] 면역 polio[póuliòu] 소아마비
outbreak[áutbrèik] 발병 herd immunity 집단 면역
vulnerable[vʌ́lnərəbl] 취약한
compromised[kɑ́:mprəmàizd] (면역이) 약한

06 주제 문제

해석 지문은 주로 무엇에 대한 것인가?
  ✓ⓐ 백신이 사람들을 질병으로부터 보호하는 방법
  ⓑ 천연두와 소아마비 백신의 발견
  ⓒ 세계적으로 위험한 질병에 대한 백신 접종 캠페인의 역사
  ⓓ 면역 반응에서의 항체 생성 과정

해설 백신이 현대 의학에서 가장 효과적인 도구라고 한 후, 백신이 항체를 형성하는 과정을 설명했으므로 ⓐ가 정답입니다.

07 어휘 문제

해석 지문의 단어 "fragments"와 의미상 가장 유사한 것은?
  ⓐ 증상
  ⓑ 도구
  ✓ⓒ 조각
  ⓓ 질병

해설 fragments(조각, 파편)의 동의어인 pieces(조각)를 지문에 넣으면 약화되거나 비활성화된 조각과 같은 바이러스나 세균의 무해한 부분이 체내에 들어오게 된다는 의미가 되어 문맥상 자연스럽습니다. 따라서 ⓒ가 정답입니다.

08 어휘 문제

해석 지문의 단어 "eradicated"와 의미상 가장 유사한 것은?
Ⓐ 좌절되다
Ⓑ 퇴치되다
Ⓒ 발견되다
Ⓓ 연구되다

해설 eradicated(박멸되다, 근절되다)의 동의어인 eliminated(퇴치되다)를 지문에 넣으면 천연두가 전 세계적인 면역 캠페인을 통해 완전히 퇴치되었다는 의미가 되어 문맥상 자연스럽습니다. 따라서 Ⓑ가 정답입니다.

09 어휘 문제

해석 지문의 단어 "vulnerable"과 의미상 가장 유사한 것은?
Ⓐ 저항력이 있는
Ⓑ 건강한
Ⓒ 약한
Ⓓ 흔한

해설 vulnerable(취약한, 연약한)의 동의어인 weak(약한)를 지문에 넣으면 유아, 노인, 면역 체계가 약한 사람들과 같은 약한 집단을 보호한다는 의미가 되어 문맥상 자연스럽습니다. 따라서 Ⓒ가 정답입니다.

10 불일치 문제

해석 다음 중 백신의 이점으로 언급되지 않은 것은?
Ⓐ 감염을 예방하는 것
Ⓑ 증상의 심각성을 줄이는 것
Ⓒ 약한 면역 체계를 회복시키는 것
Ⓓ 위험한 질병 통제에 도움을 주는 것

해설 백신이 감염을 완전히 예방하거나, 적어도 증상의 심각성을 줄이며 위험한 질병들을 통제하거나 심지어 퇴치하는 데 도움을 주었다고 했지만, 약한 면역 체계를 회복시킨다는 내용은 언급되지 않았으므로 Ⓒ가 정답입니다.

어휘 prevent[privént] 예방하다, 막다   severity[səvérəti] 심각성

Day 17 수사적 의도 문제

Daily Check-up ········· p.224

| 01 Ⓑ | 02 Ⓒ | 03 Ⓐ | 04 Ⓒ | 05 Ⓒ | 06 Ⓐ |
| 07 Ⓒ | 08 Ⓑ | 09 Ⓑ | 10 Ⓑ |

01 수사적 의도 문제

열과 빛을 위해 불을 통제하는 것은 인류 최초의 성취이면서 가장 중요한 성취 중 하나였다. 불은 사람들이 요리하고, 따뜻하게 지내고, 밤에 자신을 보호할 수 있게 해주었다. 그러나 불의 스스로 유지되는 특성은 통제를 벗어났을 때 그것을 극도로 위험하게 만들기도 한다. 담배를 떨어뜨리는 것과 같은, 하나의 사고가 파괴적인 대화재를 일으킬 수 있다. 이러한 이유로, 불은 종종 인류의 가장 위대한 친구이자 가장 무서운 적으로 묘사된다.

achievement[ətʃíːvmənt] 성취   allow[əláu] 허용하다
self-sustaining[sèlfsʌstéiniŋ] 스스로 유지되는
out of control 통제를 벗어난   blaze[bleiz] 대화재
enemy[énəmi] 적

해석 글쓴이는 왜 "가장 위대한 친구"를 언급하는가?
Ⓐ 인간이 한때 불을 두려워했던 이유를 설명하기 위해
Ⓑ 불이 인간의 삶에 미치는 유익한 영향을 묘사하기 위해
Ⓒ 불이 오늘날 과거보다 더 안전함을 나타내기 위해

해설 불이 사람들이 요리하고, 따뜻하게 지내고, 밤에 자신을 보호할 수 있게 해주었다고 했으므로 Ⓑ가 정답입니다.

어휘 impact[ímpækt] 영향
suggest[səɡdʒést] (넌지시) 나타내다, 암시하다

02 수사적 의도 문제

개구리는 놀랍도록 다양한 기후에서 살도록 진화해 왔다. 개구리는 따뜻하고 습한 열대 지역에서 번성하지만, 그것들은 또한 사막과 15,000피트 높이의 산비탈에서도 생존한다. 한 사막 종인 호주 물지님개구리는 최장 7년까지 비를 기다릴 수 있다. 그것은 땅속에 굴을 파고 수분을 보존하기 위해 벗겨진 피부로 고치를 만든다.

evolve[ivάlv] 진화하다   thrive[θraiv] 번성하다
burrow[bə́ːrou] 굴을 파다   shed[ʃed] 벗겨진

해석 글쓴이는 왜 15,000피트 높이의 산비탈을 언급하는가?
Ⓐ 서식지에 따라 서로 다른 종류의 개구리를 대조하기 위해
Ⓑ 개구리가 높은 산 지역을 선호한다는 것을 보여주기 위해
Ⓒ 개구리가 생존할 수 있는 극한 조건의 예시를 제시하기 위해

해설 개구리가 놀랍도록 다양한 기후에서 살도록 진화해 왔다고 한 후, 15,000피트 높이의 산비탈에서도 생존한다고 했으므로 Ⓒ가 정답입니다.

어휘 habitat[hǽbitæt] 서식지   extreme[ikstríːm] 극한의
condition[kəndíʃən] 조건, 환경

03 수사적 의도 문제

지구는 대기라고 불리는 공기 층으로 둘러싸여 있으며, 이것은 지표면 위로 560킬로미터가 넘게 펼쳐져 있다. 대기를 연구하려는 초기 노력들은 매우 단순했다. 사람들은 화려한 석양, 일출, 별의 반짝임과 같은 기상 현상 관찰에 의존했다. 오늘날, 우주에 있는 민감한 장비의 도움으로, 과학자들은 대기가 어떻게 작용하는지에 대해 훨씬 더 명확히 이해하게 되었다.

atmosphere[ǽtməsfiər] 대기   rely on ~에 의존하다
observation[àbzərvéiʃən] 관찰
phenomenon[finámənàn] 현상   sensitive[sénsətiv] 민감한

해석   글쓴이는 왜 "화려한 석양, 일출, 별의 반짝임"을 언급하는가?
   ⓐ 과거 사람들이 어떻게 대기를 연구했는지를 보여주기 위해
   ⓑ 대기를 연구하는 과학적 방법들이 얼마나 향상되었는지를 설명하기 위해
   ⓒ 지구 대기에서 빛이 어떻게 작용하는지를 설명하기 위해

해설   대기를 연구하려는 초기 노력들이 매우 단순했다고 한 후, 사람들이 화려한 석양, 일출, 별의 반짝임과 같은 기상 현상 관찰에 의존했다고 했으므로 ⓐ가 정답입니다.

어휘   illustrate[íləstrèit] 설명하다, 보여주다
   behave[bihéiv] 작용하다, 행동하다

04 수사적 의도 문제

국립 예술 기금(NEA)은 예술을 널리 접근 가능하게 함으로써 거의 모든 미국인들에게 영향을 미친다. 창립 이래, NEA는 10만 건 이상의 보조금을 수여해 왔다. 매년, 연방 및 주 협력 프로그램을 통해, 1,900만 명 이상의 어린이들이 예술 교육의 혜택을 받는다. 브루클린의 Elders Share the Arts와 같은 프로그램들이 노인과 장애인 시민을 돕는 한편, 농촌 지역의 사업들은 주민들이 예술에 대해 배우고 즐기도록 장려한다.

endowment[indáumənt] 기금
accessible[æksésəbl] 접근 가능한   award[əwɔ́:rd] 수여하다
grant[grænt] 보조금   federal[fédərəl] 연방의
initiative[iníʃiətiv] 사업, 계획

해석   단락의 주된 목적은 무엇인가?
   ⓐ 예술 교육이 다른 과목보다 더 중요함을 주장한다.
   ⓑ NEA가 주로 농촌 공동체를 지원하는 이유를 설명한다.
   ⓒ NEA가 어떻게 예술에 대한 접근성을 넓히는지를 설명한다.

해설   국립 예술 기금(NEA)이 예술을 널리 접근 가능하게 함으로써 모든 미국인들에게 영향을 미친다고 한 후 보조금 수여, 어린이 예술 교육, 고령자와 장애인을 위한 프로그램, 농촌 지역의 사업을 예시로 들었으므로 ⓒ가 정답입니다.

어휘   broaden[brɔ́:dn] 넓히다   access[ǽkses] 접근(성)

05 수사적 의도 문제

물의 순환은 물 순환으로 알려져 있으며, 여러 연결된 단계들을 포함한다. 먼저, 태양이 바닷물을 가열하여, 그것이 증발하여 대기로 상승하게 한다. 바람이 이 구름을 육지 쪽으로 이동시킨다. 구름이 너무 커지거나 더 차가운 지역으로 들어가면, 그것들은 비를 내린다. 빗물은 지하수나 지표수가 되어, 샘, 개울, 강을 형성한다. 결국, 이 물은 바다로 다시 흘러 들어가서, 순환을 완성한다.

circulation[sə̀:rkjuléiʃən] 순환   evaporate[ivǽpərèit] 증발하다
atmosphere 대기   surface water 지표수

해석   단락의 주된 목적은 무엇인가?
   ⓐ 지하수가 지표수와 어떻게 다른지를 보여준다.
   ⓑ 기후를 형성하는 데 있어서 바다가 하는 역할을 설명한다.
   ⓒ 물 순환의 단계들을 설명한다.

해설   물의 순환이 여러 연결된 단계들을 포함한다고 한 후, 물 순환 과정의 각 단계를 순서대로 설명했으므로 ⓒ가 정답입니다.

06 수사적 의도 문제

합금은 두 가지 이상 금속의 혼합물로, 순수한 금속보다 종종 더 유용하다. 알루미늄은 가벼우나 다른 금속들과 결합되지 않으면 비행기를 만들기에는 너무 약하다. 금은 보통 더 단단하고 더 내구성 있는 장신구를 만들기 위해 구리와 혼합된다. 주석과 구리의 적갈색 합금인 청동은 각각의 단일 금속보다 더 강하며 수천 년 전에 도구와 무기에 널리 사용되었다.

alloy[ǽlɔi] 합금   mixture[míkstʃər] 혼합물
durable[djúərəbl] 내구성 있는   bronze[branz] 청동
reddish-brown[rédiʃbraun] 적갈색의   tin[tin] 주석

해석   단락의 주된 목적은 무엇인가?
   ⓐ 합금이 왜 순수한 금속보다 종종 더 유용한지를 설명한다.
   ⓑ 알루미늄 합금을 만드는 과정을 묘사한다.
   ⓒ 청동을 다른 고대 재료들과 비교한다.

해설   합금이 순수한 금속보다 종종 더 유용하다고 한 후, 구체적인 예시들을 제시했으므로 ⓐ가 정답입니다.

어휘   compare[kəmpέər] 비교하다   ancient[éinʃənt] 고대의

[07-08]

미국 독립 혁명 이전에 미국에는 단 15개의 잡지만이 존재했으며, 각각은 1년도 채 지속되지 못했다. 전쟁 후, 그 수는 빠르게 증가하여 1800년 이전에 70개에 달했으며, 대부분이 문학 잡지였다. [07]잡지의 황금기는 대륙 횡단 철도, 향상된 인쇄술, 더 낮은 비용, 그리고 우편 요금을 인하한 우편법과 함께 찾아왔다.

광고는 1741년에 잡지의 작은 요소였는데, 당시 수익은 주로 판매와 구독료에서 나왔다. 그러나 곧, 광고는 그 산업의 핵심 기반이 되었다. 출판사들은 광고를 포함시켜 가격을 낮췄고, 이는 판매 부수를 증가시켰다. 처음에는, 광고가 뒷부분에만 등장했지만, 1896년까지 '레이디스 홈 저널'은 그것을 전체에 배치했다. 신문사들이 뒤따랐고, 광고 수익이 증가함에 따라 많은 출판사들이 시장에 진입했다. 이러한 수익 추구는 결국 잡지의 전반적인 품질 저하를 초래했다.

postal[póustl] 우편의   revenue[révənjù:] 수익, 수입
subscription[səbskrípʃən] 구독료, 구독

backbone[bǽkbòun] 핵심 기반, 중추
circulation[sə̀:rkjuléiʃən] 판매 부수   follow suit 뒤따르다
pursuit[pərsúːt] 추구   decline[dikláin] 저하되다

07 수사적 의도 문제

해석 1단락에서 잡지 산업이 성장하도록 도운 요인들을 제시하는 문장을 선택하시오.
  Ⓐ 미국 독립 혁명 이전에 미국에는 단 15개의 잡지만이 존재했으며, 각각은 1년도 채 지속되지 못했다.
  Ⓑ 전쟁 후, 그 수는 빠르게 증가하여 1800년 이전에 70개에 달했으며, 대부분이 문학 잡지였다.
  ✓Ⓒ 잡지의 황금기는 대륙 횡단 철도, 향상된 인쇄술, 더 낮은 비용, 그리고 우편 요금을 인하한 우편법과 함께 찾아왔다.

해설 1단락의 세 번째 문장에서 잡지의 황금기가 대륙 횡단 철도, 향상된 인쇄술, 더 낮은 비용, 그리고 우편 요금을 인하한 우편법과 함께 찾아왔다고 했으므로 Ⓒ가 정답입니다.

08 수사적 의도 문제

해석 1단락과 2단락의 관계는?
  Ⓐ 2단락은 1단락에서 논의되지 않은 새로운 문제를 소개한다.
  ✓Ⓑ 2단락은 잡지의 성장에 기여한 또 다른 요소를 추가한다.
  Ⓒ 2단락은 1단락에서 서술된 문제에 대한 해결책을 제시한다.

해설 1단락에서 잡지 산업의 성장을 가능하게 한 여러 요인들을 설명한 후, 2단락에서 곧 광고가 그 산업의 핵심 기반이 되었다고 설명했으므로 Ⓑ가 정답입니다.

어휘 challenge[tʃǽlindʒ] 문제, 도전

[09-10]

1800년대 초, 거대한 물소 무리들이 미국 평원을 돌아다녔으며, 그 수는 수백만에 달했다. 아메리카 원주민들은 수 세기 동안 그것들을 사냥해왔지만, 무리들은 많이 남아 있었고, 유럽인들의 정착 후에도 그 동물들은 미시시피 강 서쪽에서 번성했다. 1870년까지, 1,200만 마리로 추정되는 들소가 여전히 그 평원에 살았으며, 풍요와 힘의 상징이었다. 그러나, 1880년대 중반까지, 물소는 거의 멸종 직전까지 사냥당했다.

총의 도입은 대량 살상을 빠르고 효율적으로 만들었고, 경제 발전은 가죽에 대한 활발한 시장을 형성했다. [09]따뜻한 담요와 외투로 사용되는 물소 모피가 유행이 되었으며, 한편 산업들은 가죽의 새로운 용도를 발견했다. 가죽 가공 산업이 확장되었고, 철도는 사냥꾼들과 정착민들을 물소 서식지로 곧장 데려다주었다. 이러한 결합된 요인들이 한때 번성했던 종을 불과 수십 년 만에 거의 사라진 종으로 바꾸어 놓았다.

herd[həːrd] 무리   roam[roum] 돌아다니다
settlement[sétlmənt] 정착   abundance[əbʌ́ndəns] 풍요, 많음
extinction[ikstíŋkʃən] 멸종   hide[haid] (짐승의) 가죽
fashionable[fǽʃənəbl] 유행하는   tanning[tǽniŋ] 가죽 가공, 제혁
territory[térətɔ̀ːri] 서식지, 영역   thriving[θráiviŋ] 번성하는
vanish[vǽniʃ] 사라지게 하다

09 수사적 의도 문제

해석 2단락에서 물소 제품에 대한 수요가 어떻게 과도한 사냥을 자극했는지를 보여주는 문장을 선택하시오.
  Ⓐ 총의 도입은 대량 살상을 빠르고 효율적으로 만들었고, 경제 발전은 가죽에 대한 활발한 시장을 형성했다.
  ✓Ⓑ 따뜻한 담요와 외투로 사용되는 물소 모피가 유행이 되었으며, 한편 산업들은 가죽의 새로운 용도를 발견했다.
  Ⓒ 가죽 가공 산업이 확장되었고, 철도는 사냥꾼들과 정착민들을 물소 서식지로 곧장 데려다주었다.

해설 2단락의 두 번째 문장에서 따뜻한 담요와 외투로 사용되는 물소 모피가 유행이 되었고, 산업들은 가죽의 새로운 용도를 발견했다고 했으므로 Ⓑ가 정답입니다.

어휘 illustrate[íləstrèit] 보여주다   fuel[fjuəl] 자극하다

10 수사적 의도 문제

해석 1단락과 2단락의 관계는?
  Ⓐ 2단락은 1단락의 정보와 모순되는 예시들을 제시한다.
  ✓Ⓑ 2단락은 1단락에서 언급된 감소의 원인들을 설명한다.
  Ⓒ 2단락은 1단락에서 논의된 문제들에 대한 해결책을 제시한다.

해설 1단락에서 1880년대 중반까지, 물소는 거의 멸종 직전까지 사냥당했다고 한 후, 2단락에서 총의 도입, 가죽 시장의 형성, 물소 모피의 유행, 가죽 가공 산업의 확장, 철도의 발달 등 물소 개체 수 급감의 구체적인 원인들을 설명했으므로 Ⓑ가 정답입니다.

Daily Test   p.228

01 Ⓐ   02 Ⓐ   03 Ⓒ   04 Ⓒ   05 Ⓐ   06 Ⓐ
07 Ⓐ   08 Ⓒ   09 Ⓓ   10 Ⓑ

[01-05]

추상 예술의 부상

20세기 초, 추상 예술로 알려진 새로운 운동이 유럽과 미국 예술가들 사이에서 나타났다. [03A]사람, 장소, 물체를 사실적으로 묘사했던 전통적인 예술과 달리, 추상 예술은 물질 세계와 닮지 않은 형태, 색, 형식에 집중했다. [03B] 이러한 변화는 심리학의 발전뿐만 아니라 전통적인 이미지가 표현할 수 없던 감정과 생각을 표현하려는 관심의 증대에 의해 영향을 받았다.

[05]잘 알려진 예는 Wassily Kandinsky의 '구성 VII'(1913)이다. Kandinsky는 조화와 혼돈을 모두 불러일으키기 위해 소용돌이치는 선과 대담한 색상을 사용했다. 사실주의와 대조적으로, [03C]추상 예술가들은 개인적인 해석과 즉흥적인 창의성에 자주 의존했으며, 기존의 예술적 관습에서 의도적으로 벗어났다. 이러한 혁신적인 접근법은 보다 쉽게 인식할 수 있는 주제와 전통적인 방식에 익숙한 관람객들을 종종 당황시켰다.

시간이 지나면서, 추상 예술은 인정을 받게 되었고 현대 예술의 방향을 형성하기 시작했다. 그것은 예술가들에게 깊은 영향을 미쳤으며,

그들이 전통을 깨고 새로운 가능성을 추구하도록 격려했다. ⁰⁴그 운동은 기법과 재료에서의 실험을 고취시켰고, 입체주의와 추상 표현주의와 같은 양식의 발전으로 이어졌다. 오늘날, 추상 미술 작품은 주요 미술관들에 전시되어 있으며, ⁰³ᴰ추상주의의 원리는 많은 장르에 걸쳐 예술가들에게 계속 영향을 미치고 있다.

abstract[ǽbstrækt] 추상적인
emerge[imə́ːrdʒ] 나타나다, 등장하다
concentrate on ~에 집중하다 resemble[rizémbəl] 닮다
influence[ínfluəns] 영향을 미치다
psychology[saikɑ́lədʒi] 심리학 swirling[swə́ːrliŋ] 소용돌이치는
evoke[ivóuk] 불러일으키다
spontaneous[spɑntéiniəs] 즉흥적인
deliberately[dilíbərətli] 의도적으로
established[istǽbliʃt] 기존의 convention[kənvénʃən] 관습
accustomed to ~에 익숙한 acceptance[əkséptəns] 인정

01 수사적 의도 문제

해석 1단락의 목적은 무엇인가?
  Ⓐ 추상 예술의 부상을 소개하는 역사적 배경을 제공한다.
  Ⓑ 유럽 예술가들이 미국 예술가들보다 더 혁신적이었던 이유를 설명한다.
  Ⓒ 초기 추상화 화가들에게 영향을 준 심리학 이론들을 설명한다.
  Ⓓ 추상 예술의 기법이 전통적인 예술 방법보다 우수하다고 주장한다.

해설 1단락에서 20세기 초 추상 예술이 나타났다고 한 후, 전통적인 예술과의 차이점과 추상 예술로의 변화에 영향을 준 요인을 설명했으므로 Ⓐ가 정답입니다.

어휘 superior to ~보다 우수한

02 어휘 문제

해석 지문의 단어 "deliberately"와 의미상 가장 유사한 것은?
  Ⓐ 의도적으로
  Ⓑ 우연히
  Ⓒ 천천히
  Ⓓ 조심스럽게

해설 deliberately(의도적으로)의 동의어인 intentionally(의도적으로)를 지문에 넣으면 기존의 예술적 관습에서 의도적으로 벗어났다는 의미가 되어 문맥상 자연스럽습니다. 따라서 Ⓐ가 정답입니다.

03 불일치 문제

해석 지문에 따르면, 다음 중 추상 예술에 대해 사실이 아닌 것은?
  Ⓐ 그것은 사실적인 주제보다는 형태, 색, 형식에 집중했다.
  Ⓑ 그것은 복잡한 감정을 표현하려는 욕구에 의해 영향을 받았다.
  Ⓒ 그것은 기존의 예술적 관습에 의존했다.
  Ⓓ 그것의 원리는 현대 작품에서 분명히 나타난다.

해설 추상 예술가들이 기존의 예술적 관습에서 의도적으로 벗어났다고 했으므로 Ⓒ가 정답입니다.

어휘 evident[évədənt] 분명히 나타나는

04 수사적 의도 문제

해석 3단락에서 추상 예술이 후기 예술 양식들의 발전에 어떻게 영향을 미쳤는지를 보여주는 문장을 클릭하시오.
  Ⓐ 시간이 지나면서, 추상 예술은 인정을 받게 되었고 현대 예술의 방향을 형성하기 시작했다.
  Ⓑ 그것은 예술가들에게 깊은 영향을 미쳤으며, 그들이 전통을 깨고 새로운 가능성을 추구하도록 격려했다.
  Ⓒ 그 운동은 기법과 재료에서의 실험을 고취시켰고, 입체주의와 추상 표현주의와 같은 양식의 발전으로 이어졌다.
  Ⓓ 오늘날, 추상 미술 작품은 주요 미술관들에 전시되어 있으며, 추상주의의 원리는 많은 장르에 걸쳐 예술가들에게 계속 영향을 미치고 있다.

해설 3단락의 세 번째 문장에서 그 운동(추상 예술 운동)은 기법과 재료에서의 있어서의 실험을 고취시켰고, 입체주의와 추상 표현주의와 같은 양식의 발전으로 이어졌다고 했으므로 Ⓒ가 정답입니다.

05 수사적 의도 문제

해석 왜 지문에서 Kandinsky의 '구성 VII'을 언급하는가?
  Ⓐ 추상 예술가들이 생각을 표현하기 위해 형태와 색을 어떻게 사용했는지의 예시를 제공하기 위해
  Ⓑ Kandinsky가 사실주의를 선호하여 추상화를 거부했다고 주장하기 위해
  Ⓒ 추상 예술가들이 그들의 작품에서 감정을 피했다는 것을 보여주기 위해
  Ⓓ 추상 예술이 대중에 의해 즉시 받아들여진 이유를 설명하기 위해

해설 추상 예술의 잘 알려진 예는 Wassily Kandinsky의 '구성 VII'(1913)이라고 한 후, Kandinsky가 조화와 혼돈을 모두 불러일으키기 위해 소용돌이치는 선과 대담한 색상을 사용했다고 했으므로 Ⓐ가 정답입니다.

어휘 immediately[imíːdiətli] 즉시

[06-10]

생물 발광

생물 발광은 생물이 자신의 체내 화학 반응을 통해 빛을 내는 능력이다. 이 현상은 햇빛이 거의 완전히 없는 환경인 심해에서 특히 흔하다. 발산된 빛은 의사소통, 위장, 포식을 포함한 다양한 기능을 수행한다. ⁰⁸예를 들어, 아귀는 심해의 어둠 속에서 먹이를 유인하기 위해 빛나는 미끼를 사용한다.

육상 서식지와 비교하면, 해양 환경에는 훨씬 더 많은 생물 발광 종이 있다. 연구들은 90퍼센트에 달하는 많은 심해 동물이 일종의 생물 발광을 지니고 있음을 보여준다. 이 적응은 중요한 진화적 이점을 제공하며, 그렇지 않았더라면 캄캄하면서도 넓은 지역에서 생물이 길을 찾고, 포식자로부터 숨거나, 짝을 찾을 수 있게 해준다. 이에 반해, 반딧불이의 것과 같은 육지의 생물 발광은 주로 의사소통과 짝짓기 신호에 한정된다.

생물 발광의 작용 기제는 놀랍다. 그것은 '루시퍼레이스'라고 불리는 효소를 수반하는데, 이것은 '루시페린'이라고 불리는 발광 분자에 작

용한다. 이 둘이 산소와 반응하면, 열을 크게 발생시키지 않으면서 빛이 발산되는데, 이는 취약한 수생 생태계에서 매우 중요한 이점이다. ⁰⁹이 반응은 움직임이나 환경 변화에 의해 유발될 수 있으며, 생물이 필요에 따라 자신의 빛 발산량을 조절할 수 있게 해준다.

bioluminescence[bàiouluː:mənésns] 생물 발광
organism[ɔ́ːrɡənìzm] 생물, 유기체
chemical reaction 화학 반응   devoid of ~이 없는
camouflage[kǽməflàːʒ] 위장   predation[pridéiʃən] 포식
anglerfish[ǽŋlərfìʃ] 아귀   lure[luər] 미끼
terrestrial[təréstriəl] 육지의   enzyme[énzaim] 효소
molecule[máːləkjùːl] 분자   crucial[krúːʃəl] 매우 중요한
fragile[frǽdʒəl] 취약한   trigger[trígər] 유발하다
adjust[ədʒʌ́st] 조절하다

06 수사적 의도 문제

해석   1단락의 목적은 무엇인가?
Ⓐ 생물 발광의 개념을 소개하고 그것의 기본적인 기능들을 설명한다.
Ⓑ 해양 환경에서 생물 발광의 진화적 이점들을 명한다.
Ⓒ 생물 발광이 과학 연구에서 어떻게 사용되는지를 보여준다.
Ⓓ 육지와 해양 생물 발광 유기체들을 비교한다.

해설   1단락에서 생물 발광이 생물이 자신의 체내 화학 반응을 통해 빛을 내는 능력이라고 소개한 후, 발산된 빛이 의사소통, 위장, 포식을 포함한 다양한 기능을 수행한다고 했으므로 Ⓐ가 정답입니다.

07 어휘 문제

해석   지문의 단어 "devoid"와 의미상 가장 유사한 것은?
Ⓐ 없는
Ⓑ 덮인
Ⓒ 밝은
Ⓓ 대체된

해설   devoid(없는, 부족한)의 동의어인 lacking(없는)을 지문에 넣으면 햇빛이 거의 완전히 없는 환경이라는 의미가 되어 문맥상 자연스럽습니다. 따라서 Ⓐ가 정답입니다.

08 수사적 의도 문제

해석   글쓴이는 왜 "아귀"를 언급하는가?
Ⓐ 심해 서식지에서 살아가는 것의 진화적 이점을 설명하기 위해
Ⓑ 해양 생물 발광과 육지 생물 발광 패턴을 대조하기 위해
Ⓒ 생물 발광을 사용하는 포식자의 예시를 제공하기 위해
Ⓓ 생물 발광의 해로운 영향을 보여주기 위해

해설   아귀가 심해의 어둠 속에서 먹이를 유인하기 위해 빛나는 미끼를 사용한다고 했으므로 Ⓒ가 정답입니다.

어휘   demonstrate[démənstrèit] 보여주다

09 수사적 의도 문제

해석   3단락에서 환경 변화가 해양 유기체들의 생물 발광을 어떻게 촉발할 수 있는지를 설명하는 문장을 클릭하시오.

Ⓐ 생물 발광의 작용 기제는 놀랍다.
Ⓑ 그것은 '루시퍼레이스'라고 불리는 효소를 수반하는데, 이것은 '루시페린'이라고 불리는 발광 분자에 작용한다.
Ⓒ 이 둘이 산소와 반응하면, 열을 크게 발생시키지 않으면서 빛이 발산되는데, 이는 취약한 수생 생태계에서 매우 중요한 이점이다.
Ⓓ 이 반응은 움직임이나 환경 변화에 의해 유발될 수 있으며, 생물이 필요에 따라 자신의 빛 발산량을 조절할 수 있게 해준다.

해설   3단락의 네 번째 문장에서, 이 반응(생물 발광)은 움직임이나 환경 변화에 의해 유발될 수 있으며, 생물이 필요에 따라 그들의 빛 발산량을 조절할 수 있게 해준다고 했으므로 Ⓓ가 정답입니다.

10 수사적 의도 문제

해석   2단락과 3단락의 관계는?
Ⓐ 3단락은 2단락에서 제시된 생각들에 대한 도전을 소개한다.
Ⓑ 3단락은 2단락에서 설명된 현상 이면의 생물학적 과정을 설명한다.
Ⓒ 3단락은 2단락에서 주어진 예시들과 모순되는 증거를 제공한다.
Ⓓ 3단락은 2단락의 주제와 관련 없는 새로운 예시를 소개한다.

해설   2단락에서 대부분의 해양 동물들이 지니고 있는 생물 발광과 그것의 진화적 이점을 설명한 후, 3단락에서 루시퍼레이스와 루시페린의 화학 반응을 통한 생물 발광의 작용 기제를 구체적으로 설명했으므로 Ⓑ가 정답입니다.

어휘   challenge[tʃǽlindʒ] 도전
biological[bàiəlάːdʒikəl] 생물학적인
unrelated[ʌ̀nriléitid] 관련 없는

Day 18   추론 문제

Daily Check-up ········ p.236

01 Ⓐ	02 Ⓑ	03 Ⓐ	04 Ⓐ	05 Ⓑ	06 Ⓑ
07 Ⓐ	08 Ⓑ	09 Ⓒ	10 Ⓐ	11 Ⓑ	12 Ⓒ
13 Ⓑ	14 Ⓐ				

01

르네상스는 유럽 전역에서 예술적 혁신과 인문주의 철학을 촉진했다.
Ⓐ 르네상스 시기에 예술적 혁신과 인문주의 철학은 유럽 전역에서 번성했다.
Ⓑ 르네상스는 유럽 전역에 이미 잘 확립된 예술적 전통들의 결과로서 등장했다.

foster[fɔ́ːstər] 촉진하다, 육성하다
innovation[ìnəvéiʃən] 혁신, 새로움

02

해류는 지구 전역에 열을 분배하여, 지역 기후에 영향을 미친다.
- Ⓐ 지역 기후는 지구 전역에 해류를 발생시키는 열 패턴을 만든다.
- ✓ 지구 전역에 열을 운반함으로써, 해류는 지역 기후를 형성하는 데 일조한다.

ocean currents 해류   distribute [dístribjuːt] 분배하다

03

Marie Curie의 획기적인 방사능 연구는 폴로늄과 라듐의 발견으로 이어졌으며, 과학과 의학을 혁신했다.
- ✓ 폴로늄과 라듐은 Marie Curie의 방사능 연구를 통해 발견되었으며, 이는 과학과 의학의 주요 발전을 이끌었다.
- Ⓑ Marie Curie의 폴로늄과 라듐의 발견은 그녀가 이후 방사능 연구를 시작한 주요 요인이었다.

groundbreaking [ɡráundbrèikiŋ] 획기적인, 혁신적인
radioactivity [rèidiouæktívəti]

04

Wright 형제의 1903년 Kitty Hawk에서의 비행은 최초의 성공적인 동력 비행기를 의미했다.
- ✓ 최초의 성공적인 동력 비행기는 1903년 Kitty Hawk에서 Wright 형제에 의해 비행되었다.
- Ⓑ Wright 형제는 비행기가 이미 Kitty Hawk에서 일반적이게 된 후에 그들의 1903년 비행을 계획했다.

mark [mɑːrk] 의미하다, 나타내다

05

빙하는 지표면을 천천히 이동하면서 골짜기를 깎고 지형을 형성한다.
- Ⓐ 골짜기와 지형이 빙하를 형성하고, 그런 다음 그것은 지표면을 천천히 이동한다.
- ✓ 지표면을 천천히 이동함으로써, 빙하는 골짜기를 깎고 지형을 형성한다.

glacier [gléiʃər] 빙하   landscape [lǽndskèip] 지형

06

Vincent van Gogh의 감정이 풍부한 붓놀림과 대담한 색채 사용은 강렬한 감정을 전달했을 뿐 아니라, 현대 미술의 발전을 위한 기초를 마련했다.
- Ⓐ Van Gogh의 능숙한 붓놀림과 색채 사용은 그의 깊은 감정을 드러냈을 뿐 아니라, 그가 이후 예술적 혁신을 추구하도록 자극했다.
- ✓ Vincent van Gogh는 생생한 색조와 역동적인 붓놀림의 사용을 통해 강렬한 감정을 표현했으며, 현대 미술의 부상을 위한 길을 열었다.

expressive [iksprésiv] 감정이 풍부한   daring [déəriŋ] 대담한
intense [inténs] 강렬한, 극심한
lay the groundwork for ~의 토대를 마련하다
dynamic [dainǽmik] 역동적인, 활력 있는
pave the way for ~을 위한 길을 열다

07

방대한 생물 다양성의 서식지인 아마존 열대우림은 지구의 기후와 탄소 순환을 조절하는 데 중요한 역할을 한다.
- ✓ 다양한 종이 풍부한 아마존 열대우림은 지구의 기후 균형을 유지하고 탄소 순환을 조절하는 데 필수적이다.
- Ⓑ 지구의 기후와 탄소 순환이 아마존 열대우림을 생물 다양성의 중심지로 만든 조건들을 만들어 냈다.

immense [iméns] 방대한
biodiversity [bàioudivə́ːrsəti] 생물 다양성
regulate [régjulèit] 조절하다

08

갈라파고스 제도는 Charles Darwin의 핀치새 다양성에 대한 연구를 통해, 그의 진화에 대한 사상에 영향을 주었다.
- Ⓐ 갈라파고스 제도에서의 진화는 Darwin이 이후 핀치새의 다양성을 발견한 이유였다.
- ✓ 갈라파고스 제도에서의 Darwin의 핀치새 관찰은 그의 진화론 형성에 도움이 되었다.

influence [ínfluəns] 영향을 주다   observation [àbzərvéiʃən] 관찰

09 추론 문제

아기들은 생후 4개월에서 6개월 사이에 가르릉 소리를 내거나 "발성 놀이"를 한다. 이 시기에는 옹알이도 나타나며, 아기들은 때때로 "말하는 것처럼" 들리기도 한다. 이러한 말소리 같은 옹알이에는 양순음(두 입술로 내는)인 /p/, /b/, /m/이 포함된다. 이 시기 이후, 아기들은 차츰 /r/, /v/, /th/와 같은 소리를 배우게 된다. 그러나, 4세나 5세의 어린이들조차도 여전히 이러한 소리들에 어려움을 겪는다.

gurgling [ɡə́ːrɡliŋ] 가르릉거리는   engage in ~을 하다
vocal play 발성 놀이   babbling [bǽbliŋ] 옹알이
bilabial [bailéibiəl] 양순음의 (두 입술로 내는 소리의)
eventually [ivéntʃuəli] 결국, 마침내

해석: 지문에 따르면, /r/, /v/, /th/ 소리에 대해 추론할 수 있는 것은?
- Ⓐ 그것들은 아기들이 발성 놀이 중 처음 배우는 소리들이다.
- Ⓑ 그것들은 입술 하나로 발음된다.
- ✓ 그것들은 양순음보다 발음하기 더 어렵다.

해설: 아기들이 /p/, /b/, /m/과 같은 양순음(bilabial sound)을 먼저 배우고, /r/, /v/, /th/는 나중에 배우며 4~5세가 되어도 어려워한다는 내용을 통해, 이 소리들이 발음하기 더 어렵다는 것을 추론할 수 있습니다. 따라서 ⓒ가 정답입니다.

어휘: pronounce [prənáuns] 발음하다

10 추론 문제

11세기에 노르만인이 잉글랜드를 정복했을 때, 그들은 자신들의 언어인 프랑스어로 영어를 대체하려고 시도했다. 비록 프랑스어가 공식 언어가 되었지만, 노르만인과 앵글로색슨인 간의 문화적 차이 때문에 프랑스어는 일상적인 구어가 되지는 못했다. 사실, 영향을 받은 쪽은 노르만인이었고, 1362년에 결국 영어가 공식 언어로 선포되었다.

conquer[káŋkər] 정복하다   replace[ripléis] 대체하다
official[əfíʃəl] 공식적인   common[kɑ́:mən] 일반적인, 흔한
spoken[spóukən] 구어의, 말로 하는
affect[əfékt] 영향을 미치다   declare[diklɛ́ər] 선언하다, 공포하다

해석 다음 중 지문에서 추론할 수 있는 것은?
- Ⓐ 앵글로색슨인들은 영어를 사용했다. ✓
- Ⓑ 앵글로색슨인들은 빠르게 프랑스어를 유창하게 말하게 되었다.
- Ⓒ 이 시기에 영어와 프랑스어만이 유일한 구어였다.

해설 노르만인이 자신의 언어인 프랑스어로 영어를 대체하려고 했다는 내용을 통해, 당시 앵글로색슨인들이 영어를 사용하고 있었음을 추론할 수 있습니다. 따라서 Ⓐ가 정답입니다.

어휘 fluently[flúːəntli] 유창하게

11 추론 문제

다른 별들과 마찬가지로, 태양은 매우 뜨거운 기체로 구성되어 있다. 때때로, 이 기체의 일부가 약간 식어서, 흑점이라고 알려진 어두운 반점을 형성한다. 그것들은 더 차가워 보이기는 하지만, 가장 차가운 흑점조차도 지구에서 가장 뜨거운 불보다 더 뜨겁다. 흑점은 크기와 모양이 다양하다. 작은 것들이 며칠만 지속될 수도 있는 반면, 큰 것들은 몇 주 혹은 심지어 더 오래 남아있을 수도 있지만, 대부분은 약 30일 동안 지속된다.

be composed of ~으로 구성되다   slightly[sláitli] 약간
spot[spɑːt] 점   sunspot[sʌ́nspɑːt] 흑점
vary[vɛ́əri] 다양하다

해석 지문에서 흑점에 대해 암시된 것은?
- Ⓐ 그것들은 일 년 내내 관찰될 수 있다.
- Ⓑ 그것들의 지속 기간은 그것들의 크기와 관련이 있다. ✓
- Ⓒ 그것들은 지구의 대기 온도보다 더 차갑다.

해설 작은 흑점들은 며칠만 지속될 수 있는 반면 큰 흑점들은 몇 주 혹은 심지어 더 오래 남아있을 수 있다는 내용을 통해, 흑점의 지속 기간이 크기와 관련이 있다는 것을 추론할 수 있습니다. 따라서 Ⓑ가 정답입니다.

어휘 duration[djuréiʃən] 지속 기간
be related to ~와 관련이 있다
atmospheric[ætməsférik] 대기의

12 추론 문제

미국의 지역 음식들은 사람들이 전국에 걸쳐 이주함에 따라 덜 지역적으로 바뀌고 있다. 한때 특정 지역과 연관되었던 요리들이 이제는 전국적으로 등장한다. 예를 들어, 뉴잉글랜드의 구운 콩은 켄터키와 아이다호 같은 주에서도 흔히 제공된다. 한때 멕시코 국경 지역에만 국한되었던 칠리가 이제 전국에서 인기를 끌고 있다. 마찬가지로, 메인의 바닷가재와 다른 동부 연안의 해산물도 남부와 서부 주들에서 즐겨지고 있다.

regional[ríːdʒənl] 지역의   tied to ~와 연관된
nationwide[nèiʃənwáid] 전국적으로   appear[əpíər] 등장하다
commonly[kɑ́mənli] 흔히   border[bɔ́ːrdər] 국경

해석 지문에 따르면, 미국의 지역 음식에 대해 추론할 수 있는 것은?
- Ⓐ 미국 음식의 인기가 다른 나라들로 퍼졌다.
- Ⓑ 대부분의 지역 음식은 더 이상 그것들의 원래 지역에서 섭취되지 않는다.
- Ⓒ 원래, 한 지역의 음식은 그 지역에서만 제공되었다. ✓

해설 한때 특정 지역과 연관되었던 요리들이 이제는 전국적으로 등장한다는 내용을 통해, 원래 한 지역의 음식은 그 지역에서만 제공되었다는 것을 추론할 수 있습니다. 따라서 Ⓒ가 정답입니다.

어휘 original[ərídʒənl] 원래의

13 추론 문제

소화 중에, 음식에서 나온 당분이 위와 소장을 통해 혈류로 들어간다. 좋은 건강을 위해, 이 혈당 수치는 특정 범위 내에 머물러야 한다. 인슐린이라고 불리는 호르몬이 당을 혈액에서 세포로 이동시켜 균형을 유지하는 데 도움을 주며, 그곳에서 그것은 에너지로 사용될 수 있다. 이 과정이 없다면, 혈당이 위험할 정도로 높아질 수 있다.

digestion[daidʒéstʃən] 소화   bloodstream[blʌ́dstriːm] 혈류
small intestine 소장   specific[spisífik] 특정한

해석 인슐린의 역할에 대해 추론할 수 있는 것은?
- Ⓐ 그것은 소화 중에 당분이 흡수되는 것을 막는다.
- Ⓑ 그것은 혈당이 지나치게 높아지는 것을 막는다. ✓
- Ⓒ 그것은 몸의 에너지 필요량을 줄인다.

해설 인슐린이 당을 혈액에서 세포로 이동시켜 균형을 유지하는 과정이 없다면 혈당이 위험할 정도로 높아질 수 있다는 내용을 통해, 인슐린은 혈당이 지나치게 높아지는 것을 막는다는 것을 추론할 수 있습니다. 따라서 Ⓑ가 정답입니다.

어휘 absorb[æbsɔ́ːrb] 흡수하다

14 추론 문제

태양계의 천체들은 거의 원형에 가까운 타원의 경로를 따라 태양 주위를 움직인다. 그것들 대부분은 일반적으로 같은 방향으로 이동하고 태양처럼 자전하여, 일관된 궤도 패턴을 형성한다. 그러나, 수성과 명왕성은 나머지와 다르다. 그것들의 궤도는 다른 행성들의

그것들보다 더 기울어져 있어, 행성 운동의 다양성을 강조하는 명확한 예외 역할을 한다.

celestial body 천체 **elliptical** [ilíptikəl] 타원의
path [pæθ] 경로 **consistent** [kənsístənt] 일관된
orbital [ɔ́ːrbitəl] 궤도의 **tilted** [tíltid] 기울어진
exception [iksépʃən] 예외 **diversity** [daivə́ːrsəti] 다양성
planetary [plǽnətèri] 행성의

separation [sèpəréiʃən] 분리 **isolate** [áisəlèit] 분리시키다
emit [imít] 내다, 방출하다
reunification [rìːjúːnifikéiʃən] 재합류, 재결합
vocal [vóukəl] 음성의 **mammal** [mǽməl] 포유류
aside from ~을 제외하고 **distinctive** [distíŋktiv] 독특한
preserve [prizə́ːrv] 유지하다 **trait** [treit] 특성
reflect [riflékt] 반영하다 **cognition** [kɑːɡníʃən] 인지 능력

해석 태양계의 대부분의 천체들의 궤도에 대해 추론할 수 있는 것은?
    ✓ⓐ 그것들은 거의 원형이고 비슷하게 정렬되어 있다.
    ⓑ 그것들은 수성과 명왕성보다 더 기울어져 있다.
    ⓒ 그것들은 태양과 반대되는 방향으로 움직인다.

해설 태양계의 천체들이 거의 원형에 가까운 타원의 경로를 따라 태양 주위를 움직인다는 내용을 통해, 대부분의 천체들의 궤도가 원형이고 거의 비슷하게 정렬되어 있다는 것을 추론할 수 있습니다. 따라서 ⓐ가 정답입니다.

어휘 **align** [əláin] (나란히) 정렬시키다

Daily Test   p.240

01 ⓓ 02 ⓒ 03 ⓑ 04 ⓑ 05 ⓐ 06 ⓐ
07 ⓑ 08 ⓐ 09 ⓒ 10 ⓐ

[01-05]

돌고래의 고유 휘파람

돌고래는 복잡한 의사소통 체계를 가지고 있으며, 고유 휘파람이 핵심적인 특징이다. 각 돌고래는 새끼 시절에 독특한 휘파람을 발달시키고 이를 수년간 유지한다. 이 휘파람은 개인의 이름처럼 기능하여, 돌고래가 다른 개체들에게 자신의 정체를 알릴 수 있게 해준다. ⁰¹그 휘파람의 변함없는 구조는 오랜 분리 후에도 알아보는 데 도움을 준다.

고유 휘파람은 사회적 조직과 생존에서 필수적인 역할을 한다. 예를 들어, 한 구성원이 무리에서 분리되었을 때, 그것은 자신의 위치를 알리고 재합류를 돕기 위해 고유 휘파람을 반복해서 내보낸다. 이러한 개체화된 발성 신호는 해양 포유류 중에서는 드문데, 큰돌고래를 제외하고는 그렇게 복잡한 개별화된 발성 신호를 보여주는 종이 거의 없다. ⁰⁴이에 반해, 코끼리나 일부 새와 같은 동물들은 자신의 사회적 집단 내에서 개체를 알아보기 위해 냄새나 독특한 시각적 신호에 의존한다.

고유 휘파람의 발달은 사회적 학습에 크게 의존한다. ⁰³새끼 돌고래들은 가족의 휘파람 요소들을 흉내 내지만 자신만의 독특한 특징을 유지한다. 이러한 모방과 혁신의 결합은 고도의 인지 능력을 반영한다. ⁰⁵연구들은 또한 돌고래들이 낯선 돌고래의 휘파람보다 친숙한 개체의 휘파람에 더 빠르게 반응한다는 것을 보여줬는데, 이는 고유 휘파람이 복잡하고 안정적인 사회적 관계를 유지하는 데 도움을 준다는 것을 시사한다.

whistle [wísl] 휘파람 **identity** [aidéntəti] 정체, 정체성
stable [stéibəl] 변함 없는 **recognition** [rèkəɡníʃən] 알아봄, 인식

01 추론 문제

해석 글쓴이는 휘파람 구조의 불변성에 대해 무엇을 암시하는가?
    ⓐ 그것은 무리들이 낯선 개체들과 섞일 때 혼란을 일으킨다.
    ⓑ 그것은 돌고래들이 다른 종의 소리를 흉내 내도록 한다.
    ⓒ 그것은 돌고래들이 새로운 소리를 배우는 것을 막는다.
    ✓ⓓ 그것은 돌고래들이 시간이 지나도 무리의 다른 구성원들이 여전히 알아볼 수 있도록 돕는다.

해설 휘파람의 변함없는 구조가 돌고래가 오랜 분리 후에도 알아보는 데 도움을 준다는 내용을 통해 휘파람 구조의 불변성이 시간이 지나도 무리의 다른 구성원들이 여전히 알아볼 수 있도록 돕는다는 것을 추론할 수 있습니다. 따라서 ⓓ가 정답입니다.

어휘 **recognizable** [rékəɡnàizəbl] 알아볼 수 있는

02 어휘 문제

해석 지문의 단어 "emits"와 의미상 가장 유사한 것은?
    ⓐ 결합하다
    ⓑ 모방하다
    ✓ⓒ 내보내다
    ⓓ 기억하다

해설 emit(내보내다)의 동의어인 release(내보내다)를 지문에 넣으면 돌고래가 자신의 위치를 알리고 재합류를 돕기 위해 고유 휘파람을 반복해서 내보낸다는 의미가 되어 문맥상 자연스럽습니다. 따라서 ⓒ가 정답입니다.

03 추론 문제

해석 지문에서 돌고래의 지능에 대해 추론할 수 있는 것은?
    ⓐ 그것은 완전히 본능적이며 변화할 수 없다.
    ✓ⓑ 그것은 학습 능력과 창의적 능력 둘 다를 포함한다.
    ⓒ 그것은 주로 환경적 조건에 의존한다.
    ⓓ 그것은 대부분의 포유류보다 덜 발달되어 있다.

해설 새끼 돌고래들이 가족의 휘파람 요소들을 흉내 내지만 자신만의 독특한 특징을 유지한다는 내용을 통해 돌고래의 지능이 학습 능력과 창의적 능력 둘 다를 포함한다는 것을 추론할 수 있습니다. 따라서 ⓑ가 정답입니다.

어휘 **instinctive** [instíŋktiv] 본능적인
    unchangeable [ʌntʃéindʒəbl] 변할 수 없는

04 수사적 의도 문제

해석 글쓴이는 왜 "코끼리와 일부 새들"을 언급하는가?
    ⓐ 일부 동물들이 개체 식별을 위해 발성 신호를 어떻게 사용하는지를 설명하기 위해

ⓐ 발성 식별을 다른 개체 인식 수단과 대조하기 위해
ⓒ 돌고래가 이 동물들의 행동을 모방한다는 것을 제시하기 위해
ⓓ 서로 다른 종들의 사회적 구조를 설명하기 위해

해설 돌고래가 개별화된 발성 신호를 사용하는 것에 반해, 코끼리나 일부 새들은 사회적 집단 내에서 개체를 알아보기 위해 냄새나 시각적 신호에 의존한다고 했으므로, 글쓴이가 코끼리와 일부 새들을 언급한 이유는 발성 식별을 다른 개체 인식 수단과 대조하기 위해서라는 것을 알 수 있습니다. 따라서 ⓐ가 정답입니다.

05 추론 문제

해석 친숙한 휘파람에 대한 돌고래의 반응에 대해 추론할 수 있는 것은?
ⓐ 빠른 반응은 돌고래들이 무리 내에서 사회적 유대를 강화하는 데 도움을 줄 가능성이 있다.
ⓑ 돌고래는 개인적 친분과 관계없이, 모든 휘파람에 빠르게 반응한다.
ⓒ 친숙한 휘파람에 대한 빠른 반응은 다른 돌고래들을 기억하지 못함을 나타낸다.
ⓓ 휘파람에 대한 반응 속도는 그 돌고래가 가진 호출자와의 경험과 관련이 없다.

해설 돌고래가 친숙한 개체의 휘파람에 더 빠르게 반응한다는 것은 고유 휘파람이 복잡하고 안정적인 사회적 관계를 유지하는 데 도움을 준다는 것을 시사한다는 내용을 통해, 빠른 반응이 사회적 유대를 강화하는 데 도움을 줄 가능성이 있다는 것을 추론할 수 있습니다. 따라서 ⓐ가 정답입니다.

어휘 bond [band] 유대   regardless of ~과 관계없이
unrelated [ʌ̀nriléitid] 관련이 없는

[06-10]

금문교 건설

⁰⁷수년 동안, 샌프란시스코 시민들은 자신들의 도시가 정말로 새로운 다리를 필요로 하는지 여부를 두고 논의했다. 찬성자들은 금문 해협을 가로지르는 교량이 도시를 주변 지역과 연결하고 경제를 활성화할 것이라고 주장했다. 반대자들은 그 프로젝트가 비현실적이고 당시로서는 너무 비싸다고 생각했다. 결국, 결정은 대중에게 맡겨졌다. 1930년 11월 4일, 샌프란시스코 시민들은 다리 건설에 찬성 투표를 했고, 1933년 1월 5일에 공식적으로 건설은 시작되었다.

최초 설계는 수석 엔지니어 Joseph Strauss에 의해 제출되었는데, 그는 한쪽에서 지지되는 캔틸레버 교량과 케이블에 매달린 현수교를 결합한 혼합형 교량을 구상했다. 그러나, 비평가들은 그 제안을 매력적이지 않다고 여겼고, 많은 이들이 그러한 설계가 세계에서 가장 긴 다리가 될 것에 적합한지 의심했다. ⁰⁸자문 엔지니어 Leon S. Moisseiff는 이후 완전한 현수교가 금문 해협에 휘몰아치는 강한 바람에서도 성공할 수 있다고 제안했다. ⁰⁹당시, 이와 같은 길이의 현수교는 시도된 적이 없었기 때문에, 많은 사람들이 여전히 회의적이었다.

¹⁰의심에도 불구하고, 건설은 진행되었고, 금문교는 예정보다 빠르고 예산보다 적은 비용으로 완공되었다. 1937년 5월 28일,

Franklin D. Roosevelt 대통령이 백악관에서 전신 키를 눌러 개통을 발표했고, 그날 오후에 차량들이 처음으로 건넜다.

debate [dibéit] 논의하다, 토론하다
surrounding [səráundiŋ] 주변의
stimulate [stímjulèit] 활성화하다   opponent [əpóunənt] 반대자
ultimately [ʌ́ltəmətli] 결국, 궁극적으로
envision [invíʒən] 구상하다   hybrid [háibrid] 혼합물
suspension bridge 현수교
unattractive [ʌ̀nətræktiv] 매력적이지 않은
skeptical [sképtikəl] 회의적인   proceed [prəsíːd] 진행하다
ahead of schedule 예정보다 빨리

06 어휘 문제

해석 지문의 단어 "skeptical"과 의미상 가장 유사한 것은?
ⓐ 확신이 없는
ⓑ 지지하는
ⓒ 창의적인
ⓓ 자신 있는

해설 skeptical(회의적인)의 동의어인 uncertain(확신이 없는)을 지문에 넣으면, 이와 같은 길이의 현수교가 시도된 적이 없었기 때문에 많은 사람들이 여전히 확신이 없었다는 의미가 되어 문맥상 자연스럽습니다. 따라서 ⓐ가 정답입니다.

07 추론 문제

해석 금문교 건설 결정에 대해 추론할 수 있는 것은?
ⓐ 의견 충돌 없이 쉽게 내려졌다.
ⓑ 상당한 대중의 논쟁이 있었다.
ⓒ 엔지니어들만이 최종 결정에 참여했다.
ⓓ 대부분의 시민들이 다리 건설에 반대했다.

해설 수년 동안 샌프란시스코 시민들이 도시가 정말로 새로운 다리를 필요로 하는지 여부를 두고 논의했다는 내용을 통해, 금문교 건설 결정에 상당한 대중의 논쟁이 있었다는 것을 추론할 수 있습니다. 따라서 ⓑ가 정답입니다.

어휘 disagreement [dìsəgríːmənt] 의견 충돌
considerable [kənsídərəbl] 상당한

08 수사적 의도 문제

해석 글쓴이는 왜 "강한 바람"을 언급하는가?
ⓐ 엔지니어들이 극복해야 했던 자연적 난관을 강조하기 위해
ⓑ 나쁜 날씨로 인해 다리가 지연되었다는 것을 말하기 위해
ⓒ 대중이 다리에 대한 계획에 반대한 이유를 설명하기 위해
ⓓ 현수교가 다른 설계보다 약하다는 것을 강조하기 위해

해설 자문 엔지니어 Leon S. Moisseiff가 완전한 현수교가 금문 해협에 휘몰아치는 강한 바람에서도 성공할 수 있다고 제안했다고 했으므로, 글쓴이가 강한 바람을 언급한 이유는 엔지니어들이 극복해야 했던 자연적 난관을 강조하기 위해서라는 것을 알 수 있습니다. 따라서 ⓐ가 정답입니다.

어휘 overcome [òuvərkʌ́m] 극복하다
delay [diléi] 지연시키다, 미루다

09 추론 문제

해석 금문교만큼 긴 현수교 구조에 대해 추론할 수 있는 것은?
ⓐ 예산을 초과할 수도 있다.
ⓑ 강한 바람으로 인해 붕괴될 수 있다.
ⓒ 그러한 유형 중 최초였다.
ⓓ 실현 불가능하다고 여겨졌다.

해설 그 당시 이와 같은 길이의 현수교는 시도된 적이 없었다는 내용을 통해, 금문교가 그러한 유형 중 최초였다는 것을 추론할 수 있습니다. 따라서 ⓒ가 정답입니다.

어휘 collapse[kəlǽps] 붕괴되다
infeasible[infíːzəbl] 실현 불가능한

10 일치 문제

해석 금문교 완공에 대해 명시된 것은?
ⓐ 예상보다 더 빠르고 더 적은 비용으로 완성되었다.
ⓑ 금문 해협에 부는 강한 바람으로 인해 지연되었다.
ⓒ 설계 변경으로 인해 계획된 예산을 초과했다.
ⓓ Roosevelt 대통령이 퇴임한 후 몇 년 후에 개통되었다.

해설 금문교가 예정보다 빠르고 예산보다 적은 비용으로 완공되었다고 했으므로 ⓐ가 정답입니다.

어휘 leave office 퇴임하다

Day 19 삽입 문제

Daily Check-up p.248

| 01 ⓒ | 02 ⓑ | 03 ⓑ | 04 ⓒ | 05 ⓒ | 06 ⓑ |
| 07 ⓓ | 08 ⓑ | 09 ⓑ | 10 ⓒ | | |

01 삽입 문제

자연 과학자에는 두 유형이 있다. 한 유형은 학습에 더 관심이 있는 과학자들로 구성된다. ⓐ 그들은 지식을 얻기 위해 연구하며 기초 또는 순수 과학에 종사한다. ⓑ 그들의 프로젝트는 일상생활에 즉각적인 중요성을 가질 수도 있고 그렇지 않을 수도 있다. ⓒ 다른 하나의 유형은 응용 과학에서 일하는 과학자들로 구성된다. 그들은 보통 제품을 만들거나, 공정을 개발하거나, 또는 인간의 다른 필요를 충족시키는 것 같은 구체적인 목표를 가지고 있으며, 흔히 다른 이들에 의해 수집된 정보를 이용한다.

consist of ~으로 구성되다   be involved in ~에 종사하다
immediate[imíːdiət] 즉각적인

해석 다음 문장이 지문에 삽입될 수 있는 곳을 고르시오.

다른 하나의 유형은 응용 과학에서 일하는 과학자들로 구성된다.

해설 삽입 문장에서 Another type(다른 하나의 유형)은 첫 번째로 언급된 학습에 더 관심이 있는 과학자들과 대조되는 두 번째 유형을 나타냅니다. ⓒ에 삽입 문장을 넣어보면, 응용 과학에서 일하는 과학자들이 제품 창조, 공정 개발, 인간의 필요 충족과 같은 구체적인 목표를 가지고 있다는 내용이 되어 글의 흐름이 자연스럽습니다. 따라서 ⓒ가 정답입니다.

어휘 applied science 응용 과학

02 삽입 문제

사람들의 행동에 대한 정보는 종종 얼굴 표정, 눈 맞춤, 그리고 몸의 자세를 포함한 비언어적 단서를 통해 전해진다. ⓐ 이러한 단서들은 일반적으로 바디랭귀지라고 불린다. ⓑ 고전적인 예시는 엘리베이터 안에서 발생한다. 승객이 소수만 있을 때, 개인들은 흔히 벽에 몸을 편안하게 기댄다. ⓒ 그러나 더 많은 사람들이 들어오면 패턴이 바뀌는데, 승객들은 대개 모서리를 차지하려고 움직이며, 개인적 공간을 유지하기 위해 그들의 위치를 조정한다.

convey[kənvéi] 전하다   nonverbal[nàːnvə́ːrbəl] 비언어적인
cue[kjuː] 단서   posture[pástʃər] 자세
referred to as ~이라고 불리는   passenger[pǽsəndʒər] 승객
lean against ~에 기대다   adjust[ədʒʌ́st] 조정하다

해석 다음 문장이 지문에 삽입될 수 있는 곳을 고르시오.

고전적인 예시는 엘리베이터 안에서 발생한다.

해설 삽입 문장에서 A classic example(고전적인 예시)은 앞 문장에서 언급한, 사람들의 행동에 대한 정보가 비언어적 단서를 통해 전해지는 사례를 가리킵니다. ⓑ에 삽입 문장을 넣어보면, 뒷 문장에 나온 승객들의 행동 변화가 엘리베이터 안에서 벌어지는 것임을 설명하게 되어 글의 흐름이 자연스럽습니다. 따라서 ⓑ가 정답입니다.

03 삽입 문제

수년 동안, 인간은 도구를 만들고 사용하는 능력으로 자신들과 나머지 동물 세계를 구분 지었다. ⓐ 이러한 구분은 1969년에 산산조각 났다. ⓑ Jane Goodall 박사는 침팬지들이 도구를 만들고 사용하는 여러 관찰 결과를 보고했다. 그녀는 침팬지가 다양한 작업에 여러 도구를 사용할 뿐만 아니라 그것들을 더 적합하게 만들기 위해 변형시키기도 한다는 것을 발견했다. ⓒ 이러한 발견들은 도구 제작이 인간에게 고유하다는 오래 지녀온 믿음에 이의를 제기했다.

distinguish[distíŋgwiʃ] 구분하다   modify[mádəfài] 변형시키다
suited[súːtid] 적합한   challenge[tʃǽlindʒ] 이의를 제기하다
unique[juːníːk] 고유한

해석 다음 문장이 지문에 삽입될 수 있는 곳을 고르시오.

Jane Goodall 박사는 침팬지들이 도구를 만들고 사용하는 여러 관찰 결과를 보고했다.

해설 삽입 문장에서 Dr. Jane Goodall(Jane Goodall 박사)은 지문의 She를 가리킵니다. ⓑ에 삽입 문장을 넣어보면, Jane Goodall 박사가 침팬지들이 도구를 사용하고 변형한다는 것을 발견하여 도구 제작이 인간에게 고유하다는 믿음에 이의를 제기했다는 내용이 되어 글의 흐름이 자연스럽습니다. 따라서 ⓑ가 정답입니다.

04 삽입 문제

아메리카 원주민들은 옥수수를 기르는 효과적인 방법을 마련해 냈다. **A** 그들은 땅에 작은 구멍을 파고, 작은 생선과 함께 낟알을 떨어뜨린 다음, 흙으로 구멍을 덮었다. **B** 생선은 비료 역할을 하여, 어린 옥수수 식물에 영양분을 공급했다. **C** 수확 후에, 옥수수는 필수 식량 자원이 되었다. 그것은 빵, 수프, 구운 옥수수 케이크, 푸딩을 포함하여 여러 방식으로 준비되었으며, 이는 일 년 내내 공동체를 지탱해 주었다.

kernel[kə́ːrnl] 낟알 fertilizer[fə́ːrtəlàizər] 비료

해석 다음 문장이 지문에 삽입될 수 있는 곳을 고르시오.

수확 후에, 옥수수는 필수 식량 자원이 되었다.

해설 삽입 문장에서 After the harvest(수확 후에)는 옥수수 재배 과정이 완료된 후의 상황을 나타냅니다. ⓒ에 삽입 문장을 넣어보면, 바로 뒤 문장에 나온 It이 corn을 가리키게 되면서, 수확된 옥수수가 여러 방식으로 준비되어 공동체를 지탱해 주었다는 내용이 되어 글의 흐름이 자연스럽습니다. 따라서 ⓒ가 정답입니다.

어휘 vital[váitl] 필수적인, 매우 중요한

05 삽입 문제

뇌의 좌반구가 손상되면 말하기에 심각한 문제가 발생할 수 있다. **A** 이 쪽은 의사소통에 필요한 특정 움직임을 제어하는 것을 전문으로 한다. **B** 예를 들어, 태어날 때부터 귀가 들리지 않아 손동작을 사용하여 수화를 하는 사람들에게, 좌반구 손상은 그들의 수화 능력을 심각하게 손상시킬 수 있다. **C** 반면에, 우반구는 외부 정보를 받고 분석하는 것에 관여한다. 이 쪽의 손상은 얼굴을 인식하거나 선율을 구별하는 데 어려움을 초래할 수 있다.

hemisphere[hémisfiər] 반구 sign[sain] 수화하다
impair[impéər] 손상시키다

해석 다음 문장이 지문에 삽입될 수 있는 곳을 고르시오.

반면에, 우반구는 외부 정보를 받고 분석하는 것에 관여한다.

해설 삽입 문장에서 By contrast(반면에)는 내소 관계를 나타내는 연결어입니다. ⓒ에 삽입 문장을 넣어보면, 좌반구 손상의 결과와 우반구 손상의 결과가 대조되어 글의 흐름이 자연스럽습니다. 따라서 ⓒ가 정답입니다.

06 삽입 문제

인간 활동은 현대의 동물 멸종의 주요 원인이다. **A** 멸종이 자연적 과정이기는 하지만, 현재 속도는 놀라울 정도인데, 약 20분마다 하나의 종이 사라진다. **B** 이 속도는 정상으로 여겨지는 것보다 100배에서 1,000배 더 빠르다. 태평양 섬들에서 두드러진 예시를 찾아볼 수 있다. **C** 인간이 이러한 취약한 환경을 처음 식민지화한 이후로, 거의 2,000종의 조류 종, 즉 세계 전체의 약 15퍼센트가 이미 멸종되었다.

extinction[ikstíŋkʃən] 멸종 alarming[əláːrmiŋ] 놀라운
striking[stráikiŋ] 두드러진 colonize[kálənaiz] 식민지화하다
fragile[frǽdʒəl] 취약한

해석 다음 문장이 지문에 삽입될 수 있는 곳을 고르시오.

이 속도는 정상으로 여겨지는 것보다 100배에서 1,000배 더 빠르다.

해설 삽입 문장에서 This rate(이 속도)는 앞 문장에서 언급한, 약 20분마다 하나의 종이 사라지는 속도를 가리킵니다. ⓑ에 삽입 문장을 넣어보면, 20분마다 하나의 종이 사라지는 속도가 정상으로 여겨지는 것보다 100배에서 1,000배 더 빠르다는 내용이 되어 글의 흐름이 자연스럽습니다. 따라서 ⓑ가 정답입니다.

[07-08]

A 19세기와 20세기 초에, 여러 지질학자들이 대륙이 지구 표면 전반에 걸쳐 이동했을 수 있다는 생각을 탐구했다. **B** 그들은 모두 아프리카와 남아메리카의 대서양 해안 사이의 놀라운 수준의 맞춤새에 영감을 받았다. **C** 대륙 이동설은 마침내 Alfred L. Wegener에 의해 생겨났으며, 그는 지구의 대륙들이 한때 하나의 초대륙으로 연결되어 있었다고 제시했다. **D** 1912년에, 그는 후에 판게아라고 명명되는 이 초대륙이, 결국 분리되어 바다 밑을 표류했다고 설명했다.

A 그러나 그 "이동" 이론은 Wegener의 동료들에 의해 즉시 받아들여지지 않았는데, 과학계에서는 받아들여졌거나 확실히 자리 잡은 이론이나 견해를 바꾸는 것이 어렵기 때문이다. **B** 이 시기에 두 가지 다른 견해가 널리 퍼져 있었다. 대륙이 기본적으로 그것들의 위치에서 변하지 않았다고 믿는 사람들은 "영구론자"라고 불렸다. **C** 다른 사람들은 고형의 지구가 점진적 수축의 결과로, 해저가 육지가 되고, 육지가 다시 해저가 된다고 믿었는데, 이러한 과학자들은 "수축론자"라고 불렸다. **D**

continent[kántinənt] 대륙 inspire[inspáiər] 영감을 주다
doctrine[dáktrin] 이론, 원칙 contraction[kəntrǽkʃən] 수축

07 삽입 문제

해석 다음 문장이 삽입될 수 있는 네 곳이 첫 번째 단락에 표시되어 있다.

1912년에, 그는 후에 판게아라고 명명되는 이 초대륙이, 결국 분리되어 바다 밑을 표류했다고 설명했다.

그 문장은 어디에 가장 적절한가? 그 문장이 삽입될 수 있는 곳을 고르시오.

해설 삽입 문장에서 he(그)는 앞 문장에서 언급한 Alfred L. Wegener를 가리키며, this supercontinent(이 초대륙)는 앞 문장에서 언급한 a single supercontinent를 가리킵니다. ⓓ에 삽입 문장을 넣어보면, Wegener에 따르면 지구의 대륙들이 하나의 초대륙으로 연결되어 있었고, 이 초대륙이 결국 분리되었다는 내용이 되어 글의 흐름이 자연스럽습니다. 따라서 ⓓ가 정답입니다.

어휘 break apart 분리되다

08 삽입 문제

해석 다음 문장이 삽입될 수 있는 네 곳이 두 번째 단락에 표시되어 있다.

이 시기에 두 가지 다른 견해가 널리 퍼져 있었다.

그 문장은 어디에 가장 적절한가? 그 문장이 삽입될 수 있는 곳을 고르시오.

해설 삽입 문장에서 Two other viewpoints(두 가지 다른 견해)는 "permanetists"(영구론자)와 "contractists"(수축론자)의 두 견해를 나타냅니다. ⓑ에 삽입 문장을 넣어보면, 두 가지 견해가 있었다고 한 다음, 영구론자와 수축론자의 견해에 대한 설명이 이어져 글의 흐름이 자연스럽습니다. 따라서 ⓑ가 정답입니다.

어휘 prevail [privéil] 널리 퍼지다

[09-10]

ⓐ 1920년대 초, George Merrick이라는 남자가 플로리다 주 마이애미에서 벼락부자가 되기로 결심했다. ⓑ 그는 싼 땅을 매입해서 주변 사람들에게 훨씬 높은 가격으로 다시 매매함으로써 많은 돈을 벌 수 있다는 것을 깨달았다. ⓒ 하지만 그가 어떻게 전국의 사람들이 그의 땅을 사는 데 관심을 갖게 할 수 있었을까? 그와 몇몇의 다른 부동산 개발업자들이 전국적인 마케팅 캠페인을 시작했고, 마이애미에서의 아름답고 행복한 삶을 약속하는 광고를 미국 전역에 게시했다. ⓓ 사람들은 오렌지 나무와 모래 해변으로 가득한 열대 낙원에 대한 이러한 묘사를 흥미롭게 읽었다.

ⓐ 주로 플로리다의 따뜻한 날씨, 여유로운 생활방식, 그리고 고속도로를 통한 쉬운 접근 덕분에, 새로운 거주자들이 곧 수천 명씩 남부로 이주하기 시작했다. ⓑ 건물과 리조트가 엄청난 속도로 건설되면서, 부동산 중개인들이 주 전역에 나타났다. ⓒ 더 이상 고급 리조트와 여가 시설이 건설될 수 없을 것처럼 보였을 때, 재앙이 닥쳤다. 1926년에 허리케인이 마이애미 중심부를 강타하여 약 400명을 죽게 하고 3,600명이 다치게 했으며, 50,000명을 노숙자로 만들었다. ⓓ 땅을 산 대부분의 사람들이 큰 손실을 입었고, 투기 거품이 끝이 났다.

strike it rich 벼락부자가 되다 a handful of 몇몇의, 소수의
real estate 부동산 tropical [trάːpikəl] 열대의
laid-back [leidbǽk] 여유로운 tremendous [triméndəs] 엄청난
speculation [spèkjuléiʃən] 투기

09 삽입 문제

해설 다음 문장이 삽입될 수 있는 네 곳이 첫 번째 단락에 표시되어 있다.

하지만 그가 어떻게 전국의 사람들이 그의 땅을 사는 데 관심을 갖게 할 수 있었을까?

그 문장은 어디에 가장 적절한가? 그 문장이 삽입될 수 있는 곳을 고르시오.

해설 삽입 문장은 Merrick이 전국의 사람들이 그의 땅을 사는 데 관심을 갖게 한 방법이 무엇일지 의문을 제기합니다. ⓒ에 삽입 문장을 넣어보면, 의문 제기 후 전국적인 마케팅 캠페인과 광고 게시라는 구체적인 방법이 나오게 되어 글의 흐름이 자연스럽습니다. 따라서 ⓒ가 정답입니다.

10 삽입 문제

해설 다음 문장이 삽입될 수 있는 네 곳이 두 번째 단락에 표시되어 있다.

더 이상 고급 리조트와 여가 시설이 건설될 수 없을 것처럼 보였을 때, 재앙이 닥쳤다.

그 문장은 어디에 가장 적절한가? 그 문장이 삽입될 수 있는 곳을 고르시오.

해설 삽입 문장에서 disaster(재앙)는 hurricane을 가리킵니다. ⓒ에 삽입 문장을 넣어보면, 건설 붐의 절정 후 허리케인이라는 재앙이 닥쳐 플로리다주 땅을 산 대부분의 사람들이 큰손실을 입었다는 내용이 나오게 되어 글의 흐름이 자연스럽습니다. 따라서 ⓒ가 정답입니다.

Daily Test p.252

| 01 ⓒ | 02 ⓓ | 03 ⓑ | 04 ⓐ | 05 ⓐ | 06 ⓑ |
| 07 ⓐ | 08 ⓑ | 09 ⓓ | 10 ⓐ | | |

[01-05]

토양 미생물과 농업

토양 비옥도는 생산성이 높은 농업에 필수적이며, 미생물은 이를 유지하고 개선하는 데 있어 중요하다. 세균, 곰팡이, 다른 미생물들은 유기물을 분해하고, 질소, 인, 칼륨 같은 필수 영양소를 토양으로 방출한다. 이러한 영양소의 지속적인 공급 없이는, 작물이 제대로 자라지 못하여 수확량이 줄어들고 심지어 인류에게 잠재적인 식량 부족을 가져올 수 있다.

식물과 미생물 간의 공생 관계는 특히 가치가 있다. 02예를 들어, 특정 세균은 콩과 식물의 뿌리에 붙어서 대기의 질소를 식물이 쉽게 흡수할 수 있는 형태로 변환한다. ⓐ 질소 고정으로 알려진 이 과정은, 화학 비료에 대한 의존도를 줄이고 더욱 지속 가능한 농업 관행을 촉진한다. 질소 고정 세균 외에도, 다른 토양 미생물들은 식물이 영양소를 흡수하는 방식을 개선한다. ⓑ 일부는 토양 속의 무기물을 용해시키는 물질을 배출하여 뿌리가 그것들을 더 쉽게 흡수할 수 있게 해준다. ⓒ 이러한 상호작용은 식물 성장을 돕는데, 특히 영양소가 부족한 토양에서 그러하며, 이는 미생물이 건강한 생태계에 얼마나 필수적인지를 보여준다. ⓓ

그러나, 토양 미생물의 유익한 활동은 집약적 농업, 살충제 사용, 오염, 토양 침식으로부터 위협받고 있다. 01이러한 생물들의 감소는 토양 비옥도를 약화시키고 농업 생산성을 해칠 수 있다. 따라서 다양한 미생물 군집을 보호하고 촉진시키는 것은 작물 수확량을 유지하고 전 세계 농업 시스템의 장기적인 회복력을 보장하는 데 있어 중요하다.

microorganism [màikrouɔ́ːrɡənìzm] 미생물
fertility [fərtíləti] 비옥도 productive [prədʌ́ktiv] 생산성이 높은
fungi [fʌ́ndʒai] 곰팡이, 균류 microscopic organism 미생물
decompose [dìːkəmpóuz] 분해하다 organic matter 유기물
nitrogen [náitrədʒən] 질소 phosphorus [fάːsfərəs] 인
potassium [pətǽsiəm] 칼륨 symbiotic [sìmbiάːtik] 공생의
atmospheric [ætməsférik] 대기의 dissolve [dizάːlv] 용해시키다
mineral [mínərəl] 무기물 erosion [iróuʒən] 침식
microbial [maikróubiəl] 미생물의 community [kəmjúːnəti] 군집

01 일치 문제

해설 지문이 토양 미생물의 감소에 대해 제시하는 것은 무엇인가?

Ⓐ 그것은 합성 비료의 품질을 향상시킨다.
Ⓑ 그것은 질소 고정을 더 효율적으로 만들 것이다.
✓Ⓒ 그것은 작물 생산의 감소를 야기할 수 있다.
Ⓓ 그것은 토양의 인에 대한 필요를 줄인다.

해설 토양 미생물의 감소가 토양 비옥도를 약화시키고 농업 생산성을 해칠 수 있다고 했으므로 Ⓒ가 정답입니다.

02 수사적 의도 문제

해석 글쓴이는 왜 "콩과 식물"을 언급하는가?
Ⓐ 척박한 토양에서 자라는 식물과 대조하기 위해
Ⓑ 높은 수준의 칼륨이 필요한 작물을 묘사하기 위해
Ⓒ 미생물에 의존하지 않는 식물을 설명하기 위해
✓Ⓓ 세균으로부터 이로움을 얻는 식물 유형을 설명하기 위해

해설 식물과 미생물 간의 공생관계가 가치 있다고 한 후, 특정 세균이 콩과 식물의 뿌리에 붙어서 대기의 질소를 식물이 쉽게 흡수할 수 있는 형태로 변환한다는 예시를 들었으므로 Ⓓ가 정답입니다.

어휘 **illustrate**[íləstrèit] 설명하다

03 어휘 문제

해석 지문의 단어 "resilience"와 의미상 가장 유사한 것은?
Ⓐ 거리
✓Ⓑ 내구력
Ⓒ 다양성
Ⓓ 중요성

해설 resilience(회복력, 탄력성)의 동의어인 strength(내구력)를 지문에 넣으면 다양한 미생물 군집을 보호하고 촉진시키는 것이 작물 수확량을 유지하고 전 세계 농업 시스템의 장기적인 내구력을 보장한다는 의미가 되어 문맥상 자연스럽습니다. 따라서 Ⓑ가 정답입니다.

04 수사적 의도 분세

해석 세 번째 단락의 목적은 무엇인가?
✓Ⓐ 토양 미생물이 직면한 위협을 설명한다.
Ⓑ 미생물이 토양에 영양소를 제공하는 방법을 설명한다.
Ⓒ 식물과 미생물 간 공생 관계의 예시들을 소개한다.
Ⓓ 농업에서 미생물의 역사적 역할을 요약한다.

해설 세 번째 단락에서 토양 미생물의 유익한 활동이 집약적 농업, 살충제 사용, 오염, 토양 침식으로부터 위협받고 있다는 것을 설명했으므로 Ⓐ가 정답입니다.

어휘 **summarize**[sʌ́məràiz] 요약하다

05 삽입 문제

해석 다음 문장이 삽입될 수 있는 네 곳이 지문에 표시되어 있다.

> 질소 고정으로 알려진 이 과정은, 화학 비료에 대한 의존도를 줄이고 더욱 지속 가능한 농업 관행을 촉진한다.

그 문장은 어디에 가장 적절한가? 그 문장이 지문에 삽입될 수 있는 곳을 고르시오.

해설 삽입 문장에서 This process(이 과정)는 앞 문장에서 언급한 세균이 대기의 질소를 식물이 쉽게 흡수할 수 있는 형태로 변환하는 과정을 가리킵니다. Ⓐ에 삽입 문장을 넣어보면, 대기의 질소를 식물이 쉽게 흡수할 수 있는 형태로 변환하는 질소 고정 과정이 화학 비료 의존도를 줄인다는 내용이 되어 글의 흐름이 자연스럽습니다. 따라서 Ⓐ가 정답입니다.

어휘 **dependence**[dipéndəns] 의존도
sustainable[səstéinəbl] 지속 가능한

[06-10]

도시의 녹지 공간이 미치는 사회적 영향

공원, 정원, 가로수길 같은 도시의 녹지 공간은 도시 계획의 필수 요소로 점점 더 인식되고 있다. 이러한 구역들은 기분 전환을 위한 장소로서 역할을 할 뿐만 아니라 공중 보건과 사회적 결속에도 중요한 기여 요인으로 기능한다. 연구는 녹지 공간에 대한 접근이 스트레스를 줄이고, 신체 활동을 촉진하며, 전반적인 행복을 향상시킬 수 있음을 보여 준다. 예를 들어, 도쿄에서 실시된 연구는 공원 근처에 사는 도시 거주자들이 더 낮은 수준의 우울증과 도시 환경에 대한 더 큰 만족감을 보고했음을 확인했다.

녹지 공간은 또한 다양한 배경을 가진 사람들이 모일 수 있는 공용 장소를 제공함으로써 사회적 상호작용을 촉진한다. 이러한 측면은 대인 접촉의 기회가 제한될 수 있는 인구 밀도가 높은 도시에서 특히 유익하다. 공원이 없는 지역에 비해, [07]충분한 녹지 지역을 가진 지역들은 보통 더 강한 공동체 유대감과 더 높은 자원봉사 비율을 보인다. ■A■ 게다가, 녹지 공간은 문화 행사와 공공 축제의 장소로서 역할을 할 수 있기에, 도시 사회에서의 그것들이 하는 역할을 더욱 강화한다.

이러한 이점에도 불구하고, 많은 도시들은 녹지 공간을 유지하고 확장하는 것과 관련된 어려움에 직면하고 있다. ■B■ [09A/09B/09C]높은 토지 비용, 제한된 자금, 그리고 상충하는 개발 우선순위가 종종 도시 녹화 노력을 저해한다. ■C■ [08]그럼에도 불구하고, 일부 도시들은 옥상 정원과 수직 숲과 같은 혁신적인 해결책을 성공적으로 실시하여, 창의적인 접근이 재정적 공간적 제약을 극복할 수 있음을 보여주고 있다. ■D■

cohesion[kouhíːʒən] 결속 **indicate**[índikèit] 보여주다
depression[dipréʃən] 우울증 **foster**[fɔ́ːstər] 촉진하다
communal[kəmjúːnəl] 공용의, 공동의 **venue**[vénjuː] 장소
interpersonal[ìntərpə́ːrsənəl] 대인의 **ample**[ǽmpl] 충분한
volunteerism[vɑ́ləntíərìzəm] 자원봉사
conflicting[kənflíktiŋ] 상충하는 **hinder**[híndər] 저해하다
vertical[vəˈːrtikəl] 수직의 **spatial**[spéiʃəl] 공간적인
constraint[kənstréint] 제약

06 어휘 문제

해석 지문의 단어 "cohesion"과 의미상 가장 유사한 것은?
Ⓐ 갈등
✓Ⓑ 연결
Ⓒ 분열
Ⓓ 독립

해설 cohesion(결속, 결합)의 동의어인 connection(연결)을 지문에 넣으면 공중 보건과 사회적 연결에 중요한 기여 요인이라는 의미가 되어 문맥상 자연스럽습니다. 따라서 ⑧가 정답입니다.

07 추론 문제

해석 지문에서 충분한 녹지 공간을 가진 도시들에 대해 추론할 수 있는 것은?
 ☑ⓐ 보통 더 많은 지역 사회 참여를 경험한다.
 ⓑ 범죄율이 더 높다.
 ⓒ 주민들은 사회적 상호작용의 기회가 더 적다.
 ⓓ 높은 토지 비용에 덜 영향 받는다.

해설 충분한 녹지 지역을 가진 지역들이 더 강한 공동체 유대감과 더 높은 자원봉사 비율을 보인다는 내용을 통해, 그들이 보통 더 많은 지역 사회 참여를 경험한다는 것을 추론할 수 있습니다. 따라서 ⓐ가 정답입니다.

08 수사적 의도 문제

해석 글쓴이는 왜 "옥상 정원과 수직 숲"을 언급하는가?
 ⓐ 전통적인 공원 관리를 비판하기 위해
 ☑ⓑ 도시들이 녹지 공간을 확장하는 것의 어려움을 어떻게 해결할 수 있는지 보여주기 위해
 ⓒ 전통적인 공원이 더 이상 필요하지 않다고 주장하기 위해
 ⓓ 녹지 공간에 대한 자금 지원이 감소하는 이유를 설명하기 위해

해설 일부 도시들이 옥상 정원과 수직 숲과 같은 혁신적인 해결책을 성공적으로 실시하여, 창의적인 접근이 재정적·공간적 제약을 극복할 수 있음을 보여주고 있다고 했으므로, 글쓴이가 옥상 정원과 수직 숲을 언급한 이유는 도시들이 녹지 공간을 확장하는 것의 어려움을 어떻게 해결할 수 있는지 보여주기 위해서라는 것을 알 수 있습니다. 따라서 ⓑ가 정답입니다.

어휘 address[ədrés] 해결하다

09 불일치 문제

해석 다음 중 지문에서 녹지 공간에 대한 어려움으로 언급되지 않은 것은?
 ⓐ 높은 토지 비용
 ⓑ 한정된 자금 지원
 ⓒ 상충하는 개발 우선순위
 ☑ⓓ 낮은 수준의 대중의 관심

해설 높은 토지 비용, 제한된 자금, 상충하는 개발 우선순위가 도시 녹화 노력을 저해한다고 했지만, 낮은 수준의 대중의 관심은 언급되지 않았으므로 ⓓ가 정답입니다.

10 삽입 문제

해석 다음 문장이 삽입될 수 있는 네 곳이 지문에 표시되어 있다.

게다가, 녹지 공간은 문화 행사와 공공 축제의 장소로 역할을 할 수 있기에, 도시 사회에서의 그것들이 하는 역할을 더욱 강화한다.

그 문장은 어디에 가장 적절한가? 그 문장이 지문에 삽입될 수 있는 곳을 고르시오.

해설 삽입 문장은 녹지 공간의 추가적인 이점을 설명하고 있습니다. ⓐ에 삽입 문장을 넣어보면, 공동체 유대감과 자원 봉사율 증가에 이어 문화 행사와 공공 축제 개최라는, 녹지 공간이 갖는 또 다른 이점을 소개하기에 글의 흐름이 자연스럽습니다. 따라서 ⓐ가 정답입니다.

어휘 celebration[sèləbréiʃən] 축제   enhance[inhǽns] 강화하다

Day 20 Task Test

p.256

01 ⓒ	02 ⓐ	03 ⓐ	04 ⓓ	05 ⓐ	06 ⓑ
07 ⓑ	08 ⓐ	09 ⓒ	10 ⓒ	11 ⓑ	12 ⓑ
13 ⓐ	14 ⓓ	15 ⓓ	16 ⓑ	17 ⓑ	18 ⓓ
19 ⓑ	20 ⓐ				

[01-05]

감정 지능과 리더십

[01]감정 지능은 자신의 감정뿐만 아니라 타인의 감정을 인식하고, 이해하고, 관리하는 능력을 의미한다. 조직 환경에서, 감정 지능은 효과적인 리더십을 위해 점점 더 필수적인 것으로 여겨지고 있다. 높은 감정 지능을 가진 리더들은 스트레스를 다루고, 갈등을 해결하고, 팀을 고취시킬 준비가 더 잘 되어 있으며, 이는 결과적으로 더 강한 단합과 더 높은 생산성을 촉진한다.

[05]예를 들어, 힘든 프로젝트 중에 자신의 좌절감을 인식하는 관리자는 자신의 반응을 조절하고 동료들과 침착하게 소통할 수 있다. 이는 그러한 자기 인식이 부족하여 압박을 받아 충동적으로 반응해서, 집단 내에 긴장과 오해를 야기할 수 있는 리더들과 대조된다. 감정 지능은 또한 감정 이입하여 듣는 것을 포함하며, 이는 리더들이 직원들이 최고의 성과를 낼 수 있도록 돕는 지원과 동기를 제공할 수 있게 한다.

[04]최근 연구는 훈련과 실습이 리더들로 하여금 감정 지능을 기르도록 도와준다는 점을 시사한다. 고용주들은 기술적 전문 지식에 더해 강한 대인 관계 능력을 보여주는 리더들을 점점 더 가치 있게 여긴다. 지능과 전문적 경험이 여전히 중요하지만, 감정 지능은 종종 진정으로 효과적인 리더들을 구별되게 한다. 오늘날의 협력적인 직장에서, 감정을 다스리고 타인과 소통하는 능력은 장기적인 성공을 위한 결정적 요인이 되었다.

resolve[rizɔ́lv] 해결하다
inspire[inspáiər] 고취시키다, 영감을 주다   unity[júːnəti] 단합, 단결
productivity[pròudʌktívəti] 생산성
demanding[dimǽndiŋ] 힘든
misunderstanding[mìsʌndərstǽndiŋ] 오해
empathetic[èmpəθétik] 감정이입의   cultivate[kʌ́ltəvèit] 기르다
defining[difáiniŋ] 결정적인

해설 21세기의 교통과 기술의 발전으로 인해 상품, 서비스, 정보, 아이디어가 그 어느 때보다도 더 빠르고 쉽게 국경을 넘나들게 되었고 이것이 전례 없는 규모로 국제 협력을 가능하게 했다고 했으므로 Ⓐ가 정답입니다.

어휘 conform [kənfɔ́ːrm] 따르다, 순응하다

12 수사적 의도 문제

해석 글쓴이는 왜 소셜 미디어와 스트리밍 플랫폼을 언급하는가?
Ⓐ 세계화의 모든 영향이 무해하지 않다는 것을 강조하기 위해
Ⓑ 어떻게 문화적 콘텐츠가 빠르게 퍼지는지 예시를 제공하기 위해
Ⓒ 두 소통 방식의 세계적인 영향력 범위를 대조하기 위해
Ⓓ 기술 발전으로부터 크게 이득을 본 산업을 식별하기 위해

해설 소셜 미디어와 스트리밍 플랫폼이 국제적 교류를 가속화하여 오락, 유행, 생활 습관이 순식간에 전 세계로 퍼질 수 있게 했다고 했으므로, 소셜 미디어와 스트리밍 플랫폼은 어떻게 문화적 콘텐츠가 빠르게 퍼지는지 예시를 제공하기 위해서 언급되었습니다. 따라서 Ⓑ가 정답입니다.

13 어휘 문제

해석 지문의 단어 "reconcile"과 의미상 가장 가까운 것은?
Ⓐ 동일시하다
Ⓑ 대체하다
Ⓒ 비교하다
Ⓓ 균형을 맞추다

해설 reconcile(조화시키다)의 동의어인 balance(균형을 맞추다)를 지문에 넣으면 사람들이 세계화를 그들의 문화적 정체성과 균형 맞추는 방법을 찾아왔다는 의미가 되어 문맥상 자연스럽습니다. 따라서 Ⓓ가 정답입니다.

14 세부 사항 문제

해석 지문은 문화적 정체성을 유지하는 한 가지 조치로서 무엇을 언급하는가?
Ⓐ 교육 기관에서 전통적 관행을 가르치는 것
Ⓑ 외국의 영향으로부터 현지 관습을 보호하는 법을 만드는 것
Ⓒ 현지 선호도에 맞게 국제적인 상품을 변경하는 것
Ⓓ 소셜 미디어와 스트리밍 플랫폼에 대한 접속을 제한하는 것

해설 국제적인 패스트푸드 체인점들이 현지의 취향에 맞춰 메뉴를 수정하는 것과 같은 접근법은 문화들이 그 자체의 고유한 특성을 유지하면서도 세계 공동체에 참여할 수 있게 해준다고 했으므로 Ⓒ가 정답입니다.

어휘 educational institution 교육 기관   suit [suːt] 맞다, 어울리다
access [ǽkses] 접속, 접근

15 추론 문제

해석 특정 온라인 콘텐츠의 인기의 영향에 대해 추론할 수 있는 것은?
Ⓐ 공동체 내에서 오해를 야기할 수 있다.
Ⓑ 문화들을 보다 동질적으로 변하게 할 수 있다.
Ⓒ 여러 세대 간 갈등을 일으킬 수 있다.
Ⓓ 외국 문화에 대한 편견을 줄이게 될 수 있다.

해설 온라인에서 특정 콘텐츠의 인기는 젊은이들 사이에서 자신들의 공동체의 가치와 충돌하는 외국의 행동 양식을 채택하게 하는 사회적 압박을 형성할 수 있으며, 이는 시간이 지나면서 문화적 다양성을 감소시킬 수 있다는 내용을 통해, 특정 온라인 콘텐츠의 인기는 문화들을 보다 동질적으로 변하게 할 수 있다는 것을 추론할 수 있습니다. 따라서 Ⓑ가 정답입니다.

어휘 misunderstanding [mìsəndərstǽndiŋ] 오해
homogeneous [hòumədʒíːniəs] 동질적인
prejudice [prédʒudis] 편견

해설 전자 기기에서 나오는 청색광이 수면-각성 주기를 조절하도록 돕는 필수 호르몬인 멜라토닌을 억제한다고 했으므로 ⓑ가 정답입니다.

어휘 inhibit[inhíbit] 억제하다   contribute to ~에 기여하다

18 불일치 문제

해석 다음 중 생체 리듬을 조절하는 방법으로 언급되지 않은 것은?
ⓐ 규칙적인 수면 일정을 유지하기
ⓑ 자연 일광에서 더 많은 시간을 보내기
ⓒ 규칙적인 운동 습관을 유지하기 ✓
ⓓ 잠자기 전 청색광 유입을 제한하기

해설 생체 리듬을 조절하는 것이 규칙적인 수면 패턴을 유지하고, 일광 노출을 늘리고, 잠자기 전 청색광 유입을 줄이는 것에 달려 있다고 했지만, 규칙적인 운동 습관에 대해서는 언급하지 않았으므로 ⓒ가 정답입니다.

19 세부 사항 문제

해석 과학자들은 시차 문제를 어떻게 해결하고 있는가?
ⓐ 규칙적인 수면 패턴을 권장해서
ⓑ 일정 시간 광노출 요법을 연구해서 ✓
ⓒ 새로운 투약 시기 전략을 만들어서
ⓓ 청색광 필터링 장치를 설계해서

해설 과학자들이 시차를 겪는 여행자들을 위한 해결책을 연구하고 있으며, 그것에는 교란된 생체 리듬을 재설정하는 데 도움이 되는 일정 시간 광노출 요법이 포함된다고 했으므로 ⓑ가 정답입니다.

어휘 address[ədrés] 해결하다
medication[mèdəkéiʃən] 투약, 약물

20 수사적 의도 문제

해석 2단락과 3단락의 관계는?
ⓐ 3단락은 2단락에서 언급된 문제들의 원인을 자세히 설명한다.
ⓑ 3단락은 2단락에서 제기된 주장에 이의를 제기한다.
ⓒ 3단락은 2단락에서 언급된 교란에 대응하는 방법을 구체적으로 제시한다. ✓
ⓓ 3단락은 2단락에서 논의된 교란에 쉽게 영향을 받는 근무자의 유형을 식별한다.

해설 2단락에서 현대의 생활 방식이 생체 리듬을 교란한다고 한 후, 3단락에서 규칙적인 수면 패턴 유지, 일광 노출 늘리기, 잠자기 전 청색광 유입 줄이기 등 생체 리듬을 조절하는 방법들을 제시하고 있으므로, 3단락은 2단락에서 언급된 교란에 대응하는 방법을 구체적으로 제시한다는 것을 알 수 있습니다. 따라서 ⓒ가 정답입니다.

어휘 elaborate[ilǽbərət] 자세히 설명하다
challenge[tʃǽlindʒ] 이의를 제기하다
specify[spésəfài] 구체적으로 제시하다
counteract[kàuntərǽkt] 대응하다
identify[aidéntəfài] 식별하다

Module 2

[01~10]

뼈는 인체의 골격을 형성하며, 내부 장기를 지탱하고 보호한다. 뼈는 개인의 일생에 걸쳐 변화한다. 아기들은 270개의 뼈를 갖고 태어나지만, 신체가 발달함에 따라 그것의 필요에 적응하여 그것들은 점차 합쳐진다. 사춘기 동안에는, 몸이 206개의 뼈로 구성된 성인의 형태에 도달하면서 골격의 질량이 증가한다. 노년기에는, 새로운 조직이 형성되는 것보다 오래된 조직이 더 빠르게 파괴되기 때문에 질병이 뼈를 약해지게 할 수 있다.

framework[fréimwərk] 골격, 뼈대   fuse[fju:z] 합쳐지다
mature[mətjúər] 발달하다, 성숙하다   puberty[pjú:bərti] 사춘기
skeletal[skélitl] 골격의   medical condition 질병
tissue[tíʃu:] 조직

[11~15]

세계화의 영향

세계화는 전 세계 사람들을 연결시켜 왔다. [11]21세기의 교통과 기술의 발전으로 인해, 상품, 서비스, 정보, 그리고 아이디어가 이제 그 어느 때보다도 더 빠르고 쉽게 국경을 넘나든다. 이것은 전례 없는 규모로 국제 협력이 가능하게 했다.

[12]소셜 미디어와 스트리밍 플랫폼과 같은 일부 요인들은 이러한 교류를 가속화하여, 오락, 유행, 생활 습관이 순식간에 전 세계로 퍼질 수 있게 했다. 그 결과, 서로 다른 국가의 사람들이 종종 동일한 콘텐츠를 소비한다. 이것이 개인들로 하여금 세계 다른 지역의 주제와 표현을 이해할 수 있게 해주지만, 이러한 공유된 노출의 모든 영향이 그렇게 무해한 것만은 아니다. 예를 들어, [15]온라인에서 특정 콘텐츠의 인기는 특히 젊은이들 사이에서 자신들의 공동체의 가치와 충돌하는 외국의 행동 양식을 채택하게 하는 사회적 압박을 형성할 수 있으며, 이는 시간이 지나면서 문화적 다양성을 감소시킬 수 있다.

그러나, 사람들은 세계화를 자신의 문화적 정체성과 조화시키는 방법을 찾아왔다. 이것은 국제적인 상품, 서비스, 그리고 아이디어를 통합하되 기존 문화와 일치시키는 방식으로 하는 것을 포함할 수 있는데, [14]예를 들어 국제적인 패스트푸드 체인점들이 현지의 취향에 맞춰 그들의 메뉴를 수정하는 경우와 같다. 이러한 접근법은 문화들이 그 자체의 고유한 특성을 유지하면서도 세계 공동체에 참여할 수 있게 해준다.

globalization[glòubəlizéiʃən] 세계화
unprecedented[ʌnprésədèntid] 전례 없는
accelerate[æksélərèit] 가속화하다
exposure[ikspóuʒər] 노출   conflict with ~과 충돌하다
diversity[daivə́:rsəti] 다양성   reconcile[rékənsàil] 조화시키다
identity[aidéntəti] 정체성   incorporate[inkɔ́:rpərèit] 통합하다

11 세부 사항 문제

해석 21세기의 교통과 기술 발전의 결과는 무엇인가?
ⓐ 더 강화된 세계적인 협력 ✓
ⓑ 서로 다른 공동체 구성원들 간의 갈등
ⓒ 문화적 기준에 따르라는 사회적 압박의 감소
ⓓ 젊은 사람들 사이의 늘어난 경제적 경쟁

reach out 연락하다   upcoming[ápkÀmiŋ] 곧 있을, 다가오는
collaborate with ~와 협력하다
executive[igzékjutiv] 경영진   emerging[imə́ːrdʒiŋ] 신흥의
attendee[ətèndíː] 참가자
be eligible for ~의 대상이다, ~의 자격이 있다
loyalty discount 단골 고객 할인
panelist[pǽnəlist] 토론자

13

해석 이메일의 주된 목적은 무엇인가?
  (A) Mr. Chen에게 곧 있을 비즈니스 행사에 등록할 것을 권하기 위해 ✓
  (B) 서밋 일정의 변경을 알리기 위해
  (C) 비즈니스 서밋에 관해 문의한 Mr. Chen에게 감사를 전하기 위해
  (D) Mr. Chen을 비즈니스 서밋의 연사로 초청하기 위해

해설 이메일의 첫 문장에서 5월 15일부터 17일까지 열리는 곧 있을 비즈니스 혁신 서밋에 관해 연락한다고 한 후, 행사 등록에 대해 안내했으므로 (A)가 정답입니다.

어휘 inquire[inkwáiər] 문의하다

14

해석 Mr. Chen에 대해 추론할 수 있는 것은?
  (A) 조직 위원회의 오랜 회원이다.
  (B) 이전에 이 행사를 후원한 적이 있다.
  (C) 과거에 이 행사에 참여한 적이 있다. ✓
  (D) 처음으로 이 행사에 초대받고 있다.

해설 Mr. Chen이 과거 참가자로서 15퍼센트 단골 고객 할인 대상이라는 내용을 통해 Mr. Chen이 과거에 이 행사에 참여한 적이 있다는 것을 추론할 수 있습니다. 따라서 (C)가 정답입니다.

어휘 committee[kəmíti] 위원회
sponsor[spánsər] 후원하다
participate in ~에 참여하다

15

해석 Ms. Williams는 Mr. Chen에게 무엇을 하도록 권하는가?
  (A) 다른 사람들에게 이 행사를 추천하기
  (B) 온라인 설문 조사를 완료하기
  (C) 웹사이트에서 업데이트 등록하기
  (D) 미리 질문을 제출하기 ✓

해설 회의 중에 토론자들이 다루기 원하는 특정 질문이 있다면, 등록할 때 온라인 양식을 통해 공유해 달라고 했으므로 (D)가 정답입니다.

어휘 in advance 미리

[16-20]

생체 리듬

생체 리듬은 수면-각성 주기를 조절하고 대략 24시간마다 반복되는 자연적인 체내 과정이다. 이러한 생체 시계는 인간부터 식물까지 대부분의 생명체에서 발견된다. 그것들은 주로 빛에 반응하는 뇌 속의 시계에 의해 조절된다. 이러한 리듬은 호르몬 분비, 체온, 신진대사를 포함한 생리적 과정에 엄청난 영향을 미친다.

[20]현대의 생활 방식은 이러한 정교하게 조정된 리듬을 자주 교란한다. 인공 조명, 교대 근무, 시차는 우리의 체내 시계가 외부 환경과의 연결을 잃게 할 수 있다. 이러한 교란은 수면 장애, 심혈관 문제, 신진대사 문제를 야기할 수 있다. 연구는 장기적인 생체 주기 불균형이 질병 위험을 높이고 인지 능력을 손상시킬 수 있다고 제시한다. [17]전자 기기에서 나오는 청색광은 특히 방해가 되는데, 그것이 수면-각성 주기를 조절하도록 돕는 필수 호르몬인 멜라토닌을 억제하기 때문이다.

[18A/18B/18D/20]생체 리듬을 조절하는 것은 규칙적인 수면 패턴을 유지하고, 일광 노출을 늘리고, 잠자기 전 청색광 유입을 줄이는 것에 달려 있다. [19]과학자들은 또한 교대 근무자와 시차를 겪는 여행자들을 위한 해결책을 연구하고 있으며, 여기에는 교란된 생체 리듬을 재설정하는 데 도움이 되는 일정 시간 광노출 요법이 포함된다.

circadian rhythm 생체 리듬, 24시간 주기의 리듬
govern[gʌ́vərn] 조절하다, 지배하다   profound[prəfáund] 엄청난
physiological[fìziəládʒikəl] 생리적인
disrupt[disrʌ́pt] 교란하다, 방해하다   jet lag 시차
disruption[disrʌ́pʃən] 교란, 방해
cardiovascular[kɑ̀ːrdiəvǽskjulər] 심혈관의
metabolic[mètəbálik] 신진대사의
imbalance[imbǽləns] 불균형   impair[impέər] 손상시키다
cognitive[kágnətiv] 인지의   disruptive[disrʌ́ptiv] 방해가 되는
suppress[səprés] 억제하다   exposure[ikspóuʒər] 노출
intervention[ìntərvénʃən] 해결책
protocol[próutəkɔ̀ːl] 요법, 절차

16 어휘 문제

해석 지문의 단어 "profound"와 의미상 가장 가까운 것은?
  (A) 중대한 ✓
  (B) 잠재적인
  (C) 일시적인
  (D) 예상치 못한

해설 profound(엄청난, 깊은)의 동의어인 significant를 지문에 넣으면 생체 리듬이 호르몬 분비, 체온, 신진대사를 포함한 생리적 과정에 중대한 영향을 미친다는 의미가 되어 문맥상 자연스럽습니다. 따라서 (A)가 정답입니다.

17 일치 문제

해석 지문에서 전자 기기에서 나오는 청색광에 대해 제시된 것은?
  (A) 일광 노출을 대체할 수 있다.
  (B) 수면과 관련된 호르몬의 생산을 억제한다. ✓
  (C) 인지 능력을 평가하는 측정 기준을 제공한다.
  (D) 신진대사 기능 개선에 기여할 수 있다.

Actual Test

p.266

Module 1
01 can   02 caused   03 agricultural
04 such   05 farming   06 and
07 clearing   08 Population   09 also
10 to   11 ⓒ   12 ⓑ   13 ⓐ   14 ⓔ   15 ⓓ
16 ⓐ   17 ⓑ   18 ⓒ   19 ⓑ   20 ⓒ

Module 2
01 They   02 throughout   03 life
04 are   05 with   06 bones
07 gradually   08 as   09 matures
10 needs
11 ⓐ   12 ⓑ   13 ⓓ   14 ⓒ   15 ⓑ

Module 1

[01-10] 단락에서 빠진 글자를 채우시오.

사막화는 비옥한 땅이 사막으로 변하는 과정으로, 사람과 환경에 심각한 문제를 야기한다. 이는 과도한 농업, 지나친 방목, 토지 개간과 같은 농업 관행에 의해 야기될 수 있다. 인구 증가 또한 이 문제에 원인을 제공한다. 사막화가 확산되면서, 그것은 작물과 가축이 살아가게 해주는 토지의 능력을 감소시킨다. 토지가 더 이상 생명체를 지탱할 수 없을 때, 사람들은 생계 수단을 잃고, 새로운 소득의 원천을 찾아 이주하게 될 수도 있다.

desertification [dèzərtəfəkéiʃən] 사막화   fertile [fə́ːrtl] 비옥한
pose [pouz] 야기하다   overgrazing [òuvərgréiziŋ] 지나친 방목
clearing [klíəriŋ] 개간   livestock [láivstɑːk] 가축
sustain [səstéin] 지탱하다, 유지하다
livelihood [láivlihud] 생계 수단   migrate [máigreit] 이주하다
income [ínkʌm] 소득, 수입

[11-12] 공지를 읽으시오.

날짜: 6월 15일
제목: 행정 공지

직원 여러분께,

¹¹저희 사무실이 6월 25일 목요일에 125 Parkway Drive에 위치한 곳으로 이전할 예정임을 알려드립니다. 전 직원은 6월 23일 화요일까지 각자의 책상을 비워주시기 바랍니다. ¹²정상 업무는 6월 29일 월요일에 새로운 건물에서 재개될 예정입니다. 감사합니다.

administrative [ædmínəstrèitiv] 행정의, 관리의
operation [àpəréiʃən] 업무, 운영
resume [rizúːm] 재개하다, 다시 시작하다
premise [prémis] 건물, 사무실

11

해석 공지의 주된 목적은 무엇인가?
ⓐ 사무실 보수 계획을 알리기 위해
ⓑ 직원들에게 임시 폐쇄를 알리기 위해
✓ⓒ 직원들에게 사무실 이전을 알리기 위해
ⓓ 이사 당일 직원 참여를 독려하기 위해

해설 공지의 첫 문장에서 사무실이 6월 25일 목요일에 125 Parkway Drive에 위치한 곳으로 이전할 예정임을 알린다고 한 후, 구체적인 요청 사항과 일정을 전달했으므로 ⓒ가 정답입니다.

어휘 temporary [témpərèri] 임시의   closure [klóuʒər] 폐쇄
relocation [riːloukéiʃən] 이전, 이사
participation [pɑːrtìsəpéiʃən] 참여

12

해석 정상 업무에 대해 제시된 것은?
ⓐ 6월 29일까지 현재 장소에서 계속될 것이다.
✓ⓑ 일정 기간 중단될 것이다.
ⓒ 일시적으로 외부 직원들에 의해 처리될 것이다.
ⓓ 특별한 업무에 집중하기 위해 단축될 것이다.

해설 정상 업무가 6월 29일에 재개될 예정이라고 한 내용을 통해 정상 업무가 일정 기간 중단될 것이라는 것을 알 수 있습니다. 따라서 ⓑ가 정답입니다.

어휘 temporarily [tèmpərérəli] 일시적으로
handle [hǽndl] 처리하다

[13-15] 이메일을 읽으시오.

날짜: 5월 2일
제목: 최종 안내—비즈니스 혁신 서밋에 등록하세요

Mr. Chen께,

¹³5월 15일부터 17일까지 Harborview 컨벤션 센터에서 열리는, 곧 있을 비즈니스 혁신 서밋에 관해 연락드립니다. 이 서밋은 업계 전문가들로부터 배우고 다른 사업주들과 협력할 기회를 제공합니다.

그 서밋은 전 세계 경영진들의 발표, 신흥 시장 동향에 대한 패널 토론, 그리고 실제 사례 연구를 특별히 포함할 것입니다. 등록은 이번 주 금요일, 5월 9일에 마감됩니다. ¹⁴과거 참가자로서, 귀하는 15퍼센트 단골 고객 할인 대상입니다.

등록하고 전체 일정을 확인하시려면 저희 웹사이트를 방문해 주세요. ¹⁵회의 중에 토론자들이 다루기를 원하는 특정 질문이 있으시다면, 등록할 때 온라인 양식을 통해 자유롭게 공유해 주시기 바랍니다.

Sarah Williams 드림

의 수분에 매우 중요한 역할을 한다고 했으므로, 글쓴이가 전 세계 식량 공급의 3분의 1을 언급한 이유는 농업에 있어서 벌의 중요성을 강조하기 위해서라는 것을 알 수 있습니다. 따라서 ⓑ가 정답입니다.

17 어휘 문제

해석 지문의 단어 "exacerbates"와 의미상 가장 유사한 것은?
ⓐ 개선하다
ⓑ 악화시키다 ✓
ⓒ 지연시키다
ⓓ 뒤바꾸다

해설 exacerbates(악화시키다)의 동의어인 worsens(악화시키다)를 지문에 넣으면 기후 변화가 개화 시기를 변화시켜 중요한 시기에 벌들이 먹이가 없게 만들어, 문제를 더욱 악화시킨다는 의미가 되어 문맥상 자연스럽습니다. 따라서 ⓑ가 정답입니다.

18 세부 사항 문제

해석 지문에 따르면, 기후 변화가 벌에게 영향을 미치는 한 가지 방식은 무엇인가?
ⓐ 기생하는 진드기의 확산을 증가시킨다.
ⓑ 개화 시기의 시점을 변화시킨다. ✓
ⓒ 벌집에서 여왕벌의 수를 줄인다.
ⓓ 살충제가 덜 효과적이게 되게 한다.

해설 기후 변화가 개화 시기를 변화시켜 중요한 시기에 벌들이 먹이가 없게 만들어, 문제를 더욱 악화시킨다고 했으므로 ⓑ가 정답입니다.

19 불일치 문제

해석 다음 중 지문에서 벌 개체 수 감소의 요인으로 언급되지 않은 것은?
ⓐ 서식지 감소
ⓑ 대기 오염 ✓
ⓒ 살충제
ⓓ 기후 변화

해설 서식지 감소, 살충제 사용, 기후 변화, 기생하는 진드기 같은 요인들이 군집 붕괴 현상(CCD)으로 알려진 현상의 원인이 되었다고 했으므로 ⓑ가 정답입니다.

어휘 pollution[pəlúːʃən] 오염

20 수사적 의도 문제

해석 2단락과 3단락의 관계는?
ⓐ 3단락은 2단락에서 설명된 문제들에 대한 해결책을 소개한다. ✓
ⓑ 3단락은 2단락에서 나열된 원인들을 뒷받침하는 증거를 제공한다.
ⓒ 3단락은 2단락에서 설명된 문제들이 해결될 수 없는 이유를 설명한다.
ⓓ 3단락은 2단락에서 언급된 환경 영향의 예시를 제공한다.

해설 2단락에서 벌 감소의 주요 원인들로 살충제 사용, 야생화 초원의 감소, 기후 변화로 인한 개화 시기 변화를 설명한 후, 3단락에서 이러한 감소를 완화하려는 노력에는 유해 살충제 금지, 수분 매개체 친화적인 정원 조성, 자연 서식지 복원이 포함된다고 했으므로, 3단락은 2단락에서 설명된 문제들에 대한 해결책을 소개한다는 것을 알 수 있습니다. 따라서 ⓐ가 정답입니다.

어휘 impact[ímpækt] 영향

해설 자율 주행차가 차량 간에 또한 교통 기반 시설과 소통함으로써 도시 환경에서 안전성과 효율성을 높인다고 했으므로, ⑧가 정답입니다.

어휘 **rely on** ~에 의존하다　**solely**[sóulli] 오직, 단독으로
improve[imprúːv] 향상시키다, 개선하다
operation[ὰpəréiʃən] 작동, 운행

12 어휘 문제

해설 지문의 단어 "integration"과 의미상 가장 유사한 것은?
　Ⓐ 분리
　✓Ⓑ 결합
　Ⓒ 혼란
　Ⓓ 제거

해설 integration(통합, 결합)의 동의어인 combination(결합)을 지문에 넣으면 자율 주행차를 기존 교통 시스템에 결합하는 과정에는 규제 승인과 새로운 안전 기준의 필요성과 같은 도전 과제가 존재한다는 내용이 되어 문맥상 자연스럽습니다. 따라서 ⑧가 정답입니다.

13 추론 문제

해설 지문에서 도시 환경에서의 자율 주행차에 대해 추론할 수 있는 것은?
　✓Ⓐ 향상된 교통 관리 덕분에 교통 혼잡을 줄이는 데 도움이 된다.
　Ⓑ 주로 대중교통 노선에 의존한다.
　Ⓒ 교차로에서 충돌 위험을 높인다.
　Ⓓ 변화하는 상황에서 항상 수동 조작을 필요로 한다.

해설 자율 주행차는 교통 상황 변화에 유연한 대응을 가능하게 하여 교통 혼잡을 줄일 수 있다고 한 내용을 통해 자율 주행차가 향상된 교통 관리 덕분에 교통 혼잡을 줄이는 데 도움이 된다는 것을 추론할 수 있습니다. 따라서 Ⓐ가 정답입니다.

어휘 **traffic congestion** 교통 혼잡
management[mǽnidʒmənt] 관리, 운영
intersection[ìntərsékʃən] 교차로　**manual control** 수동 조작

14 수사적 의도 문제

해설 글쓴이는 왜 "최근의 교통 공학 연구"를 언급하는가?
　Ⓐ 자율 주행차를 농촌 지역에 도입하는 어려움을 강조하기 위해
　Ⓑ 새로운 안전 기준의 개발에 반대하기 위해
　Ⓒ 도시 계획 변경의 필요성에 대해 의문을 제기하기 위해
　✓Ⓓ 자율 주행차가 에너지 효율성을 높일 가능성을 강조하기 위해서

해설 최근의 교통 공학 연구는 자율 주행차가 운전 패턴을 최적화하고 불필요한 가속이나 제동을 줄여 에너지 효율을 높일 수 있다고 강조하고 있습니다. 따라서 Ⓓ가 정답입니다.

어휘 **rural**[rúərəl] 시골의, 지방의　**argue against** ~에 반대하다
question[kwéstʃən] 의문을 제기하다
potential[pəténʃəl] 잠재력, 가능성
promote[prəmóut] 촉진하다

15 불일치 문제

해설 지문에 따르면, 다음 중 자율 주행차의 가능한 효과가 아닌 것은?
　Ⓐ 도로와 주차 구역 설계의 변화
　Ⓑ 진보된 경로 선택을 통한 효율성 향상
　Ⓒ 상황에 대한 지속적인 감시와 적응
　✓Ⓓ 규제와 안전 규칙의 필요성 제거

해설 자율 주행차를 기존 교통 시스템에 통합하는 과정에는 규제 승인과 새로운 안전 기준의 필요성과 같은 도전 과제가 존재한다고 했으므로 Ⓓ가 정답입니다.

어휘 **continuous**[kəntínjuəs] 지속적인
elimination[ilìmənéiʃən] 제거, 삭제

[16-20]

벌 개체 수의 감소

최근 수십 년 동안, 전 세계 벌 개체 수의 감소는 과학자들과 환경학자들 사이에서 상당한 우려를 일으켜 왔다. [16]벌, 특히 꿀벌은 전 세계 식량 공급의 약 3분의 1을 차지하는 작물의 수분에 매우 중요한 역할을 한다. [19A/19C/19D]그러나 서식지 감소, 살충제 사용, 기후 변화, 기생하는 진드기 같은 요인들이 군집 붕괴 현상(CCD)으로 알려진 현상의 원인이 되었는데, 이는 일벌들이 벌집에서 갑자기 사라져 여왕벌과 다 자라지 못한 벌들만 남겨두는 현상이다.

벌 감소의 주요 원인 중 하나는 벌의 신경계에 영향을 미쳐 벌들의 길 찾기와 먹이 찾기 능력을 악화시키는 살충제 계열인, 네오니코티노이드의 광범위한 사용이다. 게다가, 농업 확장으로 인한 야생화 초원의 감소는 벌들의 다양한 꿀 공급원에 대한 접근을 줄여 그것들의 면역 체계를 약화시켰다. [18]기후 변화는 개화 시기를 변화시켜 중요한 시기에 벌들이 먹이가 없게 만들어, 문제를 더욱 악화시킨다.

이러한 감소를 완화하려는 노력은 유해 살충제 금지, 수분 매개체 친화적인 정원 조성, 자연 서식지 복원을 포함한다. 일부 농부들은 살충제 사용을 최소화하는 통합 해충 관리(IPM) 방법을 취해 왔다. 이러한 조치들이 희망을 보여주긴 하나, 벌 개체 수 추세를 뒤바꾸려면 세계적인 협력과 장기적 헌신이 필요하다.

population[pὰːpjuléiʃən] 개체 수　**pollinate**[pάːlənèit] 수분하다
account for ~을 차지하다　**approximately**[əprάːksəmətli] 약
pesticide[péstisàid] 살충제　**parasitic**[pærəsítik] 기생하는
mite[mait] 진드기　**colony**[kάːləni] 군집
collapse[kəlǽps] 붕괴　**immature**[ìmətʃúər] 다 자라지 못한
impair[impέər] 약화시키다　**forage**[fɔ́ːridʒ] 먹이를 찾다
meadow[médou] 초원　**diverse**[dáivəːrs] 다양한
nectar[néktər] 꿀　**source**[sɔːrs] 공급원
restore[ristɔ́ːr] 복원하다

16 수사적 의도 문제

해설 글쓴이는 왜 "전 세계 식량 공급의 3분의 1"을 언급하는가?
　Ⓐ 살충제의 경제적 비용을 강조하기 위해
　✓Ⓑ 농업에 있어서 벌의 중요성을 강조하기 위해
　Ⓒ 인간이 꿀을 덜 먹어야 한다고 주장하기 위해
　Ⓓ 벌을 다른 곤충들과 비교하기 위해

해설 벌, 특히 꿀벌은 전 세계 식량 공급의 약 3분의 1을 차지하는 작물

어휘 symbolic[símbɑ́:lik] 상징적인
firing process 소성 과정 (도자기를 가마에서 굽는 과정)

07 어휘 문제

해석 지문의 단어 "elaborate"와 의미상 가장 유사한 것은?
Ⓐ 고대의
Ⓑ 세밀한
Ⓒ 형식적인
Ⓓ 비싼

해설 elaborate(정교한, 정밀한)의 동의어인 detailed(세밀한)를 지문에 넣으면 흑색상 양식이 더 세밀한 예술 작품을 가능하게 했다는 의미가 되어 문맥상 자연스럽습니다. 따라서 Ⓑ가 정답입니다.

08 세부 사항 문제

해석 흑색상 기법의 주요한 개선점은 무엇이었는가?
Ⓐ 그리스 도예가들이 소성 과정을 통해 시각적 대비를 만들 수 있게 했다.
Ⓑ 예술가들이 하나의 도자기 디자인을 여러 개 복제할 수 있게 했다.
Ⓒ 도자기를 오직 금속 유약으로만 장식할 수 있게 했다.
Ⓓ 건조 시간을 줄여 도자기 생산을 더 빠르게 했다.

해설 흑색상 양식에서 도자기는 3단계 과정을 통해 가마에서 구워졌고, 이것이 칠하지 않은 부분을 주황색으로, 칠한 부분을 광택이 나는 검은색으로 만들었다고 했으므로 Ⓐ가 정답입니다.

어휘 visual[víʒuəl] 시각적인 contrast[kɑ́:ntræst] 대비
exclusively[iksklú:sivli] 오직, 전적으로

09 세부 사항 문제

해석 왜 적색상 도자기가 흑색상 도자기를 대체했는가?
Ⓐ 더 내구성이 있었다.
Ⓑ 제조하기가 더 쉬웠다.
Ⓒ 사실적인 묘사를 가능했다.
Ⓓ 예술적 표현에 있어서 용도가 더 다양했다.

해설 적색상 양식이 더 현실적인 인간 형태와 더 정교한 세부 묘사를 가능하게 했다고 했으므로 Ⓒ가 정답입니다.

어휘 versatile[vɔ́:rsətl] 용도가 다양한

10 삽입 문제

해석 다음 문장이 삽입될 수 있는 네 곳이 지문에 표시되어 있다.

이 방식은 본질적으로 흑색상 과정을 거꾸로 한 것이었다.

그 문장은 어디에 가장 적절한가? 그 문장이 지문에 삽입될 수 있는 곳을 고르시오.

해설 삽입 문장에서 This method(이 방식)는 앞 문장에서 언급된 the red-figure style(적색상 양식)을 가리킵니다. Ⓒ에 삽입 문장을 넣어보면, 예술가들이 배경과 세밀한 부분들을 검은색으로 칠하고 주요 인물은 칠하지 않고 남겨두었다는 것이, 본질적으로 흑색상 과정을 거꾸로 한 것이라는 내용에 대한 부연 설명이 되어 글의 흐름이 자연스럽습니다. 따라서 Ⓒ가 정답입니다.

어휘 reverse[rivɔ́:rs] 거꾸로 하다

[11-15]

> **자율 주행차**
>
> 자율 주행차는 교통 공학의 중대한 발전을 상징하며, 사람들이나 상품이 이동하는 방식을 변화시키고 있다. 이 차량들은 센서, 카메라, 인공지능의 조합을 사용하여 도로를 주행하고, 인간의 개입 없이 장애물을 피한다. [11]자율 주행차의 핵심 특징 중 하나는 차량 간에 또한 교통 기반 시설과 소통할 수 있는 능력으로, 이는 도시 환경에서 안전성과 효율성을 높인다.
>
> 예를 들어, 자율 주행차는 주변 차량을 감지하고 속도를 조정하여 충돌을 방지할 수 있다. 이 기술은 운전자의 인식과 반응 시간에 전적으로 의존하는 기존 차량과는 대조된다. [13/15B/15C]또한 자율 주행차는 정확한 경로 계획과 교통 상황 변화에 대한 유연한 대응을 가능하게 하여 교통 혼잡을 줄일 수 있다. [15D]그러나, 자율 주행차를 기존 교통 시스템에 통합하는 과정에는 규제 승인과 새로운 안전 기준의 필요성과 같은 도전 과제가 존재한다.
>
> [14]최근의 교통 공학 연구는 자율 주행차의 환경적 영향을 강조하고 있다. 이 차량들은 운전 패턴을 최적화하고 불필요한 가속이나 제동을 줄여 에너지 효율을 높일 수 있다. [15A]게다가, 자율 주행 기술의 광범위한 도입은 도시 설계를 변화시켜, 주차, 도로 구조, 대중교통 선택지 등에 영향을 미칠 수 있다. 자율 주행차의 영향을 이해하는 것은 지속 가능하고, 안전하며, 효율적인 교통망을 개발하려는 엔지니어들에게 필수적이다.

autonomous vehicle 자율 주행차
advancement[ædvǽnsmənt] 발전, 진보
obstacle[ɑ́bstəkl] 장애물 intervention[ìntərvénʃən] 개입
infrastructure[ínfrəstrʌ̀ktʃər] 기반 시설, 인프라
enhance[inhǽns] 높이다, 향상시키다 efficiency[ifíʃənsi] 효율성
urban[ɔ́:rbən] 도시의 detect[ditékt] 감지하다
adjust[ədʒʌ́st] 조정하다 collision[kəlíʒən] 충돌, 부딪힘
contrast[kɑ́:ntræst] 대조되다 awareness[əwéərnis] 인식, 자각
reaction time 반응 시간 precise[prisáis] 정확한
adaptive[ədǽptiv] 유연한 congestion[kəndʒéstʃən] 혼잡
integration[ìntəgréiʃən] 통합 regulatory[régjulətɔ̀:ri] 규제의
approval[əprú:vəl] 승인, 인가 energy efficiency 에너지 효율
optimize[ɑ́ptəmàiz] 최적화하다
acceleration[æksèləréiʃən] 가속 adoption[ədɑ́:pʃən] 채택, 도입
alter[ɔ́:ltər] 변화시키다 sustainable[səstéinəbl] 지속 가능한
effective[iféktiv] 효과적인

11 세부 사항 문제

해석 지문에서 자율 주행차의 주요한 이점으로 언급된 것은 무엇인가?
Ⓐ 오직 인간 운전자에게만 의존하여 주행한다.
Ⓑ 안전성과 효율성을 향상시키기 위해 교통 시스템과 데이터를 공유한다.
Ⓒ 기존 차량보다 에너지 효율이 낮다.
Ⓓ 작동을 위해 어떤 센서나 카메라도 필요로 하지 않는다.

01 주제 문제

해석 지문은 주로 무엇에 대한 것인가?
- Ⓐ 리더들이 감정 지능을 통해 스트레스를 관리하는 방법
- Ⓑ 프로젝트 관리에서 기술적 능력이 지닌 가치
- ✓Ⓒ 점점 커져 가는 대인 관계 기술의 가치
- Ⓓ 다양한 유형의 지능 간 비교

해설 감정 지능이 자신의 감정뿐만 아니라 타인의 감정을 인식하고, 이해하고, 관리하는 능력을 의미한다고 한 후, 지문 전반에 걸쳐 리더십에서 감정 지능을 포함한 대인 관계 능력의 중요성이 커지고 있음을 강조했으므로 Ⓒ가 정답입니다.

어휘 interpersonal [ìntərpə́ːrsənəl] 대인 관계의
comparison [kəmpǽrəsn] 비교

02 어휘 문제

해석 지문의 단어 "regulate"와 의미상 가장 유사한 것은?
- ✓Ⓐ 통제하다
- Ⓑ 무시하다
- Ⓒ 과장하다
- Ⓓ 제거하다

해설 regulate(조절하다, 통제하다)의 동의어인 control(통제하다)을 지문에 넣으면, 힘든 프로젝트 중에 자신의 좌절감을 인식하는 관리자가 자신의 반응을 통제하고 동료들과 침착하게 소통할 수 있다는 의미가 되어 문맥상 자연스럽습니다. 따라서 Ⓐ가 정답입니다.

03 수사적 의도 문제

해석 1단락과 2단락의 관계는?
- ✓Ⓐ 2단락은 1단락에서 소개된 개념들을 예시로 설명한다.
- Ⓑ 2단락은 1단락에서 제기된 주장에 도전한다.
- Ⓒ 2단락은 1단락과 관련이 없는 새로운 주제를 소개한다.
- Ⓓ 2단락은 1단락의 연구 결과들을 요약한다.

해설 1단락에서 높은 감정 지능을 가진 리더들은 스트레스를 다루고, 갈등을 해결하고, 팀을 고취시킬 준비가 더 잘 되어 있다고 한 후, 2단락에서 힘든 프로젝트 진행 중에 자신의 좌절감을 인식하는 관리자는 자신의 반응을 조절하고 동료들과 침착하게 소통할 수 있다는 구체적인 예시를 제시했으므로 Ⓐ가 정답입니다.

어휘 illustrate [íləstrèit] 예시로 설명하다

04 일치 문제

해석 지문에서 감정 지능에 대해 제시된 것은?
- Ⓐ 리더들뿐만 아니라, 모든 직원들에게 요구된다.
- Ⓑ 주로 기술적 전문 지식에 의해 결정된다.
- Ⓒ 대부분의 조직에서 기술적 능력보다 덜 중요하다.
- ✓Ⓓ 의식적인 노력과 학습을 통해 발달될 수 있다.

해설 최근 연구는 훈련과 실습이 리더들로 하여금 감정 지능을 기르도록 도와준다는 점을 시사한다고 했으므로 Ⓓ가 정답입니다.

어휘 determine [ditə́ːrmin] 결정하다
deliberate [dilíbərət] 의식적인

05 추론 문제

해석 감정 지능이 부족한 리더들에 대해 추론할 수 있는 것은?
- ✓Ⓐ 압박을 받아 충동적으로 반응할 가능성이 높다.
- Ⓑ 일반적으로 감정이입하여 듣는 것이 너무 많이 의존한다.
- Ⓒ 종종 매우 협력적인 직장에서 성공적이다.
- Ⓓ 팀원들과의 의사소통을 피하는 것을 선호한다.

해설 자신의 좌절감을 인식하는 관리자는 자신의 반응을 조절하고 동료들과 침착하게 소통할 수 있는 반면, 그렇지 못한 리더는 압박을 받아 충동적으로 반응한다고 했으므로 감정 지능이 부족한 리더들은 압박을 받아 충동적으로 반응할 가능성이 높다는 것을 추론할 수 있습니다. 따라서 Ⓐ가 정답입니다.

[06-10]

고대 그리스 도자기

⁰⁶최초의 그리스 도자기는 원, 삼각형, 호와 같은 단순한 추상적 무늬들을 특징으로 했다. 이러한 디자인들은 당대 예술가들이 사용할 수 있었던 제한된 기법을 반영했다. 주요한 발전은 더 정교한 예술 작품을 가능하게 해준 흑색상 양식의 창안과 함께 왔다. 이 방법에서는, 디자인은 먼저 윤곽이 그려진 다음, 고운 점토 기반 물감을 사용하여 채워졌다. ⁰⁸도자기는 산소 농도를 세심하게 조절하는 3단계 과정을 통해 가마에서 구워졌다. 이것은 칠하지 않은 부분을 주홍색으로, 칠한 부분을 광택이 나는 검은색으로 만들었다.

흑색상 도자기가 명확한 진전을 나타내긴 했지만, 한계가 있었다. **A** 예술가들은 인물과 사물을 윤곽으로만 보여줄 수 있었는데, 이는 그들이 이뤄낼 수 있는 세부 묘사의 수준을 제한했다. **B** 시간이 지남에 따라, 더 큰 자유를 제공하는 새로운 기법이 나타났는데, 적색상 양식이다. **C** 이 방식은 본질적으로 흑색상 과정을 거꾸로 한 것이었다. 예술가들은 배경과 세밀한 부분들을 검은색으로 칠하고, 주요 인물은 칠해지지 않은 채로 남겨두었다. **D**

구워질 때, 칠해지지 않은 인물은 아테네 점토의 불그스름한 톤을 유지했고, 배경은 검은색으로 변했다. ⁰⁹이것은 더 현실적인 인간 형태와 더 정교한 세부 묘사를 가능하게 했다. 그 결과, 적색상 도자기가 흑색상 양식을 대체했고 현재 고대 그리스 도자기 예술의 극치로 여겨진다.

pottery [pɑ́ːtəri] 도자기　feature [fíːtʃər] 특징으로 하다
abstract [ǽbstrækt] 추상적인　reflect [riflékt] 반영하다
outline [áutlàin] 윤곽을 그리다　fine [fain] 고운　kiln [kiln] 가마

06 수사적 의도 문제

해석 글쓴이는 왜 "원, 삼각형, 호"를 언급하는가?
- Ⓐ 고대 그리스 도자기 디자인의 상징적 의미를 설명하기 위해
- ✓Ⓑ 최초의 도자기 무늬에 사용된 모양의 예시를 제시하기 위해
- Ⓒ 흑색상 도자기의 소성 과정을 설명하기 위해
- Ⓓ 흑색상과 적색상 기법을 비교하기 위해

해설 최초의 그리스 도자기가 원, 삼각형, 호와 같은 단순한 추상적 무늬를 특징으로 했다고 했으므로 글쓴이가 원, 삼각형, 호를 언급한 이유는 최초의 도자기 무늬에 사용된 모양의 예시를 제시하기 위해서라는 것을 알 수 있습니다. 따라서 Ⓑ가 정답입니다.